항공 징비록

항공정비록

21세기북스

일러두기

이 책에서는 1592년 4월 13일에 발발해서 1598년 11월 19일에 끝난 전대미문의 전쟁을 '임진왜란'이 아니라 '조일전쟁'으로 기술하고자 한다. 이는 약 7년 동안 50만 명에 가까운 조선, 명나라, 일본 군대가 치열하게 싸웠던 국제 전쟁이기 때문이다.

대한민국 공군의 창군 과정에서 헌신하신 1세대 항공인들과
6.25남침전쟁 중 공중임무를 수행하다 먼저 창공에 묻힌 전우들
그리고 지금 이 순간에도 영공 수호 임무에 최선을 다하고 있을
후배 공군인들에게 삼가 이 책을 바칩니다.

2부. 거침없이 적진 상공을 날며

3부. 종전 후 치열했던 삶의 순간들

추천사

에드워드 H. 카[Edward H. Carr]가 역사를 가리켜 '과거와 현재의 끊임없는 대화'라고 정의한 바 있듯이, 우리는 지나간 역사를 상고[詳考]함으로써 과거를 이해하고 반성하게 됩니다. 그렇게 얻은 지혜와 교훈은 현재를 살아가는 지침이 됨은 물론, 올바른 미래를 설계할 수 있는 능력까지 갖추게 합니다. 이번에 우리 공군은『항공 징비록』을 통해 또 하나의 소중한 역사를 배우게 되었습니다.

이 책의 주인공은 6.25남침전쟁 당시, 대한민국 공군 최초로 100회 출격 기록을 달성한 전쟁 영웅이자, 제11대 공군참모총장으로서 공군 현대화에 빛나는 발자취를 남기신 김두만 예비역 공군대장님입니다. 이 책에 담긴 김두만 총장님(이하 김 총장)의 주옥같은 말씀과 다양한 증언은 기존의『공군사』와『항공전사[航空戰史]』에 담긴 공군의 역사를 한층 더 풍부하고 생동감이 넘치도록 할 것입니다.

출간 직전 이 책의 초고를 건네받아 꼼꼼하게 정독하며, 오랫동안 공군에 몸담아오면서도 미처 알지 못한 많은 역사적 사실을 접할 수 있었습니다. 읽다가 눈시울이 붉어진 대목도 있었고, 한없는 감동을 한 부분도 있었습니다. 무엇보다 '군軍에 관한 책은 딱딱하고 재미없다.'는 세간의 인식을 뒤집기라도 하듯 시종일관 쉽고 간결한 표현으로 우리 공군의 역사를 흥미롭게 설명해주고 있습니다. 앞으로 우리 공군의 모든 현역은 물론 예비역 전우님들께서도 다 함께 이 책을 읽고, '배우면서 싸우자!'를 모토로 조국 영공 수호에 헌신하신 선배 공군인들의 단결심과 투혼을 가슴 깊이 되새길 수 있기를 바랍니다.

공주대학교 김덕수 교수님은 이 책의 출간을 위해서 지난 2년 동안 각고의 노력을 기울여주셨습니다. 현재 공군역사기록관리단 자문위원으로 남다른 공군 사랑을 실천하고 계신 김 교수님께서는, 1년 2개월 동안 성남기지와 대전을 수없이 오가는 고된 여정 속에서도 매우 열정적인 자세로 김 총장님과의 인터뷰를 진행하셨습니다. A4 용지 500여 페이지에 이르는 방대한 인터뷰 결과 자료는, 두 분께서 이 책의 출간을 위해 쏟아부은 땀과 노력의 한 단면이라 하겠습니다.

이 책은 『한국근현대사』, 『독립운동사』, 『6.25남침전쟁사』, 『공군사』, 『항공전사』를 종합적으로 아우르며, 학계 전문가들의 자문과 공군역사기록관리단의 진지한 내부 검토를 거쳐서 출간되었습니다. 더욱이 우리 공군에 대한 깊은 이해와 남다른 관심을 두고 있는 제삼자에 의한 객관적인 평가를 토대로 집필되었다는 점에서 기존의 개인 문집이나 회고록과는 다른 차원의 의미가 담겨 있습니다.

이 책에서는 특정인을 자화자찬하는 이야기는 거의 등장하지 않습니다. 객관적 화자인 김 교수님께서 이야기의 줄거리를 설정하고, 그 핵심 내용에 대해 김 총장님의 생생한 증언과 당시 상황에 관한 자세한 배경 설명을 듣는 형식으로 짜임새 있게 구성됐습니다. 이는 요즘 유행하는 'ㅇㅇㅇ가 묻고, ㅇㅇㅇ가 대답한다'는 식의 토크쇼와 같은 구성으로서, 매우 참신한 발상이라 하지 않을 수 없습니다.

아울러 이 책을 통해 대인^{大人}의 품격을 갖춘 김 총장님을 느낄 수 있습니다. 본인에 관한 이야기를 절제하고, 선배와 동료 전투조종사의 참모습과 헌신을 하나라도 더 역사에 남기려 애쓰시는 모습에서 진한 감동을 받았습니다. '자신을 내려놓아야 더 큰 가치를 얻을 수 있다.'는 소중한 깨달음을 얻을 수 있었던 것도 큰 소득이었습니다.

끝으로 김 총장님의 증언과 말씀을 소중하게 기록하고, 기존의 제반 역사와 일일이 대조하면서 좋은 책으로 집필한 김 교수님의 노고에 깊은 감사를 드립니다. 또한, 이 책이 나오기까지 온갖 수고를 아끼지 않은 공군역사기록관리단 최영훈 단장과 이원석 편찬과장에게도 고마운 마음을 전합니다. 모쪼록 이 책이 우리 국민의 애독서가 되어 나라 사랑, 공군 사랑, 역사 사랑의 기폭제가 되기를 간절히 기대해봅니다. 감사합니다.

2017. 1. 1.

공군참모총장 대장 정경두

정경두

프롤로그

최근 '역사 교과서 국정화' 문제를 둘러싼 사회적 갈등에서 보았듯이 역사는 '전쟁'입니다. 그것은 아주 먼 과거에도 그랬고, 지금도 그 본질은 하나도 변하지 않았습니다. 또 역사는 파워 게임에서 이긴 자를 추모하고 현양하기 위한 기록입니다. 패배한 자에게는 변명의 기회조차 주지 않는 게 역사의 속성입니다. 제가 서두에서 다소 불편한 얘기를 꺼낸 이유는 왜곡이나 거짓과의 전쟁 역시 역사임을 강조하기 위함입니다.

　1950년 6월 25일부터 1953년 7월 27일까지 3년 1개월 동안 지속된 6.25남침전쟁에서 대한민국은 국군(육·해·공·해병대·학도병)과 UN군의 결집된 힘으로 소련과 중국의 지원을 받은 북한군과 중공군을 격퇴하고 자유민주주의 체제를 지켜낼 수 있었습니다. 하지만 『6.25전쟁사』에 등장하는 우리 공군과 UN 공군, 해군과 해병대, 구국의 일념으로 군번 없이 펜 대신 총을 들고 싸웠던 학도병의 희생과 헌신에 관한 기록은 미미하기 그지없습니다. 용산 전쟁기념관에 가보면 그것을 더욱더 절실하게 느낄 수 있습니다. 저는 공군 애호 활동을 하면서 늘 그런 점이 안타까웠습니다. 그렇다고 해서 지상군을 폄훼하거나 깎아내릴 생각은 추호도 없습니다. 또 그렇게 해서도 곤란합니다. 그것은 또 다른 역사 왜곡이기 때문입니다. 다만, 우리는 지금까지 제대로 평가받지 못한 우리 공군과 UN 공군의 헌신과 역할을 재조명하는 작업을 시작하면 그만입니다. 이는 전쟁 관련 콘텐츠를 풍성하게 만든다는 측면에서도 매우 환영받을 일입니다. 제가 공군 최초의 100회 출격 조종사이자 제11대 공군참모총장을 역임하신 김두만 예비역 공군대장님에 관한 책을 집필하게 된 것도 바로 그 때문입니다. 이 책은 우리 공군과 UN 공군이 지상군의 액세서리 부대가 아니었음을 보여줍니다. 그들이 목숨을 걸고 펼친 근접항공지원작전과 후방차단작전은 북한군과 중공군 지휘부가 공포와 전율을 느꼈을 만큼 대단히 위력적이었습니다. 만약 우리 공군과 UN 공군의 헌신이 없었다면 지금의 대한민국은 존재하지 않았을지도 모릅니다. 지금도 김정은 정권은 한미 공군의 공중타격 능력을 가장 두려워하고 있습니다. 과거 조부 김일성이 한미 공군에게 일방적으로 당한 트라우마 때문일 겁니다.

이 책을 쓰게 된 또 다른 이유는 그동안 군 내부에서 터부시했던 친일, 좌익, 반역, 월북 사건, 6.25남침전쟁, 실미도 사건 등을 정면으로 다루면서 우리나라 역사 교육의 문제점과 당면 과제를 생각해보기 위함입니다. 8.15 해방 이후 지금까지 우리 군은 이 문제에서 자유롭지 못했습니다. 우리 사회의 일부 인사와 단체들은 창군創軍 주역들의 친일 문제와 국군의 양민 학살을 지적하며 군의 명예를 사정없이 폄훼했습니다. 우리 공군도 예외가 아니었습니다. 저는 『한국근현대사』, 『독립운동사』, 『6.25전쟁사』, 『공군사』, 『항공전사』를 읽으면서 그들의 역사 인식에 적지 않은 문제가 있음을 깨닫게 되었습니다. 그들은 균형 감각을 상실한 채, 역사를 자기들의 입맛에 맞도록 왜곡했습니다. 일례로 현재 우리나라 역사 교과서는 일제의 A급 전범이나 을사오적, 정미칠적, 일제의 주구 노릇을 했던 친일 사학자와 반동 지식인들, 독립투사들을 죽이거나 학대한 친일 경찰과 밀정들에 관해 제대로 가르치지 않습니다. 따라서 우리 국민들은 그들을 잘 모릅니다. 하지만 일본 육사나 만주군 출신의 전직 대통령과 창군 주역들, 건국建國과 부국富國 과정에서 크게 공헌한 테크노크라트들의 친일에 관해서는 상세하게 가르치고 혹독하게 비판합니다. 친일의 강도强度로 따진다면 어떻게 매국노들과 일본군 육군 중위 출신이 비교 대상이 될 수 있습니까? 더욱이 한 인물의 공과功過는 그의 인생 전체를 아우르며 종합해 평가해야 합니다. 그것이 상식이며 지성知性입니다. 그러나 역사를 독점한 이들은 공산주의자들이 즐겨 쓰는 이분법적 잣대로 모든 것을 재단하는 우愚를 범했습니다. 또 국군의 민간인 살상은 비판하면서 자유민주주의 체제를 위협했던 북한군과 좌익들의 잔인한 양민 학살은 침묵해온 것도 그들의 못난 모습입니다. 망국의 상황에서 개인의 입신양명을 위해 일본 육사에 입학한 것이 친일 행위라면, 합법적인 대한민국의 정부 수립을 방해하고 공산주의 체제로 전복되기를 꿈꾼 좌익들의 친북 반역 행위는 더 죄질이 나쁜 것으로 규정하고 매서운 비판을 가했어야 했습니다. 5.16 군사 쿠데타와 12.12 군사 반란에 사자후를 토한 것처럼 북한의 3대 권력 세습과 핵·미사일 개발에 관해서도 당당하게 비판해야 옳습니다. 역대 권위주의 정권이 자행한 독재, 인권 탄압, 부정부패를 비판한 것처럼 북한 정권에 관해서도 준엄한 심판을 내려야 했습니다. 하지만 그들은 북한 정권의 온갖 죄악에 대해 입을 굳게 다물었습니다. 그런 역사는 사이비 역사로서 장송葬送해야 마땅합니다. 역사 교과서가 이처럼 가치중립적으로 집필되었다면 현 정부도 '역사 교과서의 국정화'라는 카드를 꺼내 들지 못했을 겁니다.

자고로 역사를 평가하거나 역사 교과서를 집필할 때는 보편타당성과 가치중립이라는 기본 정신에 충실해야 합니다. 특정 세력이나 집단을 깎아내리거나 비호할 목적으로 써 내려간 역사는 이미 권위와 생명력을 상실한 죽은 역사에 불과합니다. 프랑스의 철학자 자크 데리다Jacques Derrida는 '차이가 동질을 앞선다.'고 말했습니다. 그것을 계기로 세상은 모더니즘 사회에서 포스트모더니즘 사회로 변모했습니다. 모더니즘 사회는 찰리 채플린이 주연한 영화 「모던 타임스」가 말해주듯이 획일적 사고, 자아 상실, 부와 권력의 독점적 지배가 판을 친 사회였습니다. 그러나 포스트모더니즘 사회는 다양화와 탈권위적 사고, 진정한 자아 발견, 정의롭고 건강한 사회를 모토로 합니다. 그런 의미에서 '역사 교과서 국정화'나 '임을 위한 행진곡'의 제창 요구는 작금의 시대정신과 부합하지 않습니다. '다양성'을 키워드로 하는 포스트모더니즘 사회에서 역사 교과서는 다양한 관점에서 여러 전문가의 참여 아래 객관적으로 집필되어야 합니다. 역사는 정치사, 경제사, 사회문화사, 과학기술사, 전쟁사 등이 빚어내는 종합예술입니다. 따라서 그런 분야의 최고 전문가들이 집필이나 검정 과정에 적극적으로 참여해야만 양질의 역사 교과서를 만들 수 있습니다. '임을 위한 행진곡'도 마찬가지입니다. 그것의 합창 및 제창 여부는 전적으로 국민 개개인이 선택할 사항이지 어느 누가 나서서 강요할 사항이 아닙니다. 정말로 볼썽사나운 것은 '역사 교과서의 국정화'를 결사반대하는 사람들이 '임을 위한 행진곡'의 제창을 거세게 요구한다는 사실입니다. 이는 타인의 획일화 조치에는 극렬하게 반대하면서 정작 자신들은 남에게 획일화를 강요하는 것과 똑같습니다. 앞으로 우리 사회에서 이런 블랙코미디가 더 이상 재현되지 않기를 기대합니다.

이 책을 집필한 마지막 이유는 한 시대를 치열하게 산 한 인물의 증언도 역사를 엮어내는 중요한 자료가 될 수 있다는 것을 분명하게 보여주기 위함입니다. 물론 그 전제 조건은 정직한 증언입니다. 저는 아주 오래전에 많은 시간을 투입해서 태종과 세종의 통치 기록인 『태종실록』과 『세종실록』을 완독한 바 있습니다. 특히, '역사를 어떻게 쓸 것인가?'와 관련해서 태종 9년(1409년) 8월 28일자 『태종실록』은 우리들에게 많은 것을 시사합니다. 태종은 이날 역사 서술을 책임지는 춘추관 영사 하륜에게 『태조실록』을 집필하라고 지시했습니다. 하륜은 역사 편찬의 실무를 맡은 사관들을 부른 다음, "임신년부터 경진년까지의 사초^{史草}를 빨리 수납^{收納}하라."라고 말했습니다. 이때 사관들이 하륜에게 이의를 제기합니다. 그들은 이렇게 주장했습니다. "태조 임금의 옛 신하들이 『태조실록』을 집필한다면 후세 사람들이 과연 그것을 믿겠느냐? 실록의 편찬은 적어도 당대의 신하들이 모두 다 세상을 떠난 이후에 해야 한다." 이에 대한 하륜의 반격이 환상적이었습니다. "태조 때의 일을 일개 사관이 어찌 다 기록할 수 있겠는가? 마땅히 노성^{老成}한(많은 경험을 쌓아서 세상일에 밝은) 신하가 죽지 않았을 때 중요한 것과 중요하지 않은 것을 구분해서 실록으로 만들어야 한다. … 옛사람들이 문헌이라는 말을 했는데 여기서 문^文은 사기^{史記}이고, 헌^獻은 노성한 사람을 일컫는 것이오. 아시겠소!" 이렇게 일갈합니다. 결국, 하륜이 젊은 사관들을 논리적으로 제압하고 『태조실록』 편찬 작업에 착수했습니다.

저도 약 2년에 걸친 집필 기간 내내 김두만 예비역 공군대장님을 우리 사회의 노성한 어른으로 모시고 그의 다양한 증언과 후배 공군인들에 대한 당부의 말씀을 깨알같이 정리했습니다. 또 기존의 공군 정사는 물론 6.25참전 조종사들의 증언록까지 일일이 대조하면서 정성을 다해 이 책을 엮었습니다. 그런 만큼 이 책이 우리 공군 역사에 새 생명을 불어넣고 조금이라도 더 풍성한 공군 역사의 콘텐츠를 만드는 데 일조할 수 있기를 희망합니다. 또 이 책이 공군 창설과 공군 발전을 위해 희생하고 헌신하신 1세대 항공인들에게 작은 위로와 보답이 되었으면 좋겠습니다. 끝으로 이 책을 엮는 동안 수많은 자료 제공과 검증 과정에서 온갖 협조를 아끼지 않은 공군역사기록관리단과 공군박물관에 감사드립니다. 또 책 출간 과정에서 보이지 않게 큰 도움을 주신 신익현, 안재봉 예비역 장군님, 김현곤 예비역 대령님, 이철희, 이상규 대령님께도 고마운 마음을 전합니다.

2017. 1. 1.

김 덕 수

대한민국 공군을 상징하는 검독수리

1부

—

창공을 향한 도전과
조인鳥人의 꿈

하늘의 제왕인 검독수리도 새끼 때부터 날 수 있는 게 아닙니다. 어미의 보호 속에서 숱한 시행착오를 거쳐야만 드높은 창공을 향해 날아오를 수 있습니다. 우리 공군도 마찬가지였습니다. 공군 창설은 수많은 1세대 항공인의 눈물겨운 정성과 헌신이 있었기에 가능했습니다. 미국 트루먼 행정부(이하 미 행정부)는 대한민국 공군 창설에 회의적이었습니다. 그 이유는 이승만 대통령이 '북진통일'이라는 정치적 수사(修辭)를 즐겨 사용했기 때문입니다. 미국은 남북 간에 불필요한 긴장으로 소련과 중국이 한반도에 개입하는 것을 극도로 꺼려했습니다. 따라서 남북한 긴장을 초래할 수 있는 공격 무기인 전투기의 지원과 그것을 운용하는 공군 창설을 반대했습니다. 그런 와중에 대한민국 공군이 창설된 것은 기적이었습니다. 특히 국민들에게 항공의 중요성을 강조하고 미 행정부는 물론 미 군사고문단까지 설득하며 공군 창설의 초석을 다졌던 최용덕, 김정렬, 김영환 장군을 비롯한 수많은 1세대 항공인의 헌신과 노고를 우리는 잊지 말아야 합니다. 제1부에서는 그들의 숨겨진 이야기를 다루고자 합니다.

01. 노병의 마지막 비행

2015년 6월 23일 오후 1시 40분, 원주기지에서는 아주 특별한 비행이 있었다. 주인공은 6.25남침전쟁 때, 전투조종사로서 우리 공군 최초로 100회 출격 기록을 세우고 전후戰後에는 제11대 공군참모총장(1970년 8월 1일~1971년 8월 28일)을 역임하며 공군 현대화를 위해 노력한 김두만 예비역 공군대장(이하 노병)이었다. 구순을 앞둔 노병이 전투기를 탈 수 있었던 것은 '국산 FA-50 전투기의 전력화' 행사 참석이 계기였다. 비행 당일, 그는 이런 말을 했다. "2014년 10월 30일 행사장에서 FA-50 전투기를 보니 매우 날렵해 보였습니다. 그때 최차규 참모총장에게 내가 죽기 전에 저것을 한번 타봤으면 좋겠다고 말했습니다. 그래서 이번에 탑승 기회가 마련된 것 같습니다." 정예 전투조종사들만이 할 수 있는 고난도 비행을 노병께서 희망했으니 최 참모총장도 고심이 컸을 것이다. 노병이 전투기를 탑승하기 위해서는 사전에 고려해야 할 위험 요소가 많았기 때문이다.

민간인의 전투기 탑승에 대한 승인권을 가진 최 참모총장은 노병이 공군항공우주의료원이 주관하는 비행환경 적응 테스트를 1차로 통과했다는 보고를 받고 노병의 전투기 탑승을 기꺼이 승인했다. 그리고 노병이 호국보훈의 달인 6월에 비행할 수 있도록 배려했다. 그의 FA-50 전투기 탑승은 공군이 기획한 가장 멋진 이벤트였다. 그날 오전부터 내외신 기자 수십 명이 그의 마지막 비행을 카메라앵글에 담기 위해 원주기지로 몰려들었다. 그는 오전 11시 장남 김상우 씨(前 민주당 국회의원)와 함께 원주기지에 도착해서 한종호 비행단장(☆)을 비롯한 후배 공군인들의 뜨거운 영접을 받았다. 도착한 뒤 30분가량 원주기지에 대한 브리핑을 받은 노병은 비상대기실^{Alert Room}을 방문해서 근무 중인 전투조종사, 정비사, 무장사들을 격려했다. 그리고 오전 11시 50분부터 12시 50분까지 장교 식당에서 비행단장이 정성껏 준비한 오찬을 함께했다.

식사를 마치자마자 비행을 위한 사전 준비가 착착 진행되었다. 비행군의관에 의한 혈압 체크와 문진, 각종 비행 장구(헬멧, 조종복, G-슈트[1], 조종장갑)의 착용이 매뉴얼대로 진행되었다. 이 모든 과정을 한종호 비행단장, 이종찬 부단장, 최재혁 감찰실장, 김광우 전투비행대대장이 지켜봤다. 비행 준비를 마친 노병은 그들과 함께 격납고로 향했다. 그곳에는 이미 FA-50 전투기 3대가 엔진 굉음을 내며 이륙 준비 절차를 밟고 있었다. 그는 사다리를 이용해서 선도기인 FA-50 전투기(이하 #1기)의 후방석에 앉았다. 김광우 대대장은 노병 곁에서 비행 헬멧, 산소마스크, 이젝션(비상탈출) 레버, 하네스(신체 고정 장비) 연결 등을 일일이 체크해주었다. 모든 이륙 절차를 마친 3대의 FA-50 전투기는 #1기를 필

---

1 전투조종사가 빠른 속도로 고공비행을 하면 중력(Gravity)이 가해지면서 의식을 잃기 쉽다. 이때 G-슈트는 전투조종사의 복근과 대퇴근을 압박해서 피가 하체로 쏠리는 것을 억제함으로써 의식 상실을 막아주는 비행 보조 장비를 말한다.

노병을 태운 FA-50 전투기의 이륙 장면(출처: 공군본부)

두로 격납고를 미끄러지듯 빠져나와 최종기회점검[2] 장소로 향했다. 그곳에서 3대의 FA-50 전투기는 각각 12분간 열두 가지 항목에 대한 마지막 점검을 받았다. 곧이어 관제탑의 이륙 허가를 받자마자 #1기부터 활주로를 박차고 힘차게 날아올랐다.

#1기의 조종을 맡은 한성우 소령은 비행계획대로 약 1시간 동안 강원도 원주 ⇨ 충북 음성과 진천 ⇨ 경기도 일대 ⇨ 철의 삼각지대인 강원도 철원과 강릉 일대 상공을 비행했다. 이 지역은 6.25남침전쟁 때, 노병이 북한군과 중공군을 격퇴하기 위해 목숨을 걸고 출격했던 곳이다. #2기와 #3기는 선도기인 #1기의 좌우로 비행하며 공중기동 시연과 항공촬영 임무를 담당했다. 한 소령은 약 1,800m(6,000피트) 상공에서 FA-50 전투기의 항법과 통신장비는 물론 무장 시스템과 여러 공중기동을 다양하게 선보였다. 그 과정에서 한 소령은 무선통신으로 후방

---

2 이륙 직전에 마지막으로 전투기의 기체 이상 유무, 무기 장착의 이상 유무 등을 점검하는 절차를 지칭한다.

석의 노병과 교신하며 그의 이상 유무를 계속 체크했다. 비행 중 강한 G-포스[3]가 반복되는 과정에서 노병의 안전이 염려되었기 때문이다. 하지만 그것은 기우였다. 전역 후 44년 만에 FA-50 전투기에 탑승한 그에게는 이삼십 대 젊은 파일럿의 열정이 솟구쳤다. 그는 발밑으로 눈에 익숙한 지형이 보이자 과거 북한군의 탱크, 탄약집적소, 보급품집적소를 찾아낸 뒤 직경 12.7cm(5인치)의 로켓탄으로 파괴시키던 장면이 떠올랐다. 그가 탑승한 #1기가 철원 지역 상공에 진입했을 때, KBS 기자와 교신이 이루어졌다. "비행 소감을 한 말씀해 달라."는 기자의 질문에 그는 "아주 오랜만에 다시 조종간을 잡고 비행해 보니 눈부시게 발전한 대한민국의 모습에 감개무량합니다."라고 대답했다. 비행에 대한 감회에 젖어서인지 그의 목소리는 낮게 떨렸다.

그가 무사히 비행을 마치고 원주기지에 착륙하자 후배 전투조종사들은 그에게 힘찬 박수와 함께 꽃다발을 증정했다. 그리고 무등을 태워 63년 전, 100회 출격의 감동을 재현했다. 그 모습을 지켜본 장남 상우 씨의 눈가에 이슬이 맺혔다. 일반인들이 쉽게 이해할 수 없는 전투조종사 가족으로서의 애환이 밀려왔기 때문이었으리라. 조종 장구를 반납하고 사복으로 갈아입은 그는 조종사 휴게실에서 잠시 휴식을 취한 뒤, 원주기지 전투조종사들과 대화의 시간을 가졌다. 노병과 손자뻘 후배 전투조종사들 간에 다양한 질문과 대답이 오갔다. 우리 공군의 설립 과정, 6.25남침전쟁 때 공군의 활약상, 공군 최초로 100회 출격에 대한 소감, 빨간 마후라의 유래, 선배 전투조종사의 당시 생활 모습 등에 대한 질문이 이어졌고 노병은 친절하게 대답했다. 필자는 두 명의 전투조종사가 했던 말이 기억에 남는다. 노병과 함께 비행했던 한성우 소령과 대위 계급장을 단 어느 전투조종사였다. 한 소령은 동료 전투조종사들

---

3   중력가속도로 인해 전투조종사의 신체에 가해지는 정신적, 신체적 고통을 의미한다.

에게 이런 말을 했다.

비행을 하면서 보니까, 총장님께서 조종간을 잡고 싶은 충동을 느끼셨는지 자꾸 조종간에 손을 대셨습니다. 그때마다 저는 비행 안전을 위해서 '아이 갓(I Got)'[4]을 외쳤습니다. 그러면 총장님은 곧바로 조종간에서 손을 떼셨습니다. 무척 죄송했습니다. 원주기지로 돌아오는 과정에서 저는 비행고도를 높이고 수평 자세를 유지한 후, 총장님께서 3~4초 동안 조종간을 살짝 위로 당길 수 있는 기회를 드렸습니다. 물론 제 손도 조종간을 가볍게 잡고 있었습니다. 만약의 비상 상황에 대비하기 위함이었습니다. 하지만 그것은 기우에 불과했습니다. 총장님의 조종 실력이 조금도 녹슬지 않았기 때문이었습니다.[5] 총장님께서는 조종간을 부드럽게 작동하시면서 전투기를 위로 상승시켰습니다. 그것은 전투조종사들만이 할 수 있고, 알 수 있는 섬세한 감각이었습니다. 저도 총장님과 같은 연세에 오늘과 같은 멋진 비행을 소화해낼 수 있을지, 또 그렇게 유연한 자세로 조종간을 잡아당길 수 있을지 자신이 없습니다. 과거 '비행 천재'이셨다는 말이 결코 과장된 얘기가 아닌 것 같습니다. 저는 오늘 우리 공군의 전설인 김두만 총장님과 함께 비행한 것을 자랑스럽게 생각하며 좋은 추억으로 오래오래 간직하겠습니다.

어느 전투조종사는 "총장님께서 강조하고 싶은 비행 정신이 있다면 한 말씀해주십시오."라고 질문했다. 노병은 질문이 흡족했는지, 입가

---

4 '아이 갓'은 그 말을 한 조종사가 조종간을 잡겠다는 의미다. 특히 전투기에 문제가 발생하거나 동료 조종사가 공간정위상실(일명 '버티고', 비행의 정상 여부를 판별하지 못하는 상태)에 빠졌다고 판단할 경우, 동승한 다른 조종사가 '이제부터는 내가 조종을 하겠다.'는 의미로 사용한다.
5 현역 시절, 노병의 총비행시간은 5,000시간을 훌쩍 넘겼다. 기종별로 비행시간을 살펴보면 F-51D와 F-86F 전투기의 비행시간이 3,000여 시간, F-5 계열 전투기의 비행시간이 700여 시간, 그리고 L-4, L-5, T-6 항공기의 비행시간이 약 1,300시간이었다. 더욱이 그는 공군참모총장 시절에도 단좌전투기를 타고 예하 부대 공군기지에 스크램블(적기를 요격하기 위한 긴급비상출격)을 건 다음, 부하 전투조종사들과 공중전을 방불케 하는 비행훈련을 자주 했던 것으로 전해진다.

에 엷은 미소를 띠며 대답했다.

내가 태극 마크를 단 항공기를 타고 조국 하늘을 마음껏 비행했을 때의 감격
은 그리 오래가지 않았습니다. 같은 민족끼리 총부리를 겨누는 6.25남침전쟁
으로 인해 나는 조국의 아름다운 산하에 폭격을 가해야만 했기 때문입니다.
비록 "조국의 자유와 민주주의를 지키기 위한 것이었다."고 변명할 수 있을지
모르지만, 갖은 고난과 역경을 이겨내며 배운 조종술과 폭격술을 동족을 죽이
는 전쟁에 사용할 수밖에 없었다는 것은 분명 내 개인의 불행이자 국가의 비
극이었다고 생각합니다. 과거 내가 겪었던 불행이 여러분들에게는 되풀이되
지 않았으면 합니다. 그리고 전투조종사가 제일 침착해야 하는 순간은 출격할
때입니다. 조종석에 앉아 출격을 기다리는 순간부터 비행임무를 마치고 모기
지에 귀환(RTB, Return To Base)하는 순간까지 내가 일관되게 가졌던 생각은
무념무상(無念無想)[6]이었습니다. 여러분도 그런 자세로 비행을 해주었으면 좋
겠습니다.

오후 5시, 그는 한종호 비행단장을 비롯한 여러 참모들, 후배 전투
조종사들의 따뜻한 환송을 받으며 원주기지를 떠났다. 경기도 분당의
자택에 도착할 때까지 약 1시간 30분 동안 그는 비행의 피곤함을 잊은
채, 차창 밖을 주시하며 깊은 상념에 잠겼다. 일제 치하에서 그는 철부

---

6 이는 자신이 해야 할 비행임무에만 집중한다는 뜻이다. 필자는 노병의 이야기를 좀 더 이해하기
   위해 2016년 8월 24일 우리 공군의 단독 최대 훈련인 '소링 이글(Soaring Eagle)' 훈련이 한창 진
   행 중인 ○○기지 제29전술개발훈련비행전대를 방문해서 그들의 전투출격 전 모습을 가까이에서
   지켜봤다. 수많은 전투조종사가 출격 전, 긴장된 상태로 부대의 전문 기상장교, 정보참모, 작전참
   모로부터 적진상공에 대한 기본 정보를 청취하며 상호 간에 질문과 답변이 오갔다. 그리고 최고
   공중지휘관의 당부 사항이 이어졌다. 전체적인 브리핑을 마친 전투조종사들은 편대별로 소규모 브
   리핑(이 부분은 군 보안상 민간인의 참석이 불가능했다)을 통해 자신들이 수행할 비행임무와 세부
   작전 계획을 구체적으로 논의한 뒤, 각자 자신의 애기를 타고 가상의 적진을 향해 출격했다. 전투
   출격을 앞둔 전투조종사들의 브리핑 모습을 지켜보면서 느낀 소감은 노병의 말씀대로 그들은 비행
   임무를 100% 완수하고 무사히 귀환하기 위해 무념무상의 자세로 정신 집중을 하고 있었다.

비행 성공 후, #1기 조종사와 악수하는 모습(출처: 공군본부)

지 나이에 숱한 고생을 하며 조종술을 배웠다. 그리고 6.25남침전쟁 때 미 공군의 딘 E. 헤스 중령(당시 계급)으로부터 전투수행방식과 폭격술을 배우고 익히면서 날마다 목숨을 걸고 출격했다. 자유민주주의 체제를 수호하기 위해 젊은 청춘을 아낌없이 바친 지난날의 추억들이 파노라마처럼 밀려왔다. 이미 그의 마음은 86년 전, 작은아버지의 손에 이끌려 일본으로 향했던 과거로 향하고 있었다.

02. 사람인가, 도깨비인가?

요즘 같은 세상에서도 전투조종사를 만난다는 것은 그리 쉽지 않다. 그들은 숫자가 적은 데다 국가 안보의 핵심 인재들로 철저히 보호·관리되기 때문이다. 그렇다면 칠팔십 년 전에는 어떠했을까? 지금보다도 전투조종사가 더 귀했을 뿐 아니라 되기도 어려웠다. 일제 치하의 가난한 농촌에서 태어난 노병이 전투조종사로 성장했으니, 그저 놀랍고 신기할 따름이다. 필자는 그가 어떻게 전투조종사가 될 수 있었는지? 궁금했다.

그는 일제의 식민 지배가 한창이던 1927년 2월 16일, 경남 의령에서 아버지 김윤이 씨와 어머니 손소여 씨 사이에서 2남 3녀 중 막내로 태어났다. 그런데 그가 세 살 무렵 아버지를 여의고 어머니가 개가하면서 그의 운명은 커다란 전환점을 맞는다. 당시 일본 교토에서 살고 있던 작은아버지 김윤준 씨가 그의 형제자매들을 그곳으로 데려간 것이다. 비록 가진 것은 없었지만 형제들의 우애는 남달랐다. 시집간 큰누이만 제외하고 노병과 그의 형 김두석, 둘째 누이와 셋째 누이는 작은아버지 손을 잡고 부산과 시모노세키를 오가는 연락선 고안마루興安丸에 올라 현해탄을 건넜다. 그러나 교토의 생활은 매우 힘들었다. 3D 업종에 종사했던 작은아버지의 집이 가난했기 때문이다. 가방끈이 짧았던 작은아버지가 할 수 있는 일은 공사판의 일용 노동자나 염색 공장 노동자가 전부였다. 작은어머니도 가정 살림에 힘을 보태려고 공사판 식당에서 일을 해야만 했다.

　그의 마음은 외롭고 고달팠다. 비록 작은아버지 집이라고는 하지만 얹혀사는 신세여서 늘 눈칫밥을 먹어야만 했고 어린 나이였기에 어머니의 품속이 마냥 그리웠다. 게다가 서로 의지했던 형과도 헤어지게 되었다. 작은아버지는 가정 형편상 식구들의 입을 하나라도 줄여볼 생각으로 형을 어느 공사판의 식당에 잠시 맡겨두었다. 그런데 형이 그곳에서 가출을 해버린 것이다. 그 후로 그는 형을 만나지 못했다. 그나마 공짜로 공부할 수 있는 기회가 주어진 것이 그에게 작은 위안이 되었다. 그 당시 일본은 초등학교가 의무교육이었다. 무상교육과 무상급식에 책과 노트까지 공짜로 주었다. 그는 일곱 살 때 초등학교에 입학했다. 교토는 일본의 옛 수도이고 문화의 중심지여서 부유한 일본인 친구들이 많았다. 하지만 그는 가난한 데다 조선인이라는 이유만으로 많은 차별을 받으며 학교를 다녔다. 다만, 공부할 수 있다는 것으로 위안을 삼으며 일본인 친구들의 차별과 무시를 묵묵히 이겨냈다. 그 즈음에 그는 아주 낯선 체험을 하게 된다.

　초등학교 4학년 때의 일이었다. 그날도 그는 운동장에서 열심히 뛰놀고 있었다. 그런데 어디선가 날아온 비행기 한 대가 운동장 상공을 선회하면서 멋진 곡예비행을 했다. 자동차도 흔치 않던 시절에 하늘을 날아다니는 비행기를, 그것도 아주 가까이에서 처음으로 만난 것이다. 그에게는 아주 낯선 충격이었다. 그날 그가 봤던 비행기는 날개가 이중으로 된 복엽기였다. 그리고 캐노피(조종석 덮개)가 없어서 조종석에 앉은 조종사의 상체가 기체 밖으로 나와 있었다. 조종사는 가죽 모자와 이상하게 생긴 안경(고글)을 착용했고 목 주변에는 머플러가 바람에 휘날리고 있었다. 그 모습에 넋이 나간 그는 하늘을 쳐다보며 '저것이 사람인가, 도깨비인가?'라는 생각이 들었다. 그는 비행기가 보이지 않을 때까지 바라보면서 난생처음으로 '나도 조종사가 되고 싶다!'는 열망을 가슴에 담아두었다. 어느 날 그는 선생님께 자신이 본 비행기에 대해 여쭤보았다. 그러자 선생님께서 "얘야, 네가 본 비행기는 우리 학교를 졸업한 분이 멋진 조종사로 성공해서 자기 고향과 모교를 찾아오는 '향토 방문 비행기'란다. 그러니 너도 조종사가 되려면 열심히 공부해야 한다. 훗날 조종사가 되어 네 고향으로 날아가면 많은 사람이 너를 좋아하며 부러워하겠지?"라며 격려해주었다. 선생님의 그 말씀이 어린 그에게 조종사의 꿈을 꾸게 했다.

03. 소모품

의무교육으로 초등학교를 간신히 졸업한 그에게 중학교 진학은 힘겨운 문제였다. 하지만 그는 배움에 대한 열망으로 중학교 과정인 공업학교 야간부에 독학생으로 입학했다. 문제는 수업료였다. 결국 2년 만에 학업을 중단할 수밖에 없었다. 우선 먹고살기 위해 돈을 벌어야만 했기 때문이다. 그는 교토에서 정밀기계 생산업체로 유명한 시마즈 제작소를 찾아가서 일자리를 알아봤다. 회사 관계자는 '조센진은 안 된다.'며 거부했다. 나중에 알았는데 그곳은 일제의 핵심 방위산업체여서 보안상 조선인을 받지 않은 것이다. 그는 여러 번의 시도 끝에 오사카에 있는 배터리 공장에 취업한 뒤 야학으로 배움을 이어갔다. 하지만 그마저도 중간에 포기하고 말았다. 심신이 너무 피곤하고 고달팠기 때문이다. 다니던 직장까지 때려치우고 한동안 교토의 누이네 집에서 무위도식했다. 얼마 후 계량기 공장에 재취업했다. 다행히 그곳은 재일 교포가 운영하는 곳이라서 지낼 만했다. 월급을 타면 한 푼도 헛되이 쓰지 않고 열심히 저축했다. 민간인 비행학교에서 조종술을 배우려면 꽤 많은 돈이 필요했기 때문이다. '비록 적은 돈이지만 한 푼 두 푼 저축을 하다 보면 언젠가는 큰돈이 되겠지.'라는 생각으로 집 근처에 있는 은행을 부지런히 오가며 지냈다. 그러는 사이 태평양전쟁이 일어났고, 시간이 흐를수록 전쟁은 날로 치열해졌다.

하루는 회사에서 일을 마치고 집으로 가는데 길가 게시판에 '육군소년비행병 모집(조종, 정비, 통신)' 모병 포스터가 붙어 있었다. 자세히 살펴보니 모든 교육비가 공짜였다. "아니 내가 비행기 조종술을 배우려고 이 고생을 하고 있는데, 공짜로 배울 수 있다니!" 세 살짜리 꼬마가 일본으로 건너가 14년을 힘겹게 살아온 17세의 조센진 소년에게는 모든 것이 꿈만 같았다. 다음 날 아침 그는 곧장 행정관소(현 동사무소)로 달려가서 '육군소년비행병 모집' 원서를 받아 왔다. 그리고 떨리는 마음으로 모든 신상 정보를 자세하게 기재한 뒤 관련 서류를 우편으로 제출했다. 필기시험은 다치카와立川 육군비행학교에서 치렀다. 시험 과목은 국어, 수학, 역사 등이었다. 그는 중고 서점에서 관련 서적을 구입해 독학으로 열심히 공부해서 무난히 합격할 수 있었다. 그 후 신체검사, 신원조회, 비행적성검사가 이어졌다. 특히 비행적성검사는 3일 동안 까다롭게 진행되었다. 40~50초 동안 호흡 멈추기, 1분 동안 턱걸이 횟수, 순간순간 바뀌는 숫자 5개 암기하기, 회전의자에 앉아 몇 바퀴를 정신없이 돌리다가 갑자기 멈춘 다음 일어서서 걷는 테스트를 실시했다. 그는 모든 관문을 통과하고 최종 합격 통지서를 받았다. 합격생들은 다치카와 육군비행학교에 집결해서 개별 신원 조사를 마친 뒤 비행교육대로 보내졌다. 그는 일본 규슈의 후쿠오카에 있는 다치아라이太刀洗 육군비행학교[7] 아마기甘木, あまぎ 교육대에 배속되어 6개월간 지상교육을 받

---

7 다치아라이(太刀洗, たちぁらい, '큰 칼을 씻는다'는 의미) 육군비행학교에는 아마기 교육대와 지란 교육대가 있었다. 그는 아마기 교육대에서 지상교육을 받았다.

육군소년비행병학교 15기(乙) 졸업 사진[10](출처: 노병의 사진첩)

았다. 그때가 1943년 9월 초였다. 전투조종사가 되기 위한 지상교육은 주로 기본군사훈련에 초점을 맞췄다. 글라이더 활공훈련, 특수체조, 검도, 급보急步, 행군, 항공학, 항공전술, 정비학, 기재취급, 항공기상학, 작전요무령, 군대내무령, 군대예식령, 항공병조전, 구급법 등에 대한 주입식 교육을 속성[8]으로 진행했다. 또 저녁에는 도조 히데키東條英機(일제 A급 전범)가 만든 '군인칙유軍人勅諭'[9]를 암기해야 했다. 암기를 못할 경우에는 교관들의 호된 기합 세례가 이어졌다.

교육훈련은 주말과 휴일도 없이 계속되었다. 무척 힘들고 고달팠다.

---

8 원래 지상교육 기간은 2년이었다. 그러나 전쟁이 본격화되고 조종사 수요가 크게 증가하자 일제는 지상교육을 2년 과정과 6개월 속성 과정으로 나누어 진행했다. 이는 육군소년비행병학교 14기 때부터 시작되었는데 2년 과정으로 교육받은 훈련생들은 '갑(甲)', 6개월 속성 과정으로 교육받은 훈련생들은 '을(乙)'로 구분했다. 노병은 '15기(乙)' 출신이다.

9 군인으로서 마땅히 지켜야 할 사명을 적어놓았다.

10 사진 맨 뒷줄 오른쪽에서 네 번째와 첫 번째가 각각 노병과 김성배의 모습이다. 김성배는 충남 천안의 교육자 집안에서 비교적 부유하게 성장한 노병의 동기생으로서 비행을 매우 잘했다. 하지만 그는 불군기 비행(군기를 지키지 않는 불법비행을 의미)으로 비행금지 처분을 받은 데다 선배 장교와의 갈등이 계속되자 1953년 F-51D 전투기를 몰고 월북했다. 그리고 북한에서 비극적 최후를 맞았다.

하지만 그것보다 더 참기 어려웠던 것은 추위였다. 규슈는 일본 최남단 지역이어서 홋카이도보다는 덜 추웠다. 그러나 당시 교육생 내무반은 난방이 안 되었다. 고작 담요 5장에 볏짚을 채워 만든 매트리스가 전부였다. 한겨울 동해 쪽에서 불어오는 찬바람의 위력은 잠을 잘 수 없을 만큼 혹독했다. 폐렴 환자들이 속출했지만 일제는 교육생의 내무반 환경개선에 관심을 기울이지 않았다. 피복과 군화도 한 벌만 신품이고 나머지는 러일전쟁 때 사용했던 중고품들이었다. 모든 것은 시간이 해결해준다고 했던가! 그렇게 힘겨웠던 아마기 교육대의 지상교육도 끝이 났다. 그는 근처에 있는 메타바루目達原: めたばる 비행교육대로 옮겨져서 본격적인 비행훈련을 받았다. 그에게 배정된 비행기는 100마력짜리 엔진을 탑재한 독일제 '융구망'으로 비행속도는 120km/h였다. 융구망은 날개와 동체가 헝겊인 쌍엽 잠자리 비행기다. 일본이 라이선스로 생산한 독일제 항공기로서 일본의 '95식 중련中練' 항공기에 비해 크기가 작고 캐노피도 없었다. 물론 연료도 적게 들었다. 일제의 기본 훈련기는 95식 중련 항공기였는데, 워낙 숫자가 부족해서 융구망을 라이선스로 생산한 것이다.

실제 비행훈련 기간은 1944년 3월 초부터 6월 말까지 약 3개월이었다. 비행교육은 논밭을 메워 만든 풀밭 수준의 활주로에서 이착륙 반복훈련 50시간에 약 100소티[11]로 진행되었다. 그는 비행교관과 함께 탑승해서 루프 기동, 배면 기동, 롤roll 기동을 각각 10여 차례 연습했다. 그런 다음 솔로비행(단독비행)을 통해 교관이 가르쳐준 루프, 배면, 롤 기동을 반복하며 조종 기량을 숙달해갔다. 다른 동기생들도 마찬가지였다. 특히 솔로비행을 할 때는 교관석에 모래주머니를 올려놓았다. 이는

---

11   소티(sortie)는 전투기의 출격 횟수를 의미한다. 참고로 전투기 1대가 이륙해서 비행임무를 마치고 모기지에 귀환하면 1소티가 된다. 만약 전투기 4대가 1개 편대로 이륙해서 비행임무를 마치고 모기지에 착륙하면 4소티가 되는 것이다.

항공기의 중력중심^{Center of Gravity}을 일관되게 맞추기 위함이었다. 또 비행기 날개 밑에 솔로비행훈련조종사임을 알리는 빨간색 원통의 천 표식을 해두었다. 자동차로 치자면 '초보 운전자'임을 알리는 일종의 식별 표지였던 것이다.

노병은 아마기 교육대에 입교했을 때, 조교들이 했던 말을 들려주었다. 노병 일행이 아마기 교육대에 입교하자 조교들이 환영해주면서 "야, 소모품들이 들어왔구나!"라고 말했다. 당시에 그는 조교들이 한 말의 의미를 알아차리지 못했다. 아마도 열일곱 살의 어린 나이였기 때문이었으리라. 소모품이 바로 가미카제^{神風} 특공대원임을 깨닫게 된 것은 말레이시아의 쿠알라룸푸르에서 미군 함정을 향해 매섭게 돌진하며 들이박는 특공훈련을 받으면서다. 그저 비행기를 공짜로 탈 수 있다는 생각에서 선택한 철부지 육군소년비행병은 자신도 모르는 사이에 제2차 세계대전의 격랑 속으로 빨려 들어간 것이다. 마치 당랑거철^{螳螂拒轍}과도 같은 위험천만한 모습으로.

04. 남방 전선에서 받은 특공대 훈련

1944년 6월 말, 청소년 김두만은 메타바루 비행교육대에서 기본 비행 훈련을 마치고 수료증을 받았다. 가족들도 참석하지 않은 쓸쓸한 수료식이었다. 곧바로 '동남아 국가(이하 남방 전선)로 나가라.'는 전속 명령이 떨어졌다. 일제는 비행훈련을 마친 조종사들을 일본 본토, 만주, 조선, 남방 전선으로 분산 배치했다. 특히 남방 전선으로 배속받는다는 것은 곧 최전선으로 나가는 것을 의미했다. 그에게는 아무런 선택권이 없었다. 모든 것을 운명으로 받아들일 수밖에 없었다. 그는 수많은 동기생들과 함께 일본 규슈의 나가사키에 있는 사세보^{佐世保}항에서 3만 톤급 일본 전함인 '하루나^{榛名}호'에 승선해 1주일의 항해 끝에 싱가포르에 도착했다. 그곳에서 동기생들은 말레이시아의 쿠알라룸푸르와 인도네시아의 자바로 분산 배치되었다. 그는 권성근, 유치곤, 박완규, 김성배와 함께 쿠알라룸푸르에 배속되었다. 주영복, 윤응렬, 전봉희, 김창오는 자바로 떠났다.

일제가 육군소년비행병학교 출신 전투조종사들을 대거 남방 전선으로 내보낸 이유는 두 가지였다. 하나는 미드웨이해전(1942. 6. 5.~6. 7.)에서 승리한 미군이 남방 전선으로 북상하는 것을 차단하고 동시에 부족한 항공연료 문제를 해결하기 위함이었다. 비행훈련을 위해서는 많은 양의 항공연료가 필요했다. 한때, 일본은 미국으로부터 많은 양의 전쟁 물사를 수입해서 사용했다. 그러나 일본의 진주만공격(1941. 12. 7.) 이후, 미국은 대일 선전포고와 함께 모든 전쟁 물자에 대한 대일 수출을 엄격히 통제했다. 일본이 남방 전선의 공략에 적극 나섰던 것도 항공기, 전함, 탱크 운용에 필요한 연료를 안정적으로 확보하기 위해서였다. 특히 인도네시아 수마트라 섬에는 대형 유전이 많았다. 자바로 배속받은 한국인 동기생들은 싱가포르 카란 공항에서 일제의 '97식 중폭격기'를 타고 떠났다. 하지만 쿠알라룸푸르로 배속받은 노병의 일행은 기차를 이용해서 그곳까지 갔다. 쿠알라룸푸르와 싱가포르는 육로로 연결되어 있었기 때문이다.

그가 소속된 쿠알라룸푸르의 제44비행교육대는 3개 비행중대로 구성되었다. 각 비행중대별로 10여 대의 항공기, 20여 명의 전투조종사, 200여 명의 기간병들이 배치되었다. 그가 비행훈련을 할 항공기는 '97식 전투기'였다. 97식 전투기는 동체에 450마력의 엔진을 장착한 '이식二式단좌 고등훈련기'였다. 비행속도는 시속 470km/h로 메타바루 비행교육대에서 조종한 융구망과는 비교할 수 없을 정도로 빨랐다. 본래 '97식 전투기'는 일본 나카지마中島항공기 제작소에서 생산한 기종으로 1937년에 발발한 중일전쟁과 노몬한전투[12]에서 맹활약했던 일본 육군 최초의 단엽 전투기이다. 무장 능력은 50kg짜리 폭탄 2발과 7.7mm 기관총 2정에 300발 정도의 기관총탄이 전부였다. 또 태평양전쟁 초기

---

12 1939년 5월부터 8월까지 몽골과 만주국의 국경 지대인 할하 강 유역에서 소련과 몽골의 연합군이 일본의 관동군과 만주군을 상대로 싸운 전투.

에는 97식 전투기를 작전에 투입했지만 연합군 전투기에 비해 성능이 크게 떨어져서 전투조종사들의 비행훈련용 항공기로 대체되었다. 그는 낯선 이국땅에서 오로지 비행훈련에만 전념했다. 비행교관들도 훈련 이외의 다른 생각을 할 수 없도록 혹독하게 다뤘다. 어쩌다 밤하늘을 쳐다보면 남십자성만 높게 떠 있었다. 그것은 그가 남방 전선의 한가운 데에 있음을 끊임없이 일깨워주었다.

아침이 되면 또다시 비행훈련에 임해야 했다. 편대비행, 특수비행, 공중사격술과 적기 회피 기동, 공대지공격술, 생지이착륙生地離着陸훈련[13]에 열중했다. 그에게 가장 현실감이 높았던 훈련은 공대공 실탄사격훈련이었다. 그의 부대에는 2인승짜리 항공기인 '99식 직접협력기直接協力機'가 4대 있었다. 주로 지휘관이나 참모들이 싱가포르나 자바로 출장 갈 때 사용하거나 공중사격훈련을 할 때 공중 표적을 끌고 가는 임무를 수행했다. 그를 비롯한 전투조종사들은 99식 직접협력기 끝에 매달린 공중 표적지를 뒤쫓아 가면서 그곳에다 기총사격을 가했다. 비행교관들은 사격훈련을 마친 뒤, 전투조종사별로 공중사격 점수를 매겼다. 그러고는 수준 미달인 전투조종사들에게는 혹독한 얼차려를 가했다. 전투조종사들은 비가 와도 쉴 수 없었다. 군인 정신에 대한 지휘관의 훈화를 듣거나 평소 비행훈련으로 미뤄놓았던 일들을 한꺼번에 처리해야 했기 때문이다.

그나마 다행인 것은 전투조종사의 부식이나 대우가 지상근무자들에 비해 훨씬 좋았다는 사실이다. 전시 중이었음에도 전투조종사들의 식탁에는 고기와 해산물이 자주 올라왔다. 지상근무자들 사이에서는 배

---

13 생지이착륙훈련이란 현재 우리 공군이 운영하는 타 기지 전개훈련과 유사한 것으로 판단된다. 전시나 평시에 전혀 예상하지 못한 기체의 비상 상황으로 인해 모기지로 귀환(RTB)이 불가능한 상태에서 이착륙 경험이 없는 비행장이나 평탄한 지역, 도로 등에 비상착륙해야 하는 경우를 대비해 실시하는 훈련이다.

고품을 하소연하는 사례가 많았지만 전투조종사들에게 그런 경우는 거의 없었다. 태평양전쟁이 절정에 이르렀던 1945년 7월 중순경, 남방 전선 각지에서 훈련을 받고 있던 전투조종사들에게 '싱가포르로 집결하라!'는 극비 명령이 하달되었다. 그리고 일제는 '이제 우리 전투조종사들이 일본을 위해 싸울 시점이 다가오고 있다. 각자 정신 무장을 새롭게 하고 훌륭한 특공대원이 되기 위한 비행훈련에 전념하라.'는 메시지를 전달했다. 그는 다른 전투조종사들과 함께 쿠알라룸푸르로 되돌아와서 급강하와 초저고도 침투비행술을 숙달할 때까지 반복했다. 훈련의 초점은 어떻게 하면 미군 함정에 정확하게 돌진할지에 맞춰졌다. 그는 그때서야 비로소 메타바루 비행교육대에서 조교들이 말했던 '소모품'의 끔찍한 실체를 깨닫게 되었다.

하지만 쿠알라룸푸르와 자바 기지의 전투조종사들을 가미카제 특공대원으로 활용하려던 일제의 계획은 빗나가고 말았다. 더글러스 맥아더Douglas MacArthur와 체스터 W. 니미츠Chester W. Nimitz 제독이 이끄는 미군이 필리핀의 루손 섬을 공격했기 때문이다. 쿠알라룸푸르와 자바 기지는 필리핀 전선의 뒤쪽에 있었기 때문에 미군과의 전투에 참전할 수가 없었다. 97식 전투기의 항속거리가 너무 짧았기 때문이다. 그에게는 엄청난 행운이었다. 그러자 일제는 1945년 8월 초, 남방 전선의 모든 전투조종사들을 일본으로 귀환시킬 계획을 세웠다. 모든 전투조종사들을 일본 본토로 불러들인 뒤, 미국과의 마지막 대혈전을 벌이기 위함이었다. 일제는 남방 전선에 흩어져 있던 전투조종사들을 싱가포르, 프놈펜, 중국, 대만을 거쳐 일본 본토로 귀환시키려고 했다. 당시 프놈펜은 모든 남방 전선과 일본을 연결하는 전략적 요충지였다. 그도 쿠알라룸푸르에서 동료 전투조종사들과 함께 수송기를 타고 중간 기착지인 캄보디아의 수도 프놈펜으로 향했다. 그러나 곧 일본으로부터 날아올 것이라던 수송기는 아무리 기다려도 오지 않았다. 그 대신 며칠이 지난 1945년 8월 15일 정오쯤 '일본이 무조건 항복했다.'는 소식이 날아왔다. 하지만 그는 일본군 소속이어서 조국의 해방과는 무관하게 베트남으로 이동해서 전쟁 포로 생활을 해야 했다. 또 다른 운명이 그를 기다리고 있었다.

05. 포로 생활과 17년 만의 귀향

맥아더 사령부는 프놈펜에 있던 일본군 포로들에게 베트남의 사이공으로 이동할 것을 명령했다. 노병은 프놈펜에서 트럭을 타고 사이공으로 이동했다. 종전終戰을 며칠 앞두고 일본으로 떠난 동료 전투조종사들이 부러웠다. 그는 사이공에서 1945년 8월 15일부터 1946년 5월 초까지 포로 생활을 했다. 처음에는 영국군이 포로들을 감시했지만 나중에는 프랑스군으로 대체되었다. 포로들의 숙소는 일제가 사용하던 요정 집이었다. 200여 명의 포로들이 그곳에서 함께 생활했다. 미국을 비롯한 연합국은 포로들에게 '38식 일본 소총'으로 무장시킨 뒤, 메콩 강의 델타 지역에 출몰해서 테러를 일삼는 베트민(베트남독립군)을 소탕하도록 했다. 적을 이용해서 적을 소탕하는 이이제이以夷制夷 전술이었다. 그 과정에서 포로 1개 소대가 통째로 행방불명되는 불상사가 발생하기도 했다. 밀림 지대에서 작전을 펼치면서 그곳 지리에 어두웠던 것이 화근이었다. 결국 영국군들이 그들을 찾아내서 무사히 원대 복귀를 시켰지만 비행기만 조종했던 노병에게는 매우 낯선 경험이었다. 그 후에도 일본군 포로들은 베트민의 소탕 작전에 수차례 동원되었다. 하루는 임무를 마치고 숙소로 돌아오다가 베트민의 습격을 받아 죽을 뻔한 적도 있다. 또 1945년 8월 중순부터 11월 말까지는 부두 하역 작업에 동원되었고 1945년 12월부터 1946년 3월까지는 사이공 시 외곽에 있는 유류 저장 탱크에 대한 경비 업무를 맡기도 했다.

육체적으로 가장 힘들었던 것은 부두 하역 작업이었다. 배에서 무거운 짐을 지고 나르는 고통은 해보지 않고서는 이해하기 힘들다. 그에 반해 경비 업무는 편하고 시간적 여유도 많았다. 경비를 서는 동안 그는 일본인 전투조종사에게 틈틈이 바둑을 배웠다. 딱히 갖고 놀 만한 것이 없어서 매일 바둑에 몰두하다 보니 귀국할 때에는 아마 5급 정도로 실력이 늘었다. 이때 배운 바둑이 훗날 제1, 3대 공군참모총장[14]을 역임한 김정렬 장군(예비역 ☆☆☆) 댁을 오가며 그의 부친과 인연을 맺는 데 한몫했다. 열악한 부식도 그에게는 참기 힘든 고통이었다. 쿠알라룸푸르 제44비행교육대의 전투조종사 시절에는 의식주 보급 수준이 꽤 좋았다. 그러나 포로가 되면서 최악의 상황으로 변했다. 잠자리와 입을 옷은 그렇다손 치더라도 제대로 먹지 못하는 고통은 이루 말할 수 없었다. 베트남은 세계적인 쌀 주산지였지만 포로들에게 지급되는 식량은 늘 부족했다. 더욱이 부식은 패망 전 일제의 부식 창고에 남아 있었던 것이 전부였다. 짠 연어 통조림에다 배추를 비롯한 채소를 썰어 넣은 소금국이 전부였다. 그것마저도 늘 부족했다.

---

14 당시 공군의 최고지휘관은 '공군총참모장'이라고 불렀다. 우리나라에서 공군참모총장이란 공식 명칭을 사용한 것은 1953년 10월 1일부터다. 하지만 이 책에서는 공군총참모장을 공군참모총장이라고 기술하기로 한다. 또 공군참모총장이 삼성장군(☆☆☆)에서 사성장군(☆☆☆☆)으로 격상된 것은 10대 공군참모총장인 김성룡 공군대장 때부터다. 노병은 이에 대해서도 증언했다. "원래는 육군참모총장만 사성장군이었습니다. 그런데 1960년대 중후반에 북한 무장공비의 남파가 계속되자 박정희 대통령은 삼성장군이 맡았던 1군사령관직을 사성장군으로 만들어주었습니다. 군의 사기 진작책이었다고 봅니다. 그러면서 공군참모총장과 해군참모총장도 사성장군으로 격상해준 겁니다. 항간에는 모 인사가 자신이 박정희 대통령을 설득해서 그렇게 한 것이라고 주장했는데, 이는 내가 아는 사실과 전혀 다른 얘기입니다."

1946년 3월이 되자 맥아더 사령부에서 새로운 명령이 하달되었다. 요지는 '전쟁 포로들을 한국, 대만, 일본 출신별로 분리해서 관리하라.'는 것이었다. 이로 인해 그는 김정렬 대위와 운명적으로 만난다. 그는 필자에게 "김정렬 대위(당시 계급)는 일본 육군항공대의 최고참 장교로서 '비연'이란 3식 전투기를 운용했던 비행대대장이었다. 그리고 구레나룻을 멋지게 기르고 있었다."고 말했다. 또 남방 전선에서 한국인 출신 군인 가운데 이용문李龍文(1916~1953) 소좌 다음으로 서열이 높은 김 대위는 일본 육군대학에 입교하기 위해서 사이공에서 일본행 수송기를 기다리다 해방을 맞아서 연합군의 포로가 되었다. 한국인 출신 포로 50여 명은 서열 2위였던 김정렬 대위의 지시를 받았다. 그렇게 된 데에는 말 못할 사연이 있다. 당시 이용문 소좌는 일본 육사를 50기로 졸업하고 남방 전선의 일본군 군수軍需 책임자로 근무했다. 그는 호방하고 잘생긴 외모 때문에 베트남 여성들로부터도 인기가 좋았다. 또 그는 포로 생활을 하면서도 자신을 찾아온 후배들에게 술과 음식을 넉넉하게 대접했을 정도로 수완이 뛰어나고 통이 컸다. 그런 그가 어떤 이유인지는 잘 모르지만 하루는 김 대위에게 "나는 베트남에 더 머물고 싶다. 그러니 당신이 한국인 출신 포로들을 잘 이끌고 먼저 귀국해라."고 말했다고 한다. 김 대위도 일본 육사 선배인 그의 요구를 딱히 거절하기 어려웠을 것이다.

노병은 김정렬, 윤응렬, 전봉희, 김봉기, 최일홍, 김성배 등 전투조종사를 비롯해 칠팔십 명의 다른 군인, 군속과 함께 1946년 5월 초 사이공을 출발해서 약 1주일간의 항해를 마치고 1946년 5월 15일 부산에 도착했다. 귀국할 때 타고 온 배는 연합국에 의해 무장해제된 일본 구축함 요이츠키宵月호였다. 이어 미군들에 의한 검역 작업이 신속하게 이루어졌다. 그들은 귀국한 한국인 출신 군인과 군속에게 DDT[15] 세례를 퍼붓은 뒤 고향에 갈 여비로 1,000원씩 나눠주었다. 그것으로 모든 입국 절차는 간단하게 끝났다. 그를 비롯한 동료 전투조종사들은 다음에 만날 것을 기약하며 가자 자신의 고향으로 돌아갔다. 김정렬 대위는 서울로, 노병의 동기생인 윤응렬, 전봉희, 김성배는 각각 평양, 부산 동래, 충남 천안으로 떠났다. 그도 자신의 고향인 경남 의령으로 돌아갔다. 이로써 일본군 하사(현 상병)로 시작해서 오장(현 하사) 계급을 달고 '97식 전투기'를 조종했던 일본 육군항공대 생활이 일단락되었다.

---

15 DDT(Dichloro Diphenyl Trichloroethane)는 유기염소 계열의 살충제이자 농약이다.

06. 터닝포인트

세상을 살면서 누구나 한두 번은 결정적 터닝포인트를 맞이한다. 성공한 사람과 실패한 사람의 차이는 그것을 어떻게 활용했느냐에 달려 있다. 노병은 터닝포인트를 잘 활용했다. 부산에서 동기생들과 헤어진 그는 극심한 고독감에 휩싸였다. 그 전까지만 해도 늘 집단 속에서 생활했기 때문에 외로움을 느끼지 못했지만 갑자기 혼자가 되고 나니 모든 게 막막했다. 세 살 때 고향을 떠나 머나먼 이국땅에서 생활하다 17년 만에 돌아온 고국에 대해 그가 아는 것이라곤 '경남 의령군 화정면 상정리 512번지'라는 본적지뿐이었다. 3년 전, 일본 교토에서 헤어진 작은아버지, 셋째 누이와는 서신 왕래조차 없었기 때문에 그들이 어디 사는지 알 수 없었다. 그래서 무작정 고향을 찾아갔지만 그를 반겨줄 사람은 아무도 없었다. 수소문 끝에 먼 친척뻘 되는 아저씨를 만나서 자초지종을 털어놓으니 작은누이가 경남 합천읍에서 살고 있다는 소식을 알려줬다.

그는 곧장 합천으로 향했다. 당시는 교통편이 좋지 않아서 작은누이 집까지 걸어서 갔다. 그가 작은누이를 찾고 싶었던 것은 어린 시절에 고락^{苦樂}을 함께하며 정이 들었기 때문이다. 다행스럽게도 작은누이네는 집도 크고 넉넉해서 한동안 그곳에서 편하게 지냈다. 그리고 작은아비지는 부산에서, 둘째 누이는 수원에서 살고 있다는 것도 알게 되었다. 3주 정도 푹 쉰 뒤, 부산으로 내려가서 작은아버지에게 귀국 인사를 드리고 합천 누이네 집으로 돌아와서 그해 여름을 보냈다. 가을철이 되자 문득 서울에 올라가고 싶은 생각이 간절해졌다. 김정렬[16]을 만나서 세상 돌아가는 일에 대해 묻고 싶었기 때문이다. 김정렬은 부산에서 헤어질 때, "두만이, 만약 서울에 올 일이 있으면 반드시 우리 집에 놀러 오게."라며 자신의 집 주소를 적어주었다. 그는 김정렬을 만나기 위해 합천 누이 집을 떠났다. 합천에서 버스를 타고 대구역에 도착하니 저녁때가 되었다. 그런데 역 광장은 인분 냄새로 진동했다. 사람들이 아무 데서나 대소변을 봤기 때문이다. 한마디로 무법천지의 세상이었다. 기차도 마찬가지였다. 유리창은 다 깨져서 차가운 밤바람이 얼굴을 때렸고, 기차 객실은 사람들로 가득 찼다. 그러자 일부 승객들이 기차 지붕으로 올라가기에 그도 따라서 올라갔다. 그 상태로 서울역까지 갔다.

김정렬의 집은 서울 성북구 돈암동에 있었고, 동네가 잘 정돈되어 있어서 집을 찾는 데 어려움은 없었다. 그의 집은 한옥과 양옥을 혼합한 단층^{單層}짜리 목조 주택이었고 김정렬 부부와 김영환 부부가 부모님과 함께 살고 있었다. 당시 그의 부모님은 서대문에서 '만화당'이라는 예식장을 운영하셨다. 우리나라 최초의 예식장인 만화당이 신세대 청춘 남녀들의 예식 명소로 알려지면서 그들 부모님은 큰돈을 버셨다. 그래서

---

16 해방 직후, 김정렬의 신분은 포로 생활을 끝내고 귀국한 민간인에 불과했다. 따라서 그가 다시 군문에 들어서기 전까지는 민간인으로서 김정렬이란 이름을 사용한다.

그런지 그의 집은 주변에서도 눈에 띌 만큼 좋았다. 게다가 당시로선 흔치 않은 자가용까지 보유하고 있었다. 그들 형제는 누이 집 외에 딱히 머물 데가 없는 노병에게 식객 노릇을 할 수 있게 배려해주었다. 노병에게는 그것만으로도 행운이었다. 김정렬과 김영환은 장기를 잘 두었다. 그들 형제는 노병의 바둑 실력이 괜찮음을 알아채고 "우리 아버지가 바둑을 좋아한다."면서 자신의 부친을 소개했다. 그 후 노병은 그의 부친과 종종 바둑을 두면서 세상 돌아가는 이야기를 들을 수 있었다. 그는 김정렬을 빨리 만난 덕분에 좋은 정보를 얻을 수 있었고 주위 사람들과 폭넓은 인간관계를 맺을 수 있었다. 또 김정렬의 집을 자주 드나들면서 그들 가족과도 친하게 지냈다.

지금도 김정렬과 김영환이 친형제라는 사실에 고개를 갸우뚱하는 사람이 꽤 많다. 그들의 이름에는 한국인들이 전통적으로 쓰는 돌림자를 사용하지 않기 때문이다. 필자도 그 점이 궁금했다. 노병은 필자에게 "김정렬과 김영환은 분명히 친형제였고, 김영환의 본명은 김영렬이었다."고 말했다. 또 그와 관련된 뒷얘기까지 자세하게 들려주었다. 하루는 김영환의 모친 변상희 여사가 평소 다니던 사찰의 주지 스님에게 두 아들의 앞날을 여쭤본 모양이다. 그런데 주지 스님이 변 여사에게 "정렬의 미래는 무척 밝고 좋다. 다만, 영렬이는 좋은 이름이 아닌 것 같으니 다른 이름으로 바꿔 부르는 게 좋을 것 같다."고 말했다는 것이다. 그 후로 부모님이 김영렬을 김영환으로 개명했다고 한다. 노병은 그들의 집 안에서 부모님이 김영환에게 "영렬아!"라고 부르는 것을 여러 차례 들었다고 말했다. 또 노병은 변상희 여사에 대한 얘기도 자세히 들려줬다. "그녀는 독실한 불교 신자로서 '변보운화邊寶雲華'라는 법명까지 얻었을 만큼 불교계에서 인정받았던 신세대 인텔리 여성이었다. 또 당시 명문 여자고등학교였던 진명여고를 졸업하고 국내에서 예식장

사업을 최초로 시작해서 우리나라의 예식 문화를 이끌었던 1세대 여성 CEO다. 게다가 매사에 조신한 모습과 깔끔한 성품을 지녔으면서도 쾌활한 모습으로 다른 사람들을 편하게 대해주는 인자한 분이셨다." 노병은 "김영환이 모친의 장점을 많이 닮은 것 같았다."고 기억했다. 특히 노병은 변 여사께서 자식들에게 이따금씩 해주셨던 말씀을 지금도 잊지 않고 있었다. "한 인간이 공公을 위해서 일을 하면 영원히 남지만, 사私를 위해 일하면 당대에 끝나고 만다." 변 여사의 말씀은 노병에게도 삶을 살아가는 좌우명이 되었다고 고백했다.

한편, 그 시기 노병은 북한이 고향인 둘째 매부의 주선으로 병원에서 조수로 근무하는 행운을 얻었다. 그곳은 평양 출신인 강동완 박사가 운영하는 병원이었다. 둘째 매부와 인척지간이었던 강 박사는 일본 교토 제대를 졸업한 후, 일제 치하에서 춘천 도립병원장으로 근무하다 해방이 되자 자신의 병원을 개업했다. 그는 강 박사에게 주사를 놓는 방법과 처방전 쓰는 방법을 배우고 1947년 한 해 동안 병원 조수로 근무했다. 그의 병원 근무는 세상 물정에 눈뜨는 계기가 되었다. 당시 월남한 이북 사람들이 강 박사의 병원을 찾아와서 치료를 받았다. 그들은 강 박사가 평양 출신 의사임을 알고 찾아온 것이다. 노병은 이북 사람들을 통해 북한 실상에 대해 자세히 알게 되었고, 치료차 병원에 여러 번 들렀던 어느 여기자와 격한 이념 논쟁을 하면서 사회주의의 본질과 한계에 대해서도 올바로 인식하게 되었다.

이는 훗날 그가 남로당이나 사회주의 노선에 동조하지 않고, 오로지 국가에 충성하고 국민의 생명과 재산권을 지켜주는 강직한 군인의 길을 걷는 데 큰 도움이 되었다. 그는 필자에게 이런 말도 했다. "그때 내가 서울로 올라오지 않고 경남 의령이나 합천에 눌러앉았다면 나도 틀림없이 사회주의나 좌익 사상에 오염되어 남로당에 가입했을 겁니다.

그리고 내 운명도 비극적으로 끝났을 가능성이 큽니다."

노병은 휴일마다 김정렬의 집을 찾아갔다. 병원에서 그곳까지 걸어서 20여 분밖에 안 되었다. 일가친척이나 아는 사람도 없는 서울에서 그래도 마음 편히 찾아갈 수 있는 곳이 그의 집이었다. 그의 가족들도 노병을 반갑게 맞아주었고, 그곳에서 늘 새로운 세상 소식과 함께 많은 항공인을 만났다. 그것은 밝은 미래를 꿈꾸며 날갯짓을 시작하려는 노병에게 매우 소중한 터닝포인트였다.

07. 원자폭탄 투하와 남북 분단의 책임

요즘 역사 교과서 문제로 연일 시끄럽다. 문제의 본질은 '역사 교과서를 어떻게 하면 좌우 편향 없이 사실관계에 충실하게 기술할 것인가?'에 대한 진지한 논의다. 그럼에도 우리 사회는 보수와 진보 간의 불필요한 이념 전쟁으로 아까운 시간만 허비하고 있다. 필자가 '원자폭탄 투하와 남북 분단의 책임'에 관한 글을 쓰는 이유도 그와 관련한 왜곡과 거짓 주장을 차단시켜야 한다는 노병의 일침이 있었기 때문이다. 일부 인사들은 미국이 원자폭탄으로 일본 히로시마와 나가사키를 공격해서 일왕 히로히토의 항복을 받아낸 것을 '인권을 무시한 전쟁광들의 미친 책동'이라고 비판한다. 얼핏 들으면 맞는 얘기 같다. 하지만 그것은 매우 잘못된 주장이다.

1941년 12월 7일 일본의 진주만 기습공격[17]을 계기로 미국이 일본과의 전면전을 시작했다. 일본은 연전연패했지만 항복할 기미를 보이지

---

17 1941년 12월 7일, 일본은 선전포고도 없이 진주만을 비롯해 필리핀과 말레이반도를 동시다발적으로 공격했다. 특히 일본이 진주만을 기습공격한 것은 미 태평양함대의 주력부대를 궤멸시킴으로써 동남아 국가들을 완전히 장악하기 위함이었다.

않았다. 미국은 특단의 조치를 강구하기로 뜻을 모으고 1945년 봄, 일본 본토의 주요 공격 목표를 논의하기 위한 '특별표적위원회'를 발족했다. 그들은 원자폭탄을 사용하면 군이 일본 본토에 대한 상륙작전을 감행하지 않아도 항복을 받아낼 것으로 예상했다. 그리고 도쿄를 비롯한 교토, 요코하마, 고쿠라, 니가타, 히로시마 등을 잠재적 공격 목표[18]로 선정했다. 그 와중에 미 해병대의 오키나와 전투 보고서가 미 행정부로 날아들었다. 미 행정부는 보고서를 읽고 경악했다. 최정예 미 해병들이 태평양의 작은 섬 하나를 탈환하는 데 3개월이란 긴 기간에 12,000여 명의 장병들이 희생되었기 때문이다. 그것은 일본군의 야만적이고 비인권적인 옥쇄玉碎[19] 전술 때문이었다. 미 행정부는 이를 토대로 일본 본토 공략에 대한 시뮬레이션을 시도했다. 약 100만 명에 달하는 미국 젊은이들의 희생이 예상된다는 결론이 나왔다. 미 행정부는 일본에 대한 원자폭탄 투하를 더 이상 미룰 이유가 없다고 판단했다. 자국 군인들의 헛된 죽음을 더 이상 방치할 수 없었기 때문이다. 이것만으로도 일본은 미국의 원자폭탄 투하에 대해 '인권'을 운운할 자격이 없다.

1945년 8월 6일 이른 아침, 사이판에서 약 5km 떨어진 티니언 섬의 미군기지에서 B-29 폭격기 3대가 거대한 굉음을 내며 이륙했다. 선도기인 #1기의 기장은 폴 티베츠Paul Tibbets 공군 대령이었다. 그는 자신의 애기를 '에놀라게이'라고 명명했다. 그것은 자기 어머니의 이름이기도 했다. 오전 8시 15분쯤, #1기는 히로시마 아이오이바시相生橋의 상공

---

18 도쿄와 교토는 잠재적 공격 목표에서 제외되었다. 도쿄는 항복 협상 시 히로히토 일왕이 필요하다는 생각에서 제외시켰고, 교토는 그곳으로 신혼여행을 다녀온 헨리 L. 스팀슨(Henry L. Stimson) 미 육군장관이 '일본의 문화 중심지' 운운하며 이의를 제기했기 때문이다. 그는 미국의 전통적인 외교 노선인 고립주의를 강력히 비판하며 프랭클린 루스벨트, 딘 G. 애치슨, 조지 F. 캐넌 등과 같이 국제주의 노선을 지향한 인물이다.

19 『북제서(北齊書)』 '원경안전(元景安傳)'을 보면 '대장부영가옥쇄하능와전(大丈夫寧可玉碎何能瓦全)'이란 글귀가 나온다. 이는 '대장부가 차라리 옥쇄할지언정 어찌 하찮은 와전(瓦全, 기와)이 되겠는가!'라는 뜻이다. 와전은 보잘것없이 헛된 일생을 보내는 것을 의미한다.(출처: 두산백과 참조)

임을 확인한 뒤, 폭탄 창을 열고 '리틀보이'를 투하했다. 잠시 후 강렬한 섬광과 함께 버섯 모양의 거대한 구름이 피어올랐고 히로시마는 생지옥으로 변했다. TNT 20,000톤의 위력과 맞먹는 리틀보이의 폭발력에 14만여 명의 생명과 6만여 채의 가옥이 일시에 사라져버렸다. 그런데도 히로히토^{裕仁}는 눈 하나 꿈쩍하지 않았다. 그의 태도는 배짱이 아니라 야만이었다. 그로부터 3일 뒤인 1945년 8월 9일 오전 12시 2분, 척 스위니 대위가 이끄는 B-29 폭격기 편대가 일본 규슈의 나가사키 북부 우라카미 공업지역에 또 1발의 원자폭탄인 '팻맨'을 투하했다. 원래 1차 공격 목표는 나가사키가 아니라 고쿠라 지역이었다. 그러나 당일 아침 그곳의 기상 여건이 좋지 않아 항로를 바꿔 나가사키를 공격한 것이다. 그곳 주민들은 아닌 밤중에 홍두깨 식으로 두들겨 맞은 꼴이 되었다. 팻맨 투하로 가옥 90%가 파괴되었고 인명 피해는 64,000여 명이 죽거나 다쳤다. 위력은 리틀보이보다 컸음에도 피해가 히로시마보다 적었던 이유는 나가사키의 지형적 특성에 기인한다. 즉 나가사키가 히로시마보다 언덕 형태로 비교적 높은 곳에 있었기 때문이다. 그제야 히로히토 일왕과 스즈키 간타로^{鈴木貫太郎} 총리가 제정신을 차리고 항복을 결심했으니, 두 인간의 통치를 받았던 일본인들만 애처롭고 불쌍할 뿐이다.

만약 그들이 항복을 결정하지 않았다면 어떻게 되었을까? 일본이란 나라는 지구상에서 흔적도 없이 사라졌을 것이다. 미국의 온라인 매체인 〈더 데일리비스트^{The Daily Beast}〉 자료를 인용한 〈세계일보〉 기사(2015. 8. 15.)에 따르면 미국은 일본이 항복하지 않고 계속 저항할 경우 특별 표적위원회가 선정한 주요 목표에 원자폭탄 12발을 추가적으로 투하시킬 계획이었다고 한다. 2발의 원자폭탄 세례를 맞고 히로히토와 스즈키 간타로가 '무조건 항복'이란 카드를 들고 나온 것이 그나마 일본을 살린 셈이다.

한반도가 남북으로 분단된 배경에도 그동안 베일에 쌓여 있던 또 하나의 진실이 숨어 있다. 지금도 일부 인사들은 남북 분단의 원인으로 이승만 대통령의 단정론^{單政論}을 제시한다. 그러나 그것은 팩트가 아니다. 1946년 3월 20일, 미국과 소련은 서울 덕수궁에서 임시정부 수립을 위한 제1차 미소공동위원회를 개최했다. 그러나 상호 간의 입장 차이가 매우 컸기 때문에 회의는 결렬되고 말았다. 그 후 우익과 좌익 사이에서 반탁과 찬탁을 놓고 극심한 이념 대결을 전개했다. 그런 가운데 1946년 6월 3일, 이 대통령은 지방 순시 도중, 전북 정읍에서 다음과 같은 발언을 했다.

> …(중략)… 이제 우리는 무기 휴회된 미소공동위원회가 재개될 기색도 보이지 않으며, 통일정부를 고대하나 여의케 되지 않으니, 우리는 남한만이라도 임시정부, 혹은 위원회 같은 것을 조직하여 38선 이북에서 소련이 철퇴하도록 세계 공론에 호소하여야 될 것이니 여러분도 결심하여야 할 것입니다. …(후략)…

이와 같은 이 대통령의 발언으로 남북이 갈라섰고 동족상잔의 비극까지 초래했다는 주장[20]의 진위 여부를 가리기 위해 우리들이 사전적으로 파헤쳐야 할 진실이 하나 있다. 그것은 한반도의 운명을 둘러싸고 숨 가쁘게 진행된 일련의 국제 회담이다.

첫 번째 회의는 1943년 11월 22일부터 12월 7일까지 두 차례[21]에

---

20 구소련이 붕괴된 후 공개된 비밀 자료를 보면 '북한에 친소 정부를 세우겠다.'는 스탈린의 결심이 이승만 대통령의 단독정부안보다 훨씬 더 오래전에 계획되었다는 사실을 확인할 수 있다. 이는 일부 역사학자들의 주장이 잘못된 것임을 입증한다.

21 1차는 1943년 11월 22일에서 26일까지, 2차는 1943년 12월 2일에서 7일까지 열렸다.

걸쳐 진행된 카이로회담이다. 미국의 프랭클린 D. 루스벨트^{Franklin D.} Roosevelt 대통령, 영국의 윈스턴 L. S. 처칠^{Winston Leonard Spencer Churchill} 수상, 중국의 장제스 총통은 이집트 카이로에서 만나 제2차 세계대전의 전후 처리 문제를 논의했다. 그때 한반도 독립 문제가 최초로 언급되었다. 두 번째 회의는 1943년 11월 28일부터 12월 1일까지 개최된 테헤란회담이다. 미국의 루스벨트, 영국의 처칠, 소련의 스탈린이 이란 테헤란에서 머리를 맞대고 제2차 세계대전의 전후 처리 문제를 논의했다. 테헤란회담은 한반도의 신탁통치 문제가 처음으로 언급된 국제회의였다. 세 번째 회의는 1945년 2월 4일부터 2월 11일까지 소련 흑해 연안의 얄타에서 개최된 얄타회담이다. 이 회담은 한반도의 분단과 민족상잔의 비극을 잉태시킨 국제 회담이었다. 왜냐하면 테헤란회담의 3인방이 얄타에서 만나 한반도의 신탁통치에 대한 최종 합의를 도출하고, 미국이 처음으로 소련의 대^對일 참전을 강력하게 요구했기 때문이다. 네 번째 회의는 1945년 7월 17일부터 8월 2일까지 독일 포츠담에서 열린 포츠담회담이다. 미국의 해리 S. 트루먼^{Harry S. Truman} 대통령, 영국의 처칠(이후 애틀리 수상으로 교체), 소련의 스탈린이 만나 제2차 세계대전 이후의 전후 처리 문제, 일본에 대한 항복 권고, 소련에 대한 대일 참전 약속 준수를 요구한 회의였다. 세 명의 연합국 지도자들은 포츠담회담을 마친 뒤, 일본에게 무조건 항복을 요구했다. 그러나 일본 총리 스즈키 간타로는 공식 기자회견을 통해 "우리는 포츠담선언을 묵살한다."고 천명했다.

스탈린은 미·일 간의 전쟁을 관망하며 대일 참전 여부를 저울질하고 있었다. 1945년 8월 6일 미국이 히로시마에 원자폭탄을 투하하자 스탈린은 일본이 곧 항복할 것을 직감하고 1945년 8월 9일 0시를 기해 대일 선전포고와 함께 참전을 개시했다. 8월 9일 나가사키에 또 1발의 원자폭탄이 떨어지자 히로히토 일왕은 무조건 항복을 선언했다. 스탈린은 자신의 붉은 군대에게 만주를 거쳐 한반도까지 빠른 속도로 밀고 내려갈 것을 명령했다. 소련군이 빠른 속도로 한반도를 향해 남하하자 당황한 측은 미국이었다. 1945년 8월 11일 새벽, 미국 국방부의 존 J. 맥클로이[John J. McCloy] 차관보는 미 국방성 합동기획참모부 작전국 정책과에서 근무하는 데이비드 D. 러스크[David D. Rusk] 대령과 찰스 본스틸[Charles Bonesteel] 대령에게 은밀한 지시를 내렸다. '가능한 한, 한반도 북쪽 지역을 경계선으로 잡아서 소련군의 남하를 막고 연합국의 항복 접수 지역 분할에 대한 문서를 기안하라.'는 것이었다. 사무실로 돌아온 두 사람은 작전국장인 조지 A. 링컨[George A. Lincoln] 준장과 함께 벽에 걸린 한반도 지도를 쳐다보며 토론을 벌였다. 한반도에서 동서東西 폭이 가장 짧은 곳은 평양과 원산을 잇는 북위 39도선이었다. 하지만 그들은 '38도선을 기준으로 한반도를 분할 통치하자.'는 결정을 내렸다. 그런 결정을 내린 이유가 무엇일까? 그들에게 영향을 미친 것은 미국 예일대학 지리학과 교수였던 니콜라스 J. 스파이크만[Nicholas J. Spykman]이 쓴 책이었다. 그의 사후死後[22]에 출간된 『평화의 지리학the Geography of the Peace』에서 스파이크만은 "세계적 수준의 문명과 발명의 90% 이상이 북위 38도선 이북에서 나왔다."며 38도선을 강조했다. 그의 말에 주목했던 세 사람은 38도선을 미국과 소련 간의 분할 경계선으로 최종 결정했다. 그리고 미국은 그것을 소련 측에 제안해서 동의를 얻어 냈다.[23] 하지만 이런 어이없는 결정이 결국 한반도의 남북 분단과 6.25남침전쟁을 유발하는 결정적

---

22 네덜란드 태생으로 오랫동안 지정학을 연구한 그는 불운하게도 1943년 49세의 젊은 나이에 암으로 세상을 떠났다.

23 훗날 미 국무장관이 된 데이비드 D. 러스크는 1990년 6.25남침전쟁 40주년을 맞아 서울을 귀빈 방문했다. 이때 그는 "1945년 8월, 소련 당국이 38도선을 분할 경계로 삼자는 우리 측 제안을 거부할지도 모른다는 걱정이 팽배했지만 다행스럽게도 스탈린이 그 제안을 흔쾌히 수락해서 오히려 내 자신이 크게 놀랐다."라고 회고했다.

계기가 되었다는 점에서 안타깝기 그지없다. 만약 일본이 1945년 7월 27일의 포츠담선언을 수용했다면 원자폭탄 투하로 인한 피해는 물론 소련군의 대일 참전까지 막을 수 있었다. 그렇게 되었다면 남북 분단은 물론 비극적인 6.25남침전쟁도 일어나지 않았을 것이다. 그런 의미에서 한반도 남북 분단의 1차적 책임은 저 간사하고 교활한 스즈키 간타로에게 물어야 옳다. 그런 점에서 일본은 예나 지금이나 우리의 불편한 이웃임이 분명하다.

한편 소련이 '38도선을 경계로 한반도를 분할 통치하자.'는 미국의 제안을 선뜻 받아들인 것은 그들 나름대로 꿍꿍이속이 있었기 때문이다. 스탈린은 한반도의 38도선 이북에 대한 분할 통치를 수용하는 대신, 혼슈 북쪽의 일본 땅과 홋카이도 북부 사할린까지의 분할 통치를 염두에 두었다. 그러나 미 행정부의 단호한 반대로 소기의 목적 달성에 실패했다. 이것을 보면 예나 지금이나 미국은 한국보다 일본을 자국 이익에 훨씬 더 중요한 파트너로 본다는 사실을 알 수 있다. 이처럼 국제 관계는 냉혹하기 그지없다. 또 독자적 생존 능력을 갖춰놓지 않고 타국의 호의에 의지하려는 순간 국가적 환란이 발생한다. 그것이 바로 역사의 냉엄한 교훈이다.

08. 갈등

1945년 9월 19일부터 우리나라에서는 미군에 의한 군정 통치가 시작되었다. 당시 미국 행정부가 갖고 있던 대한對韓 인식은 1942년 2월 극동사무국에서 직업 외교관으로 근무했던 윌리엄 R. 랭던William R. Langdon의 비망록에 잘 나타나 있다. 또 그것은 테헤란회담부터 얄타회담과 포츠담회담까지 미국 대통령인 루즈벨트가 대한민국을 바라보는 기본 입장이기도 했다.

조선인은 가난하고 무식하고 정치적으로 숙련되어 있지 못하고 경제적으로 낙후되어 있다. 그래서 적어도 1세대 동안(약 30년) 조선이 근대국가로 나아 갈 수 있도록 강대국들이 보호, 지도, 원조해야 할 것이다.

랭던의 비망록은 우리의 실망과 분노를 자아내기에 충분하다. 그러나 당시로서는 어찌할 도리가 없었다. 8.15 해방이 우리 힘과 투쟁으로 일궈낸 것이 아니라 미국을 포함한 연합국의 승리에서 비롯된 것이기 때문이다. 8.15 해방 초기만 하더라도 미국은 신탁통치를 염두에 두었기 때문에 대한민국 군대를 따로 창설할 생각이 없었다. 단지 치안과 질서유지를 위해 경찰 조직을 신설하는 것만으로 충분하다고 판단했다. 미 군정청이 '남조선국방경비대'를 '남조선경찰예비대^{Korean} ^{Constabulary Reserve}'로 부른 것이 이를 말해준다. 그러나 신탁통치에 대한 미·소 간의 입장 차이가 첨예하게 대립하고 국내 여론이 찬탁과 반탁으로 갈리면서 미 군정청의 입장은 대한민국 군대를 창설하는 쪽으로 급선회했다. 미 군정청은 1945년 11월 13일자로 군정법령 제28호에 의거해서 국방사령부[24]를 설치하고 남한 내에 군대 창설을 위한 제반 준비 작업에 박차를 가했다. 그에 따라 1946년 1월 15일과 1946년 6월 15일에 각각 남조선국방경비대와 남조선해안경비대가 창설되었다.[25] 이들 조직은 정부 수립(1948. 8. 15) 이후 제정된 국군조직법 법률 제9호에 의거해서 각각 육군과 해군으로 개편되었다. 그렇지만 유감스럽게도 공군은 창설되지 못했다. 그렇게 된 데는 미 행정부의 부정적 인식이 한몫했다.

1945년 11월 14일 미 군정장관 아치볼드 V. 아널드^{Archibald V. Arnold} 장군(☆☆)은 군정 치안 책임자인 로런스 E. 시크^{Lawrence E. Schick} 준장(☆)이 기획한 '미군 점령지역 남한의 국방준비계획'을 수용해서 '남한국방계획'을 작성했다. 계획에는 공군을 포함한 국군 창설(안)이 담겼다. 그러나 미 행정부가 공군 창설에 난색을 표명해서 실질적인 국군 창설은 뱀

---

24 이후 국방사령부는 통위부(DIS, Department of Interior Security)로 개편되었다가 1948년 11월 30일 국군조직법 발표를 계기로 1948년 12월 15일을 기해 국방부로 개칭되었다. 그리고 국방부에 국방참모총장직을 신설하고 그 밑에 육군본부와 해군본부를 두었다. 또 보병, 기병, 포병, 공병, 기갑, 병참, 경리, 부관, 감찰, 군의, 헌병, 항공 등 제(諸) 병과를 창설했다. 공군은 항공 병과를 기반으로 1949년 10월 1일 육군에서 분리 독립했다.
25 대한민국 해군은 '해방병단'의 창설일인 1945년 11월 11일을 해군 창설일로 하고 있다.

부계획[Bamboo Plan][26]에 의거해 이루어졌다. 당연히 공군 창설은 배제되었다. 미 군정청은 '육군과 해군을 창설하고 1949년 6월까지 미 군사고문단을 제외한 모든 미군을 철수시킨다.'는 'NSC[27]-8' 계획을 수립했다. 기본 골자는 '어떤 일이 있더라도 대한민국 군대가 공격력을 갖게 해서는 안 된다.'는 것이었다. 그들이 생각했던 공격력의 핵심은 전투기를 비롯한 항공 전력이었다. 그 이면에는 평소 이승만 대통령이 정치적 수사[修辭]로 즐겨 사용했던 '북진통일'이 한몫했다. 허풍에 가까웠던 그의 말 한마디가 공군 창설의 발목을 잡았다.

미 군정청은 미 행정부의 의중을 간파하고 이승만 대통령에게 공군 창설이 불가함을 피력했다. 그들은 '대한민국이 전투기를 보유할 경우, 북한과의 무력 충돌을 유발할 가능성이 큰 데다 운영에 막대한 비용이 수반되기 때문에 국가 재건에 심각한 부담을 줄 수 있다.'는 점을 계속 상기시켰다. 하지만 이는 미 군정청이 내세운 표면적 이유에 불과했다. 그들의 진짜 속내는 '한반도에서 불필요한 사태의 발생으로 소련과 중국이 한반도에 개입하는 상황이 발생해서는 곤란하다.'는 것이었다. 즉 그들은 이승만 정권이 무력으로 남북 간 분쟁을 일으켜서 중국이나 소련이 한반도에 개입하는 상황을 가장 우려하고 경계했다. 따라서 그들은 연합국의 대일본 점령관리 정책인 '항복 후 일본에 관한 미국의 최

---

26 이 계획에 의하면 경찰의 국내 치안을 지원할 경찰 예비대를 남한 8개 도에 각각 1개 연대씩 창설하기 위해 1946년 1월부터 도별로 대원 모집에 착수하는데 우선 1개 중대씩을 창설하고 이를 단시일 내에 연대 규모로 확대하는 계획이었다. 화기 중대가 없는 미군 보병중대를 기준으로 장교 6명, 사병 225명으로 구성된 1개 중대를 편성하고, 장교는 중앙의 장교훈련학교에서 제공하는 것으로 계획되었다. 각 지역에서 1개 중대가 편성되는데, 대략 정원의 20%를 초과하면 다른 중대를 신설하고, 3개 중대가 될 정도가 되면 중대본부와 대대본부를 구성해 1개 대대를 만들고, 그 후에도 똑같은 방식으로 제2, 제3대대를 각지에서 연대로까지 점진적인 확대를 구상했다.

27 NSC는 'National Security Council'의 약자로서 국가안전보장회의를 지칭한다.

후 정책[28]을 대한민국에도 그대로 적용했다. 일제가 남한에 남겨놓고 간 500여 대의 항공기를 전량 몰수해서 폐기 처분한 것도 그 때문이다. 훗날 일어난 6.25남침전쟁을 생각해볼 때, 그것은 아쉽고 안타까운 일이었다.

8.15 해방을 계기로 중국, 일본, 만주, 미국 등지에 흩어져 있던 항공인들이 대거 귀국해서 국내 항공 분야를 새롭게 일궈보려는 노력을 시작했다. 또 항공계 선배들도 적극적으로 나서서 후배 항공인들과 의기투합하기 시작했다. 그 과정에서 조선항공대[29] 창설(1945. 8. 17.)을 시작으로 중앙활공연구소[30] 개설(1946. 3. 15.), 조선학생항공연맹[31] 결성(1946. 3. 20.), 조선항공기술연맹[32] 창설(1946. 3. 20.)이 이루어졌다. 이들 단체는 나름대로 항공 활동 증진과 항공 사상 보급에 적극적으로 나섰지만 소기의 목적을 달성하는 일에는 실패했다. 따라서 효율적인 항공 운동의 진작을 위해서는 무엇보다 기존 단체들을 하나로 통합할 필요성이 대두되었다. 때마침 중국군 항공부대와 광복군에서 맹활약했던 최용덕 장군(이하 최용덕)이 귀국(1946. 7. 26.)한 것을 계기로 통합 작업이 광범위하게 진행되었다. 1946년 8월 10일 서울 종로구 중앙기독교청년회관[YMCA]에서 기존의 항공 단체를 이끌던 인사들이 모든 항공 단체

---

28 미국은 '연합국의 일본 점령 정책과 민간항공폐기에 관한 SCAPIN 301호'를 발동함으로써 일본 항공산업의 잠재적 역량을 완전히 무력화했다. 또다시 항공력으로 미국에 도전하지 못하도록 하기 위함이었다. 문제는 이 정책을 일제의 피해자였던 한국에도 그대로 적용시킨 데 있다.

29 일본 다치카와 비행학교를 졸업한 서웅성, 장덕창, 윤창현, 김광한, 김석환, 안동석, 이상묵, 김양욱, 이정호, 서철권 등이 창설의 주요 멤버다.

30 김광한을 비롯한 몇몇 인사가 참여해서 만든 연구소로 이들은 항공 사상 보급과 활공(滑空) 운동을 소개하기 위해 노력했다.

31 서울공대 출신인 안동혁을 중심으로 윤창현, 유억겸 등이 결성한 단체로 '학생 항공의 날(매년 5월 18일)' 제정, 항공 강연회 개최와 모형 항공기 전시, 과학 영화 상영 등을 통해 항공 사상 보급에 주력했다.

32 군 출신 항공인들이 결성한 최초의 단체로서 명예위원장에는 신익희, 위원장은 신치호, 부위원장에는 함병선이 취임했다.

를 통합한 '한국항공건설협회'의 창립총회를 개최했다. 그 자리에서 참가자들은 최용덕을 회장으로, 이영무를 부회장으로 추대했다.

최용덕을 회장으로 출범한 한국항공건설협회는 국내 항공계를 대표하는 유일한 민간단체로서 중국군 항공대[33], 일본군 항공대[34], 일본 민간항공 출신[35] 인사들로 구성되었다. 한국항공건설협회는 비록 소속과 출신 성분이 달랐지만 대한민국 공군 창설이라는 공동 목표를 향해 서로 화합하고 단결하는 모습을 일관되게 견지했다. 노병은 "이 과정에서 세 분(최용덕, 김정렬, 김영환)의 공로가 가장 컸다."고 증언했다. 당시 공군 창설을 위한 움직임은 세 개의 모임으로 전개되었다. 한용현이 마련한 광화문 사무실 모임, 장덕창이 마련한 서울대 치과대학 입구 모임, 김정렬의 돈암동 자택 모임이 그것이다. 그중에서 주목해야 할 모임은 김정렬이 주도했던 돈암동 자택 모임이다. 왜냐하면 나중에 '공군 창설 7인[36]으로 명명된 사람들이 매주 토요일마다 그곳에 모여서 공군 창설을 실질적으로 주도해나갔기 때문이다. 또 그곳은 국내에 있던 항공인들이라면 최소한 한 번 이상은 다녀갔을 정도로 유서 깊은 곳이다.[37] 그것이 가능했던 것은 그의 집안 인심이 넉넉했기 때문이다. 그의 가족들은 항공인들의 방문을 언제나 반갑게 맞아주었고 식사와 잠자리 제공

---

33 주요 멤버로는 최용덕, 이영무, 김신, 김진일, 김영재, 권기옥(여), 이윤철 등이 있다.
34 일본군 항공대 출신은 일본 육사 출신, 육군소년비행병 학교 출신, 일반대학 출신, 지원병 출신들로 구분된다. 일본 육사 출신으로는 김정렬, 박범집, 김창규, 신상철, 박원석, 한용현, 홍승화, 장지량, 이연수 등이 있다. 육군소년비행병 학교 출신으로는 이근석, 서한호, 서무갑, 박희동, 강호륜, 이경춘, 이갑록, 김성룡, 정영진, 김두만, 전봉희, 이강화, 육만호, 송상남, 신현후, 오춘목 등이 있다. 또 일반대학을 나온 뒤 일본군 장교로 항공 분야에 근무한 사람은 장성환, 신유협이고, 지원병 출신으로 일본군 항공대에 근무했던 사람으로는 오점석, 박두선 등이 있다.
35 주요 멤버로는 일본 민간항공 출신인 장덕창, 일본 민간항공학교 출신인 김영환, 그 밖에 서웅성, 전명섭, 김양욱, 윤창현, 김동업, 신용석, 김영수, 서현규, 김국택, 김석환, 안동석, 고응소, 이정희(여) 등이 있다.
36 공군 창설 7인은 최용덕, 김정렬, 박범집, 이근석, 장덕창, 이영무, 김영환을 일컫는다.
37 노병은 인터뷰 도중 "더 늦기 전에 김정렬 장군의 돈암동 자택 터'를 찾아낸 후, 그곳에 '이곳이 대한민국 공군 창설의 발상지입니다!'라는 표지석이라도 하나 세워놓고 죽고 싶다."는 말씀을 하셨다.

도 마다하지 않았다. 어찌 보면 대한민국 공군 창설은 그들 가족의 따뜻한 '밥 인심'에서 비롯된 것인지도 모른다. 참으로 고맙고 감사한 일이었다.

김정렬의 친동생인 김영환도 빼놓을 수 없는 인물이다. 해방 후 그는 군사영어학교[38]에 입학해서 직업군인의 길을 택했다. 1946년 1월 15일 군사영어학교를 졸업하고 참위(현 소위)로 임관한 그는 육군 제6연대의 A중대장으로 군 생활을 시작했다. 그는 '공군 창설 7인' 가운데 제일 먼저 대한민국 군복을 입고 장교 계급장을 단 사람이다. 친형인 김정렬이 남방 전선에서 포로 생활을 하다가 1946년 5월 15일 귀국했을 때 그는 이미 출중한 영어 실력을 바탕으로 미 군정청의 통위부(현 국방부) 정보국장 대리로 근무 중이었다. 다른 항공인들은 공군 창설에 대한 열망만 갖고 있었을 뿐, 미 군정청의 의도나 생각을 읽을 수 있는 힘이나 인맥을 갖지 못했다. 항공인들 가운데 미 군정청의 정보를 바로 접할 수 있는 사람은 김영환뿐이었다. 항공인의 입장에서 바라볼 때, 그는 복음과도 같은 존재였다. 왜냐하면 그를 통해 얻는 각종 미 군정청의 정보들은 공군 창설 7인을 비롯한 항공인들이 어느 방향으로 공군 창설을 도모해나갈지에 대한 가이드라인을 설정하는 데 결정적 도움을 주었기 때문이다.

한국항공건설협회는 남조선국방경비대와 남조선해안경비대의 창설을 지켜보며 민간항공 단체로는 국방의 일익을 담당할 수 없다고 판단했다. 그들은 미 군정청 통위부나 남조선국방경비대에 항공부대를 창설해줄 것을 요구했다. 그러나 미 군정청은 "통위부나 남조선국방경비대는 항공부대가 필요하지 않다."며 거절했다. 이때 김영환이 협상 대

---

38 군사영어학교는 1945년 12월부터 1946년 4월까지 존속했던 기구로서 해방된 조국에서 최초로 개설된 장교 양성기관으로서 주로 일제 식민지 시절 군 경력이 있는 사람들이 입학했다.

표로 나섰다. 김영환은 통위부 정보국장 대리 자격으로 미 군사고문관이었던 미 육군의 테릴 E. 프라이스^{Terrill E. Price} 대령을 여러 차례 만나서 남조선국방경비대에 항공부대를 창설해줄 것을 간곡하게 부탁했다. 그러나 '불가'라는 통보만이 되돌아왔다. 이는 미 행정부의 일관된 의지였다. 김영환은 이에 굴하지 않고 다른 전략을 구상했다. 미 행정부의 입장을 수용하면서도 그들이 미처 예상하지 못한 부분을 집요하게 파고든 절묘한 아이디어였다. 즉 연락용 항공기를 운용하는 경항공기부대의 창설이다. 미 행정부 입장에서 연락용 항공기는 북한과의 무력 충돌을 일으킬 수 있는 항공 전력이 아니어서 그런 부대의 창설을 반대할 명분이 적었다. 그는 일단 경항공기부대가 창설되면 그것을 토대로 추후 전투기를 운용하는 공군으로 발전시킬 수 있다고 프라이스 대령을 설득한 것으로 보인다.

김영환의 집요한 노력이 계속되자 미 군정청도 남조선국방경비대가 연락용 경비행기를 운용하는 것에 대해 긍정적 반응을 보였다. 그럼에도 미 군정청은 경항공기부대 창설에 대한 시간 끌기에 나섰다. 왜냐하면 그들도 미 행정부와 충분히 협의하고 내부 조율을 거치는 시간이 필요했기 때문이다. 1947년 4월 중순, 김영환도 프라이스 대령을 찾아가서 "미 군정청이 향후 2개월 내에 경항공기부대를 창설해주기로 약속했는데 그것이 지켜지지 않으면 통위부 정보국장 대리직을 사임하겠다."고 선언했다. 그리고 2개월이 지나서도 경항공기부대가 창설되지 않자 김영환은 곧바로 전역을 선택했다.[39] 이런 그의 진심이 통했던 것일까? 그 후 프라이스 대령이 적극적으로 협조해 마침내 1948년 3월, 미 군정청으로부터 통위부 직할부대로 경항공기부대 창설에 대한 승인

---

39 공군본부, 「6.25전쟁 회고록」, 2002, p.25.

이 떨어졌다. 그러나 이것만으로 부대 창설에 필요한 모든 절차가 끝난 게 아니었다. 항공인들 앞에는 이전보다 훨씬 더 혹독한 시련이 기다리고 있었다.

09. 기적

미 군정청은 남조선국방경비대에 경항공기부대를 창설하는 것을 승인하는 조건으로 항공인 3명을 통위부 고문으로 위촉해줄 것을 요구했다. 또 항공인들 가운데 지도급 인사들은 반드시 남조선국방경비대 보병학교에서 1개월 동안 미국식 사병훈련을 받아야 한다고 못 박았다. 이는 우리 항공인들에 대한 모욕적인 처사였다. 왜냐하면 '공군 창설 7인'은 모두 중국, 남방 전선, 일본 등지에서 부대장급 이상의 고급장교로 부대를 운영했던 경험과 그에 걸맞은 리더십을 발휘한 분이었기 때문이다. 연령에서도 신병훈련과는 격이 맞지 않았다. 수많은 항공인이 분한 마음을 토로하며 반대 의견을 강력하게 표출했다. 이때 항공인들 가운데 50세의 나이로 제일 연장자였던 최용덕이 나섰다. 그의 가슴 뭉클한 설득[40]은 항공인들의 분노를 잠재웠을 뿐 아니라 공군 창설 7인이 남

---

40 "동지들! 참으로 불쾌하기 그지없는 것은 나도 마찬가지요. 하지만 이제 해방이 되어 새로운 나라가 만들어지려 하고, 우리가 그 나라의 하늘을 지킬 공군을 창설하려 하오. 공군이 창설되어 우리가 우리 군대에서 우리의 영공을 지킬 수만 있다면 이까짓 모욕이 뭐 그리 대수겠소! 옛날 이순신 장군도 조국을 위해서 백의종군을 하지 않았소. 대의를 위해서 우리가 참읍시다."(출처: 김정렬 저, 『항공의 경종』, 대희, 2010, p.84.)

조선국방경비대 보병학교에 입교해서 사병훈련을 받도록 하는 데 결정적 역할을 했다. 1948년 4월 1일 그들은 경기도 수색에 있던 남조선국방경비대 보병학교에 입학해서 한 달 동안 미국 군제軍制의 사병훈련을 받았다. 그리고 1948년 5월 1일 서울 태릉에 있는 남조선국방경비사관학교에 입학해서 2주간 장교 후보생 교육을 받고, 5월 14일 소위로 임관함으로써 공군 창설의 씨앗을 뿌렸다. 1948년 5월 5일 대한민국 최초의 경항공기부대가 통위부 직할부대로 창설되었다. 초대 항공부대장의 영광은 백인엽[41] 소령에게 돌아갔다. 그러나 그는 막 소위 계급장을 달고 군 생활을 시작한 공군 창설 7인의 경력과 나이가 자신과는 비교조차 할 수 없는 대선배들임을 깨닫고 취임 몇 주 만에 항공부대장직을 자진 사퇴했다. 결국 1948년 7월 9일 최용덕 중위가 제2대 항공부대장에 취임했다.

한편, 항공부대는 1948년 6월 23일을 기점으로 통위부 직할부대에서 남조선국방경비대 예하 부대로 소속이 변경되었다. 또 1948년 7월 27일에는 부대 명칭이 '항공부대'에서 '항공기지부대'로 바뀜과 동시에 부대의 주둔지도 경기도 수색에서 김포기지로 이전했다. 이는 김포기지에 주둔하고 있던 미 육군항공부대와 합동 근무를 하면서 미군의 선진화된 관제, 통신, 수송, 기상 업무, 보안, 기지방어 전술 등 다양한 항공 관련 업무를 체계적으로 배우고 익히기 위함이었다. 실제로 이 시기 미군으로부터 배운 지식과 경험이 훗날 독자적인 공군부대 운영에 큰 도움이 되었다. 1948년 8월 15일 대한민국 정부가 수립되면서 항공

---

41 백인엽은 백선엽 장군의 친동생이며 일본군 조종하사관 출신이다. 이후락 전 중앙정보부장과 손재권 장군이 그의 동기생이다.

기지부대장을 맡고 있던 최용덕 중위가 국방부 차관으로 발탁되자[42] 8월 16일자로 이영무 대위가 제3대 항공기지부대장으로 취임했다. 이때까지만 해도 항공기지부대에는 항공기가 단 1대도 없었으며 100여 명의 병력만 보유하고 있었다.

1948년 9월 4일 항공기지부대는 미 제7사단으로부터 L-4 항공기[43] 10대를 인수했다. 이를 계기로 1948년 9월 13일, 항공기지부대는 항공기지사령부로 명칭을 변경함과 동시에 사령부 예하에 비행부대와 항공기지부대를 두는 조직 개편을 단행했다. 또 비행부대는 여의도기지에, 항공기지부대는 김포기지에 주둔하면서 공군 창설의 초석을 다져나갔다. 비행부대장에는 김정렬 대위, 항공기지부대장에는 장덕창 대위(제4대 공군참모총장)가 임명되었다. 1948년 9월 15일, 대한민국 역사상 처음으로 태극 마크를 단 10대의 L-4 항공기가 서울 상공에서 비행부대장 김정렬 대위의 지휘 아래 편대비행을 실시했다.[44] 정부 수립을 자축하기 위한 목적에서 실시된 이날의 편대비행은 미 행정부와 미 군사고문단에게도 시사하는 바가 자못 컸다. 즉 대내외에 비행부대 조종사들과 항공기지부대 정비사들의 능력[45]을 유감없이 보여줌으로써 '이제 공

---

42 육군 항공부대 중위가 항공기지부대장을 맡고 또 국방부차관에 발탁된 것이 요즘 사람들에게는 쇼킹한 사건처럼 보일 것이다. 하지만 당시는 그런 일이 비일비재했다. 맨 처음에 최용덕 중위는 국방부차관직을 고사했던 것으로 전해진다. 국방부장관으로 취임한 철기 이범석 장군과 사이가 좋지 않았기 때문이다. 그러나 김정렬이 그의 집을 방문해서 간곡하게 설득한 끝에 국방부차관직을 수락했다.

43 L-4 항공기는 2인승 연락용 정찰기로서 '그래스하퍼(Grasshopper, 메뚜기)'라고 불렸다.

44 이날 편대비행에 나섰던 조종사는 김정렬, 이근석(이상 대위), 김신, 장성환, 신유협(이상 소위), 오점석 특무상사(현 원사), 전명섭, 박희동, 강호륜, 최휘(이상 일등상사, 현 상사) 등 10명이었다.

45 김정렬은 「항공의 경종」 85쪽에서 이렇게 언급했다. "…(중략)… 우리는 항공기술진의 실력을 과시하기 위해 미군의 도움을 전혀 받지 않고 순전히 우리 기술진에 의해서 순식간에 조립을 마치고 시험비행을 하였다. 그때 한국에 주둔한 미 육군 7사단의 비행부대장(매제로 소령)이 한국군 조종사의 능력을 테스트하기 위해 파견을 나왔다. 내가 직접 그를 태우고 이륙해서 시험비행을 했다. …(중략)… 서울 상공을 몇 차례 선회하다가 한국인 조종사의 실력도 과시할 겸 창고 위를 아슬아슬하게 훌쩍 뛰어넘어 거의 진동이 느껴지지 않을 정도로 사뿐하게 내려앉아 바로 격납고 문 앞에 딱 맞추어 비행기를 세워놓았다. 같이 탔던 매제로 소령은 우리 공군조종사들의 비행 실력에 감탄하며 그날 예정되어 있던 비행훈련계획을 취소시켜버렸다."

군을 독립시켜도 크게 우려할 것이 없다.'라는 점을 입증했다. 이승만 대통령과 함께 그 모습을 지켜본 최용덕 국방부차관[46]은 그때의 감격을 이렇게 털어놓았다.

내가 어려서 망명해서 남의 나라 군대에서 몽매(夢寐)에도 잊지 못할 소원이 있었다. 그것은 내 나라의 군복을 입고, 내 나라의 상관에게 경례하며, 내 나라의 부하에게 경례를 받아보는 것이며, 내 나라의 강토 안에서 태극기가 그려진 비행기를 타고 조국의 하늘을 마음껏 날았으면 하는 염원이 오늘 성취되고 보니 이제 죽어도 여한이 없다.[47]

1948년 10월 19일에 발생한 '여수·순천 10.19사건(이하 여순사건)'은 미 군사고문단이 항공의 역할을 제대로 인식할 수 있었던 좋은 계기였다. 비행부대장 김정렬 대위는 상부로부터 출동 명령을 받고 10대의 L-4 항공기 조종사와 정비사를 각각 10명씩 총 20명을 작전에 투입했고, 그들은 정찰, 부대 간 긴급 연락, 지휘관 수송, 심리전용 삐라 살포 임무를 성실하게 수행했다. 또 정비사들을 L-4 항공기 후방석에 탑승시켜 맨손으로 수류탄을 투척하게 하는 등 다소 위험한 공격도 서슴없이 감행했다. 이런 모습에 미 군사고문단도 긍정적 반응을 보였다. 그것을 눈치챈 김정렬 대위는 미 군사고문단장인 윌리엄 L. 로버츠[William.L.Roberts] 준장(☆)에게 "작전 수행상 항속거리가 좀 더 길고 성능이 우수한 L-5 항공기[48]를 제공해 달라."고 부탁했다. 결국 1948년 12월 23일까

---

46   당시 그는 대위 신분을 유지하며 국방부차관을 맡고 있었다.
47   공군본부, 「하늘의 개척자 최용덕 장군」, 1956, p.62.
48   L-5 항공기는 2인승 연락용 정찰기로서 '보초병'을 뜻하는 샌티널(sentinel)이란 별명이 붙었다. 1948년 10월 20일 항공기 2대를 먼저 제공받고, 나머지 8대는 1948년 12월 23일까지 단계적으로 인도되었다.

지 총 10대의 L-5 항공기가 우리 항공기지사령부에 추가적으로 인도되었다.

1948년 11월 30일에는 법률 제9호로 국군조직법이 공포되었고, 그에 따라 항공기지사령부는 육군항공사령부로 명칭이 바뀌었다. 이승만 대통령은 국군조직법의 입법 과정에서 미 군사고문단을 설득해서 제23조(본 법(국군조직법)에 의하여 육군에 속한 항공병은 필요한 때에는 독립한 공군으로 조직할 수 있다.)를 관철시키는 데 성공했다. 만약 이 대통령의 이런 조치가 없었다면 대한민국 공군 창설은 한동안 지연되었을 것이다. 항공에 문외한이었던 이 대통령이 그런 결정을 내릴 수 있었던 것은 전적으로 최용덕과 김정렬이라는 걸출한 항공 리더들의 헌신이 있었기 때문이다. 최용덕은 국방부차관으로 근무하며 이 대통령에게 '미래전은 공군력에 의해 판가름 난다.'는 항공 사상을 끊임없이 주입했다. 또 김정렬은 1948년 9월 15일 멋진 시위 비행으로 국가 최고지도자의 눈과 귀를 항공기에 집중시키는 데 성공했다.[49] 또 1949년 1월 14일, 미래의 항공 장교를 양성하기 위한 육군항공사관학교[50]가 김포에 설립되었고 김정렬 중령이 초대 교장으로 취임했다. 이러한 움직임에도 공군 창설은 여전히 난항을 거듭했다. 공군 창설을 바라보는 미 행정부의 입장이 계속 미온적이었기 때문이다. 그럴수록 공군 창설을 위한 항공인들의 열망은 더해만 갔고, 이 대통령도 그들의 피나는 노력을 정확하게 인식하고 있었다. 그는 정부 차원에서 미 군사고문단을 설득하는 한편, 내부적으로 관련 법령과 제도를 차근차근 정비해나가는 지혜를 발휘했

---

49 이분들이 보였던 헌신과 열정은 오늘날 난항을 거듭하고 있는 KFX 사업을 성공적으로 완수하는 데 적극적으로 벤치마킹할 필요가 있다고 생각한다. 국가 최고지도자를 비롯해서 정치인, 종교인, 언론인, 그리고 많은 국민의 지지와 동의를 얻어내야만 KFX 사업도 성공을 거둘 수 있기 때문이다.

50 공군사관학교의 전신이라고 할 수 있는 육군항공사관학교는 1949년 10월 1일 공군사관학교로 명칭이 변경된다.

다. 국방부는 국군조직법을 토대로 1948년 12월 7일 국방부 직제령을 공표했다. 거기에 따르면 항공국이 설치(제2조)되고, 항공국의 기능을 항공대(航空隊)에 대한 인사, 행정, 운용 기획, 교육, 기술 및 정비 등임을 명시(제8조)했다. 그리고 연합참모회의 위원 구성에 항공국장을 국방부 제1국장과 제3국장보다 선임으로 규정(제40조)했다. 하지만 직제령이 실행되기까지는 상당한 시일이 걸렸다. 1948년 말부터 발생한 여순사건, 제주 4.3사건, 항공기 및 군부대의 월북사건과 그에 따른 군 내부의 숙군 작업, 남한 내 미 주둔군의 철수 작업으로 국방부가 다른 업무를 추진할 만한 여력이 없었기 때문이다. 1949년 6월 말이 되어서야 비로소 공군 창설을 위한 가닥이 서서히 잡혀나갔다. 1949년 6월 28일, 국방부에 항공국이 정식으로 편제되었고 박범집 중령이 초대 항공국장으로 취임함으로써 공군 창설을 위한 제도적 보완이 마무리되었다. 이제 남은 것은 이 대통령의 결단뿐이었다.

육군항공사령부는 1949년 8월 15일 정부 수립 1주년을 기념하는 자리에서 항공기의 공중분열을 선보임으로써 이 대통령의 신뢰를 얻었고, 9월 15일에는 여의도기지에서 제1회 항공의 날 기념식을 성대하게 거행해서 많은 국민의 절대적 지지를 받았다. 일부 군 인사의 반대[51]가 있었지만 대세는 공군 창설로 모아졌다. 그리고 마침내 대한민국 공군은 1949년 10월 1일 대통령령 제254호 공군본부직제에 의거해서 육군에서 분리 독립하는 쾌거를 달성했다. 그 날짜로 초대 공군참모총장은 김정렬 대령, 초대 공군사관학교장은 이근석 대령이 임명되었다. 노병은 공군 창설과 관련해서 아주 의미심장한 얘기를 남겼다.

---

51 채병덕 육군참모총장은 맨 처음 공군 독립에 반대했던 대표적인 인물이다. 그는 "공지합동작전을 위해서는 공군을 육군 예하로 두는 게 바람직하다."며 반대 의견을 제시했다. 하지만 공군 창설에 대한 이승만의 의지를 확인한 다음부터 찬성 쪽으로 방향을 바꿨다. 시종일관 공군 창설에 우호적이었던 사람은 신성모 국방부장관과 손원일 해군총참모장이었다. 그들은 "공군이 현대전의 특수 분야를 담당하는 만큼 타군과 분리해서 독립시키는 게 바람직하다."고 생각했다.

하늘의 제왕인 검독수리도 새끼 때부터 날 수 있는 게 아닙니다. 어미의 보호 속에서 숱한 시행착오를 거쳐야만 드높은 창공을 향해 날아오를 수 있습니다. 우리 공군도 마찬가지였습니다. 공군 창설은 수많은 1세대 항공인의 눈물겨운 정성과 헌신이 있었기에 가능했습니다. 미 행정부는 공군 창설에 회의적이었습니다. 그 이유는 이승만 대통령이 '북진 통일'이란 정치적 수사(修辭)를 즐겨 사용했기 때문입니다. 미국은 남북 간에 불필요한 긴장으로 소련과 중국이 한반도에 개입하는 상황을 극도로 꺼려했습니다. 따라서 남북한 긴장을 초래할 수 있는 공격 무기인 전투기의 지원과 그것을 운용하는 공군 창설을 반대했습니다. 그런 와중에서 대한민국 공군이 창설된 것은 기적이었습니다. 특히 국민들에게 항공의 중요성을 강조하고 미 행정부는 물론 미 군사고문단까지 설득해가며 공군 창설의 초석을 다졌던 최용덕, 김정렬, 김영환 장군을 비롯한 1세대 항공인들의 헌신과 노고를 우리는 잊지 말아야 합니다. 그것이 이 노병의 바람입니다.

10. 항공병 1기생

'천 리 길도 한 걸음부터'라는 얘기가 있다. 노병도 그랬다. 1946년 5월 15일, 프놈펜에서 귀국할 당시만 해도 그는 우리말을 잘 하지 못했다. 그도 그럴 것이 세 살 때 작은아버지의 손에 이끌려 일본에서 자라서 한국말이 서툴 수밖에 없었다. 더욱이 한글은 쓸 줄도 몰랐다. 그는 우리말과 글을 배우기 위해 남모르게 노력을 기울였다. 라디오 방송을 벗 삼아 들으면서 우리말을 익혔다. 또 최남선이 쓴 『한국역사』란 책을 구입해 읽으면서 우리글 쓰는 법을 배웠다. 특히 그 책은 한자와 한글을 병기倂記해서 읽기가 수월했다. 처음에는 태극기도 그릴 줄 몰랐다. 그에게 그것을 가르쳐준 사람은 육군소년비행병학교 15기(乙) 동기였던 김성배였다. 그는 충남 천안의 교육자 집안 출신으로 남방 전선에서 노병과 함께 근무했다. 두 사람은 쿠알라룸푸르 제44비행교육대에서 훈련을 마치고 쉬는 시간이면 수시로 만나 얘기꽃을 피웠다. 그때 김성배는 태극기 그리는 방법을 노병에게 가르쳐주었다. 이런 노력 덕에 그가 강동완 박사의 병원에서 조수로 일했을 때에는 의사소통에 아무런 지장이 없었다. 우리말은 물론 우리글도 잘 썼을 뿐 아니라 한국 역사까지 줄줄 꿰고 있었기 때문이다. 이 무렵, 김정렬은 그에게 결정적 조언을 해준다.

두만이, 내 말 잘 듣게. 곧 항공부대가 만들어질 것 같네. 그때 자네가 우리들과 손쉽게 합류하기 위해서는 민간인 신분으로 있는 것보다는 군문(軍門)에 적을 두고 있는 게 훨씬 좋을 것 같네. 만약 자네가 전투조종사로서 비행기를 타고 싶다면 병원 일보다는 남조선국방경비대 보병학교에 입학하는 게 훨씬 더 나을 것 같은데…. 신중하게 판단해서 입대하면 좋겠네.

그는 김정렬의 얘기를 듣고 더 이상 머뭇거릴 이유가 없었다. 계속해서 비행기를 타고 싶었기 때문이다. 그는 강동완 박사에게 "병원 조수助 手직을 그만두고 군문에 들어가고 싶다."고 고백하고 양해를 구했다. 또 지금까지 일할 수 있도록 배려해준 점에 대해 감사 인사를 드렸다. 강 박사도 그를 격려해주었다. 1948년 3월 초, 그는 육군소년비행병학교 15기(乙) 동기생인 전봉희, 구선진과 함께 남조선국방경비대 보병학교에 입학해서 3개월간 군사훈련을 받았다. 그리고 1948년 5월 말에 충남 온양에 있는 남조선국방경비대 제5연대에서 하사관 생활을 시작했다. 이 작은 선택이 그가 다른 동기생들보다 앞서 나갈 수 있는 계기가 되었다. 1948년 7월 초, 한참 하사관 생활에 적응하고 있을 무렵, 그에게 '항공병 1기생을 선발할 예정이니 관심 있는 조종·정비·통신·기상 등 항공 유경험자들은 원서를 제출하라.'는 연락이 왔다. 1948년 7월 12일 항공병 1기생을 모집하는 시험에 105명의 항공 유경험자들이 응시해서 최종 78명이 선발되었다. 다행히 노병도 그중 한 명으로 뽑혔다. 곧이어 육군 제5연대에서 항공부대로 소속이 신속하게 변경되었다. 1949

년 9월 4일 항공부대가 미 제7사단으로부터 L-4 항공기를 인수함에 따라 조종과 정비 경험이 있는 조종사와 정비사들은 여의도기지에서, 통신을 비롯한 다른 분야 임무자들은 김포기지에서 근무했다. 앞에서 언급한 바와 같이 그는 프놈펜에서 돌아오는 귀국선에서 김정렬을 만나는 행운을 얻었다. 또 경남 합천에서 일찍 상경해서 그와 지속적인 만남을 가졌기에 현실 변화에 발 빠르게 대응할 수 있었다.

1949년 1월 15일, 육군항공사관학교의 김정렬 교장은 미래의 공군을 책임질 간부 육성을 위해서 항공병 1기생이나 하사관 가운데 유능한 자원을 '1차 소집학생'이란 명칭으로 노병을 포함해 45명을 선발했다. 이들은 그곳에서 3개월간(1949. 1.~1949. 4.) 군사훈련을 받았다. 훈련은 역사를 비롯한 학과교육과 기본군사훈련(제식훈련, 구보, 사격 등)이 주류를 이루었고 비행교육은 생략되었다. 이미 여의도기지에서 L-4 항공기를 조종하고 있었기 때문이다. 이들에 대한 소위 임관식은 1949년 4월 15일 오전에 거행되었다. 임관식은 가족들도 초대하지 않은 채 조촐하게 진행되었다. 김정렬 교장은 그를 비롯한 45명의 신임 항공 소위들에게 일일이 계급장을 달아주며 졸업생들의 장도를 축하해주었다.

항공부대의 설립, 항공병들과 소집학생의 잇따른 모집을 통해 공군 창설의 기반을 조성해갈 수 있었던 것은 전적으로 '공군 창설 7인'의 노력 덕분이었다. 그들은 매주 토요일마다 김정렬의 돈암동 집에 모여 해방 후 남한에 거주하는 항공 유경험자들의 명부를 작성했다. 여기저기 수소문해서 관련자를 찾아낸 다음, 군 출신인 경우에는 계급을 참조하고 민간항공 출신은 경력을 고려해서 서열을 매겼다. 경우에 따라서는 이들 공군 창설 7인이 날밤을 지새우며 토론을 벌였던 날도 부지기수였다. 그런 산고産苦를 거쳐 500여 명에 달하는 항공 유경험자들의 인적 사항 및 경력 사항, 주소, 연락처 등이 정리되었다. 나중에 항공병 1기생이나 1차 소집학생과 같은 절차를 거치지 않고 곧바로 항공 소위로 현지임관을 했던 분들도 여럿 있다. 어찌 보면 특혜 시비가 일어날 수 있는 파격적인 인사였음에도 별다른 잡음이 생기지 않았다. 그것이 가능했던 것은 공군 창설 7인이 남한 내 모든 항공인의 인적 사항을 조사·정리하면서 그들의 경력과 능력을 꿰뚫어 봤기 때문이다. 현지임관을 했던 분들에게는 그에 맞는 계급을 부여해서 다른 항공인들도 기꺼이 수용한 것이다. 지금 돌이켜봐도 뜨거운 열정과 헌신, 그리고 빛나는 혜안으로 공군 창설의 초석을 다져나갔던 그들 7인의 모습이 눈물겹도록 아름답게 느껴진다.

11. 반역

군인의 사명은 안중근 의사가 강조했던 '위국헌신군인본분'[爲國獻身軍人本分]의 길을 걷는 데 있다. 하지만 해방 직후 혼란기에 일부 군인들은 그것과 정반대의 길을 선택했다. 여순사건[52]과 제주 4.3사건이 그 대표적 사례다. 여순사건은 1948년 10월 19일, 전남 여수의 신월리에 주둔하고 있던 남조선국방경비대 제14연대 소속 군인들이 일으킨 반란 사건이다. 남로당 핵심 당원이었던 김지회 중위[53]와 지창수 특무상사(현 원사)[54]가 내부 동조자였던 2천여 명의 병사들과 함께 동료 군인, 우익 인사, 경찰과 그 가족들을 무참하게 살해하고 반란을 일으킨 사건이다. 그동안 여순사건은 일부 문인과 역사학자들에 의해 사건의 본질이 왜곡되

---

52 이 사건 이후, '4'라는 숫자는 대한민국 국군 조직의 독립부대 이름에서 사라졌다. 조선 시대 때, 역모자의 집을 허문 뒤 우물을 파게 한 것과 비슷한 조치였다. 여수의 제14연대는 해체되었고, 그 부대는 제20연대로 재편되었다.

53 육사 3기 출신인 김지회는 남부군 사령관 이현상과 제주 4.3사건의 주모자인 김달삼 등과 함께 북한의 강동학원 출신으로 알려져 있다. 강동학원은 평안남도 강동군에 있는 북조선노동당 중앙위원회 직속의 비밀 당(黨)학교로서 남조선 빨치산 양성을 위한 군사 학원이었다.

54 지창수에 대해서는 별다른 자료가 없다. 심지어 그의 생사 여부에 관한 자료도 찾아보기 힘들다. 다만 광주 제4연대에서 전출해 온 인사계 특무상사 출신이라는 것만 알려져 있다.

거나 미화된 경우가 적지 않았다.[55] 그 사건의 본질은 '여수 제14연대는 제주도에서 발생한 무장봉기를 진압하기 위해 출동하라!'는 상부의 정당한 명령을 거부하고 내부 반란을 도모한 사건이라는 점이다.

반란 세력이 주창했던 대의명분은 친일파 처단과 조국 통일이었다. 하지만 그것은 남로당의 주장을 앵무새처럼 지껄인 것에 불과했다. 안타까웠던 것은 정치 이데올로기에 무지했던 지역 주민들이 군경軍警 진압군과 반란군 사이에서 경계인境界人: marginal man의 입장을 취하다가 양쪽 진영으로부터 애꿎은 희생을 강요받았다는 사실이다. 예나 지금이나 민초들이 고민하는 것은 먹고사는 생존의 문제이지 정치 이데올로기가 아니다. 그런데도 상당수의 민초는 정치 이데올로기가 휘두르는 손가락 총[56]에 의해 억울한 희생을 당해야만 했다. 인권과 이성은 정치 이데올로기라는 광기狂氣 앞에 설 자리를 잃었고 세상은 아비규환의 생지옥으로 변해갔다. 결국 여순사건이 발생하고 1개월 12일이 지난 뒤 1948년 12월 1일 이승만 정권은 국가보안법을 제정했다. 그 법의 제정으로 말미암아 한국 사회는 공산주의에 대한 고무 찬양은 물론 좌익이나 간첩을 신고하지 않는 사람들까지도 처벌할 수 있는 살벌한 분위기로 변모해갔다.

제주 4.3사건은 여순사건보다 한층 더 복잡 미묘한 성격을 띤다. 또

---

55 지금도 사회 일각에서는 조정래의 소설 『태백산맥』과 이태의 자전적 소설 『남부군』이 역사를 왜곡했다는 주장을 하고 있다. 즉 이들 소설이 좌편향적인 시각에서 우리 군과 경찰의 반란 진압을 부정적으로 묘사하고 반란자들의 반역 행위가 마치 이유 있는 저항처럼 기술했다는 것이다. 원광대 사학과 이주천 교수가 쓴 글(여순 반란사건을 미화 찬양하는 사람들, 미래한국, 2015.10.27.)이 좋은 참고 자료라고 생각한다.

56 반란군 세력이 득세하여 그들 세상이 되면 반란군에 동조했던 사람들이 군경 쪽 사람들을 손가락으로 지목했다. 그러면 반란군이 손가락으로 지목된 군경 쪽 협조자들을 죽였다. 또 군경 진압군이 반란군을 몰아내면 이번에는 군경 쪽 사람들이 반란군에게 부역했던 사람들을 손가락으로 지목했다. 그러면 군경 진압군이 그들을 처형했다. 양쪽 진영 모두 이렇게 비이성적이고 반인륜적이었다. 따라서 일부 문인이나 역사학자들이 군경의 양민 학살만 크게 부각시키고 북한군과 빨치산들의 만행에 대해 축소 또는 은폐하는 것은 지적(知的)으로 정직하지 못한 자세라고 생각한다.

노무현 정권 때 작성된 '진상조사보고서'는 지금까지도 그 내용에 대한 진위 여부를 둘러싸고 논란이 계속되고 있다. 이의를 제기하는 쪽은 보수 진영이고, 또 그들의 주장이 전혀 근거 없다고 말하기도 어려운 실정이다. 따라서 제주 4.3사건의 본질을 제대로 파악하기 위해서는 제주 발포 사건(1948. 3. 1.)의 경위, 남로당의 5.10선거 반대, 김달삼을 주축으로 한 유격대 구성과 무장봉기, 제9연대장 박진경 대령의 암살, 북한 쪽 선거(1948. 8. 25.)에 대한 참여, 제2대 유격대사령관 이덕구의 선전 포고 등을 엄밀하게 살펴봐야 한다. 5.10선거 당시 전국에서 유일하게 제주도만 3개 선거구 가운데 2개 선거구에서 투표를 치르지 못한 이유[57]에 대해서도 꼼꼼하게 분석할 필요가 있다. 이는 억울하게 희생된 제주도민들의 진정한 명예 회복을 위해서도 반드시 필요하다. 그것은 어느 누구도 이의를 제기할 수 없을 만큼 객관적이고 공정한 평가가 이루어졌을 때에만 가능하다. 시인 이산하는 자신의 시 '한라산'을 통해 가없은 주검들의 넋을 위로했다.

제주도의 아름다운 신혼 여행지는 모두 / 우리가 묵념해야 할 학살의 장소이다 / 그곳에 핀 유채꽃들은 여전히 아름답다 / 그러나 그것은 모두 칼날을 물고 잠들어 있다.

이것이 세인들의 가슴속을 후벼 파며 원혼冤魂들의 편안한 영면을 방

---

57 남로당은 대한민국 정부 수립을 막기 위해 1948년 5.10선거에 대한 반대 투쟁과 함께 전평, 전농, 민애청 등을 통해 '지하선거'를 실시했다. 제주도의 경우에는 유권자의 85%인 7만 2천여 명이 지하선거에 참여했고, 제주 4.3사건의 주모자인 김달삼은 5만 2천 명의 투표용지를 갖고 북한의 해주대회에 참석해서 그것을 제시했다. 이에 감격한 김일성은 그에게 2급 국기훈장과 함께 영웅 칭호를 주고 '북한인민공화국 헌법위원회 위원'으로 위촉했다. 이는 명백한 반역 행위인 동시에 국기 문란 행위였다. 또 이 시대를 살아가는 우리 국민들은 제주도민들이 김달삼의 정략(政略)에 속아 넘어가서 결국 북한 정권 설립의 명분을 쌓는 데 악용되었다는 점에 대해서도 되새겨볼 필요가 있다.

해하는 한, 제주 4.3사건의 진실 규명은 물론 피해자와 가해자 간의 용서나 화해도 어렵다.

노병은 여순사건과 제주 4.3사건에 대한 토벌작전에는 참가하지 않았다. 그가 항공 소위 계급장을 달고 처음 출격한 작전은 지리산공비 토벌작전이다. 또 그가 제주 4.3사건과 제주 제9연대 소속 장교들, 즉 연대장 김익렬 중령[58], 대대장 오일균 소령[59], 중대장 문상길 중위[60]에 대한 얘기를 전해 들은 것도 그 후의 일이다. 당시 세간에는 제주 제9연대장 김익렬은 제주 4.3사건의 주모자인 김달삼과 일본 후쿠치야마福知山 육군예비사관학교 동기생인 데다 그의 부친이 공산주의자였다는 얘기가 많이 나돌았다. 그 때문에 김익렬과 김달삼이 1948년 4월 28일에 평화협정을 체결할 수 있었다는 것이다. 이에 관해서는 향후 좀 더 면밀한 분석과 추가적인 자료 검토가 필요할 것 같다. 아무튼 김익렬은 미 군정청과 조병옥 경무부장이 강경 진압을 명령하자 거부했다. 결국 그는 보직 해임되고 말았다. 윌리엄 F. 딘William F. Dean 장군(☆☆)은 김익렬의 후임 연대장으로 통위부 인사참모로 근무하던 박진경 중령을

---

58 김익렬은 경남 하동 출신으로 일본 고베(神戸)상업학교를 나와 후쿠치야마 육군예비사관학교를 졸업하고 일본군 소위로 근무하다가 8.15 해방을 맞이했다. 그 후 군사영어학교를 졸업하고 국군 소위로 임관했으며, 제주도 부임 당시에는 중령이었다. 그는 제주 제9연대장에서 여수 제14연대장으로 전보되었다. 그 후 1사단 제13연대장, 6사단 제19연대장, 제8사단장, 제7사단장, 제1관구 사령관, 제1·2군단장, 국방대학원장을 지내고 1969년 1월 육군 중장으로 예편했다. 1979년부터 2년간 한국자동차공업협동조합 제14대 이사장을 역임한 뒤 1988년 12월에 사망한 것으로 알려졌다.

59 오일균은 일본 육사 61기생으로 8.15 해방 후 군사영어학교를 졸업하고 육군 소위로 임관했다. 그 후 승진을 거듭해 제주 제9연대에서 대대장으로 근무했다. 그는 박진경 연대장의 암살 사건 이후, 스스로 책임을 지겠다며 한직인 포로수용소장직을 자원했다. 그러나 군 당국의 수사 결과, 그는 군내(軍內) 남로당 조직의 핵심 간부였음이 밝혀졌다. 또 그는 1948년 5월 10일 선거일 당일 제주읍내에서 김달삼과 만나 새로 취임한 박진경 연대장을 숙청하기로 합의했다는 사실도 밝혀졌다. 결국 그는 군사재판에서 사형을 언도받고 총살형에 처해졌다. 오일균은 박정희와도 친했던 것으로 알려졌다. 훗날 대통령이 된 박정희가 충북 청원군을 지나다가 어느 마을(필자 주: 충북 오창 지역으로 추정)을 가리키며 "저곳이 오일균의 고향인데…." 하면서 감개무량한 표정을 지었다고 한다.(출처: 조갑제 닷컴, '박정희를 살려준 김안일의 최후 인터뷰', 2014.10.19.)

60 문상길은 충남 출신으로 일본군 하사관으로 복무하던 중 8.15 해방을 맞이했다. 그는 육사 3기 출신으로서 남로당에 가입한 후, 김달삼과 이덕구 측과 연락하며 군 출동을 저지하거나 진압 정보를 흘리는 반역 행위를 서슴지 않았다.

임명했다. 1948년 5월 6일자로 부임한 신임 박진경 연대장은 경남 남해 출신으로 일본 오사카大阪외국어학교를 졸업하고 제주도에서 일본군 소위로 근무하다 해방을 맞이했다. 그 후 그는 남조선국방경비대 제5연대에서 사병으로 복무했는데 당시 백선엽 연대장이 그의 출중한 영어 실력을 알아보고 군사영어학교에 입학할 수 있게 추천해주었다. 그는 소위 임관 후, 중령까지 진급하는 동안 줄곧 행정장교로 일했다. 딘 장군이 그를 제주 제9연대장으로 발탁한 것은 과거 제주도에서 근무한 경험이 있었기 때문이다. 박진경은 제주도의 지형과 요새의 배치 상황은 물론 섬사람 특유의 심리와 특성까지 잘 알고 있었다. 그는 딘 장군의 믿음에 보답하고 싶었을 것이다. 그래서 전임 김익렬 연대장과는 달리 강경 진압의 자세를 취한 것이 아닌가 싶다.

김달삼은 박진경 연대장을 제거하기로 결심하고 자신의 '라포rapport'[61]를 통해 문상길 중위에게 살해를 지시했다. 이것이 가능했던 것은 문상길이 남로당의 핵심 당원이었기 때문이다. 거사일은 박진경의 대령 진급 축하연이 있는 1948년 6월 17일 밤으로 정했다. 원래 그의 대령 진급일은 1948년 6월 1일이었다. 하지만 그때는 토벌작전이 한창 진행 중이어서 축하연은 뒤로 미뤄질 수밖에 없었다. 6월 17일 저녁, 그의 대령 진급 축하연이 제주시 관덕정 옥성정 요리집에서 행해졌다. 제주도의 각급 기관장들을 포함한 군 관계자들이 대거 참석해서 그와 술자리를 함께하며 연대장 취임과 대령 진급을 축하해주었다. 박진경은 술에 취해 새벽 1시쯤 제주농업학교에 마련된 연대본부의 연대장실로 귀환했다. 그는 옷을 입은 채로 야전침대에 누워 잠을 자다가 문상길의 지령을 받은 손선호 하사(현 상병)가 쏜 M1 실탄 2발을 맞고 현장에

61　친밀한 사람

서 즉사했다.[62] 손 하사는 문상길의 세포였다. 최경록 중령이 신임 연대장에 취임한 뒤 박진경 대령의 암살 사건에 대한 군 수사가 본격적으로 이루어졌다. 수사 초기에는 난항이 거듭되었다. 그러나 박진경 대령이 사망한 지 7일이 지난 뒤, 진정서 한 통이 최경록 연대장 앞으로 전달되면서 문상길을 비롯한 양희천, 신상우, 강자규, 손선호, 배경용 일당의 만행이 수면 위로 드러났고 그들은 모두 준엄한 법의 심판을 받았다. 이 사건은 하극상의 반란으로, 직속상관을 처참하게 살해하고 군기 문란 행위로 군의 명예를 더럽힌 것에 대한 정당한 처벌이었다. 노병에게 여순사건, 제주 4.3사건에서 우리 군이 반면교사로 삼아야 할 점에 대한 얘기를 부탁했다.

크게 두 가지라고 봅니다. 모병제를 채택했던 남조선국방경비대는 입대 희망 장병들에 대한 신원 조회를 엄격하게 하지 않았습니다. 따라서 사상 문제나 범죄 등으로 경찰의 추적을 받는 사람들이 도피 목적으로 군 입대를 자원하는 경우가 많았습니다. 게다가 미 군정청은 군인들에게도 언론·출판·집회·결사의 자유를 무제한으로 보장해주었습니다. 남로당은 이를 최대한 악용했습니다. 그들은 남조선국방경비대를 장악하거나 와해시킬 목적에서 핵심 당원들을 위장 입대시켰습니다. 결국 그들이 군 내부에서 동조자를 포섭해서 하극상을 벌인 것이 여순사건과 박진경 제주 제9연대장의 암살 사건입니다. 현대의 한국군은 장병들이 입대할 때, 다양한 방법으로 신원 조회를 실시하고 장병들의 의식 수

---

62 문상길은 1948년 6월 17일 저녁, 남로당의 세포 당원이었던 신상우 1등상사(현 상사), 양희천, 강자규 이등중사, 손선호, 배경용 하사에게 박진경 대령의 살해를 지시했다. 6월 18일 새벽 3시쯤, 손선호 하사는 박 대령의 머리와 심장 부위에 M1 실탄 2발을 발사해 살해했다. 하지만 그는 사건 직후 몰려온 군인들 앞에서 위생병 자격으로 박 대령의 시신을 어루만지며 눈물을 흘리는 사기극을 연출했다. 가증스런 공산주의자의 민낯이었다. 군 수사 결과 문상길 일당의 죄상이 낱낱이 밝혀졌다. 군사재판에서 사형을 언도받은 문상길은 1948년 9월 23일 경기도 수색의 군 사형집행장에서 손선호 하사, 신상우 1등상사, 배경용 하사 등 3명의 부하들과 함께 총살형으로 인생을 마감했다.

준도 높고 부대 관리가 체계적으로 잘 이루어지기 때문에 크게 염려할 것은 없습니다. 다만, 우리가 남북통일을 이룰 때까지는 친북이나 종북 세력들이 군 내부에서 암약할 수 없도록 부대 관리에 만전을 기해야 합니다. 유감스럽게도 8.15 해방 이후부터 6.25남침전쟁이 발발하기 전까지 군과 경찰이 작전 주도권을 놓고 대립하는 경우가 종종 있었습니다. 그 때문에 군경 토벌작전이 소기의 목적을 거두지 못하고, 지역 주민들의 원성만 산 경우가 적지 않았습니다. 이제는 군경 토벌작전이 필요 없는 안전하고 건강한 사회가 되어야 합니다. 또 어떤 경우에도 군사작전은 주민 보호와 국민 불편을 최소화하는 데 주력하면서 신속하고 정확하게 끝낼 수 있도록 최선을 다해야 합니다.

12. 월북 사건

창군 초기 우리 군을 당혹스럽게 했던 또 하나의 사건은 육지와 하늘을 통한 군인들의 월북이다. 지금은 북한 주민들의 잇따른 탈북으로 김정은 정권의 폭력성과 야만성이 만천하에 드러나고 있지만, 당시에는 우리 군의 연이은 월북으로 국격과 국군의 명예가 크게 훼손되었다. 창군 이래로 지금까지 군 내부에서 발생한 최대 월북 사건의 주모자는 당시 6여단 제8연대 제1대대장 표무원 소령과 제2대대장을 역임했던 강태무 소령이다.

　제1대대장 표무원은 1949년 5월 4일, 야간훈련을 한다는 명목으로 대대 병력 508명을 이끌고 주둔지인 춘천을 출발했다. 제1대대가 춘천에서 서북방 쪽으로 20여km 떨어진 38도선 이북 접경 지점인 말고개에 이르자 사전에 내통한 북한군들이 그곳에서 대기하고 있다가 그들을 포위했다. 표무원은 부하들을 향해 "북한군에게 포위되었으니 항복하자."고 권유했다. 그러나 제1중대장 김관식 중위만 그 명령에 따르고, 제2중대장 최동섭 중위와 화기중대장 한정희 중위는 저항했다. 최 중위와 한 중위는 북한군과 치열한 교전을 벌이면서 부하 장병 291명을 무사하게 귀대시키는 데 성공했다. 제2대대장 강태무는 1949년 5월 3일과 4일 이틀 동안 부하들에게 참호 구축 작업을 시켰다. 그리고 5월 5일 새벽 1시쯤, 전 대대원들에게 '집합' 명령을 하달했다. 그는 "북한군 첩보대의 내습을 돕는 인민군 보안대를 공격하라."는 명령과 함께 약 300명의 대대원을 이끌고 북쪽으로 이동했다. 2대대 병력이 38도선 부근의 현리에 이르자 그곳에서 대기하고 있던 북한군이 총격을 가해왔다. 한참 교전이 진행 중인 상황에서 강태무가 부하들을 향해 "백기를 들고 투항하라."고 명령했다. 그러나 제8중대장 김인식 중위를 비롯한 동료 중대장들이 명령을 거부하고 교전을 계속하는 바람에 피아간에 적지 않은 전사자가 발생했다. 결국 50여 명만 귀환했고 강태무를 비롯한 장병 156명은 월북하고 말았다.

표무원과 강태무는 경남 고성 출신으로 어릴 적부터 함께 놀았던 소꿉친구였다. 육군사관학교도 함께 다녔고 소위 임관도 같이했던 동기생이었다. 또 군 정보기관에서는 두 사람이 1946년 10월에 평양학원 대남반對南班 1기로 졸업한 후, 남조선국방경비대에 침투했다고 발표했다. 하지만 그에 대해서는 추가적인 연구가 필요할 것 같다. 왜냐하면 그 시기에 두 사람은 군사영어학교를 다녔던 것으로 밝혀졌기 때문이다. 오히려 두 사람이 북조선노동당(북로당)의 대남총책이었던 성시백에게 포섭되어 월북했다는 주장이 더 설득력이 있는 것 같다. 두 사람은 여순사건 이후 군 내부에서 대대적인 숙군肅軍 작업이 이루어지고 좌익인 자신들의 정체가 발각될 위기에 처하자 월북을 결행한 것으로 보인다. 당시 특무부대 김창용 수사팀장이 두 사람을 체포하려고 했지만 "38도선을 지키는 지휘관들을 함부로 구속 수사해서는 안 된다."는 이응준 육군참모총장의 반대로 무산되었다. 두 사람의 월북 사건이 일어난 직후, 그는 모든 책임을 지고 육군참모총장에서 물러났다. 이와 비슷한 시기에 하늘을 통한 월북 사건도 발생했다. 첫 번째로 항공기 월북을 실행에 옮긴 자는 항공기지사령부 비행부대 소속 백흠룡 일등중사(현 하사)였다. 일본 육군소년비행병학교 15기(乙) 출신인 백흠룡은 1948년 11월 18일 오전 10시 15분 남몰래 L-4 항공기에 접근한 뒤 관제탑의 이륙 허가도 받지 않고 여의도기지를 이륙해서 오전 11시쯤 평양비행장에 도착했다. 그가 월북한 후, 군 정보기관에서 그에 대해 광범위하게 조사했다. 결국 그는 남로당 핵심 당원임이 밝혀졌다. 군 입대 전, 그가 살았던 인천 집에서 발견된 남로당 당원증과 수많은 좌익 관련 문건이 그것을 입증해주었다.

항공기를 통한 두 번째 월북은 1949년 11월 23일, 이명호 소위가 시도했다. 그는 본래 항공기 정비장교였다. 지금은 정비장교나 정비사가 전투기 후방석에 탑승하는 것이 불가능하다. 하지만 당시에는 그것이 다반사였다. 그는 L-5 항공기를 조종했던 박용오 이등상사(현 중사)에게 접근해서 "L-5 항공기를 한번 타보고 싶다."며 간청했다. 누구도 그런 이명호를 의심하지 않았다. 그는 사건 당일 날 아침에도 박용오가 대북 선전 전단 살포 임무를 띠고 비행할 예정임을 확인했다. 박용오에게 다가와서 "나와 함께 대북 선전 전단을 뿌리고 돌아오자."고 제안했다. 박용오는 살갑게 구는 이명호가 싫지 않았다. 두 사람은 L-5 항공기의 전·후방석에 나란히 앉은 채 여의도기지를 이륙해서 화천 방면으로 날아갔다. 항공기가 38선 가까이에 있음을 확인한 이명호는 갑자기 권총을 빼 들고 "기수를 북쪽으로 돌리라."고 협박했다. 결국 두 사람이 탑승한 항공기는 북한 공군기지에 강제 착륙했다.

항공기를 통한 세 번째 월북은 6.25남침전쟁이 끝난 직후에 이루어졌다. 사건의 주인공은 사천기지에 주둔하고 있던 제1훈련비행단 101

기지전대 소속의 김성배 대위다. 그는 일본 육군소년비행병학교 15기(乙) 출신으로 일본의 비행교관들도 "너는 에이스가 될 만한 놈이다."라고 칭찬했을 정도로 비행을 잘했다. 또 그는 항공부대 창설이 지연되자 육군사관학교 5기생으로 임관한 후 육군 대위로 근무하다가 나중에 공군 소위로 재입대했을 만큼 비행에 애착이 많았다. 그러나 그는 두 번의 불군기不軍紀 비행[63]으로 지상근무자로 전출되어 비행이 불가능해진 데다 평소 자신에게 마음고생을 시켰던 선배 조종사 J와의 불화를 이겨내지 못하고 자진 월북을 선택했다. 6.25남침전쟁이 끝나고 얼마 지나지 않은 1953년 10월 19일, 그는 사천기지에서 생전 처음 타본 F-51D 전투기[64]를 몰고 월북했다. 그는 북한에서 한동안 영웅 대접을 받았지만 자신이 간절하게 원했던 비행의 꿈은 실현되지 않았다. 결국 그는 북한에서 자유분방한 생활을 하다가 계속해서 자아비판을 요구받자 그에 따른 심리적 중압감을 이겨내지 못하고 달리는 열차에 몸을 던져 생을 마감했다. 노병은 항공기를 이용한 월북 사건을 얘기하면서 무척 착잡해했다. 월북한 백흠룡, 박용오, 김성배가 일본 육군소년비행병학교 15기(乙) 동기생들이었기 때문이다. 특히 그는 박용오와 김성배에 대한 애틋

---

63 김성배의 첫 번째 불군기 비행은 1950년 6월 27일 전후에 발생했다. 당시 그는 L-4 항공기를 조종했는데 공군본부는 조종사들이 L-4, L-5, T-6 항공기를 수원이나 대전기지로 긴급 대피시키는 과정에서 혹시라도 돈이 필요할지도 모른다는 생각에서 비상금 19만 원(당시 조종사 월급 3,000원)을 각 조종사들에게 개별적으로 지급했다. 그는 이 돈을 초등학교 교사였던 애인에게 맡기려고 마음먹었다. 그는 L-4 항공기를 몰고 애인이 근무하던 초등학교 운동장으로 날아가서 돈을 전달해주려다가 전방 주시 소홀로 항공기 날개가 커다란 미루나무 가지에 부딪치는 사고를 당했다. L-4 항공기가 크게 파손되었다. 그 사실을 알고 격노한 김정렬 공군참모총장은 그에게 1950년 7월 24일자로 파면 조치를 내렸다. 그러나 우리 공군이 강릉전진기지에서 단독출격을 시작하면서 전투조종사들이 부족하자 1951년 10월쯤, 그에게 다시 한 번 비행할 수 있는 기회를 주었다. 그것을 계기로 그는 사천기지에서 T-6 항공기에 대한 기종전환훈련을 받고 강릉기지에서 연락 비행임무를 수행하던 도중, 또 다른 불군기 비행(초저공 고속비행)을 했다는 이유로 비행 금지명령을 받고 101기지전대에서 지상근무를 했다. 결국 그는 F-51D 전투기를 한 번도 타지 못하고 종전(終戰)을 맞이했다.

64 중국 베이징 항공우주박물관에 가면 F-51D 전투기 1대가 전시되어 있다. 그것은 1953년 10월 19일 김성배가 몰고 월북했던 전투기라는 얘기가 심심찮게 나돌기도 했다.(출처: 『월간항공: Return to Mustang』 2014년 6월호.)

한 감정을 내보이면서 그동안 가슴속에 묻어두었던 얘기를 털어놓았다.

박용오는 강제 월북을 당한 후, 북한 공군에서 비행교관을 지냈습니다. 그는 1950년에 북한 지역을 공격했던 우리 공군과 UN 공군의 F-51D 전투기를 볼 때마다 "나도 남한 공군에서 계속 근무했다면 저 비행기를 탔을 텐데….'라고 말했다고 합니다. 이 얘기는 1951년 1.4후퇴 때, 북한 공군에서 탈출한 뒤 조종간부 7기로 한국 공군에 입대해서 공군 준장으로 전역한 한창선 장군(예 비역 ☆)에게서 전해 들었습니다. 내가 박용오의 됨됨이를 잘 알고 있어서 당시 그 말을 전해 듣고 무척 안타까웠습니다. 김성배도 마찬가지였습니다. 그는 일본 육군소년비행병학교와 남방 전선에서 나와 함께 비행훈련을 받으면서 동고동락했던 전우였습니다. 또 한국 사정에 어두웠던 나에게 태극기 그리는 방법과 우리말을 가르쳐주었던 절친이었습니다. 그런 그가 '북한에 가면 원 없이 비행기를 탈 수 있겠지.'라는 착각 속에 월북을 결행한 사실이 누구보다 가슴 아팠습니다. 그가 월북하겠다는 속마음을 조금이라도 내비쳤더라면 내가 무슨 수를 써서라도 그것을 막았을 텐데…. 그 점이 무척 아쉽습니다.

우리 공군은 창설 전후인 1948년과 1949년에 L-4, L-5 항공기의 잇따른 월북으로 군내 숙군 작업의 표적이 되어 매우 힘든 시기를 보내야만 했다. 수많은 공군 관계자가 김창룡 소령[65]이 이끄는 방첩부대

---

65 김창룡은 1916년 7월 18일 함경남도 영흥군 요덕면 일산리에서 태어났다. 그는 일본인 추천으로 만주 주둔 일본 헌병부대에서 잡일을 거들어주는 군속으로 일하면서 성실성을 인정받았다. 그것을 계기로 그는 1941년 4월 관동군 소속 헌병교습소에 입소해서 6개월간 훈련을 받고 1941년 10월 헌병보조원이 되었다. 그 후 정보에 대한 남다른 감각과 순발력으로 중국 공산당의 거물인 왕근례를 체포하고 그와 연관된 9개의 항일 단체를 소탕한 공로를 인정받아 헌병 오장(현 하사)으로 특진했다. 8.15 해방을 맞아 고향 집으로 돌아온 그는 친일 부역 혐의로 체포되어 사형을 언도받았지만 극적으로 탈출하는 데 성공했다. 서울로 내려온 그는 지인 박기병(남조선국방경비대 제3연대 소대장)의 도움으로 남조선국방경비대 제5연대 사병, 제3연대 정보하사관으로 근무하던 도중, 1947년 1월 육사 제3기로 입소해서 1947년 4월 육군 소위로 임관했다.

(CIC)[66]에 소환되어 혹독한 사상 조사를 받았고 그 과정에서 수없이 많은 고초를 겪어야만 했다.

그는 정보 분야에서 활동하며 군내 좌익 세력을 척결하는 작업에 앞장섰다. 육군 소령이었던 1949년 6월 방첩(CIC)대장으로 승진한 후, 1950년 9월 28일 군·검·경 합동수사본부장, 1951년 5월 15일 육군특무부대장, 1953년 5월 육군 준장, 1955년 1월 육군 소장으로 진급했다. 하지만 1956년 1월 30일 자신의 부하였던 허태영 대령을 비롯한 이유회 중사, 송용고, 신초식 등에게 살해당했다.

66 본래 CIC는 Counter Intelligence Corps의 약자로서 8.15 해방 직후 남한에서 활동한 미군 소속 첩보부대를 말한다. 김창룡의 특무부대는 CIC라는 이름을 쓰면서 미국 CIC와 연계된 방첩 임무를 수행했다.

13. 숙군

숙군肅軍은 '군을 맑게 한다. 또는 군을 깨끗하게 한다.'는 의미다. 군 내부의 부정부패나 적과 내통하는 무리들을 척결함으로써 군의 기강을 바로잡기 위한 일련의 행동을 지칭하는 용어다. 숙군 작업은 8.15 해방 이후 남조선국방경비대가 창설될 때부터 시작되었다고 해도 과언이 아니다. 군 조직이 태동된 순간부터 군 내부를 감시하는 감찰부서를 만들었기 때문이다. 그런 의미에서 초기의 숙군 작업은 부대 단위로 이루어졌다. 숙군 대상도 사상범보다는 비리나 비위 사실 적발에 치중했다. 대한민국 군대에서 숙군 작업이 군 전체로 확대된 결정적 계기는 여순 사건과 제주 제9연대장 박진경 대령의 암살 사건이었다. 이승만 대통령은 김완용 군법무감을 불러 군 내부의 좌익 척결과 사상 검열 강화를 지시했다. 또 백선엽 대령이 책임자로 있던 육군본부 정보국에도 그 임무를 하달했다.

당시 남조선국방경비대는 두 부류의 사람들에게 최적의 도피처였다.

하나는 반민특위[67]의 추적 대상인 친일 경찰이나 헌병 출신들이 몸을 숨기는 데 안성맞춤이었다. 다른 하나는 공안 당국의 감시 대상에서 벗어나려는 좌익분자들의 피난처였다. 또 영어만 할 줄 알면 군사영어학교에 입학해서 장교로 진출할 수 있었고, 군 고위 인사의 신원보증이나 추천서만 있으면 주요 보직까지도 맡을 수 있었던 혼돈의 시대였다. 그것이 가능했던 것은 체계적인 신원 검증 제도나 인사관리 제도가 정착되지 않았기 때문이다. 미흡한 제도를 악용해서 남로당에 가입한 좌익분자들이 군 내부로 대거 침투할 수 있었다. 대규모 숙군 작업을 계기로 날개를 단 사람들은 일제 치하에서 사상범들을 다뤘던 일본 헌병이나 경찰 출신 인사들이었다.[68] 대표적인 사례가 관동군 헌병 출신인 김창룡이다. 그는 이 대통령의 비호 아래 숙군 작업을 주도했던 인물로서 그의 공과功過에 대해서는 지금까지도 논란이 계속되고 있다.

여순사건은 우리 군에게 커다란 상처와 후유증을 남긴 반역 행위였다. 여수에 주둔한 육군 제14연대가 반란을 일으킨 것도 문제지만 그들을 진압하러 내려간 토벌군 가운데도 반란군에 동조했던 자들이 적지 않았다는 것은 그만큼 우리 군이 사상적으로 건강하지 못했음을 보여주었다. 백선엽 대령이 이끄는 육군본부 정보국은 조사반을 전남 광주로 파견해서 반란군에 직접 가담했거나 동조한 좌익 혐의자를 철저

---

67 반민족행위특별조사위원회(反民族行爲特別調査委員會)의 줄임 말로 일제 치하 34년 11개월 28일간 자행된 친일파들의 반민족행위를 처벌하기 위하여 제헌국회에 설치되었던 특별기구를 말한다.
68 그동안 일부 역사학자들은 이승만 정권의 친일 척결이 미흡했음을 호되게 비판했다. 하지만 그들은 이승만 정권이 노덕술, 이진용, 장복성(일본 경찰 출신)과 김창룡, 노엽, 장보형(일본 헌병 출신)들을 내치지 않고 중용했던 이유에 대해서는 침묵했다. 주된 이유는 좌익분자들의 반역 행위에서 찾아야 한다. 즉 이승만 정권 입장에서는 자유민주주의 체제를 수호하기 위해서는 좌익분자들의 소탕이 친일 척결보다 급선무였기 때문이다. 따라서 그들은 친일 세력 척결에 미온적이었던 이승만 정권을 공격하기 전에 자유민주주의 체제를 수호하는 일을 힘들게 했던 좌익분자들의 반역 행위부터 지적하는 것이 올바른 자세다. 물론 강우규 의사를 죽이고 수많은 독립투사를 악랄하게 고문했던 친일 경찰 김태석이 해방 후 무기징역을 선고받자, 이승만 정권은 그를 방면해주었다. 김태석은 6.25남침전쟁의 혼란한 틈을 타서 종적을 감춰버렸다. 이승만 정권도 이런 부분에 대해서는 냉엄한 비판을 받아야 마땅하다. 그래서 역사가 무서운 것이다.

하게 조사했다. 그 결과 토벌군 내에 침투해 있던 남로당원 150여 명을 색출했다. 그렇다고 해서 군내에 잠복해 있던 좌익분자들을 일망타진한 것은 아니다. 육군 제6연대에서 세 차례(1948. 11. 3., 1948. 12. 6., 1949. 1. 30.)에 걸친 반란 기도 움직임이 있었고 항공기지부대에서는 백흠룡 일등중사의 항공기 월북 사건이 터졌다. 이를 계기로 한 차례의 고강도 숙군 작업이 진행되었다. 국방부는 1949년 4월 15일을 기해 육군 제6연대를 해체하고 제22연대로 재편했다. 또 항공기지부대의 월북과 관련한 숙군 작업은 육군 제1연대 정보주임 김창룡 대위가 주도했다. 그는 백흠룡의 일본 육군소년비행병학교 15기(乙) 동기생, 선후배 조종사, 같은 내무반을 사용했던 동료들, 직속상관과 비행교관 등 수많은 인사를 방첩대(CIC) 건물[69]로 소환한 뒤 고강도 수사를 벌였다. 김창룡의 부하들은 온갖 욕설과 폭언은 물론 구타와 고문까지도 불사하며 백흠룡의 남로당 세포를 찾기 위해 혈안이 되었다. 그 과정에서 박희동, 강호륜, 이상수, 송상남, 정영진, 옥만호, 이강화, 김금성, 윤석준 등을 비롯한 많은 분이 본의 아니게 큰 고초를 겪어야만 했다. 그러나 이분들은 모두 건전한 사상과 투철한 국가관을 갖고 있었기 때문에 무혐의로 풀려난 뒤 공군의 핵심 간부로 성장했다. 몇 명의 군인들만 기소되어 처벌받았다. 백흠룡과 동기생이었던 노병은 김창룡의 소환 대상자 명단에 들어 있지 않았다. 김창룡의 방첩부대가 노병과 백흠룡이 소원疏遠한 관계라는 정보를 사전에 입수했기 때문이다. 그 와중에 이명호 소위와 박용오 이등상사의 항공기 월북 사건이 발생했다. 김창룡은 연이은 항공기 월북을 심각하게 여기고 육군항공사령부에 대한 대대적

---

69 이 건물의 위치에 대해서는 여러 가지 설이 있다. 일례로 김정렬 공군참모총장은 『항공의 경종』에서 방첩대가 서울 명동의 증권거래소 건물 내에 있었다고 주장한 반면, 이강화 장군은 『대한민국 공군의 이름으로』라는 책에서 방첩대가 서빙고에 있었다고 주장한다. 이는 방첩대의 건물이 분산되어 있던 것은 아닌지?' 하는 생각을 갖게 한다. 왜냐하면 한 장소에서 그렇게 많은 좌익 혐의자들을 동시에 심문할 수 없다고 판단하기 때문이다.

인 숙군 작업에 착수했다. 평소 이명호와 친분이 있거나 함께 근무했던 장교와 부사관은 물론 사병들까지도 방첩대로 강제 연행해 고강도 수사를 진행했다. 그러나 대다수의 사람이 무혐의로 풀려났고 100여 명의 군인들이 기소되어 처벌받았다.[70] 노병은 김창룡이 주도했던 1, 2차 숙군 작업과 관련해서 중요한 얘기를 들려줬다.

1차 숙군 작업이 진행 중일 때, 나는 운이 좋았습니다. 평소 백흠룡과 친하게 지내지 않았다는 것이 방첩부대에 알려졌던 모양입니다. 그러나 2차 숙군 작업 때에는 육군항공사령부의 모든 장교와 사병들이 다 불려 나가는 상황이었습니다. 그런데 그 정보를 미리 입수한 김정렬 비행부대장이 나를 포함한 여러 선배 조종사와 정비사들을 지리산 공비토벌작전에 파견 보냈습니다. 그 덕분에 우리는 김창룡의 방첩부대에 소환되지 않았습니다. 약 1달간 파견 생활을 마치고 부대에 복귀하니 이명호에 대한 수사가 종료된 상황이었습니다. 하지만 1차 숙군 작업 때보다는 훨씬 더 많은 사람이 처벌받은 것으로 기억합니다. 1, 2차 숙군 작업이 끝난 후, 공군은 내부적으로 사상 정화와 함께 군 입대의 진입 장벽이 꽤 높아졌습니다. 그리고 숙군 작업의 진가는 1년 뒤에 발발한 6.25남침전쟁 때에 그대로 나타났습니다. 군내 대부분의 좌익분자들이 척결되었기 때문에 우리 군은 내부적으로 사상적인 동요를 겪지 않고 국민의 생존권과 자유민주주의 체제 수호를 위해 일치단결해서 싸울 수 있었습니다. 만약 그때 좌익분자들이 군 내부에 대거 존재했다면 우리 군은 북한군과 싸워보기도 전에 붕괴되었을지도 모릅니다. 비록 당시의 숙군 작업이 일부 문제점과

70 『항공의 경종』에 따르면 1949년 1월부터 시작된 1, 2차 숙군 작업으로 김창룡 방첩대에 좌익 혐의자로 끌려간 사람만 3,000명에 가까웠다고 한다. 그중 기소되어 서대문 형무소로 간 사람은 10% 정도인 300명 정도였다고 기술했다. 김창룡은 6.25남침전쟁 기간 중에도 숙군 때와 마찬가지로 북한 정권에 대한 부역 혐의자들을 처벌했다. 당시 내무부 치안국 자료에 따르면 6.25남침전쟁 초기부터 12월 말까지 북한 정권에 대한 부역 혐의자로 검거된 사람만 15만 3,825명이었고 서울 지역에서만 1,300명 정도가 처벌받았다. 그런데 이들 가운데는 억울한 피해자들도 꽤 많았을 것으로 추정된다.

후유증을 낳았지만 거시적 관점에서 긍정적으로 평가합니다. 그것은 일종의 독감 예방주사와 같은 역할을 했다고 생각하기 때문입니다.

노병은 숙군 작업이 남긴 상처와 후유증에 대해서도 지적했다. "10 인의 악인惡人을 놓치는 경우가 있더라도 1인의 선량한 국민에게 심적 고통을 안겨줘서는 곤란하다."면서 인권 문제를 강조했다. 노병은 구십 평생을 살아오면서 몸소 체득한 지혜와 경륜으로 말도 많고 탈도 많 던 우리나라 근현대사의 빛과 그림자를 객관적으로 바라보며 다음 세 대들에게 진실을 가르쳐주었다.

군내 좌익분자의 척결은 시의적절했지요. 그러나 숙군 작업의 절차와 방법에 대해서는 많은 문제가 있었다고 봅니다. 당시 숙군 작업에 참여한 방첩부대 요원들은 일본 경찰이나 헌병 출신들이 많았는데 그들의 수사 기법은 매우 원 시적이고 폭력적이었습니다. 주로 고문과 같은 강압 수사를 통해 자백과 진술 을 받아냈기 때문이지요. 그 때문에 죄 없는 사람들이 영문도 모른 채, 붙들려 와서 온갖 고초를 받았고 더러는 억울하게 희생된 사람들까지 생겼습니다. 처 형장에서 "대한민국 만세!"를 부르거나 "이승만 대통령 만세!"를 부르면서 죽 어간 사람들도 꽤 있었다고 합니다. 이는 '내가 당신(김창룡)의 강압 수사 때 문에 억울하게 죽는다.'는 최후의 저항이었다고 봅니다. 험하고 거칠었던 시 대를 호흡해온 우리들의 마음을 무겁게 하는 대목입니다. 그것은 분명 잘못된 일이기에 우리는 그 시대의 폭력성에 대해 깊이 반성해야 합니다. 아울러 대 한민국 군인으로 복무했던 자가 반역 행위를 한 것에 대해서는 준엄한 역사적 심판을 받아야 마땅하다고 봅니다.

노병은 '숙군'에 대한 인터뷰가 끝날 무렵, 오래된 얘기 하나를 꺼냈다. 제8대 공군참모총장을 역임한 박원석 장군(예비역 ☆☆☆)에 관한 것이었다. 일본 육군사관학교 58기 졸업생인 그는 일본 육군항공대에서 정찰기 조종사로 근무하다가 해방을 맞았다. 그는 8.15 해방 이후 항공부대 창설을 기다리지 못하고 육군사관학교 5기생으로 들어가서 소위로 임관했다. 나중에 항공부대가 창설되고 육군항공사관학교가 설립되자 육군 대위였던 박원석은 김정렬 학교장의 추천으로 육군항공사관학교 교수부장에 취임했다. 그런데 김창룡의 방첩부대가 그를 좌익 혐의자로 체포했다. 죄목은 남로당 당원인 박정희의 세포였다는 점이다. 두 사람은 만주에서 군 생활을 함께했던 인연이 있다. 박정희가 김창룡의 방첩대에 체포된 것은 1948년 11월 11일이었다. 남로당의 군사조직책 이재복과 이중업이 체포되고 그들을 심문하는 과정에서 일본 육군사관학교 출신인 김종석(56기), 박정희(57기), 박원석(58기), 오일균(61기)의 이름이 튀어나온 것이었다. 당연히 이들에 대한 체포 작전이 이루어졌고, 그들 가운데 김종석과 오일균은 사형을 언도받고 형장의 이슬로 사라졌다. 하지만 박원석은 박정희가 풀려나면서 자동적으로 석방되었고 죄가 상대적으로 가벼워서 계속 군에서 근무할 수 있었다. 훗날 국가 최고 권력자가 된 박정희 대통령은 자신 때문에 본의 아니게 고초를 겪은 박원석을 제8대 공군참모총장으로 임명했다. 이를 두고 군 내부에서는 "보은報恩 인사가 아니냐?"는 얘기가 나돌기도 했다. 하지만 그는 일본 육군사관학교를 졸업했을 만큼 똑똑한 인물이었다. 노병은 당시 군 선배들로부터 전해 들은 얘기를 생생하게 증언했다.

내가 박정희 대통령에 대해서 들은 얘기는 요즘 역사학자나 진보 인사들이 주장하는 것과 약간 다릅니다. 박 대통령이 남로당에 가입한 것은 그의 친형 박상희 때문이라고 했습니다. 그가 육군사관학교 2기로 재학 중일 때, 대구 폭동에 참가했던 형 박상희가 경찰의 총에 맞아 죽었다고 합니다. 육군사관학교를 졸업한 이후 그는 형수와 조카들로부터 이재복이란 사람이 자신들을 각별하게 돌봐주었다는 얘기를 듣습니다. 이재복은 자신에게 고마워하는 박 대통령에게 『공산당선언』과 같은 이념 서적을 갖다 주며 남로당 가입을 권유했습니다. 당시 이재복은 남로당의 군사책이었습니다. 박 대통령의 남로당 가입은 그런 인간관계에서 비롯된 것이라고 합니다. 그는 본래 공산주의자가 아니었다고 합니다. 박원석의 구명을 위해 노력하는 과정에서 박 대통령의 구명 운동까지 함께했던 김정렬 장군께서 그렇게 말씀하신 적이 있습니다. 나중에는 김창룡도 그의 좌익 혐의점을 찾아내려고 전기 고문까지 시도했지만 추가적인 혐의점을 발견하지 못했다고 합니다. 김창룡은 그에게 두 가지 제안을 했습니다. 하나는 그가 알고 있는 좌익분자들의 명단을 밝히는 것이고, 두 번째는 그들을 체포하러 갈 때, 방첩대원들과 동행하라는 것이었습니다. 결국 그는 김창룡의 요구를 모두 수용했다고 합니다. 그러자 김창룡은 자신의 직속상관인 채병덕 육군참모총장에게 "박정희는 살려주자!"고 제안했다고 합니다. 김창룡의 입에서 '살려주자!'는 얘기가 나온 것은 박 대통령이 처음이자 마지막이었던 걸로 알고 있습니다. 그 후 박 대통령은 강제 전역을 당하고 이용문 장군 휘하에서 문관 생활을 하다가 6.25남침전쟁으로 다시 현직에 복직하게 됩니다. 군인들이 필요했던 시기였기 때문입니다. 그는 전쟁을 치르는 과정에서 승진을 거듭했고 마침내 육군 소장 신분으로 5.16 군사정변을 일으키며 역사의 한가운데로 나서게 됩니다.

2015년 11월 30일, 박원석 전 공군참모총장이 타계했다. 조문을 다녀온 노병께서 느낀 소감을 털어놓았다. 전역 후 대한석유공사 사장을 지내고 쭉 대전에서 칩거 생활을 했던 그는 가족들에게 두 가지 유언을 남겼다고 한다. 하나는 "조문 온 사람들로부터 조의금을 받지 마라."는 것이고, 다른 하나는 "내 시신을 화장해서 동작동 국립현충원의 유골보관소에 안치하고 내 이름 석 자만 위패로 남기라."고 했다는 것이다. 유족들은 그의 유언을 그대로 따랐다. 몇 년 전, 주월 한국군사령관을 역임한 채명신 장군(예비역 ☆☆☆)이 8평의 장군 묘역 안장을 거부하고 부하들이 잠들어 있는 1평의 사병 묘지에 묻힘으로써 많은 국민에게 진한 감동을 선사했다. 박원석 장군은 그보다 한 단계 더 진화된 노블레스 오블리주를 실천하고 하늘나라로 떠났다. 그 얘기를 들으면서 "한 인물에 대한 객관적 평가는 그의 관 뚜껑을 덮을 때 나는 청탁^{淸濁}의 소리로 판단해야 한다."는 생각을 해봤다.

14. 양치기 소년

6.25남침전쟁이 일어나기 직전 국내 정세는 미·소의 냉전체제가 그대로 반영되고 있었다. 남북한은 미국과 소련의 경제, 군사 지원에 기초해서 체제 결속과 군비 경쟁에 나섰다. 특히 이승만 정권은 미국의 비협조로 말만 앞선 허풍으로 일관했지만 김일성 정권은 소련과 중국의 적극적 지원에 힘입어 내실 있는 경쟁 전략을 구축했다. 이러한 상황은 38도선을 중심으로 매우 첨예하게 드러났다. 38도선에서 남북한의 무력 충돌은 1948년 9월 말부터 미군과 소련군이 이 지역에 경비 초소를 만들면서 시작되었다. 처음에는 남북에 주둔한 미군과 소련군 사이에, 또는 미군과 북한 경비대 사이에 작은 충돌이 일어났지만 점차 시간이 흐르면서 남북한 군인들끼리의 무력 충돌로 이어졌다. 이질적 체제에서 비롯되는 경쟁심과 대항 의식은 상대방에 대한 적대감만 키워갔다.

1948년 10월 12일을 전후로 소련군이 북한에서 철수함에 따라 38도선 경비는 온전히 북한 경비대의 몫이 되었고 남한에서도 철수를 앞둔 미군이 38도선 경계 임무를 국군과 경찰에게 넘겨주었다. 이때부터 북한 정권의 태도가 확 바뀌었다. 북한은 3월 중순부터 38도선에서 무력 충돌 전략을 자주 구사했다. 처음에는 분대 단위의 소총 공격을 주고받았지만 나중에는 중화기를 동원한 중대 및 대대급 무력 충돌로 이어졌다. 1949년 5월 4일 북한군은 제1사단 제3연대의 3개 중대 병력인 1,000여 명을 동원해서 우리 영토인 개성 북동쪽의 송악산 일대에 대한 공격을 감행했다. 그리고 국군 제2연대 소속의 대대급 병력이 지키고 있던 292고지, UN고지, 155고지, 비둘기고지 등 4개 고지를 점령해버렸다. 기관총 진지를 구축한 북한군의 파상공격으로 우리 군의 사상자가 많이 발생하자 제1사단 시설장교인 박후준 소위가 착안해 적의 토치카를 때려 부술 육탄 용사들을 선발했다. 이에 서부덕 이등상사(현 중사)를 비롯한 9명의 용사가 특공조를 자원했다. 이들은 박격포탄과 수류탄을 끌어안고 북한군의 기관총 진지로 돌진해 자폭함으로써 송악산 고지를 재탈환하는 데 성공했다.

또 북한군은 옹진반도에 대한 기습 도발도 두 차례나 자행했다. 1949년 5월 21일에는 북한군 1개 대대가 국사봉을 쳐들어왔으며, 1949년 10월 14일에는 북한군 제3경비여단을 동원해서 옹진반도를 재차 공격했다. 그들은 개성과 의정부는 물론 춘천, 강릉, 양양 등 강원도 일대에서도 유격전을 감행하며 우리 군의 전투력과 전투 의지를 끊임없이 탐색했다. 육군본부 정보국은 이와 같은 북한군의 국지 도발이 갖는 의미와 시사점을 분석했다. 그리고 '1950년 봄철에 38도선에서 전면 공격을 할 가능성이 매우 크다.'는 종합 정보 보고서를 작성했다. 육군본부는 보고서를 바탕으로 1950년 3월 25일 작전명령 제38호(국군방어계획)를 확정한 뒤 각 예하 부대에 하달해서 시행하도록 했다. 이 국군방어계획은 당시 신태영 육군참모총장의 지시에 의해 육군본부 작전국장인 강문봉 대령의 주도로 작성되었다. 강문봉은 이 국군방어계획을 미 행정부, 미 극동군사령부, 신성모 국방장관, 채병덕 육군총참모장에게 보고했다. 그러나 어느 누구도 관심을 갖지 않았다. 미 행정부는 '북한군의 남침 징후는 없다.'고 단정하면서 '한국군이 작성한 국군방어계획은 군사원조를 더 얻기 위한 술책이다.'고 폄하했다. 그동안 남북 간에 수백 차례나 지속된 국지적 무력 충돌로 인해 웬만한 무력 도발은 대수롭지 않게 지나쳐버리곤 했다. 군 정보기관 역시 자신들의 생각과는 무관하게 양치기 소년으로 전락했다.

당시 우리 공군은 윤일균 대위(예비역 ☆)를 중심으로 한 최정예 정보 조직을 갖고 있었다. 그들의 정보 수집 활동이 워낙 비밀리에 이루어져서 국민들은 그들의 존재에 대해 알지 못했다. 공군본부 정보국이 운영한 정보기관은 태극호공작대, 홍현분견대, 청단파견대 등 3개였다. 그 당시는 남북 간에 지리적 통제가 지금처럼 심하지 않아서 이들 정보 요원들은 직접 북한에 위장 잠입해서 정보를 가져오곤 했다. 따라서 그들이 제시했던 첩보는 다양한 정보 자산을 활용해서 얻어내는 지금의 대북 정보 못지않게 정확했다. 이들 3개 정보기관은 1950년 초부터 6월 23일까지 북한의 대남 도발 가능성을 계속해서, 그것도 아주 구체적으로 보고했지만 국방부의 최고 윗선과 미군 측으로부터 무시당했다. 특히 태극호공작대는 6.25남침전쟁의 개시 일자까지 정확하게 예측했다. 우리 속담에 '도둑을 맞으려면 개도 안 짖는다.'는 말이 있다. 실제로 그런 일이 대북 첩보 분야에서 일어났다. 한미 양국에서 '정보귀재'로 인정받았던 미 공군의 정보 책임자 도널드 니컬스[71]가 작성한 『전쟁 예측 보고서』가 미 행정부에 의해서 철저하게 무시되었던

---

71 니컬스가 한국에 처음 입국한 시점은 8.15 해방 이듬해인 1946년이었다. 당시 미 극동공군사령부가 그에게 부여한 임무는 미군이 한국에 주둔할 것을 대비해서 안전 여부를 체크하는 일이었다.

것이다.[72] 그들은 니컬스가 제시한 대북 첩보를 F-6 수준[73]으로 판단했다. F-6 수준이란 '정보가 옳은지, 그른지를 판단할 수 없다.'는 것이다. 게다가 6.25남침전쟁의 발발을 약 2달 앞둔 시점에서 북한 공군조종사 이건순 중위[74]가 대지對地공격기인 소련제 IL-10(일루신) 항공기를 몰고 김해기지로 귀순하는 사건이 일어났다. 이 중위는 귀순 일성으로 "북한이 곧 남침할 것임을 알려주기 위해 남쪽으로 내려왔다!"고 강조했다. 하지만 많은 사람이 그의 얘기를 귀담아듣지 않았다. 반공제일주의를 국시로 삼았던 이승만 정권에게 힘을 보태주기 위한 립서비스 정도로 잘못 해석한 것이다. 이 중위도 미 행정부와 미 군사고문단 그리고 우리 군의 최고지휘부에게는 양치기 소년에 불과했다. 이와 관련해서 노병은 비화를 들려주었다.

1950년 4월 28일 북한의 이건순 공군 중위가 IL-10 항공기를 몰고 김해기지로 귀순해 왔습니다. 그 이전에 우리 공군의 L-4, L-5 항공기 2대가 월북한 상황이라서 기분이 별로였는데, 그것보다 훨씬 성능이 좋은 IL-10 항공기가

---

72 도널드 니컬스는 회고록 『수많은 사선을 넘어(How many times can I die)』에서 자신을 비롯한 한미 첩보부대 요원들은 전쟁 개시일까지 정확하게 예견해서 미 극동군사령부를 통해 미 행정부에 보고했지만 철저하게 무시당했다고 주장했다. 또 그는 "수많은 첩보원들을 북한의 곳곳에 상주시키는 한편 남한으로 넘어오는 북한 주민 및 귀순자에 대한 신문 과정이나 자신이 직접 나서서 실행했던 북한 지역에 대한 항공정찰 활동을 통해 김일성의 의도를 정확하게 인식하고 있었다."고 주장했다. 또 그는 북한 조종사인 이건순 중위가 IL-10 항공기를 몰고 남한으로 귀순해 온 것도 자신의 공작에 기인한 것이라고 주장하며, 이 중위를 신문하는 과정에서 북한 군부의 동향에 대한 중요한 정보들을 다량 입수했다고 밝힌 바 있다.
73 미군의 첩보 평가 기준은 다음과 같다. A는 전적으로 확실함, B는 대개 확실함, C는 그런대로 확실함, D는 대개 믿을 수 없음, E는 믿을 수 없음, F는 판단할 수 없음.(출처: 공군본부, 『공군사(제1집 개정판)』, 2010. p.74.)
74 IL-10 항공기를 몰고 38선을 넘어온 우리나라 최초의 귀순 용사인 전 북한군 조종사 이건순(李建淳, 67세)은 1993년 교통사고로 사망했다. 이 씨는 엑셀 승용차를 몰고 부인 김○○ 씨와 함께 중부고속도로를 이용, 서울에서 대전으로 가다 청주시 강서동 근방에서 트럭과 충돌했다. 이 씨는 현장에서 사망했고 부인 김 씨는 중상을 입었다. 24세 때인 1950년 4월 28일 북한군 중위로 귀순한 이 씨는 그때까지 공군본부 정보참모부 군무원으로 일해왔다.(출처: '유용원의 군사세계' 내용 부분 인용.)

내려오니까 '되로 주고 말로 받는' 기분이었습니다. 그런데 문제는 국내 조종사들 가운데 그 기종을 조종해본 사람이 없었다는 겁니다. 그래서 김정렬 장군이 직접 그 항공기를 여의도기지로 전개시키기로 결정했습니다. 그것은 김정렬 장군이 남방 전선에서 IL-10 항공기와 유사한 일본 전투기 비연을 능숙하게 조종했던 경험이 있었기 때문입니다. 하지만 김정렬 장군도 처음 조종하다 보니까 실수를 했던 것 같습니다. 김해기지에서 이륙 후 랜딩기어를 기체 안으로 밀어 넣어야 하는데 그 과정을 생략한 겁니다. IL-10 항공기는 기체 밖으로 나온 바퀴들 때문에 공기저항을 크게 받았고, 그로 인해 연료 소모량이 많았던 것 같습니다. 결국 IL-10 항공기는 연료 부족으로 평택 부근의 하천가에 불시착하고 말았습니다. 그 후 파손된 항공기는 우리 공군의 정비기술진이 복원시킨 뒤 육로를 통해 여의도기지로 운반했습니다. 그리고 군 정보기관과 우리 조종사들이 함께 IL-10 항공기에 대한 정밀 분석 작업을 했습니다. 상당히 놀라운 사실들이 발견되었습니다. 우리 공군이 캐나다에서 도입한 T-6 항공기와는 차원이 달랐습니다. 날개 밑에는 23mm 기관포 2문, 7.62mm 기관총 2정, 후방 사수석에는 좌우상하로 이동 사격이 가능한 12.7mm 기관총이 장착되어 있었습니다. 게다가 주 날개의 연료탱크 밑 부분(下面)과 엔진, 전방 조종석, 후방 사수석에는 5mm가 넘는 철판으로 장갑되어 있었습니다. 이는 기체와 조종사, 기총사수의 생명을 보호하기 위한 것이었습니다. 폭탄 탑재 능력도 엄청났습니다. 그때 우리 조종사들은 북한 공군의 대지공격 능력이 생각 외로 강하다는 것을 느꼈습니다. 그런데도 군 차원에서는 후속 조치들이 전무했습니다. 북한 공군이 보유한 항공 전력에 대해 추가적인 연구나 대응 방안도 마련되지 않았고, 그들의 신형 무기인 T-34 탱크의 보유 대수나 파괴 방법에 대해서도 제대로 된 분석 작업이 없었습니다. 무방비 상태로 있다가 1950년 6월 25일 새벽에 그냥 얻어맞은 꼴이 된 겁니다. 대한민국 군인으로서 그때만큼 부끄러웠던 적도 없습니다. 참고로 IL-10 항공기는 미국의 항공기 기술정보 요원들에게 인도될 예정이었으나 6.25남침전쟁이 갑작스럽게 터지는 바람에 여의도 비행장 격납고에 그대로 두고 남쪽으로 퇴각할 수밖에 없었습니다.

노병은 6.25남침전쟁 이전에 겪은 남북 간 무력 충돌에 대해서도 증언했다. 그는 L-4, L-5 항공기를 타고 태백산지구 지상군지원작전, 옹진지구전투, 지리산 공비토벌작전 등에서 정찰, 지휘관 수송, 심리전전단(삐라) 살포 업무를 수행했다. 그 가운데 옹진지구전투가 가장 치열했다고 회고했다. 그는 기존 비행임무 외에 부상자의 후방 이송과 의약품 수송까지 했다. 항공기의 이착륙 장소는 학교 운동장이었고, 그곳에는 군병원으로 후송을 기다리는 부상병들도 꽤 많았다. 피아간에 교전이 치열했지만 북한의 항공기는 한 번도 본 적이 없다고 말했다. 당시 북한은 항공기 220여 대를 보유하고 있었다. 그런데도 그들은 자신들의 비밀 병기를 철저하게 숨긴 것이다. 노병은 북한 정권의 그러한 이중적 속성을 지적하면서 지피지기 백전불태[75]의 교훈을 여러 차례 강조했다.

---

75 적의 의도와 능력을 알고 나의 그것을 알면 백번을 싸워도 위태롭지 않다는 뜻의 사자성어.

15. T-6 항공기의 도입 비사

미국과 소련을 중심으로 지속된 냉전 이데올로기는 남한과 북한으로 하여금 분단의 고착화라는 블랙홀에 점점 더 빠져들게 했다. 김일성은 무력을 통한 남북통일을 획책하며 남침 준비를 실행에 옮기고 있었다. 그 일환으로 북한 공군의 창설을 서둘렀다. 1945년 10월 25일, 일본 나고야 항공학교 출신인 이활李活이 '신의주항공대'를 조직했다. 그 이면에는 김일성의 강력한 후원이 있었다. 1948년 2월 8일, 신의주항공대는 북조선인민군 창설을 계기로 제25비행연대로 재편되었다. 또 1948년 7월에는 조종사와 항공기술요원 780명을 소련으로 파견해서 최신식 항공 관련 기술을 익히도록 했다. 김일성은 소련군이 철수하자마자 그들이 남겨놓고 간 항공기를 이용해서 비행훈련을 시작할 것을 지시했다. 그 당시 북한이 보유한 항공기는 일제의 '95식 훈련기'와 소련군이 사용했던 10대 안팎의 PO-2 훈련기, Yak-9 전투기(이하 야크기), IL-10 항공기가 전부였다. 1949년 초, 북한 공군은 북조선인민군 산하에 1개 독립군으로 창설되었으며, 1949년 3월에 맺은 조·소朝蘇군사비밀협정과 조·중^{朝中}상호방위협정을 토대로 소련과 중국으로부터 항공기와 군사물자에 대한 원조를 받았다. 이를 토대로 북한은 1949년 12월, 제25비행연대를 항공사단으로 승격시키고 왕연을 사단장, 이활을 부사단장에 임명했다. 이로써 북한 공군은 항공기 226대와 병력 2,800명을 보유하게 되었다.

한편, 이승만 대통령은 최용덕 국방부차관과 김정렬 공군참모총장의 보고를 통해 북한 공군의 실태에 대해 어느 정도 인식하고 있었다. 또 그는 미 군사고문관 제임스 H. 하우스만^{James H. Hausman} 대위나 미 공군의 정보책임자 도널드 니컬스를 통해서도 북한 공군에 대해 꽤 많은 정보를 듣고 있었다. 그 두 사람과 이 대통령은 서로 "Oh My Father!", "Oh My Son!"이라고 부를 만큼 사이가 돈독했다. 한때는 그들이 이 대통령의 양아들이라는 소문까지 나돌 정도였다. 북한 공군의 실태를 파악한 그는 존 J. 무초^{John J. Muccio}[76] 주한 미국 대사와 미 군사고문단장인 윌리엄 L. 로버트 준장(☆)에게 전투기를 포함한 항공기의 대한 군사원조를 요청했다. 하지만 이는 미국의 군사원조 정책에 반하는 것으로 간주되어 받아들여지지 않았다. 그렇다고 이쯤에서 포기할 사람이 아니었다. 이 대통령은 미 행정부가 고개를 절레절레 흔들 만큼 고집이 셌던 인물이었다. 그는 1949년 2월 8일 주한 미군 잔류 부대의 철군 계획을 검토하기 위해 방한한 케네스 C. 로얄^{Kenneth C. Royall} 미 육군장관과 미 육군수

76　당시 미 국무부 기획국장이었던 닛쩌의 회고록에 따르면 무초 대사는 6.25남침전쟁이 일어나기 전에 워싱턴을 방문해서 미 국방부 원조담당관들에게 북한의 침략에 대비하기 위한 전투기, 탄약, 고속 초계정을 구입할 1,000만 달러를 한국에 추가 지원해 달라고 호소했다고 한다.(출처: 남시욱 저, 『6.25전쟁과 미국』, 청미디어, 2015, p.305.)

석참모인 앨버트 C. 웨더마이어[Albert C. Wedemeyer] 장군[77]을 경무대로 초청했다. 이 자리에서 그는 두 사람에게 항공 전력의 대한 군사원조를 지지해 달라고 부탁했다. 하지만 그들 역시 "항공 전력을 운용하는 데는 아주 많은 예산이 소요된다. 지금 한국의 최우선 당면 과제는 항공 전력의 보유가 아니라 인플레이션의 억제를 비롯한 경제 안정의 달성이다."라며 부정적 견해를 피력했다.

1949년 3월, 이승만 대통령은 조병옥 박사를 대통령 특사로 임명해서 워싱턴에 파견했다.[78] 그리고 미 행정부를 상대로 전투기를 비롯한 대한 군사원조를 재차 요구했다. 이 자리에는 장면 주미 대사도 함께 했다. 그러나 미국의 반응은 여전히 싸늘했다. 그들은 1949년 3월 22일 미 국가안전보장회의를 통해 대한 군사원조의 기본 방향[79]을 수립했다. 기본 방향에서 이 대통령이 지원을 요구했던 항공 전력(전투기 75대, 폭격기 12대, 훈련정찰기 30대, 수송기 5대)은 모두 다 배제되었다.[80] 이를 계기로 그는 정공법 대신 우회 전략을 쓰기로 결심했다. 그는 예비역 장

---

77 1947년 7월 16일, 웨더마이어 장군은 트루먼의 특사로 한국을 방문하고 돌아간 후, 1947년 9월 19일에 '한국군의 군비 증강과 미군의 당분간 주둔'을 요청하는 『웨더마이어 보고서(Wedemeyer Reports)』를 제출했다. 하지만 애치슨 국무장관을 비롯한 미 행정부 내 비둘기파들의 강력한 견제로 묵살되고 말았다. 결국 이 보고서는 1958년에 『Wedemeyer Reports』라는 책으로 출간되었다. 그는 이 책에서 6.25남침전쟁을 '피비린내 나는 무익한 전쟁'이었다고 평가했다. 또 그는 책에서 당시 군복을 벗는 한이 있더라도 그 보고서를 공개하지 못한 것에 대해 이렇게 후회했다. "그것은 나의 중대한 과오였고, 국가에 대한 직무 태만이었다."

78 이승만 대통령은 1949년 3월 18일 제32회 국무회의에서 국무총리 겸 국방부장관이었던 이범석으로부터 '이북 괴뢰정권의 군사 동향에 대한 보고'를 받았다. 일부 과장된 내용도 있었지만 그를 긴장시키기에는 더없이 좋은 자료였다. 이날 이범석은 "이북 공군은 소련의 소형 군용기 300대와 일본제 군용기 38대로 적극적인 군사훈련에 임하고 있다."고 보고했다.

79 미국은 한국군 65,000명의 병력에 대한 소요 장비 제공, 해군용 무기와 함정 그리고 이에 소요되는 6개월분의 정비 보급품을 제공하는 선에서 그쳤다. 이 규모는 한국군이 북한을 선제공격하지 못하도록 하기 위함이었다. 이 정책의 실패는 1년 후에 발발한 6.25남침전쟁을 통해서 적나라하게 증명되었다.

80 미 극동군사령부의 맥아더는 미 육군부에 한국 측의 지원 요청을 승인해줄 것을 건의했다.(출처: Aircraft for Korean Air Force, CINCFE Memo for Record, 1950.3.13, Box 118, RG 554, NARA.) 또 미국의 유력 일간지인 〈뉴욕타임스〉(1949년 4월 3일자)도 사설 'Arms for Korea'를 통해 '미국은 한국의 합리적 요구를 들어줄 명백한 의무가 있다.'면서 한국에 대한 무기 지원을 촉구했다.(출처: 남시욱 저, 앞의 책, p.301.)

군 출신인 크레이어 L. 첸노트$^{Claire\ L.\ Chennalt}$ 미국 민간항공운수회사 사장을 경무대로 초청해서 극진하게 대접했다. 그리고 "귀하께서 대한민국의 공군력 증강을 위해 미 행정부와 막후교섭을 해주었으면 좋겠다."며 정중하게 부탁했다. 첸노트 사장은 미 국방성에 25대의 F-51D 전투기를 포함한 99대의 항공기를 한국에 지원해줄 것을 건의하는 보고서를 제출했다. 하지만 그것 역시 미 행정부의 거부로 빛을 보지 못했다.

1949년 6월, 이 대통령은 미 행정부의 기본 입장 철회가 불가능하다고 판단하고 우리 스스로 항공기를 구입할 수밖에 없다는 결론을 내렸다. 그는 김정렬 육군항공사관학교장과 이근석 비행부대장을 일본에 파견해서 주일 대표부의 협조 속에 항공기를 직접 구매하는 방안을 극비리에 추진했다. 그러나 이들이 일본으로 출국하기 직전, 비밀이 누설되는 바람에 그것마저도 좌절되었다. 그는 마지막으로 회심의 카드를 빼 들었다. '대對국민 항공기 헌납 운동'의 전개였다. 1949년 9월 21일 제84회 국무회의에서 '국방 항공기 기금 모집에 관한 건'이 의제로 상정된 것을 계기로 항공기 헌납 운동은 국민들의 비상한 관심을 받았다. 짧은 기간임에도 3억 5천만 원이라는 거금이 국민 성금으로 모아졌다. 기금은 모든 공군인이 자신의 월급 가운데 10%를 공제한 2,000만원을 마중물로 해서 공무원, 경제인, 상인, 학생, 심지어 교도소의 재소자[81]들까지 기꺼이 참여한 결과였다. 국내 언론사들의 협조도 큰 반향을 불러일으켰다. 이 대통령은 국민 성금 3억 5천만 원으로 미국의 신형 항공기를 구입하기 위한 교섭을 벌였다. 그러나 미 행정부는 한국에 대한 항공기 판매 정책이 없다면서 거절했다. 결국 캐나다가 라이선

---

81 1949년 11월 2일자 〈경향신문〉은 '인천형무소 재소자 480명이 10만 8천원의 헌납서를 국방부장관에게 보낸 사실'을 기사화했다. 지금 와서 생각해봐도 가슴이 먹먹해지는 사연이다.

스로 생산한 T-6 항공기[82] 10대를 구매하기로 했다. 구매 계약서에는 T-6 항공기 10대와 기체에 장착할 7.76mm 기관총 20문, 실탄 5,000발, 1,000드럼분의 항공유, 1년분의 항공기 부속이 포함되었다.

T-6 항공기 10대는 1950년 3월 15일부터 순차적으로 도입해서 5월 초까지 10대의 도입을 완료[83]했다. 공군은 이 대통령의 생일인 3월 26일을 기해서 도입된 T-6 항공기로 축하 비행을 실시했다. 공군의 오랜 숙원宿願 사업인 항공기 구입을 앞장서 추진한 군 최고통수권자[84]에 대한 공군인들의 감사 표시였다. 1950년 5월 14일 오후 2시, 여의도기지에서는 이 대통령의 임석臨席[85]하에 항공기 헌납과 명명식[86]을 성대하게

82 캐나다에서 구입한 항공기는 2인승 훈련기로서 일명 택산(Texan)이라고 불렀다. 인터넷 자료를 보면 T-6 항공기에 대한 두 가지 오류가 눈에 띈다. 하나는 캐나다에서 수입한 T-6 항공기가 이미 캐나다 공군이 사용하던 중고(中古) 항공기였다는 주장이다. 하지만 그 주장은 사실이 아니다. 우리가 도입한 T-6 항공기는 중고가 아닌 신형 항공기로서 캐나다가 라이선스로 생산한 것이었다. 다른 하나는 택산을 T-6라 불렀는데, 그 이유는 그것이 훈련기였기 때문에 Training의 첫 자인 T를 넣어서 그렇게 명명한 것이다. 또 택산은 AT-6라고도 불렀는데 이는 그것이 고등훈련기였기 때문에 Advanced Training(고등훈련)의 첫 자를 따서 AT-6라고 부른 것이다. 이 책에서는 T-6와 AT-6를 구분하지 않고 T-6 항공기로 언급한다.

83 T-6 항공기의 동체를 비롯한 주요 부품들은 항공기 1대씩 총 10개의 대형 상자에 담겨서 선박편으로 캐나다에서 부산항으로 운송된 후, 기차를 이용해서 영등포역으로 옮겨졌다. 그리고 김포기지로 운송된 후, 우리나라 정비기술진에 의해 조립되었다. 처음에는 항공기 조립을 위한 거치대조차 제대로 준비되지 않았다. 그래서 영등포 지역의 목수들에게 거치대를 제작하게 한 뒤 조립 작업에 들어갔다. 그런 의미에서 '궁하면 통한다.'는 논리가 T-6 항공기에도 적용된 셈이다.

84 군 최고통수권자로서 공군 창군에 대한 이승만의 업적은 재평가를 받아야 한다. 그는 공군의 창군을 직접 후원한 정치 지도자였다. 또 국가 안보에서 차지하는 공군과 공군력의 중요성을 누구보다 정확히 꿰뚫었던 대한민국 최초의 대통령이었다.

85 이승만 대통령은 이 자리에서 뜻깊은 치사를 했다. 주요 부분을 발췌하면 다음과 같다. "이 항공기 10대는 우리 동포들이 자발적으로 주머니를 털어서 자기에게 있는 것을 다 모아 국방에 필요한 것을 인정하고 애국심을 표명한 것이니 남의 공군에 비하면 심히 미약하고 미력하다 할 것이나 여러 수만 명 동포들의 충심을 합해서 뭉쳐놓은 것이니 마치 정신상으로는 남의 나라 공군보다 유력한 것이라고 우리가 선언하는 바입니다. 이 비행기 10대는 전국의 동포가 자기 호주머니를 털어서 산 것이므로 각 도를 대표해서 이름을 지어 비행기를 사는 데 희생적인 공헌을 한 사람들의 정신과 애국심을 표시하게 할 것입니다." 이어 김정렬 공군참모총장은 "저를 비롯한 공군의 전 장병들은 이 뜨거운 겨레의 선물을 마음껏 사용하여 머지않은 장래에 민족의 염원을 반드시 풀어드릴 것을 맹세합니다."라고 화답했다.

86 T-6 항공기는 건국기라고 명명했다. 이는 신생 독립국가가 된 이후 처음으로 우리 스스로 항공기를 보유하게 되었다는 자긍심의 발로로 보인다. 10대의 건국기에는 다음과 같은 이름을 부여했다. 건국 제1호(교통 제1호), 건국 제2호(전북학도 제1호), 건국 제3호(전남학도 제1호), 건국 제4호(전매 제1호), 건국 제5호(충남 제1호), 건국 제6호(체신 제1호), 건국 제7호(국민 제1호), 건국 제8호(농민 제1호), 건국 제9호(전남 제1호), 건국 제10호(경북 제1호).

거행했다. 이 자리에서 T-6 항공기의 멋진 편대비행도 선보였다. 많은 국민이 10명의 전투조종사[87]들이 펼쳐 보이는 비행을 지켜보며 대한민국 공군의 무운과 무궁한 발전을 기원했다. 필자는 노병에게 당시 공군인들이 신형 T-6 항공기를 어떻게 다루었는지 여쭤봤다.

1950년 5월 초에 인도가 완료된 T-6 항공기는 우리 공군이 보유한 최신예 고등훈련기였습니다. 그런 만큼 김정렬 공군참모총장을 비롯한 공군지휘부는 T-6 항공기를 금지옥엽처럼 다루었습니다. 국민들의 성금으로 도입된 항공기였기 때문에 더더욱 그랬을 겁니다. 1950년 5월 14일 그것을 타고 공중분열을 했던 10명의 조종사들 외에는 어느 누구도 상부 지시나 허락 없이는 T-6 항공기에 접근할 수 없었습니다. 나 역시 6.25남침전쟁이 발발하기 전까지 그것의 조종간을 만져본 적이 없습니다. 당시 T-6 항공기를 탔던 선배 조종사들의 자부심은 대단했습니다. 그들 가운데 일부 조종사는 T-6 항공기로 비행한 후, 후배 조종사들을 만나면 "T-6 항공기는 역시 힘들단 말이야! 피로를 풀기 위해 포도당 주사라도 한 대 맞아야 될 것 같은데…."라며 한껏 폼을 잡았습니다. 나중에 내가 T-6 항공기를 타보니까 그 정도는 아니었습니다. 그런데도 선배 조종사들은 남들이 타지 못하는 항공기를 자신들만 탔다는 것에 대해 뽐내고 싶었던 겁니다. 공군지휘부는 그것을 보호하기 위한 특별 지침을 만들었습니다. 지금 생각하면 웃음이 나지만 당시로선 상당히 의미 있는 조치였습니다. 공군지휘부는 L-4, L-5 항공기의 월북 사건이 있었던 데다 여전히 군 내부에 적과 내통하는 무리가 있을지도 모른다는 의구심에서 보호조치를 한층 강화했습니다. 일례로 비행훈련을 마친 T-6 항공기는 한 격납고 안에 모아놓고 경비견을 대동한 경비병으로 보초를 세웠습니다. 또 기체 내의 항공유를

87　이날 비행에 참가한 조종사들은 이근석 대령, 김영환 중령, 김신 중령, 장성환 중령, 박희동 대위, 오점석 대위, 이상수 중위, 정영진 중위, 강호륜 중위, 장동출 중위였다.

완전히 제거한 뒤 캐노피(canopy)와 연료탱크의 주유구 덮개에다 봉인 조치를 했습니다. 그것을 몰고 월북할 가능성을 미연에 차단하기 위함이었습니다. 이런 엄격한 보호조치 때문에 1950년 6월 25일 오후 4시경 북한 공군의 야크기가 여의도기지에 기관총 공격을 퍼부었을 때에도 T-6 항공기 1대만 파손되었을 뿐, 나머지 9대는 무사할 수 있었습니다. 만약 기체에서 항공유를 제거하지 않았더라면 야크기의 기총사격에 피습당한 T-6 항공기가 폭발하면서 옆에 있던 다른 T-6 항공기들까지 연쇄 폭발로 이어졌을 가능성이 매우 컸습니다. 하지만 사전에 항공유를 모두 제거했기 때문에 그러한 피해를 미연에 막을 수 있었습니다. 천만다행이었다고 생각합니다. 그 후 6.25남침전쟁 기간 동안 F-51D 전투기에 밀려 혁혁한 전공을 세우지는 못했지만 정찰비행, 조종사 훈련[88], 전투기와 전폭기의 정확한 폭격을 유도하는 모스키토의 역할을 수행하고 1962년 12월에 모두 퇴역했습니다. 뒤에서 얘기하겠지만 T-6 항공기는 나를 살려준 항공기여서 지금도 전국의 공군부대에 전시된 모습을 바라볼 때마다 만감이 교차합니다.

---

88 T-6 항공기가 배출한 공군조종사는 총 588명이었다. 국민 성금으로 구입한 T-6 항공기는 자신의 역할을 완벽하게 수행하고 역사의 뒤안길로 사라져간 셈이다.

출격 직전, 김두만 소령의 비장한 모습(출처: 노병의 사진첩)

2부

—

거침없이
적진 상공을 날며

6.25남침전쟁이 발발한 날, 우리 공군의 항공 전력은 12대의 L-4, L-5 항공기와 10대의 T-6 고등훈련기뿐이었습니다. 또 우리 공군이 보유한 무기는 15kg짜리 폭탄 274발과 수류탄 500발이 전부였습니다. 그런 상황에서 우리 공군조종사들은 폭탄 2발과 몇 발의 수류탄을 갖고 상공에 올라가서 맨손으로 투하하며 북한군과 싸웠습니다. 1950년 7월 2일, 우리 공군조종사 10명이 일본 규슈의 이타즈케 미 공군기지로부터 10대의 F-51D 전투기를 인수해 왔습니다. 7월 3일부터 출격에 나섰지만 하루 뒤인 7월 4일, 공군 내 최고 전투지휘관이라고 할 수 있는 비행부대장 이근석 대령이 안양 상공에서 전사했습니다. 이를 계기로 우리 전투조종사들은 '배우면서 싸우겠다!'는 자세로 딘 E. 헤스 소령이 이끄는 바우트-원 부대(나중에 6146부대로 통합)의 미군 조종사들과 동반 출격해서 북한군과 중공군을 격퇴하는 데 혼신의 노력을 다했습니다. 그 과정에서 실전 경험과 조종 능력을 배양한 우리 전투조종사들은 전투출격과 후배 조종사 양성에 전념하며 UN 공군의 단위부대로 독자적인 출격을 준비해나갔습니다. 제2부에서는 당시 전장을 누비며 조국 영공 수호와 공군의 홀로서기를 위해 모든 것을 아낌없이 바쳤던 빨간 마후라들의 가슴 뜨거운 이야기를 해보고자 합니다.

16. 6.25남침전쟁 첫날의 치욕

1950년 6월 25일 새벽 4시, 38도선 지역의 기상은 태풍 엘시^{Elsie}의 영향으로 비가 추적추적 내리고 있었다. 그러나 초병哨兵들의 마음은 다음 주에 나갈 휴가나 외출에 대한 기대로 들뜬 분위기였다. 인근의 전방 부대도 사정은 마찬가지였다. 채병덕 육군참모총장은 6월 11일에 전군에 하달한 비상경계령을 6월 23일 자정을 기해 해제했다. 그로 인해 전체 병력의 3분의 1에 해당하는 장병들이 휴가나 외출을 나갔다. 또 그는 전방 부대의 사단장들을 육군본부 장교클럽 낙성식 파티에 초대해서 그들과 음주 가무를 즐기며 숙취 상태[89]에 빠져 있었다. 특히 사단장들은 6.25남침전쟁 발발 2주 전인 6월 10일에 전격 단행된 인사이동으로 부대 장악은 물론 업무 파악조차 제대로 하지 못한 상태였다.

---

89 군사학자 이종학은 〈조선일보〉(2016. 6. 20.)와의 인터뷰에서 이와 관련한 흥미 있는 발언을 했다. "당시 술 파티는 2차로 국일관에 가서 새벽 2시까지 계속됐어요. 술값은 당시 연합신문 주필이었던 정국은(鄭國殷)이 냈습니다. 그는 휴전 직후, 간첩 혐의로 체포되어 여섯 달 만인 1954년 초에 사형을 당했어요. 문제는 그의 재판 기록이 남아 있지 않다는 겁니다. 군내 어느 세력이 말소한 겁니다." 최보식 조선일보 선임기자가 그것이 의미하는 것이 무엇이냐고 묻자 그는 서슴없이 "6.25 당시 군 수뇌부에서도 북한과 결탁했거나 그들의 조종을 받는 자들이 있었다는 뜻입니다."라고 대답했다.

한편 전쟁 준비를 완료하고 남한의 내부 정보까지 상세히 파악한 김일성은 1950년 6월 25일 새벽 4시를 기해 전면 남침 명령을 하달했다. 작전명은 '폭풍'이었다. 북한군은 옹진반도, 개성-문산, 동두천-의정부, 춘천-홍천, 강릉 등 5개 방향으로 물밀듯이 쳐내려왔다. 특히 북한이 보유한 226대의 항공기와 242대의 T-34 탱크가 우리 국군에게는 최대의 위협 요소였다. 막강한 화력을 앞세워 기습 남침한 북한군에 맞서 우리 국군은 결사 항전의 자세로 싸웠지만 역부족이었다. 후퇴만이 최선의 선택이었다. 그나마 다행스러웠던 것은 춘천-홍천 지역을 방어했던 국군 제6사단이 북한군 제2사단과 제12사단의 파상공격을 6일간 저지하는 데 성공했다는 사실이다. 당시 제6사단장은 김종오 대령이었다. 그는 장병들의 휴가와 외출을 최소 인원으로 한정하고 지형지물을 활용한 공세작전, 효율적인 화력 운용, 예하 부대 간 유기적 협조, 민·관·군의 협력을 토대로 북한군의 남침 전략에 큰 차질을 빚게 했다. 당초 북한군은 춘천-홍천을 접수한 뒤 곧바로 서울의 동남방 쪽으로 진출해서 38도선에서 후퇴해 내려오는 국군의 주력부대를 포위해서 섬멸할 계획이었다. 하지만 국군 제6사단의 선전으로 그들의 의도는 처음부터 빗나갔고 아군은 한강 방어선 구축과 UN군이 파병할 수 있는 시간을 벌 수 있었다. 화가 머리끝까지 치밀어 오른 김일성은 춘천-홍천 전투 작전의 실패에 대한 책임을 물어 북한군 제2군단장 김광협과 제2사단장 이청송, 제12사단장 정우를 보직 해임했다.

노병은 전쟁 발발 후 4시간이 지난 6월 25일 오전 8시까지도 그 사실을 알지 못했다. 그는 서울 노량진 장승배기의 하숙집에서 모처럼 늦잠을 자다가 동기생이자 하숙방 친구였던 전봉희 중위와 함께 영화 관람을 위해 서울 시내로 외출을 나왔다. 그때가 오전 9시경이었다. 하늘은 검은 구름들이 해를 가린 탓에 잔뜩 찌푸린 모습이었다. 두 사람이 전차를 타고 막 한강대교 북단을 지날 무렵, 눈에 익숙하지 않은 전투기 2대가 굉음을 내며 김포기지 방면에서 북쪽으로 날아갔다. 두 사람은 "야, 저 비행기 뭐냐? 못 보던 비행기인데?", "혹시 며칠 전에 인천항에 들어왔다는 영국 항공모함에서 뜬 비행기가 아닐까?"라는 대화를 주고 받았다. 잠시 뒤 요란한 사이렌 소리와 함께 헌병 지프차가 나타나더니 전쟁 발발을 알리며 장병들의 부대 복귀를 외쳐댔다. 두 사람은 황급히 전차에서 뛰어내린 다음, 때마침 여의도기지로 들어가는 스리쿼터에 몸을 싣고 부대로 복귀했다. 시곗바늘은 오전 10시를 가리키고 있었다. 두 사람의 눈앞에 펼쳐진 여의도기지는 매우 조용했다. 나중에 알고 보니 그 항공기는 소련제 야크기였다.

야크기의 1차 공습은 정오(12:00) 무렵에 시작되었다. 4대의 야크기가 여의도기지와 용산역 상공을 비행한 후 서울 철도공작창, 운전사 사무소, 통신소, 육상운송국 청사, 여의도기지 활주로와 격납고를 향해 기관총 공격을 가했다. 비무장 연락용 정찰기를 조종했던 노병으로서는 딱히 할 일이 없었다. 그는 동료 조종사들과 함께 여의도기지 옆 논둑에 몸을 숨긴 채, 전구서 일등중사(현 하사)[90]가 무기고에서 급히 꺼내 온 캘리버 50 기관총 1정으로 야크기를 향해 대공사격을 가했지만 허사였다. 이날 북한의 야크기가 여의도기지를 비롯해 여러 시설을 공격하는 것을 지켜본 일부 시민들은 우리 공군이 공중사격 훈련을 하는 것으로 착각했다. 그 광경을 목격하고 화가 난 몇몇 시민들이 여

---

90 이에 대해서는 권성근 장군(예비역 ☆☆)이 자세하게 증언했다. 그는 "그날 동료 조종사였던 전구서 일등중사가 어디선가 캘리버 50 기관총 1정을 구해 와서 대응사격을 하기에 옆에서 도와주고 난 후, 적기의 표적이 되는 우리 비행기와 각종 장비들을 옮기느라 정신이 없었습니다."라고 증언했다.

의도기지로 항의를 하러 온 모양이다.[91] 오후 4시에 접어들자 야크기의 2차 공격이 시작되었다. 2대의 야크기는 김포기지의 관제탑과 유류 저장 탱크, 날개 부분의 수리를 위해 김포기지에 착륙해 있던 미 항공 수송단 소속의 C-54 수송기에 기관총으로 공격을 감행했다. 이 공격으로 C-54 수송기의 엔진과 왼쪽 날개가 크게 부서졌다. 또 3대의 야크기는 여의도기지의 격납고를 공격해서 그곳에 계류 중이던 T-6 항공기 1대를 파손했다. 파손된 T-6 항공기는 '건국 제9호'로서 기체에는 '109'라는 숫자가 적혀 있었다. 109호기는 조종석 유리창인 캐노피가 깨지고 총알이 연료통을 관통하는 피해를 입었지만 나머지 9대의 T-6 항공기는 무사했다. 이렇게 된 까닭은 북한군 조종사들이 폭탄을 투하하지 않고[92] 기총사격만 가한 데다 모든 T-6 항공기에서 항공유를 제거했기 때문이다. 만약 그날 격납고에 폭탄을 투하했거나 109호기에 항공유가 있었다면 연료통의 관통과 함께 1차 폭발이 일어난 후, 나머지 T-6 항공기들의 연쇄적으로 폭발을 일으켰을 것이다. 천만다행이었다. 오후 7시에는 야크기의 3차 공습이 시작되었다. 이번에는 6대의 야크기가 날아와서 김포기지를 재공습했다. 그 과정에서 2차 공습 때 반파되었던 C-54 수송기가 완전히 파괴되었다. 이 소식을 접한 맥아더는 6월 26일부터 '슈팅 스타'로 알려진 F-80 전투기와 '트윈 무스탕'으로 불리는 F-82G 전투기를 한국 상공에 출격시켰다.

---

91 백범 김구 선생의 아들이자 6대 공군참모총장을 역임한 김신 장군(예비역 ☆☆☆)은 자신의 회고록 『조국의 하늘을 날다』에서 당시 상황을 이렇게 기록했다. "북한 야크 전투기 두 대가 격납고와 활주로를 공격하고 있었다. 총탄이 활주로에 맞으며 튀어 올라 민가 쪽으로 날아갔다. 얼마 후, 기지 주변 사람들이 항의했다. 사격 연습을 하는데 왜 남의 집에까지 총알이 날아오게 하느냐는 것이었다. 나는 주민들에게 지금 전쟁이 났으며 총탄은 공산당 전투기에서 발사된 것이라고 말해주었다."

92 북한 공군이 여의도기지나 김포기지에 폭탄을 투하하지 않은 것은 기지 보존 차원에서 자제한 것으로 보인다. 자신들이 접수해서 사용할 공군기지라고 생각했기 때문에 파괴할 이유가 없었던 것이다.

이런 지시는 한국 주재 민간 미국인들의 철수 작전을 엄호하기 위한 일련의 조치였다.

개전 첫날, 우리 공군은 북한 공군의 적수가 되지 못했다. 그들과 싸울 만한 항공기가 단 1대도 없었기 때문이다. L-4, L-5 항공기에는 대공 무기 장착이 불가능했다. 또 T-6 항공기는 날개 쪽에 7.76mm 기관총 2정을 장착해서 기총공격을 할 수 있었지만 유감스럽게도 항공기와 기관총을 분리해서 도입하는 바람에 정작 6월 25일에는 기관총을 장착할 수 없었다. 기관총이 우리 해군 함정에 실려 진해항에 도착한 것은 7월 17일이었다. 그러나 우리 공군은 저녁때쯤 2대의 T-6 항공기를 출격시켰다. 문산, 동두천-포천, 춘천 지역에 대한 적정敵情 정찰이 주된 임무였다. 출격 조종사는 이근석, 김영환, 장성환, 박희동이었다. 그들이 중동부 전선을 정찰하고 돌아와서 군 지휘부에 어떤 보고를 했는지는 정확하게 알 수 없다. 하지만 당시 공군지휘부는 '우리도 이대로 앉아서 일방적으로 당할 수만은 없다.'는 절박한 심정에서 출격을 감행한 것으로 보인다. '개전 첫날의 상황'에 대한 인터뷰가 끝나갈 무렵, 노병은 6.25남침전쟁과 조일朝日전쟁의 공통점을 예로 들며 이런 얘기를 했다. '미리 징계하여 후환을 경계한다.'는 자세로 『징비록』을 집필했던 유성룡 선생의 가르침과 똑같았다.

전쟁은 절대로 그냥 일어나지 않습니다. 다섯 가지 조건이 맞아야만 전쟁이 발발합니다. 첫째는 국력이나 군사력의 차이가 현저할 때입니다. 조일전쟁은 왜국(倭國)의 군사력이 강해서 일어났고, 6.25남침전쟁은 소련과 중국의 군사 지원을 받은 북한의 군사력이 강했기 때문에 일어난 겁니다. 둘째는 국론이 통일된 나라가 국론이 분열된 나라를 공격합니다. 조선은 붕당정치로, 남한은 좌우 이념 대립으로 국론이 분열되어서 전쟁이 터진 것입니다. 셋째는 상대방에 대한 정보를 많이 갖고 있는 나라가 그러지 못한 나라를 공격합니다. 다시 말해 다른 나라에 극비의 비밀 정보가 털리면 전쟁이 일어납니다. 왜국과 북한의 첩자나 간첩들이 조선과 남한의 정보를 샅샅이 털어 갔기 때문에 그들이 마음 놓고 쳐들어온 겁니다. 넷째는 사회 지도층의 모럴 해저드(Moral Hazard)가 심각해서 민심이 이반되었을 때 전쟁이 터집니다. 조선 시대는 사대부들이, 남한에는 정치인과 기업인들의 부정부패가 극심했기 때문에 민심이 돌아섰던 것입니다. 한 나라를 망가트리는 악(惡)의 에너지는 민심 이반으로 적에게 부역하는 사람들이 많아질 때 폭발적으로 증가합니다. 다섯째는 국가와 국민들의 상무 정신이 실종되었을 때 전쟁이 터집니다. 진정한 평화는 구걸이 아니라 강력한 힘으로 상대방을 제압할 수 있을 때 찾아옵니다. 숲속에 평화가 깃드는 것은 밀림의 제왕인 호랑이의 이빨과 발톱이 강력하기 때문입니다. 유감스럽게도 선조 임금과 이승만 정권 시절에는 상무 정신이 존재하지 않았습니다. 우리는 청소년들과 젊은이들에게 이 진리를 가르쳐주어야 합니다. 6.25남침전쟁을 온몸으로 경험한 내가 이 땅의 젊은이들에게 묻고 싶습니다. 지금 이 순간, 우리 국민들의 상무 정신은 믿을 만합니까? 방어용 무기체계에 불과한 사드(THAAD) 배치를 놓고 벌이는 우리 사회의 국론 분열을 보노라면, 참으로 국가의 미래가 걱정스럽기 그지없습니다.

최근 나는 일본 해군 출신의 예비역 제독인 나카무라 히데키中村英樹가 쓴 『일한日韓전쟁』을 읽고 무척 마음이 무거웠습니다. 그는 독도 문제나 위안부 문제를 둘러싼 한일 국민간의 갈등요소가 북한공작원들의 이간질에 의해 증폭될 경우, 우발적으로 한일 양국 간에 전쟁이 일어날 수도 있다고 가정했습니다. 내가 불쾌하고 걱정스러웠던 것은 우리의 공군력과 해군력에 대한 그의 폄훼였습니다. 그는 한국 공군과 해군은 일본의 적수가 되지 못한다고 단언하면서 한일 간에 전쟁이 터지면 무조건 일본이 이긴다고 장담했습니다. 문제는 그가 근거로 내세운 논리를 나 역시 부정할 수 없었다는 점입니다. 우리 공군과 해군의 최고지휘부에서 그 책을 읽어보고 일본을 이길 수 있는 대응책을 모색해보았으면 좋겠다는 생각을 했습니다.

17. 통한의 맨손 폭격

우리 영공이 북한 공군에게 유린당한 것은 첫 포성이 울리고 나서 6시간
이 흐른 뒤였다. 1950년 6월 25일 오전 10시, 북한 공군의 야크기 2대
가 아무런 저항이나 공격도 받지 않고 용산역 일대와 김포기지, 여의도
기지 상공을 정찰한 다음 유유히 사라졌다. 그리고 정오, 오후 4시, 오
후 7시에 공습을 감행하며 남한의 군부와 국민들에게 자신의 존재감을
각인시켰다. 개전 첫날, 총 64명의 우리 공군조종사들은 크게 당황했
다. 죽음을 각오하고 결전을 벌이고 싶었지만 226대의 소련제 항공기
로 무장한 북한 공군을 상대할 방법이 없었기 때문이다. 당시 우리 공
군이 보유한 항공 전력은 T-6 항공기 10대, L-5 항공기 4대, L-4 항
공기 8대 등 총 22대가 전부였다. 그렇다고 해서 모든 것을 포기하고
무작정 후퇴할 수만은 없었다. 김정렬 공군참모총장은 가용 가능한 항
공 전력을 총동원해서 적정^{敵情} 정찰과 맨손 폭격을 감행하기로 결정했
다. 노병은 긴박했던 당시 상황에 대해 다음과 같이 증언했다.

개전 초기, 북한군의 기습공격을 받아 후퇴하는 군 지휘부에 적정을 정찰한 보고를 하니 오히려 역효과가 더 컸습니다. 즉 북한군에 대한 공포심만 가중시켜 군의 사기를 떨어트리는 측면이 강했습니다. 당시 나는 공군 중위여서 윗분들의 생각을 읽을 수는 없었지만 지금에 와서 그때를 반추해보면 김정렬 공군참모총장을 비롯한 공군지휘부의 결심이 대단했다고 봅니다. 그들은 조금도 동요하지 않고 육군 병기창에서 시험 생산한 15kg(30lbs)짜리 소형 폭탄 2개와 몇 개의 수류탄을 종이연 수준의 L-4, L-5 항공기에 나눠 싣고 출격해서 후방석에 탑승한 조종사나 정비사가 북한군의 머리 위에다가 맨손으로 투하하며 싸웠습니다. T-6 항공기는 폭탄걸이(현가)를 장착한 경우에는 폭탄을 거기에 매달고 출격해서 급강하 폭격을 시도했습니다. 그러나 폭탄걸이를 미처 장착하지 못한 T-6 항공기는 L-4, L-5 항공기처럼 후방석에 탄 조종사나 정비사가 북한군을 향해 맨손으로 폭탄과 수류탄을 던져야만 했습니다. 그것이 가능했던 것은 여름철이어서 T-6 항공기가 캐노피를 열고 비행할 수 있었기 때문입니다. 비록 원시적인 방법이었지만 '이가 없으면 잇몸으로!'라는 정신으로 북한군과 대적했던 우리 공군인들의 투혼이 있었기에 가능했다고 봅니다. 그 정신만큼은 후배 공군인들이 잊지 않았으면 좋겠습니다.

6월 26일, 노병은 "L-5 항공기를 타고 개성-문산 방면으로 날아가서 그곳에 있는 북한군의 동향을 파악하고 돌아오라."는 지시를 받았다. 다른 조종사들에게도 그와 비슷한 비행임무가 주어졌다. 그가 문산 쪽으로 날아가면서 지상을 바라보니 이미 북한군 1사단과 6사단이 국군 제1사단을 거세게 밀어붙이고 있었다. 북한군은 여러 문의 대포를 쏘는 것이 목격된 데 반해, 국군은 105mm 포 1문을 이동시키는 모습만 눈에 들어왔다. 그는 종이에다 북한군의 위치와 대포의 배치 상황을 적은 다음 군화 속에 끼워 넣었다. 그리고 그것을 국군 쪽을 향해 집

전선으로 출격하는 T-6 항공기 편대(출처: 공군본부)

어 던졌다. 군화가 아군 진영으로 잘 날아갔는지는 확인할 방법이 없었다. '어쩌다가 우리 국군이 이 지경에 이르렀을까?'라는 자괴감이 밀려왔다. 여의도기지로 돌아오는 중에도 T-34 탱크 10여 대를 앞세우고 남진하는 북한군의 행렬이 계속해서 노병의 시야에 들어왔다. 저녁때가 되자 김정렬 공군참모총장이 여의도기지를 방문했다. 그는 노병을 보자마자 대뜸 "김 중위, T-6 항공기를 조종할 자신이 있나?"라고 물었다. 노병은 "그렇지 않아도 L-5 항공기로 죽기는 억울하다고 생각하던 참입니다. 명령만 내려주십시오. 당장 내일 아침부터 타겠습니다."라고 대답했다. 김정렬 공군참모총장은 결의에 찬 모습으로 "좋다, 내일부터 타도록 하라."고 지시한 뒤 여의도기지를 떠났다. 당시 노병은 T-6 항공기에 접근조차 할 수 없었고, 단지 조종 절차와 항공기 구조에 관한 지상교육만 마친 상태였다.

6월 27일 아침 8시, 노병은 T-6 항공기를 타고 여의도기지를 이륙해서 공중조작과 선회비행을 해본 뒤 수원기지에 착륙했다. 그리고 곧바로 수원기지를 이륙해서 여의도기지로 복귀했다. 후방석에는 김시열 정비사[93]를 태웠다. 1시간가량 공중에서 조종 연습을 마치고 돌아온 그를 기다린 것은 출격 명령이었다. 여의도기지에서 작전지휘를 맡고 있던 공군참모부장 박범집 대령이 그에게 물었다. "김 중위, 그것을 타보니 어떤가?" 그가 "문제없습니다."라고 대답하자 박 대령은 "좋다. 폭탄 10발을 갖고 가서 문산철교를 폭파시키고 오라!"라고 지시했다. 오전 10시, 그는 아침 8시에 탔던 것과는 다른 T-6 항공기의 후방석에 윤근섭 중위(일본 육군소년비행병학교 15기(甲) 출신)를 태우고 여의도기지를 이륙했다. 그가 탄 T-6 항공기에는 김덕준, 장건섭[94] 정비사가 26일 저녁 밤샘 작업으로 제작한 폭탄걸이[95]가 장착되어 있었다. 그리고 거기에는 소형 폭탄 10발이 매달려 있었다. T-6 항공기에다 폭탄걸이를 장착하라고 지시한 사람은 비행부대장 이근석 대령이었다.

그 폭탄은 경기도 부평의 육군 병기창에서 김창규 중령(제5대 공군참모총장)이 제작한 15kg짜리 소형 폭탄이었다. 공군은 육군 병기창에서 15kg짜리 폭탄 274발과 서울경찰청에서 500발의 수류탄을 인수한 뒤 공대지공격임무를 수행했다. 당시 우리 공군의 주된 출격 장소는 해주, 개성, 의정부, 동두천, 포천, 문산, 미아리 방면이었다. 이때 노병에게 부여된 첫 비행임무는 문산철교 폭파였다. 다른 조종사들에 비해 상대

---

93 김시열은 중국에서 항공기 정비기술을 배운 정비사로서 당시 계급은 일등상사(현 상사)였다. 복좌기였던 T-6 항공기의 후방석에는 조종사가 탈 수도 있고 정비사가 동승하기도 했다. 현재 복좌 전투기에는 어떤 경우에도 정비사가 동승할 수 없다.

94 김덕준과 장건섭은 각각 사후(士候) 23기와 26기로, 일제 치하의 평양 육군항공창에서 폭탄 걸이, 일명 랙(rack) 장치에 대한 작업을 경험했다. 그들은 하룻밤을 꼬박 지새우며 T-6 항공기 1대에 대한 랙 설치 작업을 끝냈다.

95 폭탄걸이는 전문용어로 폭탄 현가 또는 랙(Rack)이라고 불렀다. 당시 T-6 항공기에는 날개 양쪽에 연습용 폭탄걸이가 있었지만 육군 병기창에서 만든 소형 국산 폭탄을 걸 수 없었다. 따라서 T-6 항공기 정비사들이 밤을 새워가며 폭탄 현가를 만들어 기체에 장착했다. 출격 조종사들의 증언에 따르면 9대의 T-6 항공기에 랙이 모두 장착된 것은 아니며, 일부 T-6 항공기에만 장착했다고 한다. 그만큼 전시 상황이 긴박했다는 얘기다.

적으로 막중한 임무였다. 그러나 노병의 첫 번째 출격은 실패로 끝났다. 기종전환훈련을 제대로 받지 않은 상태에서 성급한 출격을 감행했기 때문이다. 그는 문산 상공에서 공간정위상실[96]에 빠져서 절체절명의 위기를 경험했다. 노병은 그 과정에서 우리 공군전사空軍戰史에 '스핀폭격'이라는 유명한 일화를 남겼다. 그 얘기를 들어봤다.

문산철교를 향해 첫 출격을 감행할 때, 기상 여건이 그리 좋은 편은 아니었습니다. 구름이 낮게 깔려 있어서 그 밑으로 비행하며 고도계를 보니 약 460m(1,500ft)를 가리켰습니다. 목표 상공에 가까이 접근했을 때, 앞쪽에서 더 낮은 구름 떼가 몰려왔습니다. T-6 항공기가 구름 속으로 들어가면서 나도 모르게 그만 공간정위상실에 빠지고 말았습니다. 시계비행(VFR, Visual Flight Rules)만 해오고 계기비행훈련을 받지 못한 나로서는 어쩔 수 없었습니다. 그런데 구름 속에서 항공기가 실속[97]을 한 탓인지, '삐' 하는 경고음이 들려왔습니다. 게다가 항공기가 배면비행을 하는지, 조종석 밑에 먼지가 내 얼굴 쪽으로 떨어졌습니다. '앗, 실속했구나!' 하는 생각에 무작정 조종간을 잡아당겼습니다. 그러자 항공기가 오른쪽으로 휙 돌면서 스핀[98] 상태에 빠져버렸습니다. 세 바퀴 반쯤 돌았을 때, 항공기는 구름 밖으로 튀어나왔고 나는 기체의 왼쪽 바깥을 보고 깜짝 놀랐습니다. 내가 갖고 갔던 10발의 폭탄이 항공기에서 분

---

96 공간정위상실(SD, Spatial Disorientation)은 3차원 공간에서 지구의 중력 방향에 비례한 자신의 자세나 위치 혹은 항공기의 기동 형태를 정확하게 인지하지 못하는 경우를 지칭한다. 전투조종사가 비행 중에 항공기 계기판에 시현되는 실제 사실을 믿지 않고 인체의 평형기관에 의존해서 비행할 경우, 공간정위상실에 빠질 가능성이 크다. 공간정위상실의 다른 표현으로는 '버티고(Vertigo)', '현훈(眩暈)' 등이 있다.

97 실속이란 항공기의 중력과 제트엔진의 추력 가운데 '중력〉추력'이 될 때, 항공기가 그대로 추락하는 현상을 의미한다. 일례로 자동차가 높은 언덕을 오를 때, 저단으로 기어 변속을 하지 않으면 언덕 중간에서 엔진이 멈춰버리는 것과 유사한 현상이다. 일반적으로 항공기들이 실속의 위기를 벗어나기 위해서는 기수를 하강시키면서 속도를 최대한 높여야만 한다.

98 스핀은 롤보다 큰 폭으로 회전하며 강하하는 것을 말한다. 다만 롤은 전투조종사가 자신의 의지대로 항공기를 통제하면서 회전하는 것인 데 반해, 스핀에 빠진 항공기는 조종사가 항공기를 제어할 수 없는 상태에 이른 것을 말한다.

리된 채, 일렬로 라인업(Line-Up) 해서 기체와 함께 돌면서 강하하고 있었습니다. 지금도 또렷하게 기억될 만큼 아주 인상적인 모습이었습니다. 그것도 잠깐, 앞을 보니 땅이 솟아오르는 것 같은 느낌이 들었습니다. 내가 반사적으로 스핀 정지 조작을 하고 항공기를 수평 상태로 바로잡으려고 하는 순간, 폭탄이 터졌습니다. 여름철이라 캐노피를 열고 다녔기 때문에 조종석 안으로 나뭇 조각과 모래자갈이 날아들었습니다. 마음을 새롭게 가다듬고 고도계를 보니 약 60m(200ft)였습니다. 그 지역의 해발고도가 약 25m(80ft)이므로 실제 고도는 약 35m(120ft)였던 겁니다. 한마디로 위험천만한 상황이었습니다. 기수를 남쪽으로 돌리며 뒤를 보니 윤 중위는 무슨 일이 일어났는지도 모르고 새파랗게 질린 표정을 하고 있었습니다. 여의도기지에 귀환해서 항공기를 점검해보니 날개 밑이 달 표면처럼 온통 울퉁불퉁 파여 있었습니다. 윤 중위에게 자초지종을 얘기해주니까 그때서야 깜짝 놀라며 이것은 하느님의 도움 없이는 불가능한 일이라고 말했습니다. 그는 이때 경험한 것을 종교 잡지에 기고하고 간증까지 했다고 합니다. 나중에 곰곰 생각해보니 결과적으로 그 10발의 폭탄이 내가 탄 T-6 항공기에서 분리된 것이 나를 살려준 셈입니다. 만약 분리되지 않았다면 T-6 항공기는 폭탄의 중량 때문에 회복(recovery) 고도를 놓쳐 지상과 충돌(crash)했을 가능성이 매우 컸습니다. 나는 폭탄을 투하할 생각을 하지 않았는데 구름 속에서 당황한 나머지 조종간을 잡아당길 때, 폭탄 버튼까지 같이 눌렀던 모양입니다. 결국 실수를 하는 바람에 나는 생존할 수 있었습니다. 나의 첫 폭격임무는 이렇게 실패로 끝났습니다. 보고를 받은 김정렬 공군참모총장은 나에게 "세계 항공 역사상 스핀 폭격을 한 사람은 자네밖에 없을걸세!"라고 농담을 던지며 위로해주었습니다.

지금 관점에서 보면 2시간 정도의 기종전환훈련을 한 조종사에게 폭격 임무를 맡기고 15kg짜리 폭탄으로 철교 폭파를 지시했다는 자체가 비정상적으로 비춰질 수밖에 없다. 하지만 그때는 다른 선택의 여지가 없었다. 노병을 비롯한 공군조종사들은 이날 오전 12시와 오후 5시에도 각각 T-6, L-5, L-4 항공기를 타고 의정부와 미아리 방면으로 출격했다. 그곳에서 우리 조종사들은 무리를 지어 내려오는 북한군 트럭과 병력을 향해 폭탄 투하와 수류탄 투척으로 힘겹게 대항했다. 폭탄걸이가 있는 T-6 항공기는 폭탄 투하가 가능했지만 그것이 없는 항공기는 후방석 탑승자가 눈대중으로 맨손 폭격을 하며 눈물겨운 전투를 해야만 했다. 하루 세 차례에 걸친 폭격임무를 마치고 모기지로 귀환한 조종사들은 누적된 피로로 몸은 천근만근이 되었지만 휴식을 취할 여유조차 없었다. 서울이 함락 위기에 처하자 공군지휘부가 오후 7시를 기해 모든 항공 전력의 철수를 결정했기 때문이다. 우리 공군은 6월 27일까지 총 123소티의 비행임무를 수행하며 폭탄 274발과 수류탄 500발을 거의 다 소진[99]했다. 추가적인 폭탄 공급은 이루어지지 않았다. 그것으로 T-6, L-5, L-4 항공기의 대지공격임무는 자동으로 종료되었다.[100] 노병은 그때의 심정을 이렇게 말했다. "내가 공간정위상실에 빠져 죽을 뻔했던 것보다 공격다운 공격을 제대로 해보지도 못하고 목숨을 부지했던 마음의 상처가 더 컸습니다." 노병 역시 날개는 있었지만 제대로 날 수 없었던 조인의 통한을 뼈저리게 느꼈던 것이다.

---

99   노병의 증언에 따르면 1950년 6월 27일 저녁 7시에 후퇴가 결정되고 여의도기지 요원들이 수원으로 철수를 시작했을 당시, 15kg짜리 폭탄 2발이 남아 있었다고 했다. 그는 2발의 폭탄을 자신의 T-6 항공기의 뒷좌석에 싣고 수원으로 내려갔다. 노병과의 인터뷰 때, 폭탄 2발의 행방을 물어봤다. "L-4, L-5 항공기는 캔버스(매우 굵은 실로 오밀조밀하고 두껍게 짠 직물)로 만들어져서 T-34 탱크와 부딪쳐보았자 흠집조차 낼 수 없었어요. 하지만 금속으로 제작된 T-6 항공기는 정확하게 들이박으면 T-34 탱크 1대 정도는 파괴시킬 수 있을 것 같았습니다. 끝까지 싸우다가 마지막에는 T-34 탱크와 함께 자폭하겠다는 생각에서 폭탄 2발을 챙겼습니다. 폭탄과 함께 자폭하면 파괴 효과가 더 클 것 같았기 때문입니다. 하지만 두 발의 폭탄은 1950년 7월 9일, 충북 음성 지역 상공에서 북한군의 트럭을 공격하는 데 사용했습니다."

100 이때부터 우리 공군이 보유했던 L-4, L-5, T-6 항공기들은 더 이상 전투출격을 하지 못하고 적정 정찰, 선무공작을 위한 전단 살포, 지휘관 수송 등의 항공임무를 수행하며 F-51D 전투기들의 전투출격임무를 보조하는 역할을 해야만 했다.

18. F-51D 전투기와 10인의 공군조종사

1950년 6월 26일 오후 7시, 수원기지 활주로에서 미 공군의 C-47 수송기 1대가 굉음을 내면서 우리 공군조종사 10인의 탑승을 기다리고 있었다. 한국과 미국 간에 F-51D 전투기 인수를 둘러싼 중대한 비밀 프로젝트가 추진되고 있었던 것이다. 제1부에서 언급한 바와 같이 이승만 대통령은 1948년 이후부터 전투기 지원을 강력하게 요청했지만 미 행정부는 들어주지 않았다. 하지만 6.25남침전쟁이 발발하자 미 행정부는 기존 입장을 바꿨다. 6월 26일 새벽 3시, 이 대통령은 맥아더에게 긴급 전화를 걸었다.[101] 잠을 자다가 전화를 받은 맥아더는 F-51D

---

101 이승만 대통령의 영부인 프란체스카는 당시 상황을 자신의 영문 일기 『프란체스카의 난중일기』 23~24쪽에서 다음과 같이 자세히 밝혔다. 6월 26일 새벽 3시, 대통령은 맥아더 사령관에게 전화를 걸었다. 전속부관이 전화를 받았다. 그는 장군을 깨울 수 없으니 나중에 걸겠다고 대답했다. 대통령은 벌컥 화를 내며, "한국에 있는 미국인이 한 사람씩 죽어갈 터이니 장군을 잘 재우시오." 라고 고함을 쳤다. 나는 너무 놀라 수화기를 가로막았다. 대통령은 "마미, 우리 국민이 맨손으로 죽어가는데 사령관을 안 깨우다니 말이나 되는 소리오."라며 몸을 떨었다. 그 전속부관도 미국인이 한 사람씩 죽을 것이란 말에 정신이 들었는지 "각하, 잠깐 기다려주십시오."라고 하더니 맥아더 사령관을 깨웠다. 맥아더 사령관이 전화를 받자 대통령은 "오늘 이 사태가 벌어진 것은 누구의 책임이오. 당신 나라에서 좀 더 관심과 성의를 가졌다면 이런 사태까지는 이르지 않았을 것이오. 우리가 여러 차례 경고하지 않았습니까. 어서 한국을 구하시오."라며 무섭게 항의했다.

F-51D 전투기를 인수해 온 10인[105]의 공군조종사(출처: 공군본부)

전투기를 비롯한 군사 지원을 약속했다.[102] 그에 따라 미 극동공군사령
관 조지 E. 스트레이트마이어George E. Stratemeyer 장군(☆☆☆)은 자신의 참
모를 수원기지에 급파해서 전투기 지원 문제를 협의하도록 했다. 이 자
리에서 그 참모는 김정렬 공군참모총장에게 "한국의 공군조종사들 가
운데 별도의 훈련을 받지 않고서도 F-51D 전투기를 조종할 수 있는
사람이 몇 명쯤 되느냐?"고 물었다. 이에 김정렬 공군참모총장은 "열
명 정도 있다."고 대답했다.[103] 그 내용을 보고받은 스트레이트마이어
장군은 군수참모에게 "다치카와 미 공군기지의 군수기지창에 보관 중

---

102 맥아더 사령관은 곧바로 극동군사령부의 무기 담당 히키(Hicky) 장군에게 무스탕 전투기 10대,
     105밀리 곡사포 36문, 155밀리 곡사포 36문, 그리고 바주카포를 한국군에 긴급 지원해주라고
     지시했다.
103 10명이란 숫자는 김정렬 공군참모총장이 혼자서 내린 결정이 아니었다. 그는 비행부대장 이근석
     대령, 김영환 중령, 김신 중령 등을 비롯한 간부급 조종사들과 논의를 거친 뒤 결정한 것으로 보
     인다.(출처: 김신 저, 『조국의 하늘을 날다』, 돌베개, 2013, p.178.)

인 F-51D 전투기 10대를 한국 공군에 인도해주라."고 지시했다.[104]

불리한 전황戰況을 타개하기 위해서는 한시라도 빨리 F-51D 전투기를 갖고 와야 했다. 그래서 6월 26일 저녁 7시, 여의도기지의 비행부대장 이근석 대령을 비롯한 10인의 공군조종사는 일본 규슈의 이타즈케 미 공군기지로 날아간 것이다. 그들은 6월 26일 오후 3시쯤 여의도기지에 집결해서 트럭을 타고 수원기지까지 갔다. 그곳에서 저녁 식사를 간단하게 마친 다음, 저녁 7시에 C-47 수송기를 타고 이타즈케 미 공군기지로 향했다. 미 극동공군은 만일의 사태에 대비하기 위해 4대의 F-82G 전투기 편대로 하여금 그들에 대한 엄호 비행을 실시했다. 그들을 태운 C-47 수송기는 수원기지를 이륙한 지 2시간 후인 저녁 9시쯤에 이타즈케 미 공군기지에 도착했다. 그곳에서 하룻밤을 지낸 10인의 공군조종사들은 시시각각으로 전해오는 조국의 불리한 전황 소식에 조바심을 낼 수밖에 없었다. 6월 28일 오전 11시 30분에 수도 서울이 함락되었다는 충격적인 소식이 전해오는 등 고국의 뉴스는 안타까움으로 가득 찼다. 게다가 일본 규슈 지역의 기상 악화와 F-51D 전투기의 정비 지연으로 그들은 6월 27일부터 6월 30일까지 지상교육만 받았다.

마침내 7월 1일 일본 규슈 상공의 하늘이 맑게 갰다. 이날 10인의 공군조종사들은 미 교관조종사들과 함께 T-6 항공기를 타고 몇 차례 이착륙 연습을 마친 후, 곧바로 F-51D 전투기의 조종석에 올라 비행훈련을 받았다. F-51D 전투기의 인수 팀원이었던 제10대 공군참모

---

104 미 극동공군사령부가 F-80이나 F-84 전투기를 제쳐두고 F-51D 전투기를 지원했던 데는 2가지 이유가 있었다. 하나는 우리 공군조종사들의 조종 능력이 제트전투기를 조종하기에는 무리라고 판단했기 때문이고, 다른 하나는 우리 공군기지의 열악한 활주로 특성상 제트전투기의 운용은 불가능하다고 판단했기 때문이다. 결과적으로 이러한 판단은 옳았다고 생각한다. 더욱이 F-51D 전투기는 연료 대비 체공 시간이 매우 길어서 장시간 작전을 수행하는 데 이점이 많았다.

105 뒤 열 좌로부터 정영진 중위, 이상수 중위, 김신 중령, 장동출 중위, 이근석 대령, 앞 열 좌로부터 김영환 중령, 김성룡 중위, 강호륜 대위, 박희동 대위, 장성환 중령의 모습이다. 비행훈련에 대해 설명하는 미군 조종사는 미 제5공군 제38비행단 소속의 패튼 베켓(Patten, Bechett) 대위이다.

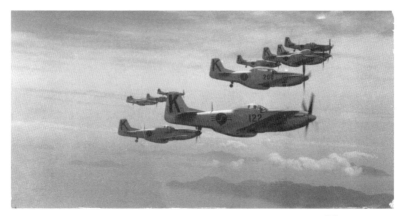

현해탄을 건너는 10대의 F−51D 전투기[107](출처: 공군본부)

총장 김성룡 장군(예비역 ☆☆☆☆)은 "1950년 7월 1일 하루 동안 우리
가 F−51D 전투기를 타고 비행한 횟수는 1회였으며, 비행시간도 30
분 정도였다."라고 회고했다. 그리고 그들은 7월 2일 저녁 무렵 10대
의 F−51D 전투기를 몰고 이타즈케 미 공군기지를 이륙해서 오후 8시
쯤 대구기지에 도착했다. 그런데 F−51D 전투기는 성능과 구조가 T−6
항공기보다 매우 복잡했다. 따라서 제대로 된 기종전환훈련을 위해서
는 많은 시간이 요구되었다. 최소한 항공기 구조 교육에 2주일, 이착륙
훈련에 1주일, 공대공·공대지 사격과 폭격을 비롯한 실전훈련에 1개월
정도가 소요되었다. 하지만 그들은 하루라도 빨리 돌아가서 조국의 하
늘을 지키고 싶었다. 따라서 1회 30분 비행훈련으로 F−51D 전투기의
기종전환훈련을 마치고 조기 귀국을 결정한 것이다.[106] 이것이 가능했
던 것은 그들 가운데 최고 선임자였던 이근석 대령이 미 제5공군사령

---

106 10인의 공군조종사들이 1회 30분 비행훈련으로 F−51D 전투기의 기종 전환 교육을 마무리한 데
대해 당시 미국 언론도 큰 관심을 가졌다고 한다. 미국 언론은 "한국의 공군조종사들은 세계기
록을 깨트렸다. 세계 일류 전투기인 F−51D 전투기를 단 하루 만에 마스터하고 다음 날 전투출격
을 한 것에 대해 감탄하는 바이다."라고 소개했다.

관 얼 E. 패트리지[Earle E. Partridge] 장군(☆☆)에게 빠른 귀국을 요청했기 때문이다. "조국의 운명이 풍전등화와 같은데 여기서 훈련만 하고 있을 순 없다. 조속히 귀국해서 북한군과 싸우고 싶다."는 이 대령의 호소를 패트리지 장군이 받아들인 것이다. 당시 F-51D 전투기를 몰고 현해탄을 건넌 10인의 공군조종사도 개전 초기 북한군의 기습 남침 앞에서 날개 없는 조인의 통한을 곱씹었던 사람들이었다.

한편, 패트리지 장군은 10인의 공군조종사를 비롯한 우리 공군조종사들이 대부분 일제의 경항공기만을 조종했다는 사실[108]을 잘 알고 있었다. 그는 F-51D 전투기에 대한 우리 공군조종사들의 비행능력을 우려했다. 더욱이 기종전환훈련도 제대로 받지 못하고 서둘러 귀국한 그들에게 무언가 체계적인 비행훈련을 시켜주고 싶었다. 결국 그는 1950년 7월 1일, 미 제5공군 소속의 수송기 편에 딘 E. 헤스 소령을 비롯한 10명의 미 공군 교관조종사, 4명의 행정장교, 정비사, 일반 장병 등 100여 명을 대구기지로 파견했다.[109] 이들이 바로 그 유명한 바우트-원

---

107 김신 전 공군참모총장은 「조국의 하늘을 날다」 181쪽에서 이 사진 제목을 '현해탄을 넘으며'라고 기술하고 자신이 이 사진을 찍었다고 주장했다. 필자도 이 사진 제목을 그렇게 붙여보았다. 하지만 현해탄을 건널 당시, 10인의 공군조종사가 탔던 F-51D 전투기에는 태극 마크와 꼬리날개에 K자가 새겨져 있지 않았다. 도색 작업은 10대의 F-51D 전투기가 대구기지에 도착한 1950년 7월 2일부터 7월 10일 사이에 이루어졌기 때문이다. 따라서 이 사진은 현해탄을 건널 당시의 모습이 아니다. 다만, 10인의 공군조종사들은 이 사진에서와 같은 편대 대형을 유지하며 10대의 F-51D 전투기를 몰고 현해탄을 건넜을 것으로 추정된다.

108 노병은 이에 대해 독자들이 오해할 소지가 있다면서 일제의 경항공기에 관해 부연 설명을 해주었다. 일제의 경항공기라고 하면 많은 사람이 연락용 정찰기로 착각할 수 있다는 것이다. 하지만 일제 치하에서 우리 조종사들이 탔던 경항공기는 연락용 정찰기가 아니라 제로센이나 하야부사와 같은 전투기였다. 물론 그 크기나 무게는 F-51D 전투기에 비해 가벼운 편이었지만 기동성만큼은 결코 뒤지지 않는 전투기였다.

109 패트리지 장군이 바우트-원 부대를 편성해서 대구기지에 파견할 계획을 세웠던 것은 1950년 6월 27일이었다. 이들 100여 명의 바우트-원 부대의 요원들은 대부분 미 극동공군의 제35전투요격비행전대에서 차출된 사람들이었다. 이들은 패트리지 장군의 지시에 따라 1950년 6월 28일 일본의 요코타 공군기지에서 일본 규슈의 이타즈케 공군기지로 이동했다. 또 그곳에서 정비와 무장 탑재를 위한 기본 장비와 폭탄 등 군수품을 지원받고 수송기 편으로 대구기지에 도착했다. 그때가 1950년 7월 1일이었다. F-51D 전투기를 인수하러 이타즈케 공군기지로 날아갔던 10인의 공군조종사들보다 하루 먼저 도착했던 것이다.

^{Bout One}부대다. '한판 승부'라는 뜻을 지닌 바우트-원 부대의 핵심 임무는 우리 공군조종사들에게 체계적인 비행훈련을 시키는 것이었다. 하지만 그들이 맡은 임무에는 조종과 정비 교육은 물론 무장, 통신, 각종 지상교육까지 포함되었으며 모든 것이 일사불란하게 이루어졌다. 바우트-원 부대에 부여된 또 하나의 은밀한 임무는 북한군을 공격하기 위한 합동출격을 수행하는 것이었다.

19. 공군 최초의 태극무공훈장

이타즈케 미 공군기지에서 F-51D 전투기를 인수해 온 10인의 공군 조종사들은 그 이튿날인 1950년 7월 3일[110]부터 본격적인 출격에 나섰다. 국군이 북한군에게 밀리고 있는 불리한 상황을 더 이상 보고만 있을 수 없었기 때문이다. 진정한 의미에서 우리 공군의 전투조종사들은 이날 탄생했다고 보는 게 옳다. 왜냐하면 그 이전까지의 조종사들은 전투기가 아닌 연락정찰기나 고등훈련기를 탔기 때문이다. 7월 3일부터 F-51D 전투기를 타고 출격한 10인의 전투조종사 가운데 한 분이었던 강호륜 장군(예비역 ☆)은 생전에 이런 출격의 변辯을 남겼다. "실질적인 공격 효과를 기대했던 것은 아니지만 태극 마크를 단 우리 공군의 F-51D 전투기를 국군들에게 보여줌으로써 그들의 사기를 진작시키기 위해 출격에 나섰던 겁니다." 공군본부 작전명령 제25호에 의거해서 공군 역사상 최초로 출격한 F-51D 전투기 편대는 동해안의 묵호와 삼척 지구에서 남하南下하는 북한군에게 로켓탄과 기관총 공격을 퍼부어

---

110 공군은 이날을 기념하기 위해서 2008년부터 7월 3일을 조종사의 날로 제정. 운영하고 있다.

다수의 북한군을 사살하고 연료집적소 1개를 불태웠다. 또 영등포와 노량진 지역에 집결한 북한군에 대해서도 로켓 공격을 감행해서 T-34 탱크 2대와 차량 3대를 격파하고 탄약집적소 1개를 폭파시켰다. 첫 출격치고는 꽤 괜찮은 전과였다. 이날 우리 전투조종사들이 T-34 탱크를 처음으로 파괴시킨 것은 나름대로 큰 의미가 있었다. 노병에게 그에 대한 설명을 부탁했다.

우리 공군에 F-51D 전투기가 인도되기 전까지 공군조종사들은 한동안 정찰 임무만 수행했습니다. 정찰비행 도중 하늘에서 내려다본 최악의 장면은 뱀처럼 긴 행렬을 유지하며 내려오는 북한군의 T-34 탱크들이었습니다. 그때 내가 할 수 있는 것은 아무것도 없었습니다. 너무나도 절망스러웠습니다. 만약 개전 초기에 10대의 F-51D 전투기만 보유했더라도 그것을 초전에 박살냄으로써 우리 국군이 그로 인한 공포감을 갖지 않았을 겁니다. 전쟁 초기의 치욕적인 패배가 트라우마로 이어져 그 후에 전개된 다른 전투에 악영향을 끼친 것은 너무나도 안타까운 일이었습니다. 그런 상황에서 태극 마크를 달고 출격한 우리 공군의 F-51D 전투기들이 직경 12.7cm(5인치) 로켓탄으로 T-34 탱크를 파괴시킴으로써 아군의 사기를 크게 진작시킬 수 있었습니다. 이는 향후 전쟁의 흐름을 바꿔놓는 데 일조(一助)했다고 생각합니다.

운명의 7월 4일 아침이 밝았다. '5대의 T-34 탱크가 경기도 시흥을 향해 돌진하고 있다.'는 첩보가 우리 국군지휘부에 전해졌다. 대對전차 공포증에 걸려 있던 신성모 국방부장관은 김정렬 공군참모총장에게 우리 공군의 출격 여부를 물었다. 김정렬 공군참모총장이 비행부대장 이근석 대령에게 "지금 출격할 수 있는가?"라고 묻자 그는 기다렸다는 듯이 "명령에 따르겠습니다."라고 대답했다. 이날의 출격은 그와 딘 E.

헤스 소령(당시 계급)을 비롯한 바우트-원 부대의 미군 조종사가 함께했다. 이근석 대령은 안양 상공에서 T-34 탱크를 파괴시키기 위해 급강하공격을 시도하던 도중, 안타깝게 산화했다. 또 그와 함께 출격했던 바우트-원 부대의 미군 조종사 1명도 적의 대공포에 피탄되었지만 가까스로 수원기지에 불시착해 목숨을 건졌다. 그가 창공에 묻힌 날, 김정렬 공군참모총장은 "전장戰場에서 순국함은 무인武人으로서 당연한 일이지만 불초한 상관의 어리석은 명령으로 말미암아 제대로 실력 발휘를 못하고 세상을 떠나니 어찌 한이 없겠는가?"라고 탄식하며 그의 죽음을 애도했다.

이근석 대령은 평안남도 평원군 청산면 구원리 출생으로 어릴 적부터 하늘에 대한 끝없는 동경으로 조종사가 되는 꿈을 키워왔다. 그가 평양의 수재들만 다닌다는 평양고등보통학교를 졸업하고 일본의 구마다니熊谷 비행학교에 육군소년비행병 제2기생으로 입교한 것도 그 때문이다. 그는 그곳에서 진취성과 적극성을 지닌 호남아로 학생들로부터 평판이 무척 좋았다. 또 민족적인 울분으로 일본인들에게는 절대로 지지 않겠다는 일념으로 노력한 끝에 자신이 속한 비행 클래스에서 가장 조종술이 뛰어난 학생으로 인정받았다. 비행교관들은 그를 비행술의 천재라며 극찬을 아끼지 않았다. 1934년 구마다니 비행학교를 우수한 성적으로 졸업한 그는 요시오카吉岡 전투비행부대로 배속되었는데, 당시 그 부대는 일본의 육군항공부대 가운데 최정예 조종사들로만 구성된 부대였다. 기록에 따르면 그는 하야부사 전투기를 타고 중일전쟁에 참전해서 18대의 중국군 전투기를 격추시켰다. 또한 전쟁이 태평양전쟁으로 확장되자 미얀마 전선으로 이동해서 5대의 영국군 전투기를 격추시킨 일본 육군항공대의 에이스였다. 그 후 영국군 전투기들과 공중전을 벌이던 도중, 그들의 기총공격에 피격되었지만 구사일생으로 비상 탈출에 성공해서 목숨을 건졌다. 하지만 영국군의 포로가 되어 약 4년간의 수용소 생활을 마치고 귀국한 뒤 자기 고향인 평양에 가지 않고 서울에 남았다. 그리고 '공군 창설 7인' 가운데 한 사람으로서 우리 공군 창설을 위해 주도적 역할을 했다.

한편 공군의 최일선 비행부대장이었던 이근석 대령이 전사[111]하자 이승만 대통령을 비롯한 군 지휘부와 우리 공군은 충격에 휩싸였다. 1950년 7월 5일, 이 대통령은 나머지 9명의 전투조종사를 대통령 집무실로 사용하던 경북도지사 관사로 초청해서 위로했다. 그는 이 자리에서 김정렬 공군참모총장에게 "당분간 F-51D 전투기의 출격은 바우트-원 부대의 미군 조종사들에게 맡기고, 우리 전투조종사들은 비행 훈련에만 전념하라."고 지시했다. 그로부터 9일이 지난 1950년 7월 14일, 한국군의 작전권이 해리스 W. 워커[Harris W. Walker] 미 8군사령관에게 이양되었고, 이튿날인 7월 15일에는 공군본부가 대구기지로 이전했다. 이근석 대령이 전사한 후, 김정렬 공군참모총장과 바우트-원 부대장인 딘 E. 헤스 소령은 한미 조종사들의 합동출격을 놓고 지속적으로 논의했다. 7월 16일, 마침내 그 문제가 원만하게 해결되었다. 합의 내용은 이러했다. '한미 조종사들은 기체에 선명한 태극 마크와 꼬리날개에 K자를 써 붙인 F-51D 전투기를 타고 합동으로 출격한다. 단, 편대장은 바우트-원 부대의 미군 조종사가 맡고, 한국 공군의 전투조종사는 요기 조종사로 출격하며 대지공격을 위한 전투 기술을 배우고 익힌다.' 이는 우리 전투조종사들의 안타까운 희생을 조금이라도 줄여보겠다는 고육지책에서 비롯된 것이었다. 1950년 7월 16일부터 7월 26일까지

---

111 이승만 대통령은 이근석 대령이 산화한 지 약 1년 2개월이 지난 1951년 9월 19일 그에게 공군 최초로 태극무공훈장을 수여하고 공군 준장(☆)으로 추서했다. 미국 정부도 그에게 특수비행훈장을 수여했다. 그의 유해는 1957년 4월 28일 서울 동작동 국립현충원 장군묘역 1-2에 안장되었다. 참고로 우리나라에서 태극, 을지, 충무, 화랑 등의 무공훈장 제도가 생긴 것은 1950년 10월 28일이다. 6.25남침전쟁이 발발하고 4개월이 지난 후였다.

열흘 동안 우리 전투조종사들은 바우트-원 부대의 미군 조종사들과 함께 출격하면서 북한군에게 직간접적인 타격을 입혔다. 이는 1950년 8월 15일까지 부산을 점령하겠다는 김일성의 계획을 저지하면서 UN군에서 증원 병력을 파병할 수 있는 시간을 벌기 위함이었다. 이 기간 동안 우리 공군의 F-51D 전투기 편대는 성환, 영덕, 충주, 단양, 문경, 영천 지역에서 북한군에 대한 공격을 감행했다. 북한군의 T-34 탱크, 트럭, 북한군 지휘소 건물, 탄약저장소, 대공포 진지, 보급품저장소, 연료집적소, 북한군의 참호나 집결지가 주된 공격 목표였다. 또 미 제24사단의 항공지원 요청에 적극 부응하기도 했다. 7월 29일, 우리 공군은 전투조종사들의 연성훈련을 위해 비행부대를 대구기지에서 진해기지로 이동시켰다.[112] 그리고 8월 1일부터 14일까지 6146부대[113]의 미군 조종사들로부터 공중사격술, 회피기동, 적 지상군의 식별법과 신호 방법 등 다양한 전술훈련을 받았다. 8월 15일부터는 국군에 대한 근접 항공지원작전과 북한군에 대한 후방차단작전에 돌입했다. 물론 이때에도 변함없이 한미 조종사들은 합동으로 출격해 국군과 UN군의 낙동강

---

112 우리 공군이 대구기지에서 진해기지로 이동한 것은 미 공군의 요청이 있었기 때문이다. 낙동강 방어전투가 본격화되면서 미 전투기들이 대구기지에 집결했고 그 때문에 비행장의 혼잡도가 매우 높아졌다. 그러자 미 극동공군사령부는 작전의 효율성을 위해 우리 공군이 다른 기지로 옮겨주었으면 좋겠다는 의견을 제시했다. 그래서 찾아낸 곳이 진해기지였다. 하지만 그곳에는 그동안 베일에 싸였던 비밀 하나가 숨겨져 있었다. 1950년 9월 10일 오전 11시, 월슨 대위를 편대장으로 하는 F-51D 전투기 3기 편대(#1 월슨 대위, #2 장동출 중위, #3 이상수 중위)가 청주 지역에 은거 중인 북한군을 공격하기 위해 진해기지를 이륙했다. 이때 장동출 중위가 탄 F-51D가 활주로를 이탈한 뒤 진해 앞바다에 추락해서 산화했다. 당시 공군 내에서는 그의 산화 원인을 조종 실수로 간주했다. 노병도 지금까지 그렇게 알고 있었다. 그러나 딘 E. 헤스는 『신념의 조인』 209쪽에서 의미심장한 진술을 했다. "… 한국군 조종사 하나가 죽게 된 데는 지하조직(필자 주: 좌익이나 빨치산)에 의한 파괴 공작의 가능성을 배제할 수 없었다. … 조종사 좌석과 함께 그의 몸뚱이를 들어냈는데, 조종석을 부착시켰던 나사를 누군가가 감쪽같이 제거해놓은 것이 분명했다. 조종석이 전투기에 고정되지 않고 그냥 기체 바닥에 얹혀 있었던 것이다. 조종사가 속도를 내서 기체가 이륙을 시작하자 조종석이 제멋대로 움직이는 바람에 사고가 발생했던 것이다."

113 1950년 7월 1일, 대구기지로 파견된 바우트-원 부대는 1950년 7월 31일을 기해 6146부대로 부대 명칭이 바뀌었다. 좀 더 자세한 내용은 21장 '신념의 조인과 딘 E. 헤스 대령 편'에서 다룰 예정이다.

방어전투를 지원하는 데 최선을 다했다.

　필자는 그동안 인터넷에 떠도는 이근석 장군(☆ 추서 계급)의 전사 관련 얘기를 읽었다. 네티즌들은 마치 그가 자신의 조종 실수로 죽은 것처럼 표현했다. 그러면서 딘 E. 헤스 소령(당시 계급)의 얘기[114]를 근거로 제시했다. 즉 이 장군이 탄 F-51D 전투기가 적의 T-34 탱크를 파괴하기 위해서 저고도 급강하공격을 감행하는 과정에서 항공기의 회복 Recovery 타이밍을 놓치는 바람에 지상에 충돌했다는 것이다. 하지만 헤스 소령의 얘기는 미 공군의 상식에 입각한 하나의 추론일 뿐이다. 미 공군은 아무리 전황이 위급해도 훈련을 통해 자격을 갖춘 조종사만을 전투에 투입한다는 원칙을 세우고 그것을 고수해왔다. 당시 헤스 소령은 우리 전투조종사들을 대면한 지 이삼일밖에 되지 않은 상태였다. 따라서 우리 전투조종사들의 자세한 이력이나 전쟁에 임하는 마음가짐에 대한 이해가 부족했다. 일례로 헤스 소령은 이 장군이 일제의 제로센戰 전투기를 탔다고 언급했다. 그러나 일본 육군항공대 출신인 그는 제로센 전투기를 탄 적이 없다. 왜냐하면 그 기종은 일본 해군이 운용한 함재기였기 때문이다. 세간의 이런 논란에 대해 노병은 단호한 자세로 일침을 가했다.

　물론 이근석 장군이 일제시대 때 탔던 하야부사 전투기와 7월 4일에 탑승한 F-51D 전투기는 중량과 성능 면에서 큰 차이가 있습니다. F-51D 전투기가 훨씬 더 무겁고 성능도 뛰어났습니다. 따라서 그것의 최저한계고도는 하

114　딘 E. 헤스는 『신념의 조인』 131~132쪽에서 이런 얘기를 했다. "그는 자신만만했고 우리한테서 무언가를 배운다는 것에 대해 회의적이었다. 그러나 이러한 태도 때문에 엄청난 실수를 저지르게 된다. 그가 왕년에 조종했던 일본의 제로센 항공기는 저공비행을 하다가 갑자기 고공으로 올라갈 수 있는 최저고도가 약 430m(1,400ft)였는데, F-51D 전투기는 본래 중량이 무겁고 속도가 느려서 약 610m(2,000ft) 이하의 저공비행 중에 급상승하기가 불가능했다. 그런데 이 대령은 옛날 방식으로 이런 급상승을 시도하다가 땅을 들이박고는 즉사했다."

야부사 전투기의 그것보다 높을 수밖에 없었습니다. 하야부사 전투기의 최저한계고도는 370m(1,200ft)인 데 반해, F-51D 전투기의 경우 평시에는 610m(2,000ft), 폭탄 공격 시에는 폭탄의 무게까지 감안해서 약 915m(3,000ft)로 설정하고 조종해야 안전합니다. 오랫동안 하야부사 전투기를 조종했던 그에게 두세 번밖에 타본 적 없는 F-51D 전투기의 최저한계고도가 불리하게 작용했던 것은 사실입니다. 하지만 그는 10인의 전투조종사들 가운데 조종을 제일 잘했고 비행 감각도 탁월했던 분입니다. 그런 분이 최저한계고도를 잘못 판단해서 지상에 충돌했다고 보기는 어렵습니다. 사실 전투조종사가 산화한 이유는 조종사 본인만 알고 창공에 묻히는 경우가 많습니다. 심지어 함께 출격했던 조종사도 자신의 전투기를 조종하는 데에만 정신을 집중하기 때문에 동료 조종사가 어떤 이유로 산화했는지 정확하게 모르는 경우가 많습니다. 따라서 그의 산화 원인도 본인만이 알 수 있는 문제라고 봅니다. 더욱이 그때는 전시였기 때문에 지금처럼 모든 비행기록을 회수해서 사고 원인을 검증할 수 있는 상황도 아니었습니다. 따라서 당시 비장한 각오로 출격[115]에 나섰던 최고지휘관의 안타까운 산화에 대해 정확한 근거도 없이 추측에 기초해서 함부로 얘기하는 것은 매우 잘못된 태도입니다. 그는 나와 열 살의 나이 차가 있는 데다 계급 차이마저 컸기 때문에 가깝게 지내지는 못했습니다. 또 그를 지근거리에서 모신 적도 없고 대화를 많이 나눈 사이도 아닙니다. 그러나 나는 그에 대해 어느 정도 압니다. 왜냐하면 선배 전투조종사들에게서 들은 얘기가 무척 많았기 때문입니다. 그는 쾌활하고 좌중을 웃길 수 있을 만큼 유머 감각이 있었던 호남아였습니다. 그는 김숙자 여사를 만난 지 한 달 만에 약혼하고

---

115 김숙자 여사의 증언(2016년 7월 7일)에 따르면, 이 장군은 6.25남침전쟁이 발발했다는 소식을 듣자마자 곧바로 관사를 빠져나와 여의도 비행기지로 향했다고 한다. 전황이 불리해지자 그는 자기 부관에게 가족을 부탁하고 F-51D 전투기를 인수하기 위해 일본 이타즈케 공군기지로 떠났다. 1950년 7월 2일 밤 대구기지에 돌아온 그는 이틀 뒤인 7월 4일 적 탱크를 부수기 위해 안양 상공으로 출격했다가 산화했다. 김 여사는 남편과 마지막 인사조차 나누지 못하고 영영 이별한 것을 매우 아쉬워했다. 또 김 여사는 이 장군의 두 살 위인 친형 이근명 씨도 공군 중령으로 근무하다가 전역했다고 밝혔다.

1947년 10월쯤 창경원에서 결혼식을 올렸습니다. 우리 나이로 31세에 열 세 살 연하의 새색시와 결혼해서 늦장가를 간 셈입니다. 한동안 젊은 처자를 아내로 삼았다는 이유로 도둑놈(?) 소리를 들어야만 했습니다. 이 장군과 김 여사를 중매한 분은 장덕창 장군이었습니다. 장 장군이 직접 자기 조카며느리의 여동생인 김 여사를 이 장군에게 소개해준 겁니다. 또 두 분의 결혼식 주례는 공군 창설 7인의 멤버 중 한 분인 이영무 대령[116]께서 맡았던 것으로 기억합니다. 이 장군은 자기 운명에 대해서는 늘 담담했지만, 남편 하나만 믿고 일생을 의탁한 젊은 아내가 감당할 운명에 대해서는 많은 고민을 했다고 합니다. 만약 자신이 잘못될 경우, '저 가녀린 새색시의 인생은 장차 누가 책임져줄 것인가?'에 대한 사나이로서의 걱정이자 번민[117]이었을 겁니다. 당시 전투조종사들의 목숨은 파리 목숨과 같았습니다. 아침에 환한 웃음을 띠고 출격했던 동료 조종사가 저녁때가 되어도 모기지로 귀환하지 못하는 경우가 부지기수였기 때문입니다. 참고로 6.25남침전쟁 동안 우리 공군은 총 27명(조종사 24명, 정비사 2명, 기타 1명)이 공중에서 비행임무를 수행하다가 산화했습니다.

그가 위대하고 훌륭한 점은 비행부대를 이끄는 최고지휘관으로서 살신성인의 모습을 몸소 보여주었다는 사실입니다. 그는 비행부대장으로서, 또 나이

---

116 공군 창설 7인 가운데 가장 미스터리한 인물이 이영무 대령이다. 그는 6.25남침전쟁이 발발하기 전, 북한에서 내려온 사람들과 얘기하고도 신고하지 않았다는 혐의를 받고 서대문형무소에서 옥고를 치렀다. 나중에 무혐의로 석방되었지만 보직을 박탈당한 상태였다. 6.25남침전쟁이 일어나고 1950년 6월 27일, 공군이 김포와 여의도 기지에서 수원과 대전 기지로 철수할 때, 그는 서울에 잔류했다가 행방불명되었다. 일설에 의하면 그의 아들이 북한 공군에서 활동했고, 그의 가까운 친척인 이장춘이 박헌영의 직속 부하였다고 전해진다. 노병에게 그에 대한 얘기를 부탁했다. "그는 체구가 크고 말수가 없었습니다. 또 조종은 하지 않고 주로 지상근무만 했습니다. 나는 그가 사라진 뒤 줄곧 관심 있게 지켜봤습니다. 하지만 북한 정권이 그의 행적이나 이름을 거론한 적이 한 번도 없었습니다. 자진 월북을 했는지, 아니면 납북되었는지는 분명치 않지만 그가 비극적 최후를 맞은 것은 분명해 보입니다. 숙청 대상자로 몰려 처형되었거나 정치범 수용소에 갇혀 지내다 사망했을 것으로 봅니다."

117 김 여사에 따르면 이 장군은 출근할 때마다 키스를 해주었다고 한다. 급히 출근하느라고 키스하는 것을 잊었을 때에는 가던 길을 되돌아와서 키스를 해주었다고 한다. 하지만 두 분이 알콩달콩하게 살았던 기간은 고작 19개월이 전부였다. 그녀는 당시 남편이 보여주었던 진한 사랑이 개가(改嫁)하지 않고 딸과 유복자를 키우며 열심히 살아갈 수 있었던 비결이었다고 밝혔다.

어린 새색시의 지아비로서 자신이 직접 나서서 출격하지 않아도 될 상황이었습니다. 인간적인 측면에서 바라볼 때, 그도 남들보다 덜 위험한 상황에서 좀 더 편하게 살고 싶었을 겁니다. 그러나 그는 개인적 욕망을 잠재우고 대의(大義)를 위한 공적 임무를 완수하기 위해 새색시를 홀로 남겨둔 채[118] 부하 조종사들과 함께 맨 선두에 서서 전투출격을 감행했던 겁니다. 그가 출격할 당시 그의 아내인 김숙자 여사는 갓 100일이 지난 딸(경자)이 있었고 유복자(찬)를 잉태하고 있었습니다. 따라서 우리가 그의 마지막 모습을 직접 두 눈으로 확인하지 않은 이상, 그의 죽음에 대해서 이러쿵저러쿵 얘기하는 것 자체가 아주 잘못된 겁니다. 그것은 이미 '위국헌신군인본분'의 자세로 조국 영공 수호의 제단에 선혈을 뿌리고 산화한 그에 대한 최소한의 예의가 아니기 때문입니다. 내가 전해 들었던 그의 최후 모습도 후배 공군인들을 위해 밝혀줄 필요가 있을 것 같습니다. 7월 4일 안양 시흥 상공에서 적 탱크를 공격하던 도중에 논두렁에 추락한 그의 시신을 그곳 지역 주민들이 수습해서 3개월간 가마니로 덮어놓았다고 합니다. 이는 전시 중에 적 치하에 있었기 때문에 불가피했을 것으로 보입니다. 하지만 아군과 UN군이 북진하면서 당시 공군 정보 파트에서 맹활약하던 윤일균(예비역 ☆)이 그의 시신을 수습해서 화장한 뒤 국립현충원에 모셨다고 들었습니다[119]. 이 장군의 육신은 전투기 추락 시 발생한 충격과 기체 폭발로 산산조각이 났지만 그가 신고 있었던 구두 조각과 생전에

---

118 김 여사도 피난을 가지 못했기 때문에 적 치하에서 3개월간 살아야만 했다. 매일 북한군과 좌익들이 집에 찾아와서 "이근석이 어디 있냐? 찾아내라!"며 들볶았다. 그것을 보면 북한군도 이 장군의 전사를 알아채지 못했던 것이다. 그녀는 "서울의 언니 집들을 전전하며 3개월간 숨어 지내느라 무척 힘들었다."고 고백했다. 그녀가 남편의 전사 소식을 공식적으로 통보받은 것은 9.28 서울수복 이후, 공군본부를 통해서였다. 그녀는 "남편의 전사 소식을 전해 듣고 두 번이나 정신병원에 입원했을 만큼 큰 충격을 받았다."고 털어놓았다.

119 윤일균 장군(예비역 ☆)은 자신의 책 『한미 합동 첩보 비화 6006부대』 30~31쪽에서 그에 대해 언급했다. "… 나는 이 장군의 유해나 기체를 찾기 위해 시흥에 갔었다. 공산 치하에서도 주민들은 기체 잔해를 부분적으로 고이 간직하고 있었다. 함께 간 대원들과 함께 이 장군이 산화한 자리에 새 묘비를 세우고 한잔 술로 간단한 제사를 올렸다. 공군이 자랑하는 대선배에게 산화 후 첫인사를 올린 후배가 된 것은 추락한 전투기 조사를 하면서 제일 감격스러웠던 일이다."

치과 진료를 받았던 금니 1개로 그의 신원을 확인했다고 합니다. 예나 지금이나 우리 전투조종사들은 이처럼 극적인 운명을 안고 살아가는 사람들입니다. 국가와 국민들이 우리 전투조종사들을 사랑하고 그 가족들을 아껴주어야 하는 것도 그 때문입니다. 나는 지금도 비행의 달인이었던 그가 적 탱크를 확실하게 파괴시키기 위해 초저고도로 급강하공격을 하는 과정에서 적의 대공화기나 소총 공격에 피탄되어 F-51D 전투기가 통제 불능 상태에 빠지자 그대로 T-34 탱크를 향해 자폭했다고 믿고 싶습니다. 왜냐하면 나도 그와 비슷한 경우를 수차례 경험했고, 만약 내가 탄 항공기가 피탄될 경우 언제든지 자폭할 생각을 갖고 있었기 때문입니다. 따라서 한 인물에 대한 진지한 성찰이나 내적 고민 없이 무책임하게 말하고 글 쓰는 자세는 시정되어야 합니다. 그 자체가 고인의 명예를 심각하게 훼손하는 행위이기 때문입니다. 나는 우리 후배 공군인들이 고 이근석 장군을 훌륭한 군인이자 자랑스런 전투조종사로 오랫동안 기억해주면서 그의 헌신과 멸사봉공(滅私奉公)의 숭고한 자세를 배웠으면 합니다.

20. 목숨을 건 정찰비행

1950년 6월 27일 아침, 노병은 T-6 항공기로 기종을 전환했다. T-6 항공기를 탔던 10인의 공군조종사들이 F-51D 전투기를 인수하기 위해 이타즈케 미 공군기지로 떠나서 조종간을 잡을 수 있었다. 노병의 머릿속에는 하루라도 빨리 F-51D 전투기를 타고 출격해서 북한군의 T-34 탱크를 박살내고 싶은 생각뿐이었다. 하지만 그런 기회는 쉽게 오지 않았다. 이근석 대령의 전사로 인해 비행부대의 분위기가 뒤숭숭한 데다 바우트-원 부대까지 대구기지에 머무는 관계로 공군 내 사정이 매우 어수선했기 때문이다. 그래서 비행부대장에게 F-51D 전투기의 기종 전환 얘기를 꺼낼 수가 없었다. 모든 것은 시간이 해결해주었다. 노병은 1950년 10월 1일에 비로소 F-51D 전투기로 기종전환훈련을 받았고, 이튿날부터 전투조종사로서 첫 출격을 감행했다.

1950년 6월 30일, 우리 공군에 안타까운 비보가 잇따라 날아들었다. 이날 정비장교였던 조명석 중위가 나창준 일등상사(현 상사)와 함께 지금의 양화대교 상공을 저고도로 비행하며 북한군 진지를 정찰하던 중,

적 대공포탄에 대퇴부를 관통당하는 불상사가 일어났다. 그는 대전 도립병원으로 긴급 이송되는 도중에 사망했다. 조 중위는 6.25남침전쟁 발발 이후, 공군 최초로 전사한 공중 근무자로 기록되었다. 또 비슷한 시각에 L-5 항공기를 함께 타고 흑석동과 서빙고 중간 지역 상공에서 초저고도 정찰 임무를 수행하던 조종사 이경복 일등상사와 정비사 백성흠 일등상사가 적의 대공포에 피탄되자 애기를 몰고 적진에 돌진해서 장렬하게 산화했다. 우리 공군은 이날 하루 동안 1명의 조종사와 2명의 정비사 그리고 2대의 연락용 정찰기를 잃는 비운을 겪어야만 했다.

7월 1일, 미군 선발대로 한국에 파병된 미 제24사단의 스미스부대는 7월 5일 오산의 죽미령고개에서 40여 대의 T-34 탱크를 앞세우고 물밀듯이 내려오는 북한군 제4사단과 전투를 벌였지만 패하고 말았다. 사전에 전투 준비가 부족했던 데다 적 탱크를 제압할 수 있는 무기[120] 마저 없었기 때문이다. 또 북한군을 얕잡아보았던 미군 지휘관의 오만도 한몫했다. 미군이 전황戰況을 역전시킬 수 있을 것으로 기대했던 우리 국군지휘부는 크게 낙담했다. 기세가 등등해진 적은 스미스부대를 천안, 금강방어선(1950. 7. 15.) 대전(1950. 7. 20.)까지 가볍게 밀어붙이면서 남하했다. 이런 와중에도 우리 공군은 7월 6일 대전기지에서 정찰비행대를 창설했다. 오점석 대위(예비역 ☆☆)가 이끄는 정찰비행대는 북한군의 이동 상황을 실시간으로 파악해서 우리 군 지휘부와 미 제5공군사령부에 보고했다. 이 정보는 미 공군을 비롯한 UN 공군과 우

---

120 스미스부대가 보유한 대전차 무기는 직경 6cm(2.36인치)인 바주카포와 75mm 무반동총이 전부였다. 하지만 이들 무기로는 T-34 탱크를 파괴하는 데 한계가 있었다. 장갑(裝甲) 능력이 취약한 탱크의 포탑 연결 부위나 해치, 탱크 후미의 엔진 배기구를 정확하게 타격하지 않는 한, 적 탱크의 파괴는 매우 어려웠다. T-34탱크를 파괴시키려면 최소한 직경 9cm(3.5인치)인 바주카포나 대전차 지뢰, 250kg의 폭탄이 필요했다. 1950년 7월 3일 맥아더는 본국에다 그것의 긴급 지원을 요청했다. 그리고 1950년 7월 14일, 미 공군의 공수지원사령부 소속 대형 수송기 4대가 미 본토로부터 58대의 직경 9cm(3.5인치)인 바주카포를 싣고 대구기지에 도착했고 7월 20일, 대전 전투에서 처음 사용되었다. 이 시기에 그것은 국군에게도 제공됨으로써 그동안 혹독하게 경험했던 대(對)전차 트라우마를 극복하는 계기가 되었다.

리 공군의 F-51D 전투기가 북한군을 타격, 섬멸하는 데 아주 요긴하게 활용되었다. 또 북한 지역은 물론 적 주둔지에 대한 심리전용 전단 살포, 업무 연락, 지휘관 수송 등도 정찰비행대의 주요 임무였다. 심리전단의 주요 내용은 'UN군의 파병으로 곧 전세가 역전될 것이다. 그러니 용기와 자신감을 갖고 북한군과 결연히 맞서 싸우자!'는 것이었다. 이는 적에게는 두려움과 전율을 느끼게 하고, 국군에게는 사기를 진작시키는 심리적 효과가 컸다. 정찰비행대 조종사들은 매일 자신의 목숨을 걸고 정찰임무에 나섰다. F-51D 전투기는 기체에 약 1,800발의 기관총탄을 장착했기 때문에 적기敵機와 상공에서 조우遭遇하더라도 대응사격이 가능했다. 그러나 정찰기에는 무장 자체가 없는 데다 속도마저 느려서 적기는 물론 그들의 대공화기에도 매우 취약했다. 노병에게 정찰비행대 조종사들의 위험천만한 비행임무와 그들의 헌신에 대한 얘기를 부탁했다.

내 얘기를 해서 미안합니다만, 아마 정찰비행대 조종사들 대부분이 나처럼 서너 번의 죽을 고비를 다 경험했을 겁니다. 제공권이 확보되지 않은 상태에서 정찰비행은 매우 위험한 임무였습니다. 그동안 F-51D 전투기 전투조종사들의 무운(武運)에 가려 제대로 평가받지 못했던 정찰비행대 조종사들의 투혼과 감투 정신을 이제라도 새롭게 조명해주었으면 좋겠습니다. 1950년 6월 29일, 대전기지에 있었던 나는 공군본부로부터 'T-6 항공기를 이용해서 서울 상공에 UN군의 참전을 알리는 전단을 살포하라.'는 명령을 받고 수원기지를 향해 이륙했습니다. 오후 4시쯤 수원기지에 착륙했지만 전단 준비가 늦어지는 바람에 오후 6시가 되어서야 그곳에서 이륙할 수 있었습니다. 나는 T-6 항공기 후방석에 이강화 중위(당시 계급)를 태우고 고도 1,000m의 서울 상공에 도착해서 시계를 보니 오후 7시를 가리키고 있었습니다. 그날 이 중위는 T-6 항공기로 영등포 지역을 정찰하던 도중, 북한군의 야크기의 공격을 받고 수원기지에 비상착륙을 시도하다 항공기가 크게 파손되었지만 다행히 크게 다치지는 않았습니다. 당시 서울 시내는 조용한 가운데 북한군의 차량 행렬만 눈에 띄었습니다. 우리 두 사람이 전단 살포 임무를 마치고 수원기지로 기수를 돌렸을 때는 이미 해가 떨어진 상태였습니다. 또 서울 상공에는 막막한 구름이 깔려 있었습니다. 나는 경기도 시흥 상공에서 구름의 틈새를 발견하고 나선 강하로 구름 밑으로 내려간 뒤 비행을 계속했습니다. 고도 200m쯤에서 희미하게 반사하는 철길을 발견하고 기수를 남쪽으로 돌리는 순간, 수십 발의 대공포탄이 내가 탄 T-6 항공기 주변을 스치고 지나갔습니다. 우리 국군이 내가 탄 T-6 항공기를 적기(敵機)로 오인하고 쏘았던 겁니다. 간신히 수원기지 상공에 도착했지만 어둠 속에서 활주로를 찾지 못하고 상공을 선회하자 지상근무 요원들이 지프차의 라이트로 활주로 끝을 비추었지만 도저히 착륙할 수가 없었습니다. 그러자 수원기지에서 모든 작전을 지휘하던 박범집 대령(당시 계급)[121]과 김영재 중령이 직접 횃불을 만들어 들고 활주로 양끝에 서서, 나와 이 중위가 탄 T-6 항공기를 유도해줌으로써 무사히 착륙할 수 있었습니다. 수십 년의 시간이 흘렀지만 나는 아직도 그 두 분에 대한 고마운 마음을 고이 간직하고 있습니다.

1950년 7월 6일, 영등포 지역까지 북한군의 동향(動向)에 대한 정찰임무를 부여받고 대전기지를 이륙해서 약 300m(1,000ft) 고도를 유지하며 1번 국도를 따라 북쪽으로 가던 중, 평택-오산 구간에서 수십 대의 T-34 탱크를 발견했습니다. 탱크 숫자를 20여 대까지 세고 있는데 갑자기 T-34 탱크의 85mm 포신이 내가 탄 T-6 항공기를 향하더니 포를 쏘았습니다. 탱크 옆에 서 있던 북한군들도 일제히 소총 사격을 가해왔습니다. 그때 나는 기수를 눌러 속도를

---

121 박범집 대령은 1950년 10월 20일 공군 준장(☆)으로 진급했다. 그리고 1950년 11월 12일 항공기 추락 사고로 순직했다. 이승만 정부는 그에게 공군 소장(☆☆)을 추서했다.

높이면서 그곳에서 빠져나왔습니다. 7월 9일, T-6 항공기 후방석에 당시 훈련 조종사였던 장성태 소위를 태우고 충북 음성 지역 상공을 정찰하고 있었습니다. 그런데 지상 쪽을 내려다보니 북한군의 대규모 포진지가 보였습니다. 족히 20여 문은 넘었던 것 같습니다. 여의도기지에서 수원기지로 철수할 때, 챙겨둔 15kg짜리 폭탄 2발이 생각났습니다. 대전기지로 급히 돌아가서 폭탄 2발을 가져왔습니다. 그리고 포진지 뒤쪽의 위장막 속에 숨겨놓은 북한군 트럭들을 향해 약 240m(800ft) 상공에서 급강하 폭격을 하고 좌측으로 기수를 돌리는 순간, 섬광과 함께 벼락같은 폭발음이 들렸고 내가 탄 T-6 항공기가 뒤집히며 날아갔습니다. '한 방 맞았구나!'라고 생각하며 본능적으로 기체를 수평으로 바로잡으며 기수를 눌러 속도를 높이고 초저공비행으로 그곳을 벗어났습니다. 그리고 어디에 맞았는지, 기체에 불이 붙지 않았는지 살펴보았지만 기체에는 별다른 이상이 없었습니다. 마치 도깨비에 홀린 기분이었습니다. 뒷좌석을 슬쩍 살펴보니 훈련차 탑승한 장성태 소위가 놀라서 눈을 크게 뜨고 나를 쳐다보고 있었습니다. 대전기지에 착륙해서 조종석에서 빠져나오다가 깜짝 놀랐습니다. 앞좌석 좌측 동체와 날개가 접히는 곳에 직경 15~16cm의 구멍이 나 있었습니다. 자세히 점검해보니 기체의 오른쪽 동체 밑에도 3~4cm의 구멍이 뚫려 있었습니다. 북한군의 37mm 대공포탄에 맞은 것인데, 참으로 운 좋게도 급소를 피해 나갔던 겁니다. 만약 조금만 좌측으로 관통했다면 좌측 연료탱크가 폭발했을 것이고, 조금만 우측으로 지나갔다면 내 하지를 절단 냈을 겁니다. 그때 나는 생(生)과 사(死)가 종이 한 장 차이임을 깨달았습니다.

7월 10일, T-6 항공기의 후방석에 나창준 소위를 태우고 정찰비행을 나갔습니다. 내가 맡은 정찰임무는 서울 쪽에서 충북 진천 방향으로 들어오는 2개의 국도 상공을 정찰하는 것이었습니다. 고도 약 300m(1,000ft)를 유지하며 진천 상공을 지나면서 아래쪽을 살펴보니 2번 국도의 도로 양쪽에 있는 가로수 밑

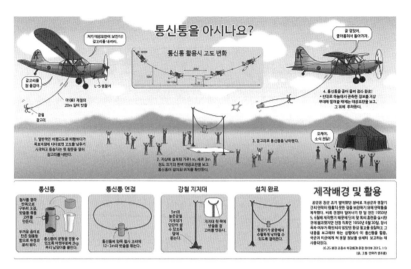

공군이 복원한 통신통의 형태와 활용 방법(출처: 공군역사기록관리단)

에서 수많은 북한군이 휴식을 취하고 있었습니다. 그들의 무장 상태를 좀 더 확인하려고 기수를 낮추려는 순간, 눈앞에 무언가 섬광이 비치며 '탕' 하는 소리가 나더니 내 오른발이 휙 하고 올라가고 오른쪽 러더(Rudder) 페달이 떨어져 나감과 동시에 왼쪽 숄더 하네스(Shoulder Harness)가 툭 떨어져 나갔습니다. 또 T-6 항공기의 왼쪽 날개에도 1방이 관통했습니다. 쉬고 있던 북한군들이 T-6 항공기가 나타나자 일제히 화망을 구성해서 대응사격을 했던 것입니다. 내가 기수를 눌러 속도를 높이면서 그 자리에서 신속하게 빠져나와서 무사할 수 있었습니다.

노병이 정찰비행대 조종사로 활약한 시기는 크게 2단계로 구분된다. 1단계는 1950년 7월 6일부터 7월 31일까지다. 이때는 미군과 함께 북한군의 남하를 저지하기 위해 노력한 시기다. 정찰비행대는 김천기지와 의성기지를 중심으로 국군 제1군단과 제2군단의 작전을 지원하는

데 열중했다. 특히 괴산, 제천, 영월 방면과 동해안 지구의 적정을 정찰하고 영덕, 안동, 신녕, 대구 간 연락임무에 전념했다. 2단계는 1950년 8월 1일부터 9월 14일까지로서 이때는 국군과 UN군이 반격의 발판을 마련했던 낙동강 방어전투 기간이다. 국가의 운명이 백척간두에 섰던 최대 위기였던 만큼, 우리 정찰비행대 조종사들도 혼신의 노력을 다 했던 시기였다. 정찰비행대는 전선戰線의 변화에 따라 의성, 신녕, 영천, 대구 기지로 이동하면서 의성, 안동, 상주, 영주, 청송, 문경 지역에 있는 북한군의 배치와 이동 상황에 대한 정보를 우리 국군지휘부와 미 제5공군사령부에 실시간으로 제공했다. 더욱이 1950년 8월 14일 오후 6시를 기해 정찰기와 국군 간의 공지간空地間 연락 방법이 통신통通信筒에서 SCR-300 무전기로 대체[122]됨으로써 효율적인 통신이 가능하게 되었다. 2015년 11월 19일, 공군역사기록관리단은 이강화 장군(예비역 ☆)의 증언을 토대로 당시의 통신통을 복원하는 데 성공했다.

통신통은 두꺼운 종이로 만든 원통형 함으로 뚜껑이 있어서 개폐가 가능했으며 하단에는 통신통이 균형을 잡을 수 있도록 2kg짜리 납덩이를 붙였다. 또 통신통의 양쪽에는 2개의 철사 고리를 만든 다음, 거기에다 12~13m의 밧줄을 묶었다. 그리고 5m 높이의 강철 지지대를 2개 준비하고 각 지지대의 윗부분에는 밧줄을 걸 수 있는 고리를 만들었다. 그런 다음 2개의 지지대를 땅에 세웠다. 그리고 지지대 밑에 대공포판을 깔았다. 이는 L-4, L-5 항공기의 조종사들이 공중에서 쉽게 알아보도록 하기 위함이었다. 그들은 500m 상공에서 지상 15~20m까지 급강하한 뒤 일정 거리 이상을 직선 방향으로 날아간 후 상승했다. 이때 L-4, L-5 항공기의 후방석에 탑승한 사람이 마麻 재질로 만든

---

122 1950년 8월 14일, 공군본부 군수국장 박두선 소령과 통신대장 이복현 대위는 미군으로부터 제공받은 SCR-300 무전기를 L-4, L-5 항공기에 장착하는 데 성공했다.

20m의 밧줄을 내린 다음, 그 끝에 달려 있는 갈고리로 지지대에 걸려 있는 통신통을 낚아채 가는 형식이었다. 우리 국군지휘부의 긴급명령이나 정찰비행을 통해 얻은 적 정보를 국군에게 전달할 경우에는 그들이 설치해놓은 대공포판 위에 통신통을 투하하는 방식으로 소통했다. 한편, 통신통에서 SCR-300 무전기로의 대체는 공지간空地間 작전임무의 효율성과 신속성을 크게 배가시켰다. 한 예로 1950년 8월 15일, 왜관 북방 300고지에서는 국군 제1사단 제13연대와 북한군 제3사단 간에 치열한 공방전이 전개되고 있었다. 이때 정찰비행대의 천봉식 중위[123]가 SCR-300 무전기를 이용해서 미 공군의 F-51D 전투기 1개 편대를 300고지로 유도한 뒤 적의 진지를 강타하게 했다. 그로 인해 국군 제13연대 3중대가 300고지를 손쉽게 점령할 수 있었다. 제13연대 1대대 3중대장 이신국 중위는 당시 상황을 이렇게 설명했다.

공지협동작전이 잘되었다. 제13연대장이 항공지원을 요청하자 공군 정찰기 2대가 날아왔다. SCR-300 무전기로 북한군과 국군의 위치를 정찰기에 알렸더니 10분 만에 4대의 미 공군 F-51D 전투기 편대가 날아와서 300고지에 로켓 공격과 기총사격을 퍼부었다. 이를 지켜본 국군들은 사기가 충천했고 마침내 8월 15일 오후 5시 30분에 300고지를 점령할 수 있었다.

또한 정찰비행대는 통영상륙작전(1950. 8. 16.~ 8. 20.)과 영천작전 (1950. 9. 3.~ 9. 8.)에 참가해 혁혁한 전공을 세웠다. 이때는 캐나다에서 구매한 7.76mm 기관총 20문이 국내로 운송되어 T-6 항공기마다 2문

---

123 정찰비행대의 핵심 멤버로 종횡무진 전선을 누볐던 천봉식 중위는 1950년 9월 1일 오전 7시 30분쯤. L-4 항공기 후방석에 국군 포병단 신정현 중위를 태우고 다부동과 의성 방면을 정찰비행하던 도중, 신화동 부근 상공에서 기종(機種)을 알 수 없는 쌍발기 1대와 북한군 전투기 2대의 공격을 받고 전사했다. 그는 일본 육군소년비행병학교 15기(甲) 출신이었다.

씩 장착한 상태였다. 당연히 무장정찰도 가능했고, 적기를 만나더라도 공중 대응이 가능해서 조종사들의 생존 능력이 크게 향상되었다. 8월 17일, 정찰비행대는 경남 통영의 원문고개에서 해병대의 상륙작전을 저지하는 북한군 포대를 발견하고 항공지원을 요청했다. 이에 따라 대구기지에 주둔하던 우리 공군의 F-51D 전투기 3대가 출격해서 원문고개에 배치된 북한군 포대를 파괴했다. 그 덕분에 해병대는 큰 희생을 치르지 않고 손쉽게 통영 탈환에 성공할 수 있었다.

1950년 9월 6일, 노병이 최종봉, 전봉희, 주영복과 함께 정찰비행대 조종사로서 참전했던 전투는 영천전투였다. 그 전투는 김일성에게 뼈아픈 전투였다. 1950년 12월 4일, 별천리에서 개최된 노동당 중앙위원회 제3차 대회에서 김일성은 "이번 조국해방전쟁에서 부산 점령의 관건은 영천전투에 달려 있었다. 그런데 동지들이 거기서 미 제국주의자들에게 패배하는 바람에 아쉽게도 뜻을 이루지 못했다."고 평가하며 매우 아쉬워했다. 그만큼 영천전투는 우리 국군과 북한군 모두에게 한 치도 양보할 수 없는 전투였다. 국군 입장에서 영천 지역이 뚫리면 곧바로 경주와 부산이 위험해지기 때문이었다. 마찬가지로 김일성 입장에서는 영천 지역을 손에 넣어야만 부산 점령이 가능했다. 정찰비행대는 2대의 T-6 항공기를 대구기지에 파견해서 국군의 영천작전을 지원했다. 노병과 최종봉, 전봉희와 주영복이 한 편조였다. 김일성은 "8월 15일까지 부산을 점령한 후 광복절 기념식을 갖겠다."고 장담했다. 그러나 미군의 신속한 참전과 강력한 미 공군과 해군의 공격으로 한계에 직면했음을 느끼고 마지막으로 9월 초부터 총공세를 감행했다.

9월 3일, 북한군 제15사단은 국군 제1, 2군단 사이의 경계 지점을 통과해서 영천을 점령했다. 국군은 중부 전선과 동부 전선이 순식간에 양

단될 위기에 처했다. 9월 5일, 미 8군사령부는 데이비드슨 선[124]까지 철수하는 문제를 신중하게 검토했다. 이때 국군 제6사단과 제8사단이 분연히 일어나서 영천 탈환에 성공했다. 우리 정찰비행대는 T-6 항공기를 이용한 정찰 활동으로 북한군 제15사단의 일거수일투족을 확인해서 국군지휘부에 알려줌으로써 영천 탈환 작전에 결정적 도움을 주었다. 9월 16일, 미 8군사령부는 개전 초기부터 낙동강 방어전투까지 우리 정찰비행대의 노고와 헌신을 높이 평가하고 L-4 항공기 4대를 추가로 지원했다. 이로써 총 14대의 L-4, L-5 항공기를 갖게 된 정찰비행대는 1950년 10월 17일 정찰비행전대로 승격했고, 국군과 UN의 반격 작전에 따라 여의도기지와 평양 미림기지로 이동하면서 또 다른 정찰 활동에 전념했다. 노병에게 당시 상황을 들어보았다.

9월 6일부터 9월 8일까지 나와 최종봉, 전봉희, 주영복은 T-6 항공기를 타고 하루에도 여러 차례 정찰비행을 나갔습니다. 하늘에서 바라본 북한군 제15사단의 움직임과 부대 배치 상황, 포진지 등을 자세하게 정리해서 국군 제2군단과 미 제5공군사령부에 보고했습니다. 그때마다 미 공군의 F-51D 전투기 편대가 수시로 날아와서 북한군 제15사단에 맹공격을 퍼부었습니다. 9월 6일 오후로 기억되는데, 그날도 정찰비행을 하면서 미 공군의 F-51D 전투기 8대가 영천 북쪽의 산 능선에 구축된 북한군 진지를 약 20분 동안 공격하는 것을 지켜봤습니다. 그들이 공격을 마치고 난 뒤 그쪽 지역 상공에서 내려다보니 북한군의 진지 주변에는 수백 구의 시체들이 널브러져 있었습니다. 9월 7일과 9월 8일에

---

124 6.25남침전쟁 때, 낙동강 방어선의 붕괴에 대비해 구축했던 예비 방어선을 가리킨다. 1950년 8월 초 맥아더는 워커 미 8군사령관에게 낙동강 방어선이 붕괴되었을 경우를 대비한 예비 방어선을 구축하라고 명령했다. 워커 사령관은 8월 11일에 공병참모 개리슨 데이비드슨(Garrison Davidson) 장군(☆)에게 그것을 지시했다. 데이비드슨 장군은 8월 말까지 울산-밀양-마산으로 이어지는 총연장 90km의 예비 방어선을 구축했다. 그 명칭은 예비 방어선의 구축 책임자였던 데이비드슨의 이름을 딴 것이다.

도 미 공군과 해군의 전투기들이 연신 날아와서 영천 지역에 주둔 중인 북한군 제15사단을 궤멸시켰습니다. 낙동강 상공을 날아가며 아래쪽을 바라보니 강물이 온통 핏빛으로 물들어 있었습니다. 그만큼 전쟁이 치열했습니다. 나는 지금도 우리가 낙동강 전선을 방어할 수 있었던 가장 중요한 요소는 미 공군과 해군의 전투기들이 목숨을 걸고 근접항공지원작전과 후방차단작전을 잘해 주었기 때문이라고 확신합니다. 또 한 가지 기억나는 것이 있습니다. 우리 정찰비행대가 영천작전을 지원하는 과정에서 내 동기생인 전봉희가 탔던 T-6 항공기가 북한군의 대공포에 피탄된 적이 있습니다. 그때 후방석에 탑승했던 주영복이 다리에 관통상을 당하고 대구기지로 귀환했습니다. 큰 부상을 당한 주영복은 치료를 잘 받은 뒤 계속 승승장구해서 공군참모총장과 국방부장관까지 역임했고 전봉희는 장군(예비역 ☆)까지 승진한 뒤 전역했습니다. 주영복 장관은 이미 고인이 되었고, 전봉희 장군은 지금 노환으로 고생하고 있습니다. '세월을 이기는 장사가 없다'고 하지만, 건강이 좋지 않은 동기생을 보노라면 안타까운 마음과 인생무상을 느낍니다.

21. 신념의 조인鳥人과 딘 E. 헤스 대령

6.25남침전쟁과 한국 공군을 얘기하면서 빼놓을 수 없는 미군 조종사가 한 분 있다. 그 주인공은 딘 E. 헤스^{Dean E. Hess}(1917. 12. 6.~2015. 3. 3.) 대령이다. 미 공군 소령으로 우리나라에 첫발을 내디뎠던 그는 중령으로 진급한 뒤 일본으로 전출을 갔다. 그리고 미국에서 공군 대령으로 전역했다. 대한민국과 우리 공군은 그에게 큰 빚을 졌다. 그는 250회의 전투출격을 통해 북한군과 중공군을 격퇴했고 한국 공군을 비약적으로 발전시키는 데 크게 기여했다. 1950년 7월 1일, 그는 10명의 미군 조종사를 비롯해 100여 명의 장병들로 구성된 바우트-원 부대¹²⁵를 이끌고 대구기지에 도착했다. C-47 수송기가 그들의 공수임무를 맡았다. 그들

---

125 딘 E. 헤스 대령은 "10명의 미군 조종사 가운데 2~3명의 조종사는 6.25남침전쟁 발발과 함께 미국 시민들의 철수 과정에서 한국 상공을 고공 비행해본 사람들이었고, 나머지 조종사들은 한국 상공을 한 번도 날아본 적이 없었다. 그 때문인지는 몰라도 그는 불과 1년 사이에 7명의 미군 조종사가 전사했다"고 기술했다. 또 100명의 사병들 가운데 몇 명은 아주 심각한 문제가 있었던 사람이라고 고백하기도 했다. 군법회의에 넘겨지는 대신 한국 근무를 지원한 사람, 일본인 여자와 치정 관계에 있다가 결혼하기 싫어서 도망쳐 나온 사람, 유부녀와 간통하다가 남편에게 발각되어 도망친 사람들도 있었다. 그러나 그들은 얼마 지나지 않아 대추나무 방망이처럼 단단하게 뭉쳤다고 고백했다. 이것을 보면 딘 E. 헤스 대령의 리더십이 꽤 괜찮았던 것 같다.(출처: 딘 E. 헤스 저(이동은 역), 「신념의 조인」, 플래닛미디어, 2010, p.120.

에게 부여된 미션은 우리 전투조종사들에 대한 비행훈련에 초점이 맞춰 있었다. 따라서 미 제5공군사령부는 바우트-원 부대에 별도의 작전지휘통신체제나 부대호출부호를 부여하지 않았다. 하지만 전시^{戰時} 상황에서 훈련과 전투의 경계는 애매모호할 수밖에 없었다. 그는 실제 전장^{戰場}에서 우리 전투조종사들을 제대로 훈련시키고 싶었다. 따라서 비행훈련은 전투출격을 겸한 형태로 이루어졌다. 미군 조종사가 탄 F-51D 전투기가 선도기로 기총사격이나 대지공격의 시범을 보이면, 우리 전투조종사가 그와 똑같은 형태로 기총사격과 대지공격을 퍼붓는 식이었다. 물론 한미 조종사들 간의 교신은 수신호로 이루어졌다. 그를 비롯한 바우트-원 부대의 미군 조종사들이 탔던 F-51D 전투기는 10인의 공군조종사들이 이타즈케 미 공군기지로부터 인수해 온 것이었다. 뒤늦게 이 사실을 알게 된 미 제5공군사령부는 '바우트-원 부대의 미군 조종사는 한국 공군의 F-51D 전투기를 타고 출격해서는 안 된다.'는 작전 금지명령을 하달했다. 하지만 그 조치는 곧 철회되고 말았다. 북한군의 남하 속도를 조금이라도 지연시키기 위해서는 적에 대한 후방차단작전과 미군에 대한 근접항공지원이 절실했기 때문이다. 특히 그는 미 8군사령관 해리스 W. 워커 장군(☆☆☆)과 미 제24사단장 윌리엄 F. 딘 장군(☆☆)의 항공지원 요청에 적극적으로 임했다.

1950년 7월 25일, 헤스 소령은 미 제5공군사령관 얼 E. 패트리지 장군(☆☆)에게 이미 편성된 6146부대에 바우트-원 부대를 흡수·통합해서 6146부대로 재창설하도록 승인해줄 것과 추가적인 병력지원을 요청했다. 7월 31일, 패트리지 장군은 그의 요청을 승인하고 250명의 병력을 추가 지원했다. 또 패트리지 장군은 그의 재량과 판단에 따라 F-51D 전투기를 운용할 수 있는 권한을 부여하고, 항상 10대의 F-51D 전투기를 유지해주겠다고 약속했다. 더욱이 6146부대에 '매킨

토시Macintosh'라는 작전 코드명까지 부여했다. 매킨토시 1과 2는 각각 딘 E. 헤스 소령과 해럴드 H. 윌슨Harold H. Wilson대위의 작전 코드명이었다. 이에 따라 6146부대는 전투출격과 우리 전투조종사들의 비행훈련을 병행할 수 있는 준準작전부대로 발전했다. 하지만 그는 6146부대가 전투출격 준비를 갖추고 훈련비행과 구분된 별도의 전진기지를 운용하는 단계로 발전하길 희망했다. 그는 윌슨 대위에게 "패트리지 장군께 전투 태세 준비를 완료했음을 보고하라!"고 지시했다. 윌슨 대위가 작성하고 그가 서명한 뒤 패트리지 장군에게 전보를 쳤던 내용은 다음과 같다. '신의 은총과 비상한 수완을 발휘한 덕택으로 본대의 출격 태세가 완료되었음. 주님을 찬양하면서 출격 명령을 하달 바람.'

한편, 그의 보고를 받은 패트리지 장군은 6146부대에 10대의 F-51D 전투기를 추가로 제공해주면서 전진기지의 운용과 전투출격을 허락했다. 이를 계기로 6146부대의 작전 능력은 비약적으로 발전했으며, 여의도기지와 평양 미림기지를 전진기지로 활용할 수 있게 되었다. 이로써 우리 전투조종사들은 6146부대의 멤버로 전투출격을 계속하면서 비행 기량과 전투 능력을 제고할 수 있었다. 이는 훗날 우리 공군이 미 제5공군사령부의 작전준비태세검열ORI, Operational Readiness Inspection을 받고 UN 공군의 단위부대로서 독자 출격을 할 수 있는 계기가 되었다. 하지만 6146부대와 미 제5공군사령부의 관계가 늘 원만했던 것은 아니다. 당초 미 제5공군사령부는 바우트-원 부대를 한시적으로 운용할 계획이었다. 즉 우리 공군에 인도된 F-51D 전투기에 대한 비행훈련만 끝나면 임무를 종료시킬 예정이었다. 1950년 7월 하순, 대구기지 책임자로 부임한 커티스 로Curtis Lowe 대령이 바우트-원 부대가 보유한 각종 군수물자와 항공기 정비임무까지 회수해 간 것도 그와 무관하지 않다. 게다가 전황마저 급박해지자 필리핀에 주둔한 미 공군의 전폭기 비행단이 대구기지에 주둔하면서 예기치 않은 일까지 벌어졌다. 즉 미 전폭기 비행단이 운용 중인 F-51D 전투기가 대구기지에 도착할 때까지 우리 공군의 F-51D 전투기를 임시로 사용하겠다고 통보한 것이다. 애지중지하던 F-51D 전투기를 졸지에 회수당한 우리 전투조종사들은 망연자실할 수밖에 없었다. 또 필리핀 주둔 전폭기 비행단 소속의 조종사들이 우리 공군 표식을 한 F-51D 전투기를 타고 출격해서 아군 지상군들에게 오인 폭격을 하는 바람에 바우트-원 부대와 우리 전투조종사들은 그 비난까지 떠안아야 했다. "그것은 우리가 한 게 아니다!"라고 하소연했지만 어느 누구도 믿어주질 않았다. 또한 미 극동공군사령부는 새로운 전폭기 비행단인 제6002비행단을 창설한 후, "한국에 주둔 중인 미 공군의 모든 전투기는 그것에 통합시키라."고 명령했다. 마침내 로 대령은 헤스 소령에게 바우트-원 부대의 해체를 공식 통보했다. 하루아침에 헤스 소령을 비롯한 바우트-원 부대의 멤버들은 제6002비행단 소속의 요원으로 전락했고, 동시에 우리 공군의 전투부대는 자동 해체되고 말았다.[126] 전투기를 갖지 못한 공군은 있으나 마나한 존재일 수밖에 없다. 이 절체절명의 순간에 두 사람이 발 벗고 나섰다. 헤스 소령과 도널드 니컬스였다. 그들은 미 제5공군 부사령관으로서 대구기지에서 사령부지부를 관할하고 있던 에드워드 팀버레이크^{Edward Timberlake}장군(☆☆)을 찾아가서 애타게 호소했다. "한국 전투조종사들의 잠재력은 생각 외로 대단합니다. 그들의 군인 정신과 조국애는 아주 훌륭하고 믿을 만합니다. 이런 상황에서 한국 공군의 전투부대를 해체한다는 것

---

126 이날 딘 E. 헤스 소령은 미 제6002 전폭기 비행단의 작전장교로 임명되었다. 그는 자신의 책에서 이런 글을 남겼다. "…커티스 로 대령에게 한국 공군은 어떻게 되는 거냐고 물었다. 그는 더 이상 한국 공군은 존재하지 않는다고 대답했다. 6.25남침전쟁의 발발 초기에 한국 공군에게 이양되었던 모든 비행기들은 회수되었다. 내 휘하에 있던 한국군 조종사들은 최후의 결정을 기다리고 있었다. 그들은 내 눈치만 보고, 나는 그들의 눈길을 피했다. 이제 와서 미안하다는 말로 통할 형편이 아니었다.…"(출처: 딘 E. 헤스 저(이동은 역), 앞의 책, p.170.)

은 한국 국민의 자존심과 사기를 떨어뜨리는 행위입니다. 어떤 일이 있어도 한국 공군의 전투부대가 해체되어서는 곤란합니다. 지금 한국 전투조종사들과 5,000여 명의 공군 장병들은 공군이 해체될 경우, 육군에 재입대를 해서라도 북한군과 맞서 싸우겠다고 합니다." 결국 두 사람의 얘기에 감동한 팀버레이크 장군은 바우트-원 부대의 해체를 철회하고 6146부대로 거듭날 수 있도록 도와주었다. 이를 계기로 우리 공군은 '배우면서 싸우자!' 모토로 비행훈련과 전투출격을 병행하며 자랑스러운 공군으로 비상할 수 있는 토대를 마련했다. 딘 E. 헤스 대령! 그는 한국 근무 기간(1950. 7. 1.~1951. 5. 31.)중에 총 250회의 출격 기록을 남겼다. 우리 공군의 6.25 참전 조종사 가운데 최다 출격 기록은 유치곤 장군(예비역 ☆)이 보유한 203회다. 헤스 소령은 만 1년도 안 되는 짧은 기간에 유 장군보다도 무려 47회나 많은 전투출격을 했다. 이것은 그가 '신념의 조인'이었기 때문에 가능했다. 그의 솔선수범은 우리 전투조종사들에게 많은 영향을 주었다. 그에 관한 노병의 얘기를 들어보았다.

나는 딘 E. 헤스 중령(당시 계급)의 #2기 요기 조종사로 많은 출격을 했습니다. 그는 6.25남침전쟁이 일어나자 자발적으로 한국 전선에 참가해서 우리 전투조종사들보다 더 치열하게 싸웠던 분입니다. 그는 공격 대상과 공격해서는 안 될 대상을 정확하게 분별하는 능력이 탁월했습니다. 물론 이는 전투 경험이 많았기 때문에 가능했을 겁니다. 또 그는 조종 능력, 대지공격과 기총사격 능력도 출중했습니다. 자신이 먼저 적의 목표물을 강타하는 공중 시범을 보인 후, 우리 전투조종사들이 그대로 따라서 해주기를 기대했습니다. 그리고 우리 전투조종사가 적진을 향해 급강하공격을 할 때는 언제나 공중엄호를 해주었습니다. 그의 보호와 배려 덕분에 나도 지금까지 살아남을 수 있었다고 생각합니다. 비행임무를 마치고 모기지로 귀환하면 그는 브리핑 시간을 이용해서

여의도 버전 1(출처: 공군본부)

미림 버전(출처: 공군본부)

여의도 버전 2[127](출처: 공군본부)

우리 전투조종사들의 문제점과 향후 개선 방안에 대해 자상하게 설명해주었습니다. 그는 '신념(信念)의 조인(鳥人)'답게 조금의 두려움도 없이 적진을 향해 날아갔지만, 막상 적의 목표물을 공격할 때는 매우 신중했습니다. 무고한 양민의 희생을 막기 위함이었다고 봅니다. 그가 전투조종사로서 휴머니즘을 발휘한 이면에는 남모르는 아픈 사연이 있습니다. 제2차 세계대전 때, 미군 조종사로 참전했던 그는 자신이 투하한 폭탄 공격에 어린이들이 희생되었다는 얘기를 전해 듣고 큰 죄책감에 시달렸다고 합니다. 그가 양민 보호와 전쟁고아들에 대해 남다른 관심과 애착을 갖게 된 것도 그 때문입니다. 그는 적의 목표물을 공격할 때도 사적(私的) 감정이 아닌, 공격 매뉴얼대로 했습니다. 1차 공격 시에는 언제나 목표물의 인접 지역에다 기총사격을 퍼부어 사람들이 도망가게 했습니다. 그런 다음 2차 공격으로 적의 목표물을 정확하게 파괴해버렸습니다. 공대공, 공대지 기총사격 실력도 뛰어났고, 폭탄 투하 능력도 완벽했습니다. 그것은 나에게도 큰 가르침이 되었습니다. 마지막으로 내가 그에게서 감동받은 것은 전투출격에 대한 공포심을 이겨내지 못하고 나약함을 보였던 우리 공군의 몇몇 전투조종사들을 인간적으로 이해하며 따뜻하게 위로해주던 모습입니다. 그 모습을 지켜보면서 나 역시 비굴하지 않은 전투조종사가 되려고 이를 악물었던 기억이 새롭습니다. 딘 E. 헤스 대령, 그는 나의 스승이고, 내 인생의 영원한 롤 모델입니다.

제2차 세계대전 당시, 일본의 진주만공격이 있은 후 그는 목사敎師직을 던져버리고 미 공군에 자원입대했다. 젊은 청년들을 전쟁터로 내보내면서 행운이나 빌어주는 목사보다 전선에서 그들과 함께 직접 싸우는 편이 더 낫겠다고 판단했기 때문이다. 그러나 P-47 추적기追跡機 조종사로 전선을 누비면서 끊임없이 맞닥뜨리는 죽음의 공포와 살상殺傷에 대한 번민 때문에 크게 고통 받았다. 그는 번민을 떨쳐버리기 위해 애기의 기수^{機首} 부분에 'Per Fidem Volo'를 써 붙이고 출격했다. 이는 '믿음을 갖고 하늘을 난다.'는 의미다. 그의 믿음은 두 가지로 요약할 수 있다. 하나는 독일의 히틀러나 일본의 히로히토와 같은 전제 독재자들이 세계를 지배하도록 방치하는 것보다는 그들과 맞서 싸우는 것이 훨씬 더 정의롭다는 믿음이다. 다른 하나는 하느님이 자신을 보호하고 지켜 주시기에 무서울 게 없다는 믿음이다. 실제로 헤스는 제2차 세계대전과 6.25남침전쟁 동안 전투출격을 총 313회 했지만 무사했다.

한편, 국군과 UN군의 38선 돌파가 개시된 직후, 6146부대장으로 여의도기지에서 출격임무를 수행하던 그는 'I Fly By Faith'란 쪽지를 들고 정비사들이 모여 있는 막사로 들어와서 그것을 한국말로 번역해 달라고 부탁했다. 당시 최원문 정비사(예비역 대령)를 비롯한 여러 사람이 중지를 모은 끝에 '신념^{信念}의 조인'이 제일 좋겠다고 결론을 내리고 그에게 의미를 설명해주었다. 그 역시 매우 만족스러워했다. 최 정비사는 영등포에 있는 어느 간판집 사장에게 부탁해서 그의 애기인 18호 F-51D 전투기(이하 18호기)의 기수 왼쪽 부분에 '信念의 鳥人'이란 글씨를 써넣게 했다. 전선^{戰線}이 북상함에 따라 그의 6146부대도 평양 미림 기지로 전개해서 작전을 수행했다. 그는 또다시 최 정비사를 통해 평양의 어느 간판업자에게 18호기의 오른쪽 기수 부분에 '信念의 鳥人'을 써넣게 했다. 그런데 평양의 간판업자가 "여의도기지에서 써넣은 글자체를 그대로 재현하기는 어렵다."고 말하고는 자신의 필체로 '信念의 鳥人'을 써넣고 가버렸다. 그 후 중공군의 참전으로 그의 6146부대는

127 최원문 예비역 대령의 회고록 『하늘에 꿈을 띄우다』 90~91쪽에 따르면 우리 공군이 인수해 온 F-51D 전투기의 국적 표시인 태극 마크는 대구기지의 정비장교였던 박석동을 비롯한 정비사들이 7월 2일 밤을 새워가며 작업한 것이라고 한다. 미 공군의 성조 마크 색채 구성이 우연히도 태극기와 같기 때문에 성조 마크 중앙 부분의 별 위에 태극만을 덧씌워 도색하는 기발한 방법을 택했다. 그로부터 며칠 후에는 미 공군 측의 요청에 따라 피아(彼我) 식별을 위해서 수직 꼬리날개 양옆에다 K를 커다랗게 그려 넣었다고 한다.

미림기지에서 여의도기지로 후퇴할 수밖에 없었다. 그런데 엔진 배기구에서 나오는 그을음으로 좌우 양쪽에 써넣은 글씨가 희미해졌다. 특히 평양 간판업자의 글씨가 잘 벗겨져서 여러 번 덧칠했지만 소용없었다. 결국 헤스 중령은 또 다른 영등포의 간판업자를 불러 '信念의 鳥人'을 기수의 좌우 양쪽에 다시 써넣게 했다. 이로써 '信念의 鳥人'은 여의도 버전 1, 미림 버전, 여의도 버전 2를 갖게 되었다. 그의 애기였던 18호기는 우리 공군이 보유한 전투기 중 유일하게 노즈 아트^{nose art}(기수 부분에 그림이나 문양을 그려 넣는 것)를 했다는 희소성과 굳건한 한미 동맹의 상징물이라는 가치를 갖고 있었다. 하지만 18호기는 얼마 지나지 않아 역사 속으로 사라지고 말았다.

　1951년 8월 21일부터 25일까지 4일 동안 경남 사천 지역에는 초속 18m의 강풍과 200mm 이상의 호우를 동반한 태풍 마지^{Marge}가 상륙했다. 우리 공군은 사천기지에서 비행훈련에 활용하던 F-51D 전투기와 T-6 항공기를 보호하기 위해 평택기지로 전개시켰다. 18호기도 그중 하나였다. 18호기가 평택기지에 무사히 착륙해서 주기장으로 활주하던 도중, 뒤따라오던 미 공군의 전투기와 지상 충돌을 하고 말았다. 그 결과 18호기는 캐노피 뒷면 동체가 크게 파손되었다. 바로 여의도기지로 옮겨진 후, 일본의 미 공군수리창으로 보내서 재생 작업을 시도했지만 안타깝게도 실패하고 말았다. 현재 우리나라에 남아 있는 F-51D 전투기는 총 5대이며, 저마다 기수 부분에 '信念의 鳥人'이란 문구가 있다. 그러나 그것은 헤스 중령이 타고 적진을 유린한 18호기가 아니라는 점만은 분명하게 밝혀둔다.

22. 네코부대의 특급 비밀작전

개전 초기, 북한군이 3일 만에 서울을 점령할 수 있었던 비결은 T-34 탱크를 앞세운 기습 돌격작전이 주효했기 때문이다. 이로 인해 한동안 국군은 대전차 공포증에서 벗어나지 못했다. 6.25 참전 용사의 증언이나 관련 책자는 당시 국군이 보유했던 57mm 대전차포나 직경 6cm의 바주카포로는 T-34 탱크를 파괴할 수 없었다고 기술했다. 그 대신 육탄공격으로 그것을 파괴한 특공용사들의 영웅담만 쏟아냈다. 어린 시절에는 그런 글이 큰 울림을 줬지만 나이가 들면서 분노로 바뀌었다. '국가가 얼마나 못났으면 우리 젊은이들을 그렇게 희생시킬 수 있는가?' 그러나 일부 자료는 국군이 105mm 곡사포, 57mm 대전차포, 2.36인치 바주카포로 T-34 탱크를 파괴한 사례들을 증언했다. 1950년 6월 26일, 의정부 전선에서 포병학교 교도대대의 김풍익 소령이 T-34 탱크를 50m 앞까지 유인한 뒤 105mm 곡사포로 조준사격을 해서 파괴했다. 1950년 7월 8일, 후퇴하던 국군 기갑연대 박용실 대위가 국군의 M8 장갑차에 장착된 37mm 포로 T-34 탱크의 궤도를 부숴버렸다. 또 7월 12일에는 청주 부근에서 북한군과 전투를 벌이던 수도사단 18연대 소속의 이병형 대위(예비역 ☆☆☆)가 T-34 탱크 1대를 격파했다. 그는 T-34 탱크가 언덕을 넘으면서 장갑^{裝甲}이 취약한 하복부를 노출하는 순간, 57mm 대전차포를 발사해서 파괴했다고 한다. 노병에게 T-34 탱크에 관한 추가적인 얘기를 부탁했다.

내가 하늘에서 T-34 탱크를 바라보니 가관이었습니다. 이미 북한군은 국군이 대전차 무기를 갖고 있지 않다는 것을 알고 있었던 거 같습니다. 그것의 행렬을 보니 대부분 해치를 열어젖히고 전차장이 몸을 내놓은 채 내려오고 있었습니다. 만약 그들이 해치를 꽉 닫아버렸다면 국군 특공대원들의 수류탄 공격도 불가능했을 겁니다. 그런 의미에서 제아무리 무기가 좋더라도 군인은 마지막까지 최선을 다해서 싸워야지 조금이라도 오만을 부리거나 방심하면 안 된다는 것을 느꼈습니다. 또 그것과 관련해서 아쉬웠던 것은 미 군사고문단의 안이했던 상황 판단입니다. 국군은 북한이 전차여단을 구성하고 다량의 소련제 T-34 탱크와 SU-76 자주포를 도입해서 전력을 증강하고 있음을 상기시키며 미국제 탱크의 지원을 요청했습니다. 하지만 기갑(機甲)병과 출신인 미 군사고문단장 윌리엄 L. 로버트 장군(☆)은 "한국 지형에는 탱크가 필요하지 않다."며 요청을 일축했습니다. 탱크를 줄 수 없다면 최소한 그것을 막을 수 있는 대전차포나 대전차지뢰와 같은 방어용 무기라도 제공했어야 했는데, 그마저도 거절했습니다. 그러다 보니 국군이 대전차 공격에 대한 기본 전술이나 그것의 취약점에 대한 세부 정보를 갖지 못했던 겁니다. 개전 초기, 국군이 T-34 탱크에 일방적으로 당할 수밖에 없었던 것도 그와 무관하지 않습니다.

이뿐만이 아니었다. 1950년 7월 2일 밤, 대구기지에 도착한 10대의 F-51D 전투기는 이튿날부터 직경 12.7cm인 로켓탄을 장착하고

T-34 탱크 사냥에 본격적으로 나섰다. 하지만 로켓 공격을 한다고 해서 무조건 파괴시킬 수 있었던 것은 아니다. 장갑 능력이 강한 탱크 앞부분은 로켓탄을 맞고도 멀쩡했다. 따라서 새로운 공격 전술을 마련할 때까지 T-34 탱크를 앞세운 북한군의 전력 우세를 제압하는 데는 한계가 있을 수밖에 없었다. 미 극동공군사령부는 '네코부대'[128]로 알려진 6006부대장 도널드 니컬스와 우리 공군의 20특무전대의 파견대장 윤일균 대위에게 특수임무를 하달했다. '적 T-34 탱크의 장갑판 성분과 기타 내용을 알 수 있는 자료를 수집해서 보고하라.'는 내용이었다.

1950년 8월 초, 니컬스와 윤 대위를 비롯한 7명의 한미 첩보요원들은 항공정찰 사진에서 발견된 적의 T-34 탱크에 주목하며 경북 경산군 하양면으로 출발했다. 오후 1시쯤 그곳에 도착한 그들은 인근 야산에서 기도비닉을 유지한 채, 밤이 되기를 기다렸다. 윤 대위는 우리 공군요원 2명을 먼저 보내기로 결정하고 지원자를 묻자 김원생 일등중사(현 하사)와 이기혁 일병이 자원했다. 북한군의 감시망을 뚫고 적 탱크에 진입하는 데 성공한 두 대원은 2시간의 작업 끝에 조종석 스페어·해치, 통신장비, 각종 부품, 조종 매뉴얼 등의 기밀 서류를 탈취하는 데 성공했다. 미 극동공군사령부는 그들이 가져온 관련 자료들을 정밀 분석한 뒤 T-34 탱크를 확실하게 파괴할 수 있는 최적의 방법을 알아냈다. 그것은 네이팜탄으로 공격하는 것이었다. 결과는 대성공이었다. 낙동강 방어전투 때, 다부동 지역을 향해 돌진했던 수많은 T-34 탱크는

128 6006부대를 '네코부대'로 부른 이유에 대해서는 세 가지 설이 있다. 첫째는 6006부대장이었던 '니컬스'의 이름이 '네코'로 들렸다고 한다. 그래서 네코부대라고 불렸다는 것이다. 둘째는 당시 공군 20특무전대의 부대원들이 '니컬스'의 약칭인 '닉'을 '네코'로 듣고 그렇게 불렀다는 데서 유래했다는 주장이다. 셋째는 니컬스의 모습이 날카롭고 은밀한 업무를 주로 하는 자리에 있다 보니 고양이처럼 행동한다는 생각을 가졌던 것 같다. 일본어로 고양이(猫)가 '네코(ねこ)'여서 사람들은 6006부대를 네코부대로 불렀다는 얘기다. 필자에게는 세 번째 주장이 가장 그럴듯해 보인다. 참고로 6.25남침전쟁이 발발하자 미 극동공군사령부는 대북 첩보를 비롯한 특수임무를 수행하기 위해 6006부대를 편성했다. 그리고 1946년에 안전조사관으로 파견된 니컬스를 6006부대장으로 임명했다. 그 부대에는 북한 사정에 밝은 현지 출신 한국인 부대원이 상당수 있었다.

UN 공군의 전투기에서 발사된 네이팜탄을 맞고 추풍낙엽처럼 사라져 갔다. 섭씨 3,000도가 넘는 네이팜탄의 고열은 T-34 탱크의 주요 장비들을 녹여버렸고, 전차병들은 시꺼멓게 그을린 채로 죽어갔다. 그 공로로 두 대원은 1계급 특진의 영광을 안았고 나머지 대원들은 훈장을 받았다. 다만, 한 가지 유감스러웠던 것은 미 극동공군사령부가 우리 전투조종사들에게는 네이팜탄 사용을 허락하지 않았다는 점이다. 우리 전투조종사들의 공격 능력을 과소평가했기 때문이다. 우리 공군은 미 공군의 그런 조치가 못내 아쉬웠지만 직경 12.7cm의 로켓탄으로 탱크를 파괴하는 다양한 공격 전술을 개발해야 했다. 특히 우리 전투조종사들은 T-34 탱크 후미의 라디에이터와 포탑 연결 부위가 제일 취약하다는 것을 인지하고 그곳에다 로켓탄 공격을 집중함으로써 상당수의 T-34 탱크를 파괴할 수 있었다. 한편, 계속된 UN 공군의 네이팜탄 공격으로 북한군 전차병들의 손실이 커지자 인간을 기계처럼 취급했던 김일성도 "전차병들이여! 탱크를 버려도 좋으니, 제발 목숨만이라도 살아서 돌아오라!"고 명령했다. 왜냐하면 전장戰場에서 써먹을 만한 전차병 1명을 양성하는 데 보통 2~3년이란 긴 기간이 소요되기 때문이다. 이승만 대통령은 네코부대와 공군 20특무전대 요원들의 활약상을 보고받고 T-34 탱크의 기밀 탈취작전에 참여한 모든 요원에게 1계급 특진을 선물하며 그들의 노고를 치하했다.

1951년 4월 13일, 네코부대는 또 하나의 특수비밀작전을 수행해서 혁혁한 전공을 세웠다. 'MiG-15기 부품 탈취작전'으로 명명된 이 작전의 성공으로 UN 공군은 한반도에서 제공권 우위를 굳건하게 지킬 수 있었다. 1950년 11월 1일 오후 1시 35분쯤, 당시 신의주 상공에서 작전 중인 미 공군의 F-51D 전투기 편대와 T-6G 모스키토 통제기에 낯선 항공기 6대가 기총공격을 가해 왔다. 그 자리에서 F-51D 전투기와 낯선 항공기 사이에 치열한 공중전이 벌어졌고, 결국 2대의 낯선 항공기가 격추되었다. 그것은 중국 단동丹東기지에서 출격한 소련제 MiG-15기였다. 또 1950년 11월 8일에는 미 공군의 F-80 전투기와 MiG-15기 사이에 교전이 벌어져 MiG-15기 2대가 격추되었다. 이것이 가능했던 것은 미군 조종사들의 조종 및 공중전투 능력이 중공군조종사로 위장한 소련군 조종사[129]들보다 뛰어났기 때문이다. 하지만 MiG-15기는 F-80, F-51D 전투기보다 속도, 상승고도, 강하 성능, 선회 능력 등이 탁월해서 UN 공군[130]에게 큰 위협이 됐다. 미 공군은 MiG-15기를 제압하기 위한 특단의 대책을 강구했다. 호이트 S. 반덴버그[Hoyt S. Vandenberg] 미 공군참모총장은 MiG-15기가 한국 상공에 처음 모습을 드러낸 지 1달이 지난 후에 F-84 전투기[131]와 F-86F 전투기[132]를 잇따라 한국에 급파했다. 이로써 MiG-15기의 출현이 잠잠해지는 듯했다.

1951년 봄, 충격적인 사건이 발생했다. 평안북도 지역에 폭격임무를 띠고 출격한 12대의 B-29 폭격기가 MiG-15기의 기습공격으로 3대만 무사하게 귀환하고 9대는 격추되거나 불시착하는 사고가 일어났다. 미 공군은 여의도기지에 가까스로 비상착륙한 B-29 폭격기에 남겨진

---

129 소련제 MiG-15기는 중국 공군기와 같은 색으로 위장하고 조종사들은 중국군 조종사복을 착용했으며 중국어를 사용했다. 또 스탈린은 MiG-15기의 작전 범위를 평양-원산 라인, 즉 북위 39도선 이남으로 출격하지 말 것을 지시했다. 그러나 미 공군의 F-84 전투기와 F-86F 전투기가 한반도 상공에서 제공권을 확보하면서 MiG-15기의 작전 반경은 청천강 이북 지역으로 제한되었다. 당시 사람들은 이것을 MiG-회랑(Mig-Alley)이라 불렀다.

130 UN 공군의 일원으로 6.25남침전쟁 때, 우리나라를 도와준 나라는 크게 미국, 호주, 남아프리카연방(지금의 남아프리카공화국), 그리스, 태국, 캐나다 등 6개국이다. 그중 미국, 호주, 남아프리카연방은 전투기를 파견했고, 그리스와 태국은 수송기를 보내주었다. 또 캐나다는 해외로부터전쟁지원물자를 한국으로 공수해 오는 과정에서 협조를 아끼지 않았다. 일부 인터넷 자료를 보면 영국도 공군을 파견한 것으로 기술하고 있는데, 이는 사실과 다르다. 영국은 해군 함재기들을파견했다. 따라서 UN 공군 통계에서는 그것을 제외시키는 게 옳다. 또 UN 공군의 항공 전력 구성비를 보면 미 공군이 85%로 압도적 비중을 차지했고, 미 해병대 6.2%, 한국 공군 5.2%, 기타 3.5% 순이었다.

131 F-84 전투기가 제27전투엄호비행단의 이름으로 한국에 급파된 것은 1950년 12월 5일이다.

132 F-86F 전투기가 제4전투요격비행단의 이름으로 한국에 급파된 것은 1950년 12월 15일이다. 그날부터 F-86F 전투기는 제공권 장악을 위한 전투비행을 실시했다.

탄흔과 왼쪽 발이 없어진 조종사의 시신을 통해 MiG-15기는 37mm 기관총 1문과 23mm 기관총 2문을 장착하고 있다고 추정했다. 당시 미군 전투기들은 12.7mm 기관총 6문을 장착했다. 이 사건을 계기로 미 극동공군사령부는 MiG-15기의 성능, 무장 상태, 방탄 장치, 통신 장비 등에 대한 제원을 정확하게 파악할 필요가 있다고 판단했다. 그리고 네코부대에 특수첩보요구^{SRI, Special Request for Information}를 하달했다. 그들은 김정렬 공군참모총장에게도 협조를 요청했다. 그는 네코부대에서 한국 요원들을 이끌고 있던 윤일균 대위를 불러서 "한국 공군의 명예를 걸고 반드시 임무를 완수하라!"고 지시했다. 그러나 구체적인 임무 내용에 대해서는 함구했다. 윤 대위는 9명의 요원들과 국내의 ㅇㅇ기지에서 기술교육을 겸한 침투훈련에 돌입했다. 2주간의 혹독한 훈련이 끝나자 니컬스는 10명의 요원들에게 항공정찰 사진을 보여주며 작전임무에 대해 자세히 설명했다. 적진 깊이 잠입해서 MiG-15기의 주요 부품을 탈취[133]해 오는 것이었다.

1951년 4월 13일, 윤일균 대위를 비롯한 9명의 요원들과 니컬스는 C-119 수송기를 타고 평안남도 개천군 군우리 상공까지 은밀하게 날아갔다. 그리고 낙하산을 이용해서 청천강가에 불시착한 MiG-15기에 접근해서 기체의 분사구를 비롯한 엔진 부분, 기관총, 통신기기 등을 신속하게 떼어 냈다. 뒤늦게 북한군이 이 사실을 알아차리고 거센 공격을 가했다. 그러자 하늘에서 대기하고 있던 미군 전투기들이 기총공격으로 요원들을 엄호했다. 하지만 북한군과의 치열한 교전 과정에서 윤

---

133 미 극동공군사령부는 MiG-15기에 대해서 양동작전을 전개했다. 하나는 MiG-15기의 탈취작전이고 다른 하나는 MiG-15기 조종사들에 대한 고도의 심리전이었다. 즉 당시 UN군총사령관이었던 클라크 장군(☆☆☆☆)은 "MiG-15기를 몰고 제일 먼저 UN군 측으로 귀순하는 공산군 진영의 조종사에게는 10만 달러의 포상금을 주겠다."는 고도의 심리전을 펼쳤다. 하지만 심리전의 효과는 미미했던 것으로 판단된다. 왜냐하면 정전협정을 맺고 약 2개월이 지난 1953년 9월 21일 아침 북한 공군조종사 노금석 대위가 MiG-15기를 몰고 김포기지로 귀순했는데, 그는 자신이 받을 포상금이 10만 달러라는 사실을 전혀 모르고 있었다.

봉의 이등중사(추서 계급, 현 병장)가 안타깝게 전사했다. 윤일균 대위는 MiG-15기의 핵심 부품을 조금이라도 더 갖고 오기 위해 그의 시신을 청천강가에 묻었다. 고인故人에게는 미안한 일이었지만 국가의 존망이 걸린 작전을 성공시키기 위해선 어쩔 수 없었다. 올해로 구순을 넘긴 윤일균 장군(예비역 ☆)은 윤 중사에 대한 당부의 말을 남겼다. "윤 중사는 행동이 민첩하고 군인 정신이 충만한 젊은이였습니다. 우리가 그 작전을 성공적으로 마칠 수 있었던 것도 그가 보여준 무명無名의 헌신 덕분입니다. 공군사만이라도 그의 이름을 기억해주었으면 좋겠습니다."

윤 대위는 H-119 헬기에다 MiG-15기의 핵심 부품을 싣고 귀환하던 중, 헬기의 날개 끝이 북한군의 대공포탄에 손상되는 바람에 서해 초도에 불시착했다. 결국 그를 비롯한 작전요원들은 영국 군함을 이용해서 MiG-15기의 핵심 부품을 인천항으로 옮겨서 서울로 가지고 왔다. 그것은 곧바로 미 본토로 공수된 후, 미 공군이 정밀한 분석을 했다. 거기서 MiG-15기에 대한 효율적인 대응 방안이 마련되었다. 그것은 극비 사항이었기 때문에 우리 전투조종사들에게는 자세하게 공개되지 않았지만 MiG-15기를 상대로 공중전을 벌여야 하는 미군 조종사들에게는 하나의 대응 매뉴얼로 제공되었다. 그 후, MiG-15기는 세이버 전투기로 불렸던 F-86F 전투기를 비롯한 미군 전투기들의 적수가 되지 못했다. 결국 이 작전의 성공적인 수행에 힘입어 한반도 상공은 1953년 7월 27일 정전협정이 체결될 때까지 미군 전투기를 비롯한 UN 공군의 독무대가 될 수 있었다. 우리 공군도 UN 공군의 제공권 확보에 힘입어 근접항공지원작전, 후방차단작전 등을 성공적으로 수행하면서 단독출격작전을 하기 위한 준비 작업에 박차를 가할 수 있었다.

23. 재평가가 필요한
UN 공군의 헌신과 전과

전쟁에서 어떤 상황을 가정하는 것처럼 무의미한 일은 없다. 하지만 미 공군을 비롯한 UN 공군과 미 해군 함재기들의 지원이 없었다면, 과연 6.25남침전쟁은 어떤 결말을 맞았을까? 6.25남침전쟁에서 대한민국이 살아남은 것은 거의 기적에 가깝다. 트루먼이 북한군의 남침 사실을 보고 받은 시점은 1950년 6월 25일 오전 11시 4분경이었다. 그는 보고를 받은 즉시 "UN 안전보장이사회를 소집하라."고 지시했다. 6월 26일 UN 안전보장이사회가 긴급 소집되었고, 거기서 '38도선 이북으로 북한군의 철수 요구 결의안'이 만장일치(9:0)로 채택되었다. 북한의 무력 남침을 배후에서 조종·지원한 소련은 일말의 양심이 있었는지 이사회에 불참했다. 우리로서는 다행스런 일이었다. 6월 27일, 트루먼은 백악관의 제2차 안보회의에서 미 공군과 해군의 참전을 결정했다.[134] 미 지상군의 참전 여부는 맥아더에게 일임했다. 6월 28일, 미국은 UN 안전

---

134 맥아더는 미 극동공군사령관 조지 E. 스트레이트마이어 장군(☆☆☆)에게 38도선 이북에 있는 모든 북한 공군기지에 대해 공습할 권한을 부여했다.

보장이사회에서 북한을 침략자로 규정하고 회원국들에게 "한국을 도와주자!"고 호소했다. 6월 29일, 맥아더는 자신이 직접 한강 방어선을 시찰하고 이승만과 한국군 관계자들을 면담한 후, 트루먼에게 미 지상군 투입의 당위성을 보고하고 그의 승인을 얻어냈다. 7월 7일, UN 안전보장이사회는 UN군 설치에 대한 결의안을 채택하고 맥아더를 초대 UN군 사령관에 임명했다. 이처럼 트루먼과 미 행정부는 위기에 처한 한국을 구하기 위해 매우 신속하게 대응했다.

한편, 미 극동공군의 최초 출격은 1950년 6월 27일 야간에 이루어졌다. 그러나 이날 출격했던 B-26 폭격기는 기상 악화로 목표 지역에 폭탄을 투하하지 못하고 모기지로 귀환했다. 맥아더는 이에 대한 실망감을 나타내면서 "적의 목표물에 명중시키지 않아도 좋으니 38도선과 서울 사이에 있는 북한군의 진격로에 폭탄을 투하해서 적에게 공포심을 심어주고 한국군에게는 사기 진작을 시켜주라!"고 당부했다. 6월 28일 미 극동공군은 12대의 B-26 폭격기를 다시 출격시켜 문산에서 서울로 이어지는 철도와 도로에 대한 후방차단작전을 감행했다. 그러나 이 과정에서 3대의 B-26 폭격기가 적의 대공포에 피탄되어 1대는 일본의 모기지로, 1대는 수원기지로, 나머지 1대는 일본 모기지에 착륙하던 도중 지상과 충돌하는 바람에 승무원 전원이 사망했다.

세계 최강의 미 공군도 참전 초기에는 기상 악화, 생소한 지형적 특성, 적의 대공포 등으로 고전했지만 점차 탁월한 능력을 발휘하기 시작했다. 미 공군의 전투기와 해군 함재기들의 본격적인 출격은 6월 29일 이후부터 개시되었다. 같은 날 미 극동공군의 제68전투비행대대는 한국 전선에서 최초로 네이팜탄을 사용했으며, 일본의 미 공군기지에서 발진한 F-80 전투기들이 한강을 건너기 위해 강둑에 집결한 북한군에게 로켓 공격과 기총사격을 감행했다.

1950년 6월 29일부터 7월 31일까지 미 공군의 전투기와 폭격기, 해군 함재기들은 북한군의 전격전電擊戰을 저지하기 위한 항공작전에 총력을 기울였다. 동시에 북한 공군기지에 숨겨놓은 항공 전력을 찾아내서 파괴하는 데 주력했다.[135] 이 기간 동안 미 공군은 연이은 공습을 통해 북한 공군기지에 계류되어 있던 80대 이상의 소련제 전투기들을 파괴했다. 그리고 부산을 향해 남하하는 북한군의 진격 속도를 늦추는 데도 크게 기여했다. 이때 우리 공군도 정찰비행대를 독자적으로 운영해미 전투기들의 정확한 폭격을 유도하고 우리 군 지휘부에게 북한군의이동 경로를 비롯한 다양한 정보를 제공해주는 등 맹활약했다. 1950년8월에 접어들면서 대한민국은 최대 위기에 봉착했다. 국군과 UN군이낙동강 방어선까지 쫓겨 갔던 것이다. 낙동강 방어선에 집결한 북한군은 13개 보병사단과 1개 기계화사단 등 총 150,000명 수준인데 반해,국군과 UN군은 4개 미 보병사단, 1개 미 해병여단, 5개 한국군 사단에불과했다. 하지만 1950년 9월 15일 맥아더가 인천상륙작전을 감행할때까지 국군과 UN군은 낙동강 방어선을 사수하는 데 성공했다. 그 이면에는 미 공군을 중심으로 한 UN 공군의 강력한 항공지원이 있었다. 유감스럽게도 『6.25전쟁사』에서는 이런 부분을 제대로 다루지 않고 있다.

UN 공군은 T-34 탱크들을 발견하는 즉시 네이팜탄 공격을 감행해서 파괴시켰고, 북한군 진지나 병력 집결지에 가공할 만한 폭탄을 투하해서 그들의 전투 의지를 말살했다. 또 북한군의 보급품저장소와 수송시설, 수송수단에 대한 강도 높은 공중공격을 통해 전선으로 향하는 보급지원을 철저하게 차단했다. 미국의 저명한 항공전사 전문가인 로버트

---

135 이 기간 동안 미 공군의 B-29, B-26 폭격기들과 F-80 전투기, 미 해군 함재기 F4U(콜세어기)
전투기가 평양, 해주, 연포, 온정리 평강 비행장을 급습해서 많은 전투기를 파괴했다. 또 북한군
의 전력(戰力)을 뒷받침해주는 후방 군수지원기지인 원산, 평양, 흥남, 청진, 나진 지역에 대규모
공습도 단행했다. 이들 지역에 대한 공습은 1950년 9월 말까지 계속되었다.

[표 1] 공군력과 지상군에 의한 북한군 전력의 파괴 현황

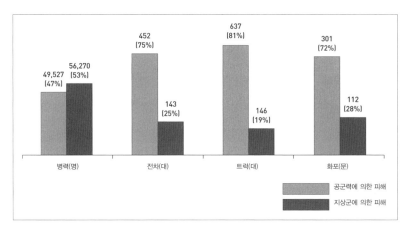

1. 출처: USAF in Korea 1950~1953. p.165.

F. 퍼트렐[Robert F. Futrell]과 로슨 S. 모즐리[Lawson S. Moseley]가 함께 펴낸 책『The United States Air Force in Korea, 1950-1953』이 그것을 입증해준다. 참고로 다음에서 언급할 자료는 미 공군이 참전을 개시한 1950년 6월 29일부터 낙동강 방어전투를 종료하고 북진을 시작했던 9월 중순까지 약 3개월에 걸친 전과(戰果)임을 밝힌다. 그 후부터 휴전을 선언했던 1953년 7월 27일까지 UN 공군이 거둔 전과는 이보다 훨씬 더 컸을 것이다.

우선 [표 1]을 통해 북한군의 각종 전력을 파괴한 UN 공군과 지상군(미 보병 포함)의 전과를 비교하면, UN 공군의 위력이 얼마나 막강했는지를 알 수 있다. 북한군 병력을 살상한 것은 지상군이 53%로 UN 공군의 47%에 비해 약간 앞섰다. 그러나 T-34 탱크, 군수물자를 비롯한 각종 보급품과 증원 병력을 실은 트럭, 대포들은 거의 대부분 UN 공군의 후방차단작전에 의해서 파괴되었다. 그 차이는 '압도적'이라는 수식어를 붙여야 옳을 것 같다. 즉 적 탱크의 경우는 75%, 적 트럭은 81%, 적 대포의 72%는 UN 공군력에 의해서 궤멸되었다.

다음 [표 2]는 낙동강 방어전투에서 우리 국군과 UN군에 붙잡힌 825명의 북한군 포로들에 대한 심문 조사를 토대로 작성된 표이다.

북한군의 사기 저하를 초래한 요인을 보면 UN 공군(한국 공군 포함)의 공중공격이 식사 부족 다음으로 큰 영향을 미친 것으로 조사되었다. 그런데 식사 부족, 탄약과 장비 부족, 불충분한 휴식, 사상자 발생, 포병 화력 부족, 보충병력 부족, 부적절한 의복 지원 등은 모두 장비, 물자, 인력의 보급과 직결된다. 그런데 북한군이 이런 난관에 봉착했던 것은 전적으로 UN 공군이 북한군의 보급로를 차단하고, 보급품집적소를 철저하게 파괴시켰기 때문이다. 이들 요소를 합산하면 북한군의 사기를 저하시킨 요인들 가운데 약 71%는 UN 공군의 후방차단작전에서 비롯된 것으로 봐야 한다.

[표 3]은 낙동강 방어전투 동안 90건의 포로 심문 보고서에 수집된 정보를 종합해서 미 공군이 작성한 것으로서 지상군의 포 유효사거리 내에서 북한군에게 피해를 입힌 건수를 나타낸다. 여기서는 지상군의 포병이 유효사거리 내에서는 북한군에게 가장 큰 피해를 입힌 것으로 나타났다. 하지만 북한군이 UN 공군의 항공지원이 제한된 야간에 주로 전투를 벌였다는 점을 감안하면 항공기에 의한 북한군의 피해 건수(24건)와 점유율(27%)은 결코 적다고 할 수 없다.

노병에게 이 세 가지 자료를 보여드렸다. 그리고 이것이 시사하는 것과 실제로 그가 전선을 누비면서 직접 눈으로 목격했던 것과 일치하는지를 여쭤봤다.

당시 미 공군을 비롯한 UN 공군의 파워는 상상을 초월할 만큼 막강했습니다. 북한군은 UN 공군이 그렇게 빨리 개입할 것이라고 생각하지 않았던 것 같습니다. 그래서 그런지 UN 공군의 공중공격에 무방비 상태였습니다. 개전 초

[표 2] 북한군의 사기를 저하시킨 요인 분석

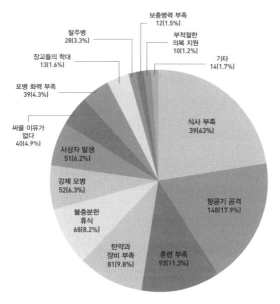

1. 출처: USAF in Korea 1950~1953, p.163.
2. 위 그림에서 숫자는 설문 응답자 수, (%)는 구성비 의미

[표 3] 지상군 포 유효사거리 내에서 무기별 효과

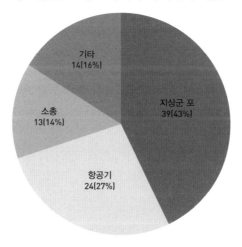

1. 출처: USAF in Korea 1950~1953, p.162.
2. 위 그림에서 숫자는 적군 피해 건수, (%)는 점유율 의미

기부터 8월 말까지 북한이 보유했던 소련제 전투기들은 하늘로 이륙해보지도 못하고 북한 공군기지에서 B-26, B-29 폭격기들의 먹잇감이 되었습니다. 또 UN 공군은 우리 공군과 함께 끊임없이 전선부대로 향하고 있던 북한군의 보급품 수송차량(열차, 트럭)과 보급품집적소를 귀신같이 찾아내서 폭파시켰습니다. 따라서 군수물자나 보급품을 가득 실은 북한군 트럭과 기차는 낮에는 터널 속에 숨어 있다가 야간에만 운행했습니다. 그러나 나중에는 그것마저도 쉽지 않았습니다. 주야간 전천후 공중공격이 가능했던 미 해병대 소속의 F4U(콜세어) 전투기 편대가 야간 후방차단작전에 적극 나섰기 때문입니다. 특히 야간을 이용해서 전선으로 온갖 전쟁 물자를 실어 날라야 했던 북한군에게는 F4U 전투기의 야간공격이 최악이었을 겁니다. 그러다 보니 북한군은 제때에 보급을 받지 못했고, 그들의 사기는 크게 떨어질 수밖에 없었던 겁니다.

게다가 낙동강 방어선까지 용케 내려온 북한군의 전차사단과 기계화사단 역시 UN 공군의 공중공격으로 궤멸 수준에 이르렀습니다. 특히 북한군 전차부대는 소규모로, 그것도 야간에만 제한적으로 운용해서 우리 지상군(UN군 포함)에는 위협 수준이 되지 못했고, 지상군이 보유한 3.5인치 바주카포에 의해 파괴되는 빈도가 높았습니다. 북한군은 대낮에 최후 결전을 위한 병력 집결도 마음대로 할 수 없었습니다. UN 공군의 공중공격이 두려웠기 때문입니다. 나는 정찰비행대의 조종사로서 북한군의 진지를 철저하게 유린하는 UN 공군의 공중공격을 여러 차례 목도한 바 있습니다. UN 공군의 전투기들이 기총사격을 하고 지나간 진지에는 수없이 많은 북한군 시체가 가을 낙엽처럼 널브러져 있었습니다. 참모총장 시절, 나는 미 제24사단장을 역임했던 딘 소장(☆☆)의 회고록을 읽은 적이 있습니다. 그 가운데서 아주 인상 깊었던 대목이 있습니다. "내가 대전에서 북한군과 전투를 벌일 때, 미 제5공군은 가능한 모든 지원을 해주었다. 미 공군이야말로 계속 남하하는 북한군을 막는 데 결정적인 역할을 했다. 이와 같은 미 공군의 지원이 없었다면 5배가 넘는 북한군을 맞아 그 정도로 버틸 수 없었을 것이다. 우리 24사단이 그나마 그만큼 버텨주었기 때문에 후속 부대의 상륙도 가능했던 것이다. 만약 미 공군의 강력한 지원이 없었다면 한국전쟁은 비참한 결과를 가져왔을 것이다." 또 나중에 선배 조종사들로부터 전해 들었던 얘기도 들려주고 싶습니다. 1953년 7월 27일 정전회담 석상에서 북한군 대표로 참석한 남일이 UN군 측 참석자들에게 이런 말을 했다고 합니다. "미 공군의 공중폭격과 미 해군의 엄호만 없었다면 남조선은 일찌감치 해방이 되었을 텐데…. 그것을 생각하면 지금도 통분을 금할 수 없다."

하지만 우리 공군도 나름대로 많은 기여를 했다고 생각합니다. 우리 공군의 F-51D 전투기는 7월 4일 이근석 대령이 전사한 후, 7월 15일까지 비행을 중단했다가 그 이튿날인 7월 16일부터 7월 26일까지 바우트-원 부대의 미군 조종사들과 함께 출격했습니다. 그리고 7월 29일부터 8월 14일까지 진해기지에서 체계적인 비행훈련을 마친 다음, 8월 15일부터 6146부대의 미군 조종사들과 함께 편조를 이루며 재출격에 나섰습니다. 그렇게 된 데에는 7월 31일부터 바우트-원 부대가 6146부대로 바뀌었기 때문입니다. 8월 15일부터 9월 30일까지 우리 공군에서는 박희동, 강호륜 대위와 이상수, 김성룡, 장동출, 정영진 중위가 우리 지상군의 작전을 지원하기 위해 127소티의 출격을 했던 것으로 기억합니다. 또 내가 속해 있던 정찰비행대의 공적도 빼놓을 수 없습니다. 정찰비행대 조종사들 역시 국군을 따라서 낙동강 방어선까지 후퇴했습니다. 또 그곳을 사수하기 위해 북한군 진지 상공을 날며 그들의 무기 배치와 병력 이동 상황을 수시로 파악해서 우리 국군지휘부에 보고하고 또 항공지원이 필요할 경우에는 UN 공군의 전투기나 6146부대의 F-51D 전투기들을 호출해서 지상군 작전을 지원하도록 도왔습니다. 때에 따라서는 T-6 항공기에 장착된 7.76mm 기관총으로 북한군 진지나 북한군 집결지에 대한 기총공격을 퍼붓기도 했습니다. 한 가지 안타까운 것은 UN 공군과 우리 공군의 이런 역할과 헌신이 제대로 평가받지 못하고 있다는 사실입니다. 이제라도 후배 공군인들이 나서서 재조명을 해주었으면 하는 바람입니다.

　노병의 진솔한 얘기를 들으면서 그동안 풀지 못했던 수수께끼 하나가 자연스럽게 풀렸다. 낙동강 방어선이 설정되었을 당시, 북한군의 총 병력 수는 약 15만 명 수준이었다. 그러나 인천상륙작전이 성공적으로 끝나고 지상군이 낙동강 방어선에서 본격적인 반격작전을 펼쳤던 9월 중순쯤, 38도선 이북으로 철수한 북한군 병력은 고작 2~3만 명에 불과했다. 나머지 12~13만 명은 전사했거나 포로로 붙잡힌 것이다. 또 일부 병력은 도망을 포기하고 인근의 지리산, 덕유산, 태백산 등지로 숨어들어 지상군의 후방을 교란하는 남부군이 되기도 했다. 따뜻한 봄날의 신기루처럼 한순간에 사라져버린 수많은 북한군의 묘연했던 행방이 자연스럽게 밝혀진 것이다. 그들 대부분은 UN 공군이 펼친 강력한 공중공격의 희생물이 되고 말았던 것이다. 그런데도 낙동강 방어전투가 지상전을 통해서만 판가름이 난 것처럼 인식되고 있는 것은 분명 유감스런 일이다. 강조하건대, 6.25남침전쟁은 세계 전사戰史상 유례를 찾아보기 힘들 만큼 항공전이 치열했던 전쟁이었다. 이 전쟁에서 자유 진영과 공산 진영은 4,000여 대의 전술항공기를 잃어야만 했다. 그만큼 자유 진영과 공산 진영 간의 전세戰勢는 공군력에 의해 좌우되었다는 사실을 결코 잊지 말아야 한다.

24. 요기^{wingman} 조종사

1950년 9월 15일 맥아더의 인천상륙작전이 대성공을 거두면서 수도 서울의 탈환(1950. 9. 28.)과 국군 제3사단 23연대에 의한 38도선의 돌파(1950. 10. 1.)가 전광석화처럼 빠르게 이루어졌다. 그것이 가능했던 것도 강력한 UN 공군력이 뒷받침되었기 때문이다. 전선이 북상하면서 우리 공군도 북쪽으로 이동할 필요가 있었다. 김정렬 공군참모총장은 대구기지에 주둔해 있던 미 제5공군사령부의 패트릭 W. 팀버레이크 장군(☆☆)을 방문해서 우리 공군이 사용할 기지 할당 문제에 관해 협의했다. 김정렬 공군참모총장은 김포기지를 제의했지만, 이미 그곳을 점유한 미 공군 대령의 비협조로 인해 여의도기지를 사용할 수밖에 없었다.

9월 23일, 우리 공군은 진해기지에 있던 모든 항공 전력을 여의도기지로 전개시키기 위한 기지 복구 작업을 완료했다. 그 과정에서 가장 어려웠던 것은 1,524m(5,000ft)에 이르는 활주로 공사였다. 다행히 1,000여 명의 기지 주변 지역민들이 자기 일처럼 팔을 걷어붙이고 협조해준 덕분에 활주로 공사를 무사히 마칠 수 있었다. 이처럼 수많은 지역 주민이 활주로 공사를 열심히 도와준 것은 그동안 북한군을 비롯한 공산주의자들의 만행을 직접 목격했기 때문이다.[136] 그 이튿날인 9월 24일, 진해기지의 F-51D 전투기와 정찰비행대의 정찰기들을 여의도 기지로 전개시켰다. 10월 1일, 노병에게 F-51D 전투기로 기종 전환을 할 수 있는 기회가 찾아왔다. 그는 신유협 소령과 전봉희 중위와 함께 6146부대의 미군 조종사로부터 1시간가량 지상교육을 받은 뒤 F-51D 전투기를 몰고 드높은 창공을 향해 이륙했다. F-51D 전투기는 단좌였기 때문에 솔로 비행을 할 수밖에 없었다. 교관의 도움 없이 혼자서 이착륙을 해야 했기에 다소 위험스러웠던 비행이었다. 그에게 첫 비행 소감을 여쭤봤다.

F-51D 전투기는 '무스탕(mustang)'이란 표현대로 야생마 같았습니다. 공기 역학적으로 세련된 기체인 데다 가속성과 기동성까지 매우 뛰어났습니다. 다만 엔진 파워가 강력해서 급격한 출력이나 속도 변화 시 '토크(torque)' 현상이 무척 강했지만 러더(Rudder, 방향타)와 트림-탭(Trim-Tab)의 적절한 사용으로 충분히 제어할 수 있었습니다. 물론 F-51D 전투기를 처음 타는 초보자들에게는 다소 힘들겠다는 생각이 들었습니다. 하지만 나에게 F-51D 전투기는 아주 매력적인 항공기였습니다. 나는 파란 가을 하늘에 상하 수직으로 큰 원을 그리는 루프 기동을 해보고 싶었습니다. 힘껏 조종간을 당겼더니 F-51D 전투기는 하늘을 찌를 듯이 치솟아 올라갔지만 뒤로 넘어가지는 않았습니다. 실속에 빠질 우려가 있어서 재빨리 왼쪽 러더를 힘껏 밀어서 기수를 아래로 떨어트렸습니다. 그리고 1시간가량 지상교육 시간에 배운 여러 가지 공중조작을 마치고 착륙했더니 동료 조종사들과 6146부대의 미군 조종사들이 나와서 박수로 맞아주었습니다.

---

136 딘 E. 헤스 저(이동은 역), 앞의 책, p.230.

노병은 10월 2일부터 6146부대장 딘 E. 헤스 중령의 #2기 요기 조종사로서 국군과 UN군이 북진하고 있던 평양 북쪽의 신안주 방면으로 출격했다. 그에게 부여된 임무는 북쪽으로 도망가는 적의 보급로를 차단하는 것과 우리 지상군(UN군 포함)에 대한 근접항공지원을 하는 것이었다. 당시 여의도기지에는 10대의 F-51D 전투기가 있었고, 전투조종사는 노병 외에 신유협 소령, 박희동·강호륜 대위, 정영진·김성룡·이상수·전봉희 중위 등 8명이었다. 출격 형태는 6146부대의 미군 조종사들과 편조를 이뤄서 나가는 것이었다. 편대장은 6146부대의 미군 조종사가 맡았고 우리 전투조종사들은 요기wingman로 그들의 뒤를 따라다녔다. 또 여의도기지는 10대의 F-51D 전투기를 3개 편대로 운영했다. 1편대는 우리 지상군에 대한 근접항공지원임무, 2편대는 적의 후방차단작전, 3편대는 예비 편대로서 지상군의 긴급항공지원 요청이 있을 경우 신속하게 출격해서 그들의 작전에 협력하도록 했다. 4대의 F-51D 전투기를 한 편조로 출격하는 것을 기본으로 하되, 때에 따라서는 3대의 F-51D 전투기가 한 편조로 출격하기도 했다. 전투조종사들 역시 특정 편대에 고정된 게 아니라 그때그때의 비행임무에 따라 유연하게 출격했다.

하지만 이 시기에 우리 공군조종사 세 명이 잇따라 전사하는 비운이 발생했다. 국군이 38도선을 돌파했던 10월 1일, 정찰비행대 소속의 박문기 이등상사(현 중사)가 L-4 항공기로 작전 연락을 위해 평창기지에서 원주기지로 비행하던 중, 평창 상공에서 전사했다. 10월 7일에는 전구서 이등상사가 L-4 항공기로 화천 방면에 대한 정찰임무 수행 중 지금의 화천댐 부근 상공에서 전사했다. 특히 그는 1950년 8월 24일 안

강·기계지구 전투와 9월 3일 영천전투에서 눈부신 활약[137]으로 우리 정찰비행대의 진가를 유감없이 보여준 정예 조종사였다. 10월 13일에는 평양 지역으로 출격했던 이상수 소령[138](추서 계급)이 전사했다. 세 분 모두 비행임무를 수행하던 중 적의 대공포에 피탄된 것이다. 특히 이 소령은 일본 육군소년비행병학교 14기(乙) 출신으로 이타즈케 미 공군기지에서 10대의 F-51D 전투기를 인수해 왔던 공군조종사들 가운데 한 분이었다. 그는 영어를 잘해서 6146부대의 미군 조종사들과도 친밀하게 소통했고, 조종 실력은 물론 감투 정신까지 출중해서 딘 E. 헤스 중령으로부터 두터운 신뢰를 받았다.

같은 편대원으로 함께 출격했던 박희동 대위의 전언을 토대로 당시 상황을 재구성하면 다음과 같다. 1950년 10월 2일, 박 대위를 비롯한 정영진, 김성룡, 김두만, 전봉희, 이상수 중위는 6146부대의 미군 조종사들과 함께 3개 편조로 여의도기지를 이륙했다. 그들은 그날 하루 동안 신안주, 박천, 겸의포 등에서 T-34 탱크 6대와 열차 10량, 군용 건물 1채, 북한군 30여 명을 기총공격으로 사살하는 전과를 거뒀다. 10월 13일, 이상수 중위가 속한 편대는 평양 시내의 군사시설에 대한 폭격 명령을 부여받았다. 이날 평양 상공은 이따금씩 가을비가 내리는 흐린 날씨였다. 여의도기지에서 이륙한 F-51D 전투기 편대는 편대장인

---

137 6.25남침전쟁이 한창이던 1950년 8월 24일, 전구서 이등상사는 L-4 항공기를 타고 정찰임무를 수행하던 중, 포항 서북쪽 기계 방면으로 침입하는 북한군 2개 대대를 발견하고 우리 공군의 F-51D 전투기들과 지상군에 신속하게 연락함으로써 북한군 2개 대대를 섬멸하는 데 커다란 공헌을 했다. 또 그는 북한군이 영천 방면에 대한 대대적인 공격을 감행했을 때, 적의 대공포화를 무릅쓰고 적정을 정찰해 영천 지역 보현산 남방에 은폐하고 있던 북한군의 포병부대를 찾아내 UN 공군에 재빠르게 연락했다. 그 연락을 받고 출격한 미 공군의 전투기들이 북한군의 포병부대를 섬멸함으로써 우리 국군이 영천지구 전투를 승리로 이끄는 데 결정적으로 기여했다.

138 우리 공군의 전투조종사 가운데 전사 후 2계급 특진이라는 영예를 얻은 사람은 이상수 중위가 처음이었다. 이승만 정부가 그에게 추서한 계급은 공군 소령이었다. 그렇게 된 데에는 나름대로 이유가 있었다. 이 중위는 대위 진급이 예정되어 있었다. 그런데 진급을 며칠 앞두고 안타깝게 전사한 것이다. 이승만 정부는 이 중위가 실천했던 살신보국의 숭고한 희생정신을 길이 빛내기 위해서 1계급을 추가적으로 올리고 을지무공훈장까지 추서했다.

출격 후, 휴식을 취하는 노병(맨 오른쪽)(출처: 계원철 장군 사진첩)

#1기 딘 E. 헤스 중령을 비롯해서 #2기 박희동 대위, #3기 윌슨 대위, #4기 이상수 중위로 구성되었다.[139]

그들이 평양 상공에 돌입한 후 폭격을 감행하자 평양 시내 요소마다 배치되어 있던 적 대공포가 일제히 불을 뿜었다. 1차 공격이 끝나자 편대장인 딘 E. 헤스 중령은 편대원들에게 모기지로 귀환할 것을 지시했다. "적의 대공포화가 치열하다. 부대로 복귀한다. 각자 대열을 정비하라! 오버!" 이때 #4기의 이상수 중위가 회답했다. "편대장님, 저에게는 2발의 로켓탄이 남아 있습니다. 김일성 관저를 박살내고 돌아가겠습니

---

139 인터넷이나 일부 공군 관련 책자에는 박희동 대위가 편대장을 맡았고 이상수 중위가 #2기를 타고 출격한 것처럼 기술하고 있는데, 이는 잘못된 것으로 바로잡아야 한다. 미군 조종사들과 동반 출격할 경우, 우리 전투조종사는 편대장이 될 수 없었다. 편대장은 6146부대의 미군 조종사가 맡았고, 우리 전투조종사들은 요기 조종사로서 출격했을 따름이다. 우리 전투조종사가 편대장을 맡게 된 것은 한국 공군이 단독출격을 하면서부터다.

다. 허락해주십시오." 딘 E. 헤스 중령이 대답했다. "라저! 귀관에게 5분의 시간을 허락한다. #4기가 폭격을 하는 동안 우리가 공중에서 엄호하겠다." 그 말이 끝나자마자 이 중위는 편대에서 이탈해 무섭게 작렬하는 대공포화를 뚫고 김일성 관저를 향해 수직으로 급강하하며 로켓탄을 발사했다. 그가 발사한 로켓탄에 명중된 김일성 관저는 화염에 휩싸였다. 고도를 높인 이 중위의 시야에 적 사령부의 건물이 들어왔다. 그는 그곳을 향해 수직 강하를 시도하며 마지막 남은 로켓탄 1발을 발사하고 급상승을 시도했다. 그 순간, 그가 탄 F-51D 전투기의 승강타와 엔진 부분에서 '쾅' 하는 파열음과 함께 검은 연기가 치솟았다. 곧바로 검은 연기는 화염으로 바뀌었고, 그의 F-51D 전투기는 통제 불능의 상태로 지상을 향해 곤두박질쳤다. 결국 그는 여의도기지로 귀환하지 못했다. 개전 초기부터 조국 영공을 지켜왔던 그는 스물네 살 젊은 나이에 21회 출격을 마지막으로 그렇게 산화했다.[140] 당시 세 명의 조종사를 잃은 여의도기지의 분위기와 이상수 중위에 대한 노병의 생각을 여쭤봤다.

예나 지금이나 비행부대에서 전투조종사가 전사나 순직을 하면 부대 분위기는 엉망이 됩니다. 동료의 죽음 앞에서 전투조종사들은 심리적 위축과 함께 사기 저하를 경험하게 됩니다. 나 역시 예외가 아니었습니다. 나도 언젠가는 적의 대공포에 맞아 떨어질지 모른다는 공포가 유령처럼 따라다녔습니다. 그때마다 나는 딘 E. 헤스 중령의 의연한 모습을 지켜보며 극복하려고 노력했습

---

140 1950년 10월 18일자 동아일보는 2면에 '護國空軍의 精華, 噫! 李 中尉 自爆'이라는 제목으로 그의 안타까운 전사 소식을 이렇게 전했다. "그와 함께 출격했던 동료들의 전언에 따르면 자폭의 순간 광망(光芒)이 하늘에 빛나고 수많은 화전(火箭)이 터지는 가운데 신음에 가까운 대한민국 만세 소리가 들렸다고 한다." 또 그에 대한 정부의 2계급의 추서 소식과 함께 "승강타가 기능을 잃고 자폭하는 순간의 이 중위를 생각하면 심금을 울리는 단장의 비분을 금할 수 없다."라고 말한 김정렬 공군참모총장의 애도 담화도 실렸다.

니다. 남의 나라 전쟁에 전투조종사로 자진 참전해서 매일같이 출격하면서도 한마디 불평불만 없이 최선을 다해 전투에 임하는 그의 성실한 자세를 보면서 나 스스로 부끄러운 순간이 참 많았습니다. 그런 점에서 이상수 소령(추서 계급)은 용감한 전투조종사였습니다. 헤스 중령은 자신의 운명을 신에게 맡기고 신념에 찬 비행을 하는 우리 전투조종사들을 좋아하고 신뢰했습니다. 그가 이 소령을 좋아했던 것도 그 때문입니다. 나는 지금도 이따금씩 이 소령의 묘소(서울 국립현충원 17묘역 8-06호)를 찾아갑니다. 그의 묘지는 전사한 동료 조종사들의 묘지와 다른 게 하나 있습니다. 그의 모친 신삼우(申三雨) 여사께서 장한 아들을 기리며 세운 비석이 있다는 점입니다. '아 其功勞는 千秋萬代에 빛나리라./본적 全羅南道 高興郡 道陽面 鳳岩里 2114/ 一九二六年 十一月 十四日生/母 申三雨' 그것을 볼 때마다 이 소령은 집안에서나 우리 공군에서나 매우 훌륭했고 주위 사람들의 사랑을 많이 받은 전투조종사였음을 깨닫게 됩니다.

국군과 UN군의 북진이 계속되면서 전선도 한·만韓滿 국경지역으로 북상했다. 우리 공군도 지상군의 작전을 효율적으로 지원하기 위해 북한 지역으로 전개할 필요성이 커졌다. 더욱이 미 제5공군 소속의 항공기들이 여의도기지로 전개해 옴[141]에 따라 기지가 혼잡해져서 작전 수행에 방해되는 것도 문제였다. 김정렬 공군참모총장과 6146부대장 딘 E. 헤스 중령은 북한 지역의 새로운 작전기지를 물색하는 과정에서 평양

---

141 1950년 9월 말부터 UN 공군의 공중폭격을 유도하기 위한 미 공군의 전술항공통제기(T-6G)들이 여의도기지를 연료보급기지로 활용했다. 또 숙천-순천 지역에 대한 공정(空挺)작전 준비 관계로 미 제187연대 전투공수단의 병력 수송을 위한 C-47 수송기 30여 대도 여의도기지에 전개해 있는 상태였다.

미 종군 작가 조지 C. 벨이 그린 「눈 덮인 미림기지」(출처: 공군박물관)

의 미림기지가 눈에 들어왔다.[142] 그곳은 과거 일본군이 건설했던 비행
장으로서 광복 후에는 북한 공군이 사용한 기지였다. 활주로를 비롯한
제반 비행시설이 양호해서 별도의 추가 공사를 하지 않더라도 곧바로
사용할 수 있었다.

1950년 10월 24일 우리 공군의 선발 파견대가 평양 미림기지에 들어
가서 부대 이전移轉에 필요한 제반 상황을 점검했다. 10월 30일 우리 비

---

142 우리 공군이 평양 미림기지를 사용할 수 있었던 데에는 헤스 중령의 노고가 한몫했다. 그가 미림
기지를 발견했을 당시, 그곳은 미 보병중대가 야영지로 사용하고 있었다. 그는 "이곳이 비행장이
므로 공군이 사용해야 하며 또한 공군은 적 후방에서 보병에 대한 근접항공지원을 해야 하는 만
큼 비행장을 비워주었으면 좋겠다."고 간청했다. 그러자 미 보병중대장은 "미림기지를 누가 사용
하든 우리는 커피가 최대 관심사다."라고 말했다. 헤스 중령은 그의 말을 듣고 여의도기지로 돌
아와서 6146부대가 보유하고 있던 커피 전량(3.8리터, 5갤런)을 갖다 주고 미림기지를 확보했다.

행부대의 모든 F-51D 전투기, T-6 항공기, L-4, L-5 항공기들은 미림기지로 전개했다. 그리고 이튿날부터 서부 전선인 순천, 박천, 삭주, 희천, 강계와 동부 전선인 원산, 함흥, 장진호 주변에 대한 무장정찰과 폭격임무를 띠고 출격했다.

25. 장진호전투와 한국판 신들러

1950년 10월 1일, 38도선을 최초로 돌파한 국군 제3사단과 수도사단은 강원도 양양에서 빠른 속도로 북상했다. 또 맥아더는 미 제10군단장 에드워드 E. 아몬드^{Edward E. Almond} 장군(☆☆)에게 인천에서 배를 타고 동해 바다로 이동해 미 제7사단은 이원, 미 해병 제1사단은 원산에 상륙할 것을 지시했다.[143] 그다음에 미 제7사단은 이원을 거쳐 혜산진으로 진격하고, 미 해병 제1사단은 원산에서 장진호로 이동한 후 강계에서 서부 전선으로 진격한 미 8군과 합류하도록 했다.

그러나 마오쩌둥^{毛澤東}은 1950년 10월 19일, 중공군 제4야전군 예하 13병단과 제3야전군 예하 9병단 등 총 25만 명의 대군에게 압록강을

---

143 맥아더의 이 작전 명령은 뼈아픈 실책이었다. 미 제10군단은 북한이 소련의 지원을 받아 원산 앞바다에 뿌려놓은 기뢰 때문에 약 1달간을 동해상에서 허송세월해야 했다. 기뢰 제거에만 2주일을 보낸 뒤 미 해병1사단은 1950년 10월 28일 원산에 상륙했고, 미 제7사단은 1950년 11월 9일 이원에 상륙했다. 그러나 이미 2주 전에 국군 제1군단(3사단, 수도사단)이 먼저 원산을 점령했기에 맥아더의 원산 및 이원 상륙작전 계획은 빛을 잃고 말았다.

건너라고 명령했다.[144] 중공군 제13병단은 주천과 안동을 거쳐 평안북도 운산에 집결했고, 제9병단은 주천, 통와, 강계를 거쳐 온정과 장진호 부근에 잠입했다. 그들은 북진하는 국군과 UN군을 포위해서 섬멸할 계획을 세웠다. 국군과 UN군 지휘관들은 그 사실을 알아채지 못한 채, 어느 사단이 한·만 국경에 먼저 도달할 것인가에 대해서만 골몰했다. 당시 미군보다 앞서 38도선을 돌파한 국군 제6사단 7연대 1대대 장병들은 10월 26일 오후 2시 15분쯤 압록강에 도달해서 강물을 수통에 담는 퍼포먼스를 행했다. 이때 운산과 온정에 숨어 있던 중공군이 1차 공세(1950. 10. 25.~ 11. 5.)를 단행했다. 그로 인해 국군 제6사단 2연대와 7연대, 제1사단 15연대, 미 제1기병사단 8연대 3대대가 큰 타격을 입었다. 주된 교전 지역은 운산과 희천 일대였다.

국군과 UN군이 후퇴하자 중공군도 감쪽같이 사라졌다. 워커 미 8군 사령관은 수색 정찰을 지시했다. 그러나 밤에만 이동하는 중공군이 아군과 UN군 정찰기에 포착될 리가 없었다. 그 때문에 맥아더의 오판은 계속되었다.[145] '중공군은 소규모 부대에 불과하니 괘념치 말고 계속 북진하라!'는 명령이 하달되었다. 미 해병 제1사단은 11월 7일에는 황초령, 11월 16일에는 장진호 남단의 하갈우리를 점령하고, 11월 24일에는 장진호까지 진격했다. 또 동부 전선의 미 제7사단과 국군 제3사단은 11월 21일 혜산진에 도착해서 감격의 압록강 물을 마셨고, 국군 수도사단은 청진을 점령함으로써 전쟁은 곧바로 끝날 것처럼 보였다. 하지

---

144 마오쩌둥이 내건 항미 원조의 명분은 '입술이 없으면 이가 시리다'는 순망치한(脣亡齒寒)이었다. 그 이면에는 경제적 실리도 내재해 있었다. 즉 중국 북동부의 랴오닝 성, 지린 성, 헤이룽장 성에 형성된 둥베이 종합공업지구는 북한 수풍댐에서 생산한 전력을 끌어다 쓰고 있었다. 만약 북진 통일이 될 경우, 둥베이 종합공업지구의 전력 차질은 불을 보듯 뻔했다. 그 점도 중국이 항미 원조에 나서게 된 하나의 요인이라고 생각한다.

145 맥아더 연구의 권위자인 클레이턴 제임스 교수는 이에 대해 이런 말을 남겼다. "맥아더는 자기중심 벽과 이상할 정도의 고립적인 생활방식 때문에 아첨꾼 부하들에 둘러싸여 정보 판단에 어두웠던 것으로 보인다."(출처: 남시욱 저, 앞의 책, p.201.)

만 이는 중공군의 철저한 유인책이었다. 그들은 국군과 UN군을 긴 자루 속으로 집어넣는 전술을 구사하고 있었다.

1950년 11월 24일 맥아더는 '크리스마스 대공세'를 지시했다. 이에 따라 서부 전선의 국군 제1사단과 미 제1군단은 청천강 북쪽으로, 미 해병 제1사단은 장진호에서 강계 지역으로 진격할 준비를 서둘렀다. 바로 그때 중공군의 2차 공세(1950. 11. 25.~ 12. 3.)가 시작되었다. 그로 인해 서부 전선의 군우리와 동부 전선의 장진호 주변에 있던 국군과 UN군이 큰 타격을 입고 평양과 원산을 잇는 북위 39도선까지 후퇴했다. 한국판 신들러 김백일 장군(☆☆☆, 추서 계급)과 현봉학 박사의 이야기는 장진호전투와 깊은 연관이 있다. 1950년 11월 24일 장진호 서쪽의 유담리, 동쪽의 신흥리, 남쪽인 하갈우리에 배치된 미 해병 제1사단과 미 제7사단 32연대는 중공군 제9병단 예하 12개 사단 병력에 의해서 완전 포위되었다. 날씨마저 영하 30도를 오르내리는 혹한의 추위가 시작되고 있었다. 11월 27일, 13만 명의 중공군은 미 해병 제1사단을 섬멸하기 위한 대공세에 돌입했다. 11월 30일, 도쿄의 UN군사령부에서는 긴급회의가 열렸고, 그 자리에서 맥아더의 철수 명령이 하달되었다. 함흥의 미 제10군단 사령부에 머물고 있던 아몬드 장군은 하갈우리로 날아가서 미 해병 제1사단장 올리버 P. 스미스^{Oliver P. Smith} 장군(☆☆)에게 "가능한 한 항공 철수를 단행하고 나머지 병력은 운에 맡기자."고 제안했다. 그러나 그는 "미 해병대는 전우의 시신과 부상자는 물론 전투장비까지 챙겨서 함께 철수하겠다."고 말한 뒤 하갈우리에서 흥남에 이르는 대장정을 시작했다. 이때 많은 종군기자와 특파원들이 하갈우리로 모여들었다. 그들 가운데 〈뉴욕 헤럴드 트리뷴〉지의 종군 여기자로 장진호전투를 취재하는 마거리트 히긴스^{Marguerite Higgins}(1920~1966)가 스미스 장군에게 "지금 후퇴하고 있는 거죠?"라고 물었다. 그러자 그는

"젠장 후퇴라니요. 우리는 후퇴하는 게 아닙니다. 단지 다른 방향으로 진격하는 중입니다."라고 대답했다. 그의 발언은 '후퇴'를 모르는 미 해병대의 자부심과 불굴의 의지를 상징하는 명언으로 회자되었다.

13만 명의 중공군은 하갈우리, 죽음의 계곡, 고토리에 도착할 때까지 미 해병 제1사단과 미 제7사단 32연대를 추격하면서 파상공격을 가했다. 미 공군은 매일 C-119 수송기를 이용해서 탄약, 식량, 방한 피복, 전투장비 등을 공중투하하며 장병들을 독려했다. H-19 헬리콥터는 부상병들을 계속해서 실어 날랐다. 또 동해상의 미 항공모함에서 발진한 수십 대의 F4U 콜세어 전투기가 이들의 퇴로를 열어주기 위해 중공군에게 연일 맹폭격을 가했지만 한계가 있었다. 미군의 공습을 두려워했던 중공군이 밤에만 공격했기 때문이다. 12월 7일 미 해병 제1사단은 전사 393명, 부상 2,152명, 실종 76명의 인명 피해를 보면서 고토리를 벗어날 수 있었다. 중공군의 포위망에서 벗어났다고 생각하는 순간, 또 다른 시련이 그들의 철수 행렬을 가로막고 있었다. 황초령에서 흥남으로 이어지는 유일한 통로였던 수문교를 중공군이 폭파해버린 것이다. 임시 부교를 가설하지 않는 한, 그들은 추위에 얼어 죽거나 인해전술을 앞세운 중공군의 공격에 희생당할 수밖에 없었다. 그런데 기적이 일어났다. 부교 투하가 결정된 날, 황초령의 하늘은 맑고 구름 한 점 없었다. 전날까지만 해도 짙은 구름이 낮게 드리우고 폭설까지 내려서 시야가 좋지 않았다. 평양 미림기지에서 이륙한 미 공군 제18전폭비행전대의 C-119 수송기가 M2 장간 조립교를 공중에서 투하했다. 또 미 공병대가 그것을 이용해서 임시 부교를 신속하게 가설했다. 그리고 이틀 동안 전 병력이 그곳을 무사히 통과했다. 1950년 12월 11일, 마침내 그들은 사지^{死地}로부터 귀환할 수 있었다. 그들이 도착한 흥남부두에는 미 해군의 구축함, 순양함, 상륙용 주정^{LST}들로 꽉 들어차 있었다.

하지만 민간인들의 배는 보이지 않았다. 이미 남쪽으로 피난을 떠났기 때문이다.

한편 흥남에 있던 미 제10군단사령부가 철수한다는 소식이 전해지자 수많은 민간인이 무작정 미군을 따라서 흥남부두로 모여들었다. 북한군이 자행할 피의 보복이 두려웠기 때문이다. 그들은 미 제10군단의 민사부 고문이었던 현봉학을 찾아와서 애타게 간청했다. "우리가 이곳에 남게 되면 어떻게 될지 모릅니다. 부디 우리를 구해주십시오." 12월 11일, 미 해병 제1사단을 필두로 철수 작업이 시작되었다. 인산인해를 이룬 부둣가의 피난민들은 영하 30도의 추위 속에서 미군의 철수 장면을 물끄러미 바라보고만 있어야 했다. 그들에게는 탈출의 희망도, 배를 태워주겠다는 미군 측의 약속도 없었다. 이때 현봉학과 국군 제1군단장인 김백일 장군이 팔을 걷어붙이고 나섰다. 현봉학은 함흥에서 함께 근무했던 미 제10군단의 민사 담당 장교를 찾아가서 피난민들도 함께 탈출시켜 줄 것을 요청했다. 그의 첫 반응은 싸늘했다. "현 박사, 전시는 군이 최우선이오. 군 철수도 어려운 상황인데 더 이상 불가능한 요구는 하지 마시오." 현봉학은 다시 아몬드 장군을 찾아갔다. "장군님, 우리 군대를 도와주었던 피난민들이 탈출할 수 있도록 도와주세요." 그역시 마찬가지였다. "현 박사, 사정은 잘 알겠는데 현재로서는 군인들의 탈출도 힘든 상황이네. 미안하네." 그러는 사이 17,500대의 트럭 및 탱크와 같은 전투장비들과 35만 톤의 군수물자들이 배로 옮겨져서 철수를 준비하고 있었다. 많은 피난민이 혹시 미군이 배에 태워주지 않을까? 하는 생각에서 혹한의 추위를 무릅쓰고 그들의 철수 작업을 부지런히 도와주었다.

이때 현봉학에게 결정적 도움을 준 사람이 있었다. 아몬드 장군의 작전참모였던 에드워드 H. 포니Edward H. Forney 대령이었다. 그는 인천상륙작전, 원산상륙작전, 흥남탈출작전을 계획했던 미 해병대의 수륙양용전 전문가였다. 그가 현봉학에게 말했다. "매우 어려운 일이지만 함께 노력해봅시다. 나폴레옹도 불가능은 없다고 말하지 않았습니까?" 포니 대령은 누구보다 배의 구조와 특성에 대해 잘 알고 있었다. 그는 피난민들을 LST에 태울 수 있다고 생각했다. LST에 실게 될 탱크, 장갑차, 트럭 사이의 틈새에다 피난민을 태우면 된다고 판단했다. 그는 현봉학과 함께 아몬드 장군을 세 차례나 찾아가서 자신의 구상을 자세히 보고했다. 김백일 장군 또한 아몬드 장군에게 호소했다.[146] "장군, 저 수많은 피난민을 어떻게 하실 겁니까? 저분들은 우리가 여기에 들어왔을 때 태극기를 들고 나와 환영했고, 우리에게 모든 협력을 아끼지 않았던 사람들입니다. 우리가 저 사람들을 버리고 가면 북한군이 쳐들어와서 다 죽일 겁니다. 차라리 우리 제1군단 병력이 걸어서 철수할 테니, 저 피난민들부터 배에 태워주십시오." 12월 14일, 아몬드 장군은 그들을 탈출시키기로 결정했다. 그렇게 된 데에는 아몬드 장군, 김백일 장군, 현봉학 사이에 깊은 신뢰와 상호 존중하는 마음이 공존했기 때문이다. 12월 19일부터 본격적인 피난민 대탈출작전이 시작되었다. 그러나 중공군은 12월 14일 함흥을 점령한 후, 흥남부두를 향해 포위망을 좁혀오고 있었다. 그러자 동해상에서 대기 중이던 미 구축함 미주리함을 비롯

---

146 아몬드 장군은 김백일 장군과 함께 작전을 하면서 그의 열정과 리더십에 깊은 이해와 신뢰를 했던 것 같다. 그랬기에 김 장군의 부탁을 수용해준 것이다. 또 아몬드 장군과 현봉학 사이에도 깊은 우정과 신뢰가 존재했던 것 같다. 두 사람은 1950년 11월 강원도 고성에서 운명적으로 만났다. 당시 해병대의 김성은 대대가 고성 지역에 주둔했을 때, 아몬드 장군이 전선 시찰을 위해 그 부대를 방문했다. 마침 통역을 맡았던 현봉학이 아몬드 장군의 사투리 발음까지 정확하게 이해하고 같은 사투리로 대답하자 정작 놀란 쪽은 아몬드 장군이었다. 그가 현봉학에게 "당신 고향이 어디요?"라고 묻자 그는 "제 고향은 함흥이고, 저는 장군의 고향인 버지니아(주)의 리치먼드 의대에서 공부했습니다."라고 대답했다. 그에 감동한 아몬드 장군이 김성은 중령에게 "저(현봉학) 사람을 내 통역관으로 데려가고 싶다."고 간청했다. 그것이 계기가 되어 현봉학은 미 제10군단 민사부 고문으로 일하면서 아몬드 장군의 통역을 도맡았다. 아몬드 장군은 늘 현봉학을 고향 친구로 대접했다. 그런 소중한 인연이 있었기에 현봉학이 김백일 장군과 함께 아몬드 장군의 마음을 움직일 수 있었던 것이다.

한 여러 군함이 중공군을 향해 밤낮없이 함포사격을 퍼부었고, 미 해병대의 F4U 전투기들은 중공군의 접근을 차단하며 철수엄호작전에 나섰다. 또한 아몬드 장군은 피난민 탈출을 위해 포기할 수밖에 없는 전투장비들과 부두 시설에 대한 폭파작전을 에드워드 L. 로니^{Edward L. Rowny} 대령이 이끄는 공병대에게 지시했다. 그러는 동안 98,100명에 이르는 피난민들은 12월 24일까지 총 12척[147]의 배를 타고 흥남부두에서 탈출했다.

12월 23일 흥남부두에서 미 구축함 맥킨리호에 오른 아몬드 장군은 피난민들이 탈출하는 모습을 지켜보며 감회에 젖었다. 휴먼 드라마를 함께 써 내려간 김백일 장군, 현봉학, 포니 대령도 함께 눈시울을 붉혔다. 12월 24일, 마지막 수송선인 메르디스 빅토리호가 흥남부두를 빠져나오자마자 그곳은 거대한 폭발음과 함께 불바다를 이루었다. 미 공병대에 의한 폭파작전이 성공했다는 증거이기도 했다. 이렇게 해서 12월 19일부터 시작된 민간인 철수작전은 12월 24일에서야 끝이 났다. 전사戰史는 북녘 동포 98,100명을 구출해낸 흥남철수작전을 이 세상에서 가장 명예로운 후퇴작전으로 기억하면서 '크리스마스의 기적'이란 닉네임까지 붙여주었다. 노병에게 흥남철수작전에서 우리 공군의 참여 여부와 김백일 장군과 현봉학에 대한 이야기를 해 달라고 요청했다.

흥남철수작전은 고도의 항공전술이 요구되었던 만큼 미 극동공군사령부가 전장(戰場)을 주도했습니다. 그래서 우리 공군에는 참전 기회가 주어지지 않았습니다. 아쉬운 일이었지만 어쩔 수 없었습니다. 아마 미 공군의 항공지원이

---

147 민간인은 총 12척(민간인 상선 2척 포함)의 배를 나눠 타고 흥남부두를 탈출했다. 선박별 탈출 인원을 정리하면 레인 빅토리호 7,000명, 요나야마 마루호 3,000명, 토바츠 마루호 6,000명, 마다케츠호 6,400명, 버지니아 빅토리호 14,000명, 메르디스 빅토리호 14,500명, BM 501 4,300명, LST 074 3,500명, LST 081 4,000명, LST 661 9,400명, LST 666 7,500명, LST 668 10,500명이다. 그 유래를 찾아보기 힘든 인간 승리의 휴먼 드라마로서 세계 어느 곳에 내놔도 자랑스러운 우리의 역사가 아닐 수 없다. 이런 것을 제대로 알려주는 게 진정한 역사교육이다. 그러나 현실은 안타깝게도 정반대로 가고 있다.

없었다면 미 제10군단과 국군 제1군단의 병력은 흥남에서 철수하지 못하고 대부분 그곳에서 죽었을 겁니다. 그 정도로 흥남철수작전에서 보여준 미 공군의 헌신과 희생은 엄청 났습니다.

현봉학 씨와는 특별한 인연이 없습니다. 아는 사이도 아니었고요. 다만 김백일 장군은 잘 알고 있었습니다. 지리산 공비토벌작전이 한창이던 1949년 12월 30일이었어요. 그날 오전 나는 L-5 항공기의 양쪽 날개에 바주카포를 장착하고 지리산 일대를 정찰하던 중, 깊은 계곡 쪽으로 이동하는 30여 명의 공비를 발견했습니다. 그들을 향해 2발의 포탄을 발사하자 저마다 비명을 지르며 사방으로 흩어졌습니다. 자세한 전과(戰果)는 확인하지 못했지만 꽤 많은 공비들이 죽었거나 부상을 당했을 거라고 생각합니다. 하지만 공격을 마치고 남원기지로 귀환하는 과정에서 눈보라 때문에 큰 어려움을 겪었습니다. 내가 남원기지에 착륙해서 정찰 보고를 하자 공비토벌작전사령부의 김백일 사령관(당시 계급은 대령)은 직접 현장에 가보길 원했습니다. 나는 그에게 "지금 많은 눈이 오고 있어서 비행기를 띄우기가 힘듭니다."라고 말했습니다. 그러나 그는 "꼭 가봐야겠다."면서 고집을 부렸습니다. 옆에 있던 강호륜 파견대장이 나에게 "사령관님을 모시고 갔다 오라."고 지시하는 바람에 어쩔 수 없이 재출동을 하게 되었습니다. 당시 남원기지에 파견된 L-5 항공기는 국도(國道) 길옆 논밭에 임시로 만든 300m가량의 간이 활주로를 사용하고 있었습니다. 그런데 김 사령관을 후방석에 태우고 이륙해서 약 20m 상공에 도달했을 때, 갑자기 엔진이 멈춰버렸습니다. 오전에 눈(雪) 속을 비행했을 때, 공기흡입구로 빨려 들어온 눈이 녹으면서 엔진 내부로 스며든 모양입니다. 나는 바로 옆 국도로 불시착을 하기 위해 기수를 돌렸는데 마침 전방에서 우마차 1대가 오고 있었습니다. 충돌을 피하려고 기수를 돌리는 순간, L-5 항공기는 이미 실속 상태에 빠져버려서 논바닥에 충돌하고 말았습니다. 그 충격으로 나는 안면에 가벼운 부상을 입었지만 김백일 사령관은 후방석 앞 통신기에 머리를 부딪

쳐서 기절했습니다. 불행 중 다행으로 생명에는 큰 지장이 없었습니다.

또 그는 내 일본 육군소년비행병학교 15기(乙) 동기생인 나창준 소령(추서 계급)를 살려준 은인입니다. 1951년 1.4후퇴 때, 나창준 중위는 국군 제1군단에 정찰기 조종사로 파견을 나갔습니다. 그런데 중공군이 삼척까지 밀고 내려오는데, 1m 넘게 내린 폭설 때문에 강릉기지에 항공기 이착륙이 불가능한 상태였습니다. 강릉기지에 있던 나 중위는 중공군이 강릉기지 밖 4km 지점까지 접근해 오고 있다는 첩보를 접하고 L-4 항공기를 중공군에게 넘길 수 없다는 생각에서 불태워버렸습니다. 그런데 나중에 중공군이 강릉기지로부터 20km 밖에 있었던 것으로 밝혀졌지요. 결국 나 중위는 잘못된 첩보를 믿고 귀중한 항공기를 불태운 죄로 사형에 처해질 위기에 놓였습니다. 처음에는 제1군단장이었던 그가 사형을 시켜야 한다고 주장했습니다. 그러나 나중에 오점석 정찰비행전대장(예비역 ☆☆)의 간곡한 얘기를 듣고 나서 나 중위를 정찰비행부대로 복귀시켰습니다.

또 그는 국군 제3사단이 1950년 10월 1일 양양에서 38선을 돌파할 때, 역사적인 현장에서 자신이 직접 명령을 내린 지휘관이었습니다. 하지만 애석하게도 그는 1951년 3월 28일 강원도 진부리 발왕산 상공에서 L-5 항공기 추락 사고로 순직했습니다. 1951년 3월 27일 매슈 B. 리지웨이(Matthew B. Ridgway) UN군 사령관은 중공군의 4월 대공세에 대비해서 여주 남한강변의 미 8군 전방지휘소에서 긴급 지휘관 회의를 열었습니다. 그곳에는 정일권 육군참모총장, 김백일 제1군단장, 유재흥 제3군단장, 장도영 제6사단장, 백선엽 제1사단장, 강문봉 육군본부 작전국장이 참석했습니다. 그런데 그날 기상이 매우 불량했다고 합니다. 지휘관 회의를 마친 후, 다른 지휘관들은 그곳에서 하루를 더 머물기로 했지만 그는 "한시도 전선을 비울 수 없다."면서 권중희 공군 대위(추서 계급)에게 비행할 것을 지시했습니다. 그렇게 해서 사령부로 복귀하는 도중, 그가 탄 L-5 항공기는 강원도 진부리 발왕산 화란봉(현 용평스키장)

부근 계곡에 추락했습니다. 기상 악화로 그와 권중희 대위의 시신은 한동안 찾지 못했습니다. 그러다가 그가 순직한 지 40일이 지난 5월 9일에 산나물을 채취하러 나온 사람들에 의해서 기체와 시신이 발견되었습니다. 나는 지금도 그를 훌륭한 지휘관으로 추모합니다. 열정과 책임 의식을 가졌던 분이었기에 아몬드 장군을 찾아가서 우리 피난민들을 철수시켜 달라고 강력하게 요청했던 겁니다.

오스카 신들러(Oskar Schindler)라는 독일인이 있습니다. 그는 나치 독일에 부역한 전과가 있지만 자신의 공장에서 유태인 1,200여 명을 일하게 해서 그들의 목숨을 구해주었다는 이유로 세계적인 휴머니스트의 반열에 오른 사람입니다. 나는 신들러를 보면서 약 10만 명에 가까운 피난민을 적지에서 구출해낸 김백일 장군의 휴머니즘을 생각해봅니다. 지금도 일부 인사와 단체들은 그가 만주군관학교를 졸업하고 간도특설대[148]에서 근무했다는 이유만으로 그를 친일 역적으로 매도하고 있습니다. 정말로 그가 그곳에 근무하면서 광복군을 처단하는 데 앞장섰는지, 아니면 그곳에 근무하면서 체포된 광복군의 도피를 돕거나 일본군 몰래 살려준 적은 없는지. 이제라도 그 부분에 대한 추가적인 연구가 꼭 필요하다고 봅니다. 옛 거제도 포로수용소 자리에 가면 그의 동상을 만날 수 있습니다. 그런데 일부 인사와 단체들이 몰려가서 그의 동상에 몹쓸 짓을 했습니다. 이 동상은 그의 도움으로 함흥을 탈출한 수많은 분들과

---

148 간도특설대는 일제의 괴뢰국가인 만주국 군대가 좌익 및 공산계열 항일조직인 동북항일연군과 팔로군을 공격하기 위해서 1938년 관동군 간도특무기관장이었던 오코시 노부오 중좌의 주도로 창설되어 이듬해인 1939년부터 본격적인 작전을 수행했다. 부대 인원이 약 900여명인 대대급 특수부대였다. 한 가지 흥미를 끄는 점은 8.15 해방 후 생존한 동북항일연군의 사람들은 세상에서 가장 악랄한 공산독재자 김일성을 지도자 동지로 옹립해서 북한사회를 이끄는 집권층이 되었고, 간도특설대의 일부 멤버들은 한국 군부의 핵심 세력이 되었다. 그리고 두 세력은 곧이어 발발한 6.25남침전쟁을 맞이해서 자유민주주의 체제 수호와 적화통일을 놓고 치열하게 싸웠다. 이것을 보면 왜 좌파 인사들과 단체가 간도특설대 출신의 군 리더들에 대해 집요하게 공격하는지가 어느 정도 이해된다. 이제 좌파 인사들과 단체는 간도특설대의 죄악상에 대해 남의 전언(轉言)이나 '~카더라' 통신이 아니라 구체적인 증거자료를 제시해야 한다. 특히 함흥 부둣가에서 10만 여명의 북한 주민들을 대한민국 땅으로 피난시키기 위해 헌신적인 노력을 기울였던 휴머니스트 김백일 장군에 대해서는 더더욱 그러하다.

이북 5도의 실향민들이 십시일반으로 기금을 마련해 세운 겁니다. 한 인물의 공과(功過)를 객관적으로 살피지 못하고 공산주의자의 전유물인 이분법적 사고로 매사를 재단하는 태도는 이제 시정되어야 합니다. 그런 점에서 우리 사회는 유대인들의 냉철한 역사 인식과 독일인들의 성숙한 시민 의식을 배울 필요가 있습니다. 우리가 일본인들에게 균형 잡힌 역사 인식을 주문하기 전에, '우리 스스로 제대로 된 역사의식을 갖고 있는지' 자문(自問)해보고 진지하게 반성해야 할 때입니다. 그러지 않고서는 우리가 진정한 선진 국가, 위대한 선진 시민으로 발돋움할 수 없기 때문입니다.

26. 한국 공군의 홀로서기

중공군의 2차 공세로 국군과 UN군이 철수함에 따라 평양 미림기지에 주둔했던 우리 공군과 6146부대도 철수작전을 개시했다. 1차 철수작전은 1950년 11월 30일부터 12월 6일 사이에 이루어졌다. 이때 F-51D 전투기, L-4, L-5, T-6 항공기, 조종사, 정비사, 무장사들은 여의도 기지로, 공군본부를 비롯한 나머지 부서들은 대전기지로 옮겼다. 하지만 전황이 불리하다고 판단한 공군지휘부는 1950년 12월 7일 여의도 기지로 전개시켰던 모든 항공 전력, 전투조종사, 정비 및 무장 요원들을 대전기지로 재집결하도록 명령했다. 당연히 미 공군의 6146부대도 대전기지로 합류했다.

그러나 대전기지는 활주로가 짧아서 비행 경험이 많지 않은 우리 전투조종사들이 이착륙을 하기에는 많은 위험부담이 따랐다. 이 문제를 놓고 고심하던 김정렬 공군참모총장은 1950년 12월 20일, 우리 비행부대의 주력인 6대의 F-51D 전투기와 조종사들을 제주기지로 전개시켰다. 당시 그는 우리 비행부대를 UN 공군의 단위부대로서 독자 출격할 수 있는 단계로 발전시키겠다는 구상을 갖고 있었다. 우리 비행부대가 제주기지로 내려간 후, 대전기지는 6146부대와 백구부대가 상호 유기적인 협력 관계를 유지하면서 전투에 참가했다. 6146부대는 부대장인 딘 E. 헤스 중령을 비롯한 미군 조종사[149]와 약간 명의 정비사들로 4대의 F-51D 전투기[150]를 운용하고 있었다. 또 우리 공군은 부대장인 김신 대령을 비롯한 8명[151]의 정비사, 무장사, 운전병 등 20여 명으로 백구부대[152]를 창설했다. 그들은 주로 6146부대의 전투출격을 측면에서 지원하는 역할을 맡았다.

한편, 제주기지(현 제주공항)로 내려간 우리 비행부대는 11전투비행중대, 12전투비행중대, 정비대, 보급대로 개편하고 본격적인 비행훈련에 착수했다. 비행훈련은 노병처럼 출격 경험이 있던 우리 전투조종사들과 6146부대에서 파견 나온 어니스트 크레이그웰 주니어^{Ernest Craigwell. Jr} 중위[153]로 구성된 제12전투비행중대가 맡았다. 그들은 연성비행훈련과 신규 전투조종사 양성에 최선을 다했다. 이때 L-4, L-5, T-6 항공기의 조

---

149 딘 E. 헤스 중령 외에도 해럴드 H. 윌슨 소령, 조지 N. 매케프(George N. Metcaf) 대위, 제임스 J. 길레스피(James J. Gillespie) 중위 등이 있었다.

150 6146부대 소속 미군 조종사들이 F-51D 전투기로 출격했을 때의 기본 무장은 6문의 캘리버 50(12.7mm) 기관총에 약 1,800여 발의 총탄, 직경 12.7cm 로켓탄 6발, 227kg짜리 폭탄 2발 등이었다. 나중에는 454kg(1,000lbs)짜리 폭탄 2발을 장착하고 출격한다.

151 이들 8명은 최원문, 박상은, 김상오, 남궁현, 채한택(이상 정비사), 김명건, 김낙영(이상 탄약운반 및 장착), 신재호(군무원, 연료보급차량 운전 담당)이었다. 최원문을 비롯한 5명의 정비사들은 F-51D 전투기의 기체 정비만 담당했다. F-51D 전투기에 탑재된 SCR-522 통신장치나 A-4 포조준기 무장장치의 정비는 제6146기지대의 미군 정비사들의 몫이었다. 하지만 이때, 우리 정비사들이 눈대중으로 배우고 익힌 제반(諸般) 정비기술은 훗날 강릉기지에서 단독출격전을 감행할 때 큰 힘을 발휘했다. 당시 우리 전투조종사뿐 아니라 정비사들도 '배우면서 싸우자!'는 자세로 헌신했음을 기억했으면 한다.

152 백구(白鷗, white gull)는 '하얀색 갈매기'란 뜻으로서 한미 공군 정비사들의 눈에 비친 F-51D 전투기는 제트전투기보다 상대적으로 속도가 느린 데다 은빛으로 도색된 기체가 마치 백구처럼 보인다고 해서 붙인 이름이다.

153 김정렬 공군참모총장은 6146부대장 딘 E. 헤스 중령에게 우리 전투조종사들의 비행훈련을 담당할 만한 교관급 조종사를 파견해 달라고 요청했다. 그에 따라 헤스 중령은 1950년 12월 17일, 어니스트 크레이그웰 주니어 중위와 사병 7명을 제주기지의 제12전투비행중대에 보내주었다. 나중에는 조지 N. 매케프 대위도 훈련교관으로 참여했다.

종사들 가운데 제1차로 F-51D 전투기의 기종전환훈련을 받은 사람은 최종봉, 오춘목, 이세영, 윤응렬, 권성근, 이강화 등 6명이었다. 1951년 1월말까지 계속된 이들의 비행훈련은 주로 항공기의 공중조작, 편대비행, 대지공격 등에 초점을 맞췄으며 이들은 모두 우수한 기량으로 합격 점수를 받았다.

1951년 3월 22일 국군과 UN군이 서울을 재탈환하고 북진함에 따라 백구부대도 대전기지에서 여의도기지로 전개했다. 3월 31일, 공군은 제주기지에서 제1차로 기종전환훈련을 마친 최종봉, 오춘목, 이세영, 이강화를 여의도기지로 보내 백구부대의 미군 조종사들과 합동출격을 하도록 했다. 그 과정에서 최종봉 소령[154]과 이세영 소령[155]이 5일 간격으로 안타깝게 전사했다. 4월 3일부터 이 소령이 전사한 4월 21일까지 백구부대는 총 120소티를 소화하며 적敵에게 막대한 타격을 입혔다. 그들은 평강 북쪽 신대리의 적 후방보급로, 서부 전선과 중동부 전선의 적 후방보급로, 보급품집적소, 트럭과 기차를 비롯한 적 보급용 차량, 적 지휘부와 그들의 군사시설을 파괴하는 데 주력했다. 노병에게 최종봉, 이세영 소령에 대한 얘기와 딘 E. 헤스 중령이 갑자기 일본으로 전출을 간 이유, 그리고 백구부대의 임무 종료 시점에 대해 여쭤봤다.

---

154 1951년 4월 16일 최종봉 대위는 #2기 요기 조종사로서 #1기 매캐프, #3기 길스파이, #4기 이세영과 함께 출격해서 황해도 이천 지구 상공에서 적 후방보급로에 대한 차단작전을 벌이던 도중, 적의 대공포에 피탄되어 산화했다. 그는 공군 소령으로 추서되었다.

155 최종봉 소령이 산화한 지, 5일째가 되던 날인 1951년 4월 21일, 이세영 대위는 #4기 요기 조종사로서 #1기 딘 E. 헤스 중령, #2기 오춘목 대위, #3기 매캐프 대위와 함께 출격해서 황해도 이천 서북쪽에 있는 적 보급품집적소에 대한 공격을 감행하던 도중 적의 대공포에 피탄되어 산화했다. 헤스 중령은 그의 죽음에 대해 이런 글을 남겼다. "우리 편대가 공격을 감행할 때, 적의 고사포가 내가 탄 #1기를 목표로 사격을 개시하자 이 대위는 편대에서 이탈해서 적의 고사포 포대를 향해 급강하공격을 했다. 적의 관심과 주의를 자신의 전투기에 집중시킴으로써 나를 비롯한 다른 편대원들이 대피할 시간을 벌어주기 위함이었다. 나중에 그가 탄 #4기가 적의 집중포화를 맞고 통제 불능에 빠지게 되자 그는 자신의 애기를 몰고 적의 고사포 포대를 향해 돌진했다. 결국 그는 적의 고사포 포대를 박살낸 뒤 장렬하게 전사했다. 내 부하들 가운데 일부는 이 대위가 북한 공군 출신임을 주지시키며 경계해야 할 인물이라고 말했지만 나는 그를 신뢰했다. 그 또한 내 믿음을 저버린 적이 단 한 번도 없다. 그는 매우 용감한 전투조종사였다."

최종봉 소령은 일본 육군소년비행병학교 14기(乙) 출신으로 내 선배입니다. 또 고향도 비슷해서 친하게 지냈습니다. 전사할 당시 총각이었던 그는 영천전투가 치열했을 때 나와 함께 T-6 항공기를 타고 무장정찰을 나가기도 했습니다. 이세영 소령은 일본 육군소년비행병학교 15기(乙) 출신으로 내 동기생입니다. 평양 출신으로 북한 공군에 잠시 몸담았다가 공산주의가 싫어서 남한으로 탈출한 후 우리 공군의 전투조종사가 된 사람입니다. 마치 영화 속 주인공처럼 멋진 사람이었습니다. 미남인 데다 노래 솜씨는 물론 인간관계도 원만해서 부대 내에서 인기가 무척 많았습니다. 그런 그가 갑작스럽게 전사하자 우리 전투조종사들의 상실감이 무척 컸습니다. 돌이켜 생각해보아도 그 두 사람은 정말로 아까운 인재였습니다.

1951년 4월 19일, 나는 박희동, 김성룡, 전봉희와 함께 여의도기지로 파견을 나가서 3일 후인 4월 22일부터 딘 E. 헤스 중령의 #2기 요기 조종사로 출격을 시작했습니다. 그동안 백구부대에서 수고한 오춘목, 이강화는 제주기지로 내려갔습니다. 5월 1일에는 신유협, 강호륜과 미군 조종사 존 D. 티글워스(John D. Tigglesworth), 루이스 W. 라그로(Lewis W. Lagro)가 백구부대에 추가로 투입되었습니다. F-51D 전투기도 2대가 더 들어왔습니다. 내가 출격을 개시한 4월 22일부터 5월 31일까지 미군 조종사들과 함께했던 합동출격 횟수는 총 156소티였습니다. 주로 황해도 이천 지구를 비롯한 중서부 전선을 넘나들며 적 보급품을 실은 트럭과 기차, 포진지와 T-34 탱크, 산비탈에 몸을 숨긴 중공군과 북한군, 군수물자집적소 등을 찾아내서 공격한 기억이 지금도 생생합니다.

그 와중에 헤스 중령이 갑자기 백구부대를 떠나게 됩니다. 아마도 최종봉, 이세영 소령이 잇따라 전사하면서 김정렬 공군참모총장과 헤스 중령 사이에 약간의 견해 차이가 있었던 것 같습니다. 김정렬 공군참모총장은 우리 전투조종사가 계속 전사하면 공군 발전에 지장을 초래하므로 어느 정도 시간적 여유를 갖고 체계적 훈련을 마친 뒤, 하나의 완전한 단위부대로서 출격해야 한다고 생각했습니다. 하지만 헤스 중령은 지금처럼 우리 전투조종사가 미군 조종사를 따라다니면서 전투 기량을 더 쌓아야 한다고 주장했습니다. 사실 두 분의 주장은 모두 일리가 있었습니다. 다만, 문제 해결을 위한 접근 방법이 약간 달랐을 뿐입니다. 아무튼 헤스 중령은 6146부대장의 임기가 종료되자 곧바로 일본의 미 극동공군사령부로 떠났습니다. 당시 김정렬 공군참모총장도 그를 설득하기 위해 많은 공을 들였지만 일본 전출을 막지 못했습니다. 통상 100회 전투출격을 수행하면 곧바로 비전투 보직으로 바꿔주는 것이 미 공군의 오랜 전통입니다. 1년 넘게 250여 회의 출격 기록을 달성한 헤스 중령의 사례는 매우 특이한 경우입니다. 그런 의미에서 헤스 중령의 일본 전출은 아주 당연한 일이었습니다. 한편 1951년 6월 12일 김정렬 공군참모총장은 공군의 모든 전투부대와 훈련부대, 지원부대에 사천기지로 집결하라고 지시했습니다. 6월 30일, 여의도기지의 제11전투비행중대와 그들을 지원하던 제101기지전대, 제주기지의 제12전투비행중대와 지원부대, 대구기지에 있던 정찰비행전대가 사천기지에 총집결해서 체계적인 훈련을 시작했습니다. 이것이 한국 공군의 홀로서기, 즉 단독출격을 위한 첫 번째 시도였다고 봅니다. 백구부대의 임무 종료 시점도 이때로 보는 게 좋을 것 같습니다.

이를 계기로 사천기지에는 F-51D 전투기를 조종할 수 있는 전투조종사가 37명으로 늘어났다. 그것이 가능했던 것은 1951년 6월 30일까지 제주기지의 제12전투비행중대가 F-51D 전투기의 제2차, 제3차 기종전환훈련을 실시해서 24명[156]의 신규 전투조종사를 추가적으로 배출하는 데 성공했기 때문이다. 마침내 우리 공군에 홀로서기 할 수 있는

---

156 제2차로 F-51D 전투기의 기종전환훈련에 성공한 전투조종사는 옥만호, 주영복, 박재호, 최호문, 이기협, 신철수, 장성태, 김금성, 구선진, 정주량, 변희수 등 11명이고, 제3차로 기종전환훈련에 성공한 조종사는 손재권, 유치곤, 박완규, 나창준, 손흥준, 이일영, 서상순 등 7명이다.

출격 직전 우리 정비기장과 인사를 나누는 딘 E. 헤스 중령(출처: 공군본부)

기회가 찾아왔다. 1951년 7월 23일, 지리산 지구 전투경찰부대로부터 항공지원 요청을 받은 사천기지의 전투비행중대는 김영환 대령과 장지량 중령을 '군·경 정보관계관 회의'에 참석시켰다. 그리고 무장공비들의 활동 상황과 공비토벌작전에 대한 지원 문제를 협의하도록 했다. 7월 24일, 김정렬 공군참모총장은 미 제5공군사령관에게 '한국 공군이 단독으로 전투훈련을 겸한 공비토벌작전을 실시[157]하도록 허락해 달라.' 는 서신을 보냈다. 중간에서 그것을 전달해준 사람은 6146부대장인 해럴드 H. 윌슨 소령이었다. 미 제5공군사령관은 이를 승인해주었다.

한편 우리 공군은 공군본부 일반명령 제52호(1951. 7. 29.)에 의거해서 1951년 8월 1일부로 제1전투비행단을 창설하는 쾌거를 이룩했다. 제1전투비행단은 예하에 4개 전대(제10전투비행전대, 제30정비보급전대, 제

---

157 1951년 7월 말, 아군과 UN군이 낙동강 방어선에서 북진할 때, 험준한 산악지대로 도주한 1만 여명의 패잔병들은 무장공비로 돌변해서 살인, 방화, 약탈, 납치 등 후방 지역을 교란하고 있었다. 특히 지리산을 거점으로 한 4천여 명의 무장공비들은 사천기지까지 위협하는 수준이었다.

101기지전대, 제201의무전대)를 두었고, 제10전투비행전대는 그 아래에 제11전투비행대대, 제12전투비행대대, 제14전투비행대대를 두었다. 이것이 가능했던 것은 제1, 2, 3차에 걸친 F-51D 전투기의 기종전환 훈련을 통해 전투조종사들이 대거 배출되었기 때문이다. 그리고 제1전투비행단장에는 장덕창 준장, 제10전투비행전대장에는 김영환 대령, 제30정비보급전대장에는 전명섭 중령, 제101기지전대장에는 김신 대령, 제201의무전대장에는 박천규 중령이 임명되었다. 또 제1전투비행단의 창설과 더불어 공군의 정찰비행전대도 공군본부 일반명령 제52호 (1951. 8. 1.)에 의거해서 제2정찰비행전대로 개칭되었다. 8월 2일, 공군 본부는 제1전투비행단과 제2정찰비행전대에 지리산 전투경찰부대의 공비토벌작전을 지원하라는 명령을 하달했다. 이에 따라 제1전투비행단 제10전투비행전대와 제2정찰비행전대는 8월 17일부터 9월 18일까지 약 1달 동안 L-4, L-5, T-6 항공기와 F-51D 전투기로 무장공비 토벌작전에 참가해서 혁혁한 전과를 올렸다. 노병에게 당시의 상황을 설명해 달라고 부탁했다.

당시 김영환 전대장, 김성룡 대위, 윤응렬 대위, 정영진 대위, 옥만호 중위, 라그로(Lagro) 중위 그리고 내가 F-51D 전투기를 타고 출격했습니다. 김신 대령, 장지량 중령, 박성현 중위, 남종욱 소위는 T-6 항공기를 타고 공격 목표를 유도하는 역할을 맡았습니다. 8월 중순경 태풍 마지(Marge) 때문에 며칠간은 출격을 하지 못했습니다. 기상이 괜찮으면 거의 매일같이 지리산, 회문산, 백운산, 가야산 등 무장공비들의 은거지에다 기총공격과 로켓탄 세례를 퍼부었습니다. 후방에서 우리 공군의 강력한 근접항공지원이 있어서 군경의 공비토벌작전도 나름대로 큰 성과를 거두었다고 봅니다. 만약 후방에서 무장공비들이 계속 준동해서 전선에서 중공군과 북한군을 상대로 싸우는 국군과 UN군에 부담을 주었다면 6.25남침전쟁의 결과를 예측하기 어려웠을 겁니다. 그런 의미에서 지리산 공비토벌작전에서 행한 우리 공군의 역할을 재평가해야 합니다.

지리산 공비토벌작전을 생각할 때마다 떠오르는 분이 있습니다. 고 김영환 장군입니다. 1951년 8월 26일 오전 10시 30분, 나는 #2기 요기 조종사로서 편대장 #1기 김영환 대령, #3기 박희동 소령, #4기 주영복 대위와 함께 F-51D 전투기를 타고 전북 순창군 일대의 회문산 지구 가마골에 있는 무장공비들의 은신처와 방어진지 등을 공격했습니다. 그런데 그가 탄 #1기 F-51D 전투기가 무장공비들이 쏜 대공포탄에 엔진 부분이 관통을 당하는 바람에 곡성 지역의 섬진강변에 불시착하는 비상 상황이 벌어졌습니다. 그때 나는 무장공비들이 그에게 접근하는 것을 차단하기 위해 공중을 선회하며 엄호비행을 했고, 박희동 소령과 주영복 대위는 사천기지로 날아가서 구조를 요청했습니다. 하늘과 사천기지에서는 그를 구조하기 위해 정신이 없었는데, 정작 본인은 태연한 모습이었습니다. 상공에서 내려다보니 그는 불시착한 F-51D 전투기에서 빠져나와 하늘을 쳐다보며 나에게 '안전하다.'는 의미로 손을 흔들었습니다. 그러고는 옷을 훌훌 벗어 던지고 섬진강에 뛰어들어 수영을 하는 것이었습니다. 그는 그럴 정도로 배짱이 두둑한 전투조종사였습니다. 다행히 무장공비들이 그를 공격하지 않았고, 전투경찰 지프가 섬진강변까지 와서 구조한 후, 그는 남원비행장에 대기 중인 T-6 항공기를 타고 사천기지로 무사히 귀환했습니다. 당시 T-6 항공기를 조종한 사람은 내 동기생인 권성근 중위였습니다. 나중에 내가 김 장군께 무사 귀환을 축하하자 그는 공중엄호와 구조 요청을 신속하게 해준 데 대해 고마워했습니다. 뒤에서 얘기하겠지만 해인사의 팔만대장경을 지켜낸 그의 얘기도 이와 비슷한 시기에 탄생한 겁니다.

그동안 충분한 비행훈련과 실전 경험을 갖췄다고 판단한 공군지휘부는 미 제5공군사령부에 작전준비태세검열^{ORI}을 받겠다고 요청했다. 이는 우리 공군이 단독으로 출격할 수 있는 자격을 얻기 위해서 반드시 거쳐야 할 관문이었다. 1951년 8월 27일, 미 제5공군사령부는 전술검열관 클레이턴 M. 아이작슨^{Clayton M. Issacson} 중령을 비롯한 12명의 검열관을 사천기지로 파견했다. 8월 28일부터 9월 1일까지 그들은 우리 전투조종사들과 함께 지리산 지구 공비토벌작전과 황해도 해주 지구 후방차단작전에 함께 출격하면서 검열을 실시했다. 주된 검열 사항은 비행훈련 시스템의 적합성, 공중작전 능력, 각종 후방지원 능력의 구비 여부에 집중되었다.[158] 그 결과, 미 검열단은 우리 공군이 단독출격작전을 실행할 만큼의 능력을 갖췄다고 평가했다. 이를 계기로 미 제5공군사령부는 우리 공군의 전투 능력을 높게 평가하고 UN 공군의 단위부대로서 단독출격을 할 수 있는 자격을 부여했다. 그 후로 F-51D 전투기를 비롯한 각종 전투장비와 군수지원이 이전보다 매우 활발하게 이루어졌다. 우리 공군은 이를 계기로 1951년 10월 11일, 강릉기지에서 역사적인 단독출격작전을 시작할 수 있었다.

---

158 공중작전 능력은 주로 독자적인 작전계획수립 능력, 편대비행을 비롯한 전투기동 능력, 대지공격임무 수행 능력, 편대장들의 공중지휘 능력 등이 주된 평가 항목이었고, 후방지원 능력은 전투조종사가 출격임무를 잘 수행할 수 있도록 후방에서 지원하는 정보, 인사, 정비, 무장, 군수지원, 통신 관련 부서의 능력 여부가 주된 검열 대상이었다.

27. 최초 100회 출격의 영광

작전준비태세검열을 성공적으로 통과한 제1전투비행단은 예하의 제10
전투비행전대를 강릉기지에 전진 배치하고, 중동부 전선에서 전투를
벌이고 있는 국군 제1군단을 지원하며 적의 보급로를 끊어놓는 후방차
단작전에 주력했다. 공군은 1951년 8월 26일부터 공병부대의 협조 아
래 강릉기지의 활주로 길이와 폭을 넓히는 공사에 착수했다. 이는 우리
전투조종사들의 비행안전과 출격 편의를 위해서였다. 그로 인해 활주
로는 1,640m로 늘어났고, 폭도 80m로 확장되었다. 9월 28일, 공군본
부는 강릉전진부대장에 김영환 대령, 기지부대장에 김신 대령을 임명
하고 제1전투비행단 소속의 병력 275명과 항공 전력을 강릉기지로 이
동시켰다. F-51D 전투기 12대, T-6 항공기 1대, 항공지원장비 14대
가 주요 항공 전력이었다. 공군 대위였던 노병도 그들과 함께했다. 당
시 상황을 노병에게 여쭤봤다.

사천기지에서 작전준비태세검열을 받은 후, 강릉기지로 파견을 나갔습니다.

설악산과 동해 바다를 끼고 있는 강릉기지는 예나 지금이나 우리 전투조종사를 괴롭히는 네 가지 장애물이 있습니다. 해무, 갈매기 떼, 모래바람, 강풍이 그것입니다. 당시 조종사 숙소는 콘센트 막사였는데 야간 취침 시, 모래바람이 너무 심해서 얼굴에다 수건을 뒤집어쓰고 자야만 했습니다. 그런데도 아침에 일어나면 코와 귓속에 모래가 잔뜩 들어가 있었습니다. 강릉기지의 전투조종사들 가운데 맹장 수술을 한 사람들이 많이 있었는데, 나는 지금도 그 원인이 모래바람 때문이었다고 생각합니다. F-51D 전투기도 모래로부터 자유롭지 못했습니다. 우리는 개인 모포로 F-51D 전투기의 캐노피를 덮어놓았습니다. 특히 F-51D 전투기의 엔진 속으로 모래가 들어가면 절대로 안 되기 때문에 엔진과 배기구에는 별도로 고안한 장비로 철저하게 막아놓았습니다. 그 정도로 강릉기지의 인프라는 형편없었지만 우리 전투조종사들은 아무런 불평 없이 자신에게 주어진 비행임무에 최선을 다했습니다.

1951년 10월 11일, 강릉기지에서는 공군의 역사적인 단독출격작전이 진행되었다. 오전 8시 55분에는 김영환 대령이 이끄는 제1편대[159]가, 9시 20분에는 노병이 이끄는 제2편대[160]가 굉음을 울리며 강릉기지를 이륙했다. 오후에도 출격은 계속되었다. 오후 1시 5분에 강호륜 소령이 이끄는 제3편대[161]가, 1시 35분에는 정영진 대위가 이끄는 제4편대[162]가 대지를 박차고 이륙한 뒤, 험준한 대관령을 넘어 북쪽으로 날아갔다. 그동안 6146부대 미군 조종사들의 요기로만 출격했던 우리 전투

---

159 제1편대의 멤버는 편대장 김영환 대령, #2기 이기협 대위, #3기 윤응렬 대위, #4기 라그로 중위였다.
160 제2편대의 멤버는 편대장 김두만 대위, #2기 박완규 소위, #3기 옥만호 중위, #4기 손재권 소위였다.
161 제3편대의 멤버는 편대장 강호륜 소령, #2기 장성태 중위, #3기 이강화 대위, #4기 애덤스 대위였다.
162 제4편대의 멤버는 편대장 정영진 대위, #2기 유치곤 소위, #3기 권성근 대위, #4기 박재호 중위였다.

조종사들의 가슴에는 저마다 벅찬 희열과 감동이 밀려왔다. 이제는 미군 조종사 라그로 대위와 애덤스^Adams 대위가 우리 편대장의 공중지휘를 받으며 동반 출격을 했으니, 그 감회는 뭐라 말할 수 없었다. 혹자는 '대한민국 공군이 단독출격작전을 한다면서 미군 조종사들과 함께 출격한 이유가 뭐냐'며 궁금해할 것이다. 당시 딘 E. 헤스 중령이 일본으로 전출 간 이후에도 6146부대는 존재했고, 그들의 본부는 사천기지에 있었다. 우리 공군이 강릉기지를 전진기지로 활용하며 단독출격작전을 펼치자 6146부대장 해럴드 H. 윌슨 소령은 자신의 부하 조종사 일부를 강릉기지에 파견해서 우리 전투조종사들과 함께 출격하도록 배려한 것이다. 헤스 중령 때와 달라진 것은 이때부터 우리 전투조종사가 편대장이 되어 공중지휘를 했다는 사실이다.

공군지휘부가 강릉기지에 부여한 미션은 북한의 원산에서부터 중동부 전선에 이르는 적의 보급로와 보급품집적소, 탄약저장소, 고사포 및 기관총 진지, 산림 지역에 교묘하게 위장되어 있는 적의 주요 전력들을 찾아내서 섬멸하는 것이었다. 적들은 우리 공군의 단독출격작전으로 큰 피해를 입자, 그들 나름대로 대비책을 강구하기 시작했다. 그들은 보병들이 소유한 소총과 75mm, 40mm 고사포는 물론 밧줄까지 동원해서 우리 전투조종사들을 위협했다. 특히 계곡 사이에 가로질러 설치해놓은 굵은 밧줄은 우리 전투조종사들이 저공 침투를 시도할 때 가장 큰 위협 요소였다. 노병은 10월 11일, 첫 출격을 개시한 이후, 기상이 나쁜 날을 제외하곤 매일 1~2회씩 출격하면서 전과를 올렸다. 1951년 12월 1일, 공군 소령으로 진급한 그는 편대장으로 계속 출격임무를 수행했다. 1952년 1월 9일은 노병에게 가슴 시린 날이었다. 편대원 이일영 중위(추서 계급)를 잃은 날이었기 때문이다. 노병에게 그 사연을 들어보았다.

그날은 연일 계속된 전투출격으로 전투기의 가동률이 저하되어 3대 편대로 출격을 하게 되었습니다. 편대원은 김금성 대위(예비역 ☆)와 이일영 소위였습니다. 우리 세 사람은 F-51D 전투기를 타고 제1차 공격 목표인 원산 철도역 조차장에 대한 폭탄 투하에 성공하고, 북한군의 동부 전선 보급기지를 공격하기 위해 그곳으로 기수를 돌렸습니다. 우리가 그곳 상공에 도착해서 5인치 로켓과 기총공격을 감행하던 도중, 이 소위가 탄 F-51D 전투기가 북한군의 대공포에 피격되어 산화했습니다. 경북 안동에서 태어난 그는 일본 육군소년비행병학교 17기 출신으로 6.25남침전쟁이 한창이던 1951년 9월 10일 공군 소위로 현지임관을 한 후, 처음에는 L-4 항공기를 타다가 1951년 10월부터 강릉기지에서 F-51D 전투기로 출격을 시작했습니다. 그리고 운명의 그날까지 총 44회의 전투출격으로 혁혁한 전공을 세웠습니다. 평소 과묵하고 신중한 언행으로 동료 전투조종사들의 신망이 두터웠던 그의 전사(戰死)는 주위 사람들의 마음을 슬프고 아리게 했습니다. 그가 스물네 살 젊은 나이로 창공에 묻힌 지 수십 년이 흘렀지만, 나는 지금도 그때를 생각하면 눈물이 앞을 가립니다.

1952년 1월 11일, 노병은 이일영 소위의 죽음을 뒤로한 채, 애써 담담한 심정으로 출격에 나서야만 했다. 그는 금강산 일대에 위장해 있던 적의 보급기지를 파괴하는 비행임무를 완수하고 강릉기지로 무사히 귀환했다. 그러자 강릉전진부대장 김신 대령과 동료 전투조종사들, 최원문 정비사를 비롯한 여러 정비사들이 일제히 환호성을 지르며 그의 애기 주변으로 모여들었다. 그들은 '대한민국 공군 최초의 100회 출격'이라고 쓴 플래카드를 펼쳐 들고 조종석을 빠져나온 노병에게 악수 세례를 퍼붓고 무등을 태워주었다. 현재 노병의 100회 출격에 대한 역사 기록물은 크게 두 가지가 남아 있다.

하나는 그의 감회를 적어놓은 메모지이고, 다른 하나는 강릉전진기지의 동료 조종사들과 정비사들이 노병에게 무등을 태워주며 환호하는 사진이다. 그에게 공군역사기록관리단이 소장하고 있던 메모지를 보여주며 본인의 친필 여부를 물었다. 그러자 그는 "이것은 내가 쓴 게 아닙니다. 당시 곁에 있었던 누군가가 내 얘기를 듣고 메모해서 기록물로 남긴 것 같습니다."라며 지금까지 잘 보존되어 있는 것에 대해 매우 신기해했다. 메모지에는 다음과 같이 적혀 있었다.

좌우간 전진기지(강릉)에서 출격하는 것이 제일 통쾌합니다. 적진 상공에서 적이 쏘아대는 무수한 지상포화를 피하면서 공격을 수행해서 탄약집적소나 군수물자를 파괴시킬 때의 통쾌한 심정이란 우리 조종사만이 맛볼 수 있는 쾌감입니다. 만약 F-51D 전투기에 후방석이 있다면 시인이나 소설가를 태우고 출격하고 싶습니다. 이런 쾌감을 모르신다는 것은 유감입니다. 제일 침착해야 할 때가 출격할 때입니다. 조종복을 입고 조종석에 앉으면 그때부터는 무념무상(無念無想)입니다. 오직 자기가 할 일은 그것뿐입니다.

평소 과묵하고 무뚝뚝한 그가 전투기 후방석에 시인이나 소설가를 태우고 출격해서 자신이 느낀 통쾌함을 시나 글로 써 보이고 싶다는 메모 내용을 읽으면서 필자는 그의 영혼이 맑고 깨끗하다는 것을 느꼈다. 그런 순수한 영혼과 열정을 지녔기에 뜨거운 불기둥 위에 자신의 운명을 걸쳐놓고 저 드높은 창공을 향해 거침없이 비상했는지도 모른다. 그에게 100회 출격에 성공한 소회所懷, 그 후 일신상의 변화에 대해 여쭤봤다.

사람들은 '10'과 '100'이라는 숫자에 대해 여러 의미를 부여하는 경향이 있습니다. "열 번 찍어 안 넘어가는 나무 없다"라는 속담부터 십년공부, 십년지기 등은 10을 강조하는 말입니다. 100도 마찬가지입니다. 백약이 무효, 백발백중, 백수백복(百壽百福), '통틀어 백 가지 일'이란 뜻의 범백사(凡百事)에도 100이 란 숫자가 들어갑니다. 여기서 100은 '온전한 목숨', '많은 것', '완전한 것'을 상징합니다. 아마 공군도 그런 차원에서 100회 출격에 의미를 부여한 것이 아 닌가 싶습니다. 즉 100회 출격에 성공하면 하느님도 더 이상 그 전투조종사의 목숨을 앗아가지 못한다는 '불사조 조종사'란 의미에서 '100회 출격 조종사'에 대한 행사를 만들어준 것 같습니다. 하지만 무신론자였던 나는 오히려 100회 출격에 대해 무덤덤했습니다. 1952년 1월 11일, 그날도 100회째 출격이라는 생각을 하지 못하고 내 애기였던 29호 F-51D 전투기를 타고 적진 상공으로 향했습니다. 공격을 마치고 강릉기지로 돌아오니까 100회 출격을 달성했다면 서 많은 분들이 축하해주었습니다. 최원문 정비기장을 비롯한 동료 정비사들 은 내가 탔던 29호의 F-51D 전투기의 오른쪽 캐노피 하단부에 독수리 한 마 리가 직경 12.7cm(5인치) 로켓탄을 잡고 날아가는 그림을 그려주었습니다. 그 로켓탄에는 '100 Missions'이라고 쓰인 리본이 매달려 있었습니다. 그 덕분인 지 5월 18일에는 손재권 소령이 내가 탔던 29호 F-51D 전투기로 100회 출격 을 달성하는 쾌거를 이룩했습니다. 이는 29호 F-51D 전투기가 두 번째 100 회 출격자를 배출한 겁니다. 그것도 공군 최초의 기록이었다고 봅니다. 게다가 1953년 5월 30일 유치곤 대위가 그 전투기를 타고 공군 최초로 200회 출격이 라는 금자탑을 세웠습니다. 하지만 안타깝게도 29호 F-51D 전투기는 1954년 3월 24일 강릉기지에서의 비행 사고로 크게 파손되었습니다. 역사적으로 보 존 가치가 큰 전투기였기에 그 소식을 듣는 순간, 마치 내 자식이 죽은 것처럼 한없이 슬펐던 기억이 있습니다.

우리 공군 역사에 남겨둘 얘기가 또 하나 있습니다. 그것은 F-51D 전투기를 전투조종사들에게 고정적으로 배정해준 일입니다. 10대의 F-51D 전투기를 이타즈케 공군기지로부터 인수해 온 다음 날부터 18호 F-51D 전투기는 딘 헤스 소령(당시 계급)의 전용 애기였습니다. 그가 일본으로 전출을 떠나기 전까지 18호 F-51D 전투기는 오로지 헤스 소령만이 탈 수 있었습니다. 당시 우리 전투조종사들은 그날그날 배정받은 F-51D 전투기를 타고 출격했습니다. 하지만 강릉전진기지에서 단독출격작전을 개시하면서 제10전투비행전대의 최고지휘관이었던 김영환 대령과 편대장들에게는 헤스 소령처럼 전용 애기를 배정해주었습니다. 205호 F-51D 전투기는 김영환 대령의 전용 애기였고, 29호 F-51D 전투기는 내 전용 애기였습니다. 이것이 가능했던 것은 미 공군이 F-51D 전투기를 추가 지원해주면서 전투기 운용상에 어느 정도 여유가 생겼기 때문입니다. 한 가지 특기할 만한 사항은 김 대령의 전용 애기인 205호 F-51D 전투기는 스피너(spinner)[163] 부분이 3가지 색(적색, 청색, 황색)으로 칠해져 있었습니다. 그것은 3개 비행대대(101대대, 102대대, 103대대)를 지휘하는 최고지휘관을 상징하는 색이었습니다. 국내에 전시된 5대의 F-51D 전투기 중에 205호기가 있는지 궁금합니다. 그것이 존재한다면 스피너 부분이 삼색인지 확인해보고, 만약 보존 과정에서 색깔이 지워졌다면 적색, 청색, 황색으로 복원해주었으면 좋겠습니다.

전투조종사는 1번 출격이나 100번 출격이나 자신의 목숨을 내놓는 건 마찬가지입니다. 다만 출격 횟수가 많다는 것은 그만큼 위험한 순간에 더 많이 노출되었다는 것을 의미하기에 조국에 대한 헌신의 강도가 조금 더 셌다고 말할 수는 있을 겁니다. 내가 우리 공군 최초로 100회 출격의 기록을 세운 후로 젊은 전투조종사들 사이에서 100회 출격을 달성하기 위한 선의의 경쟁이 일어났습니다. 그것이 우리 공군에 엄청난 에너지로 작용했고, 적에게는 공포와 전율을 느끼게 했을 겁니다. 나중에는 강릉여고생들이 100회 출격 조종사들

---

163 프로펠러의 허브를 덮고 있는 유선형 덮개. 스피너는 엔진 카울링 속으로 유입되는 공기가 유연하게 흐를 수 있도록 하고 또한 비행기의 유선형 형태를 구성한다.

노병의 100회 출격을 축하해주는 동료 전우들(출처: 노병의 사진첩)

에게 꽃다발을 안겨주는 퍼포먼스까지 했습니다. 그 때문에 젊은 전투조종사들의 사기가 충천했습니다. 나는 지금도 그런 분위기가 6.25남침전쟁 때 출격 조종사 129명 가운데 39명의 100회 출격을 가능하게 했던 힘의 원천이라고 믿고 있습니다. 나는 최초의 100회 출격 조종사로서 과분한 영광을 누렸습니다. 하지만 나보다 훨씬 더 많은 전투출격을 했던 전투조종사들도 상당수 존재한다는 사실을 후배 공군인들이 기억해주었으면 좋겠습니다. 203회라는 최다 출격 기록에 빛나는 위업을 달성한 유치곤(예비역 ☆)을 비롯해서 김금성

(195회 출격, 예비역 ☆), 임상섭(152회 출격, 예비역 ☆), 박용만(170회 출격, 예비역 대령) 등 수많은 동료 전투조종사의 숭고한 헌신에 대해서도 알려주고 싶습니다. 그들의 숭고한 희생과 헌신이 있었기에 오늘의 우리 공군이 존재한다고 생각합니다.

강릉전진부대장은 100회 출격 조종사에게 꽤 많은 격려금을 주었습니다. 나도 당시 강릉전진부대장이었던 김신 대령으로부터 격려금으로 20만 원[164]을 받았습니다. 그 돈은 부대 운영비를 절약해서 만든 돈이었습니다. 나는 그중에서 10만 원은 평소 29호 F-51D 전투기 정비를 위해 수고해준 최원문 정비기장(예비역 대령)에게 회식 비용으로 주고, 나머지 10만 원은 동료 조종사들과 술을 먹는 데 썼습니다. 그때 우리 전투조종사들은 1964년에 개봉되어 대히트를 한 영화 「빨간 마후라」에 나온 것처럼 자신의 운명이 언제 끝날지 모르는 불안감 속에서 출격했기 때문에 비행임무를 마치고 나면 극도의 긴장감과 스트레스를 해소하기 위해서 술을 자주 먹었습니다. 안타깝기 그지없었지만 당시로서는 어쩔 수가 없었습니다. 나는 비록 애주가가 아니었지만, 술을 자주 먹을 수밖에 없었던 동료 조종사들의 마음을 누구보다 이해했습니다. 또 100회 출격을 얘기하면서 헤스 소령(당시 계급)의 100회 출격을 언급하지 않을 수 없습니다. 정확한 날짜는 기억할 수 없지만, 그가 100회 출격을 했던 곳은 진해기지였습니다. 그러니까 나보다 한참 전에 100회 출격에 성공한 겁니다. 그가 100번째 출격을 하고 진해기지로 복귀하던 날, 진해기지의 모든 조종사, 정비사, 그곳에서 교육받던 한국군 장교후보생, 사병들이 활주로 경계를 따라 정렬한 뒤, 해럴드 H. 윌슨 대위(당시 계급)와 함께 착륙하는 그에게 손을 흔들어 환영 인사를 했습니다. 그리고 F-51D 전투기에서 내려오자마자 미

---

164 이 부분에 대해서는 두 분의 견해가 엇갈린다. 노병은 20만원의 격려금을 받은 것 같다고 기억한 반면, 그의 전용 얘기인 29호 F-51D 전투기의 정비를 책임졌던 정비기장 최원문(예비역 대령)은 50만원을 받았다고 진술했다. 하지만 두 분의 얘기가 일치하는 대목은 노병이 받은 격려금의 50%를 정비사들에게 나눠주었다는 사실이다.

군 사병 세 사람이 무등을 태운 뒤 진해기지의 최고지휘관인 장덕창 대령(당시 계급)에게 갔습니다. 당시 장 대령은 까만 구레나룻을 길렀는데, 그 때문에 그의 별명은 '구두솔(brush)'이었습니다. 그는 헤스 소령에게 숫자 100을 한문으로 써넣은 금메달을 수여했습니다. 헤스 소령은 뜻하지 않은 선물과 진심 어린 환영에 말문을 잊지 못하고 "앞으로도 비행을 계속해서 적을 무찌르는 데 앞장서겠다."며 답사를 했습니다.

한편 100회 출격을 마치자 공군지휘부는 내가 출격임무를 충분히 수행했다고 간주하고, 하루속히 후방 지역으로 내려가서 후배 전투조종사 양성을 위해 힘써줄 것을 종용했습니다. 그때 강릉기지는 미 제5공군사령부 측으로부터 매우 중요한 임무 하나를 요청받았습니다. 6.25남침전쟁사에 길이 빛날 '승호리 철교 폭파임무'였습니다. 그래서 강릉전진부대장 김신 대령에게 말씀드렸습니다. "제가 마지막으로 승호리 철교 폭파작전에 참가해서 임무를 완수한 뒤 사천기지로 내려가겠습니다." 그랬더니 그분께서도 쾌히 승낙해주셨습니다. 1952년 1월 12일과 13일에 걸쳐 승호리 철교 폭파를 시도했지만 실패하고 말았습니다. 나는 그것을 끝으로 사천기지에 가서 후배 조종사 양성을 위해 노력했습니다. 결국 승호리 철교는 1952년 1월 15일 내 동기생인 옥만호(제12대 공군참모총장), 윤응렬 대위(예비역 ☆☆)가 이끄는 F-51D 전투기 편대에 의해서 완전히 파괴되었고 이를 통해 미 제5공군사령부도 우리 공군을 새롭게 인식하는 중요한 계기가 되었습니다.

노병은 자신의 100회 출격과 관련된 인터뷰를 하는 내내, 무념무상無念無想을 여러 차례 강조했다. 무념무상은 '무아無我의 경지에 이를 만큼 일체의 상념想念이 없다'는 뜻이다. 이는 매일 1~2회씩 자신의 목숨을 걸고 적진을 향해 출격하면서도 죽음에 대한 공포나 두려움을 갖지 않았다는 얘기인데, 인간으로서 어떻게 그런 일이 가능했는지 궁금했다.

더구나 그는 무신론자였다. 공군 최초의 100회 출격에 대한 인터뷰를 마무리하면서 그에게 무념무상의 자세를 견지할 수 있었던 비결에 대해 물어봤다.

죽음에 대한 두려움이 조금도 없었다면, 그것은 거짓말입니다. 다만, 그것을 잊으려고 노력했을 뿐입니다. 그것과 관련해서 내게 큰 도움을 준 사람은 헤스 중령입니다. 그를 편대장으로 모시고 #2기 요기 조종사로 출격할 수 있었던 것도 내게는 큰 행운이었습니다. 그는 신들린 사람처럼 F-51D 전투기 조종을 잘했고, 적과 양민을 구분해서 적에게만 핀-포인트 공격을 했습니다. 만약 그와 같이 조종 기량이 출중하고 전쟁터에서 휴머니즘까지 실천하는 '신념의 조인'이 된다면 하느님도 내 목숨을 지켜주실 것 같았습니다. 그런 자세로 비행하다 보니 자연히 무념무상의 상태에 이를 수 있었고, 100회 출격을 하는 동안 여러 차례 생사의 고비를 넘나들었지만 결국 하느님께서 나를 보호해주신 것 같습니다. 정확한 일자는 기억나지 않지만 동료 전투조종사들과 함께 손금을 보러 간 적이 있습니다. 그것은 나도 죽음에 대한 심리적 불안감을 갖고 있었다는 것을 뜻합니다. 그때 우리 일행의 손금을 봐준 분은 동료 전투조종사였던 박재호 장군(예비역 ☆)의 먼 친척 형님으로 대학에서 철학을 전공한 사람이었습니다. 그는 내 손금을 자세히 보더니 다짜고짜 "아주 좋은 팔자"라고 말했습니다. 그러나 내 동기생 K에게는 "행운을 얻으려면 좀 더 노력해야 한다."고 얘기하고, C에게는 "당장 비행을 그만두는 게 좋을 것 같다."면서 걱정스런 표정을 지었습니다. 우리 일행은 철학관을 빠져나와 술을 곁들인 저녁을 함께하며 "야, 어떻게 손금 하나로 남의 인생을 예견할 수 있나?"면서 C를 위로해주었습니다. 그런데 얼마 후 C가 사천기지에서 비행훈련을 하다가 순직을 하고 말았습니다. 무신론자였던 내가 그때 처음으로 우리 인간의 삶을 주관하는 절대적인 신이 존재할지도 모른다는 생각을 갖게 됐습니다. 그 일을 계기로 나는 어려운 순간이 닥쳐올 때마다 철학관에서 들었던 '아주 좋은 팔자'를 떠올리며 자신감을 갖고 긍정적인 자세로 비행했던 생각이 납니다.

28. 승호리 철교 폭파작전

우리 공군은 1951년 8월 1일 제1전투비행단을 창설했다. 또 10월 11일 강릉전진기지에서 첫 단독출격작전을 펼치면서 UN 공군의 당당한 일원으로 적 보급로를 차단하는 후방차단작전과 국군 제1군단의 지상전투를 근접 지원하기 위한 공지합동작전에 주력했다. 1952년 6월에 접어들면서부터 UN 공군은 '항공압박작전'[165]으로 일컫는 또 다른 작전을 구상하기 시작했다. 이는 북한 지역의 주요 군사 목표를 집중 타격

---

165 항공압박작전(Operations Pressure Pump)은 6.25남침전쟁 기간 중 미 공군이 계획한 최대 작전으로서 미 극동공군사령관 오토 P. 웨이랜드(Otto P. Weyland) 대장이 주도했다. 그는 북한의 김일성으로 하여금 UN군이 제시한 휴전협상을 조건 없이 수용하도록 하는 데 초점을 맞추고 강력한 공중공격을 감행했다.

166 인터넷에 떠도는 '승호리 철교 폭파 작전'에 관한 글들을 보면 대부분 1952년 1월 12일의 제1차 공격조가 김두만 소령이 이끌었던 제1편대의 F-51D 전투기 숫자가 5대, 윤응렬 대위가 이끌었던 F-51D 전투기 편대가 3대 등 총 8대로 잘못 기술하고 있다. 그날 강릉전진기지에서 출격했던 F-51D 전투기의 숫자는 오전 7시 40분에 출격한 제1편대(편대장 김두만 소령)의 6대와 오후 2시에 출격한 제2편대(편대장 윤응렬 대위)의 3대, 제3편대(편대장 옥만호 대위)의 3대 등 총 12대였다. 하지만 실제로 승호리 철교 폭파에 성공한 작전은 1월 15일에 이루어졌다. 같은 날 오전에 제1편대(편대장 윤응렬 대위)의 3대, 제2편대(편대장 옥만호 대위)의 3대가 출격해서 폭파에 성공했고, 오후에 제3편대(편대장 이기협 대위)의 5대가 출격해서 오전의 전과를 확인하고 승호리 철교 중간에 남아 있던 교각 하나까지 완전히 파괴하고 귀환했다. 따라서 승호리 철교 폭파 작전에 소요된 출격 횟수는 총 23소티로 보는 게 옳다.

함으로써 김일성의 전쟁 의지를 말살하고 UN의 휴전협상 제안을 수용하도록 하기 위함이었다. 우리 공군은 그 과정에서 후방차단작전인 승호리 철교 폭파[166], 항공압박작전인 송림제철소 폭격과 평양 대공습을 완벽하게 수행해냈다. 특히 전자는 우리 공군이 단독출격을 통해 거둔 전과였고, 후자는 UN 공군의 단위부대로 참여해서 이룩한 성과였다. 이 가운데 노병이 참전했던 전투는 승호리 철교 폭파 작전이었다.

승호리 철교는 평양에서 동쪽으로 10km 정도 떨어진 남강에 설치되어 있었다. 만주에서 평양까지 운송된 각종 군수물자들은 그곳을 통해 서부 전선과 중동부 전선으로 보내지고 있었다. 그곳이 적의 후방 보급로 요충지임을 인식한 미 공군은 6.25남침전쟁 발발 직후 폭파시켜버렸다. 그러자 그들은 원래의 철교에서 약 200m 하류 쪽에 정(井)자 모양으로 침목을 쌓아 올린 10개의 교각을 세우고, 빈 공간에는 모래주머니를 가득 채워 넣은 방식으로 임시 철교를 가설했다. 그리고 철교의 종(縱) 방향으로 대공포를 촘촘하게 배치했다. 주변의 만달산에도 여러 대의 대공포가 위장막으로 가려진 채, 언제라도 불을 뿜을 기세였다. 이런 어려움 때문에 미 공군도 500소티의 전투출격을 했음에도 그것을 파괴시키지 못하고 전전긍긍하고 있었다. 1952년 1월 초, 미 제5공군은 단독출격 3개월째를 맞은 우리 공군에게 승호리 철교 폭파 임무를 부여했다. 강릉전진부대장 김신 대령은 1952년 1월 11일 우리 공군 최초로 100회 출격 기록을 세운 김두만 소령에게 그 임무를 맡겼다. 노병에게 당시 상황에 대한 이야기를 부탁드렸다.

1951년 11월 말경, 강릉전진부대장의 이·취임식이 있었습니다. 전임 부대장 김영환 대령이 미 공군대학에 교육 파견(1951. 12. 20.~1952. 6. 17.)을 나가야 했기 때문입니다. 후임 부대장에는 김신 대령이 취임했습니다. 출격 며칠 전에 나는 김신 대령으로부터 미 제5공군이 우리 강릉전진기지에게 승호리 철교 폭파 임무를 부여했다는 얘기를 들었습니다. 출격은 우리 전투조종사가 했지만 그 밖의 다른 것들은 미 공군의 도움을 받아야만 했습니다. 미 제5공군은 미군 정찰기가 목표 상공까지 날아가서 공중 촬영한 사진과 그에 대한 정밀 분석을 바탕으로 공격 지점에 대한 좌표, 대공포의 배치 상황, 적진 상공의 기상, 최적 출격 시점 등에 대한 각종 자료와 정보를 제공해주었습니다. 강릉전진부대장 김신 대령과 작전처장 강호륜 중령은 이를 토대로 출격에 나설 제1, 2, 3 편대장과 편대원들의 명단을 짰고 우리 전투조종사들은 그 명령에 기꺼이 따랐습니다. 어떤 일이 있어도 승호리 철교는 반드시 우리 손으로 폭파시키고 말겠다는 각오와 결의로 가득 차 있었기 때문입니다.

1952년 1월 12일 새벽에 합동작전센터(JOC)에서 강릉전진기지로 일일 항공 작전임무 명령서(Frag Order)가 전달되었습니다. 이 명령서는 적에게 감청될 우려가 있어서 직접 항공기로 전달하는 게 관례였습니다. 우리 전투조종사들은 새벽 5시쯤 숙소에서 기상한 후, 간단하게 아침 식사(밥, 국, 김치, 생선)를 하고 작전상황실로 이동했습니다. 50만분의 1로 축소한 작전지도를 펼쳐놓은 가운데 기상장교, 정보참모, 작전참모로부터 비행에 필요한 기상 정보와 적진(敵陣) 상공에 대한 각종 기초 정보를 청취했습니다. 그런 다음 작전처장 강호륜 중령의 주관 아래 비행임무 완수를 위한 브리핑을 실시했습니다. 그 자리에서는 적 목표물에 대한 좌표, 공격을 위한 진입 시점(IP, Initial Point), 폭격선(Bombing Line), 공격 시간(TOT), 적 대공포의 위치 및 회피방법, 공격 후 행동요령, 집결 지점에 대한 최종 논의가 이루어졌습니다. 우리 전투조종사들은 그것을 철저하게 숙지한 뒤 각자 자신의 애기에 올라타고 강릉전진기지를 이륙했습니다. 당시 제1편대는 편대장인 나를 비롯해서 #2기 장성태 대위, #3기 김금성 대위, #4기 이기협 대위, #5기 전봉희 대위, #6기 라그로 중위로 구성되었습니다. 우리 제1편대는 어둠이 채 가시지 않은 아침 7시 40분에 구멍

김영환 대령과의 송별 기념사진[167] (출처: 계원철 장군 사진첩)

이 송송 뚫린 강화 철판(PSP, Pierced Steel Planking) 활주로를 박차고 힘차게 이륙했습니다. 비록 PSP 활주로는 얼음보다 더 차가웠지만 승호리로 향하는 우리들의 가슴은 뜨겁게 불타오르고 있었습니다.

6대의 F-51D 전투기로 구성된 제1편대는 공중에서 대형을 갖춘 뒤 곧바로 대관령을 넘어 평양까지 빠른 속도로 날아갔습니다. 멀리서 우리가 반드시 파괴해야 할 승호리 철교가 눈에 들어왔습니다. 그 순간 적 대공포가 일제히 불을 뿜기 시작했습니다. 지상에서는 철교가 매우 크게 보일지 모르지만 높은 하늘에서, 그것도 가로(橫) 방향에서 보면 조그만 줄 하나로밖에 보이지 않았습니다. 따라서 가로 방향에서 공격하면서 폭탄과 로켓으로 철교를 맞춘다는 것은 거의 불가능했습니다. 나는 성공 가능성을 조금이라도 높이기 위해 편

---

167 이 사진은 1951년 11월 14일, 김영환 대령이 도미 교육을 위해 제10전투비행전대장을 이임하기 전에 부하들과 송별 기념사진으로 찍은 것이다. 아래줄 좌로부터 권성근 대위, 장지량 중령, 김신 대령, 김영환 대령, 라그로 중위, 강호륜 중령이다. 뒷줄 좌로부터 김두만 소령, 백춘득 소령, 계원철 소령, 정규철 소령, 김동출 소령이다.

대원들에게 '목표물 고착(target fixation)'에 유의하면서 승호리 철교의 종(縱)
방향으로 공격해 들어갈 것을 지시했습니다. 참고로 목표물 고착이란 폭파시
켜야 할 목표물에 집중한 나머지 폭격 후에 기수를 돌리는 것이 불가능한 지
점까지 낮게 내려가는 것을 의미합니다. 그리고 편대장인 나부터 대공포화를
피해가며 2,400m(8,000ft) 상공에서 수직에 가까운 급강하를 시도한 뒤, 고도
900m(3,000ft)에서 227kg(500lbs)짜리 폭탄 2발을 투하하고 로켓탄 공격을 감
행했습니다. 다른 편대원들도 나와 같은 패턴으로 급강하공격을 시도했는데
승호리 철교는 멀쩡했습니다. 우리 전투조종사들은 허탈한 마음으로 강릉전
진기지로 귀환했습니다.

제1편대의 공격이 실패했음을 확인한 강릉전진부대장 김신 대령은 이날 오후
2시, 윤응렬 대위를 편대장으로 하는 제2편대(#1기 윤응렬 대위, #2기 주영복
대위, #3기 정주량 대위)와 옥만호 대위를 편대장으로 하는 제3편대(#1기 옥
만호 대위, #2기 유치곤 중위, #3기 박재호 대위)를 출격시켰지만 그들 역시
임무 수행에 실패하고 말았습니다. 그날 저녁 우리 전투조종사들은 강릉전진
부대장 김신 대령과 작전처장 강호륜 중령을 모시고 심도 있는 전술 토의를
진행했습니다. 미 공군의 공격 방식으로는 승호리 철교를 폭파시킬 수 없다는
사실을 인식하고 우리 공군 특유의 대담한 공격 방식을 채택하기로 결정했습
니다. 즉 1,200m(4,000ft) 상공에서 급강하한 뒤 고도 450m(1,500ft) 상공에서
폭탄 투하와 로켓 공격을 퍼붓고 현장에서 재빨리 이탈하자는 쪽으로 의견이
모아졌습니다. 사실상 목숨을 내놓고 세계 항공전 사상 초유의 초저고도 급강
하공격을 선택한 것입니다. 1월 13일, 나를 비롯한 8명의 전투조종사들이 승
호리 철교 폭파를 위해 강릉전진기지를 이륙해서 평양으로 날아갔습니다. 평
양 상공의 기상은 승호리 철교에 대한 폭탄 공격이 불가능할 정도로 매우 좋
지 않았습니다. 그래서 우리 제1, 2편대는 제2차 목표로 설정해놓은 황해도
이천 지구의 교량들을 잇달아 파괴하고 강릉전진기지로 복귀했습니다. 그것

PSP 활주로에서 출격 준비 중인 F-51D 전투기(출처: 공군본부)

을 끝으로 나는 '후배 전투조종사 양성'이라는 새로운 임무를 부여받고 사천 기지로 내려갔습니다.

1952년 1월 15일, 아침 식사를 마친 6명의 전투조종사들이 작전상황실로 집결했다. 저번처럼 작전참모, 정보참모, 기상 장교의 브리핑이 차례대로 이루어진 후, 부대장인 김신 대령이 무겁게 입을 열었다. "매우 어려운 일이지만 임무 완수에 최선을 다해주길 바란다. 단, 지나친 저고도 공격과 3회 이상 공격은 엄격히 금지한다. 임무 완수에 성공한 편대에는 캐나다산 VO 위스키 1병을 포상으로 주겠다!"라고 말한 뒤 출격에 나서는 전투조종사들과 일일이 악수를 나눴다. 그들이 F-51D 전투기의 주기장에 도착하자 이미 정비를 마친 6대의 F-51D 전투기들이 요란한 굉음을 내며 출격 준비를 서두르고 있었다. 오전 8시 25분, 제1편대장 윤응렬 대위를 필두로 #2기 정주량 대위, #3기 장성태 대위가 탄 F-51D 전투기가 평양 상공을 향해 치솟았다. 곧바로 제2편대의 #1기 옥만호 대위, #2기 유치곤 중위, #3기 박재호 대위의 F-51D 전투기도 뜨거운 불기둥을 뒤로하며 매서운 기세로 이륙했다. 그들이 탄 F-51D 전투기에는 각각 227kg짜리 폭탄 2발과 직경 12.7cm인 로켓탄 4발, 그리고 약 1,800여 발의 캘리버 50(12.7mm) 기관총탄이 탑재해 있었다.

그들이 승호리 철교 상공에 진입하기도 전에 북한군은 그 낌새를 알아채고 대공포를 쏘아대기 시작했다. 제1편대장 윤응렬 대위는 편대원들에게 '과감하고 정확한 공격'을 주문했다. 그리고 자신부터 대공포에 피탄될 위험성을 무릅쓰고 승호리 철교의 종 방향으로 약 450m(1,500ft)상공까지 급강하를 하자 K-14 자이로 조준기의 정중앙에 승호리 철교의 교각이 들어왔다. 그는 폭탄 스위치를 누르고 재빠르게 현장을 이탈하며 급상승을 시도했다. 그를 뒤따르던 #2기, #3기 편대원들도 급강하를 시도하며 폭탄 투하와 로켓 공격을 퍼부었다. 순간 "쾅! 쾅! 쾅!" 하는 폭발음이 주변을 진동하면서 검은 연기가 하늘 높이 피어올랐다. 선제공격을 마친 제1편대는 회피 기동을 하며 북한군의 대공포 진지를 향해 로켓 공격과 기관총 세례를 퍼붓기 시작했다. 그러는 사이 옥만호 대위를 비롯한 제2편대의 공격 또한 승호리 철교의 종 방향으로 전광석화처럼 이루어졌다. 그들이 폭탄 세례를 퍼붓고 현장을 빠져나오면서 하늘에서 바라보니 승호리 철교는 처참한 모습으로 파괴되어 있었다. 제2편대의 엄호 비행을 하고 있던 제1편대장 윤응렬 대위가 상기된 목소리로 지시했다. "드디어 우리 산돼지들이 해냈다. 자, 이제 기지로 돌아가자!" 그동안 난공불락을 과시하며 미 공군을 주눅 들게 했던 승호리 철교는 우리 전투조종사들의 용감무쌍한 투혼 앞에 초토화되고 말았다. 6대의 F-51D 전투기가 강릉전진기지에 착륙하자 김신 대령을 비롯한 부대원들이 일제히 뛰어나와 그들을 열렬하게 환영했다.

김신 대령은 이날 오후 1시쯤 이기협 대위를 편대장으로 하여 5대의 F-51D 전투기를 승호리 철교 상공으로 다시 출격시켰다. 오전에 있었던 우리 F-51D 전투기의 전과를 확인하고 혹시라도 파괴되지 않은 부분이 있으면 그것마저 깨끗하게 부숴버리기 위함이었다. 승호리 철교 상공에 도착한 이기협 편대장은 파괴된 승호리 철교 중간에 교각 하나가 서 있는 것을 발견하고, 227kg짜리 폭탄 2발로 깨끗하게 폭파시켜버렸다. 이미 전의^{戰意}를 상실한 북한군의 대공포 진지는 망연자실한 모습으로 침묵만 지키고 있었다. 그것으로 우리 공군이 부여받은 승호리 철교 폭파 임무는 완벽하게 끝이 났다. 이를 계기로 '밑져야 본전'이라는 생각에서 임무를 맡긴 미 제5공군은 강릉전진기지 전투조종사들의 감투 정신과 저고도 공격 전술에 놀라움과 함께 굳은 신뢰를 갖기 시작했다. 노병에게 '승호리 철교 폭파 작전'의 의미를 여쭤봤다.

한마디로 청사에 길이 빛날 대단한 전과였습니다. 승호리 철교 폭파는 우리 공군이 단독출격을 시작한 지, 3개월 만에 거둔 값진 전과였습니다. 그동안 미 제5공군은 우리 공군의 작전 수행 능력에 대해 미덥지 않은 시선으로 바라보고 있었습니다. 그런데 우리 전투조종사들이 그렇지 않다는 사실을 확실하게 보여준 셈입니다. 나중에 얘기를 들어보니까, 승호리 철교 폭파 작전의 성공이 미 공군을 비롯한 UN 공군 내에서도 한동안 회자되었고 미국 신문에서도 크게 보도되었다고 합니다. 또 미 제5공군으로부터 추가적인 F-51D 전투기의 지원과 함께 트루먼 대통령의 부대 표창까지 있었던 것으로 압니다. 아쉽게도 나는 마지막 순간을 우리 동료 전투조종사들과 함께하지 못했지만 옥만호 대위, 윤응렬 대위, 이기협 대위, 박재호 대위, 장성태 대위, 김금성 대위,

승호리 철교를 폭파하는 장면을 그린 그림(출처: 공군박물관)

정주량 대위, 유치곤 중위의 숭고한 감투 정신과 빛나는 애국 혼에 대해서만
큼은 지금도 자랑스럽게 생각하고 있습니다. 역전의 용사들께서는 대부분 고
인이 되셨고 현재는 윤응렬 장군(예비역 ☆☆)과 박재호 장군(예비역 ☆)만이
생존해 있습니다. 그분들을 만날 때마다 종종 옛날 얘기를 하곤 하는데, 많은
시간이 흘렀는데도 승호리 철교 폭파 작전이 바로 어제의 일처럼 느껴지는 것
은 그만큼 우리 전투조종사들이 자신의 목숨을 걸고 모든 것을 아낌없이 바쳤
던 숭고한 사명이었기 때문입니다. 승호리 철교 폭파 작전은 우리 전투조종사
들이 무엇을 바라고 한 일이 결코 아닙니다. 다만 '6.25전쟁사'와 '한국현대사'
가 우리 전투조종사들의 이름 석 자를 기억해주고 미군 조종사들에게 뒤지지
않기 위해 열심히 싸웠던, 그 숭고한 빨간 마후라의 정신을 오랫동안 기억해
주었으면 좋겠습니다.

29. 제10전투비행단의 창단과 영정출격

1952년 1월 15일, 승호리 철교 폭파에 성공한 강릉전진기지의 제10 전투비행전대에 대한 위상이 제고되면서 미 공군의 지원도 크게 늘어 났다. 미 제5공군은 제10전투비행전대의 전투 능력을 높이 평가하고, UN 공군의 단위부대로 합동출격을 할 수 있도록 했다. 1952년 3월 하 순경, 미 제5공군은 강릉전진기지에 북한의 공업도시인 송림제철소[168] 와 주변의 군사시설을 폭파하라는 임무를 부여했다. 이 작전은 UN 공 군이 김일성의 전쟁 의지를 무력화시킬 목적에서 계획한 세처레이트 작전Operations Saturate, 집중폭격의 일환으로 전개되었다. 제10전투비행전 대는 1952년 2월 1일자로 전입해 온 D-Class의 신규 전투조종사 7명

---

168 송림제철소는 150톤급 용광로 3기, 200톤급 용광로 2기를 비롯해서 제강 공장과 코르크, 유안, 벤졸 공장이 있었으며 제강 공장에서는 총포를 비롯한 무기 생산에 필수적인 선철, 철판, 레일을 생산하고 있었다.

169을 이 작전에 투입시켰다. 송림제철소와 주변 군사시설에 대한 폭격 작전은 1952년 3월 28일부터 4월 9일까지 지속되었다. 3월 28일 옥만호, 김금성, 이기협, 나창준 대위를 편대장으로 하는 F-51D 전투기가 총 16소티를 감행해서 송림제철소의 용광로 2개와 유류저장소, 탄약저장소, 건물 4동, 철도 1곳을 파괴했다. 3월 29일과 30일에도 각각 16소티와 8소티의 출격을 통해 송림제철소 공장 건물과 군사시설을 파괴했다. 4월에 들어와서도 우리 공군의 출격은 계속되었다. 제10전투비행전대는 4월 2일부터 4월 9일까지 총 61소티의 출격을 감행해서 송림제철소과 주변의 군사시설까지 남김없이 파괴했다.

1952년 6월 18일, E-Class의 전투조종사 8명이 제10전투비행전대에 새로 배속되었다. 이창실, 이호영, 박희곤, 송재봉, 임종두, 임상섭, 현창건, 최순선 소위였다. 이들은 사천기지에서 노병으로부터 비행교육을 받은 신예 전투조종사들이었다. 제10전투비행전대는 이들 전투조종사들의 충원으로 탄력적인 인력 운용이 가능해졌고 그들의 임무부담도 크게 개선되었다. 이는 곧 작전의 효율성 제고로 이어졌다. 7월에 접어들면서 UN 공군은 평양시에 대한 대대적인 폭격작전을 계획했다. 당시 평양에는 적 지휘본부, 통신본부, 군수물자저장시설 등 많은 군사시설들이 있었다. 7월 11일, UN 공군은 미 극동공군 목표선정위원회가 뽑은 평양 지역의 30개 타격 목표에 대해서 총 1,254소티의 출격으로 맹공을 퍼부었다. 이날 시행된 제1차 평양대공습작전에는 미

---

169 이들은 임순혁, 박용만, 정중엄, 권중화, 배상호, 백정현, 박두원 준위 등 7명이었다. 이들 전투조종사는 준위 계급으로 강릉전진기지에 배속된 후, 1952년 3월 1일자로 소위가 되었다. 특히 이들은 노병을 비롯한 순수 우리 공군의 비행교관에게 훈련을 받고 양성된 최초의 전투조종사라는 점에서 그 의미가 자못 크다.

170 이 사진은 1952년 경남 사천기지에서 찍은 것으로 앞줄 맨 좌측부터 시계 방향으로 이창실, 임종두, 노병, 임상섭, 박희곤, 최순선의 모습이다. 노병(당시 계급 공군 중령)을 제외한 5명의 계급은 모두 소위였다.

사천기지에서 E-Class 조종사들과 함께[170] (출처: 노병의 사진첩)

제5공군의 전투기와 미 제7함대의 항공모함 함재기들이 총동원되었고 야간에는 B-29 폭격기 54대가 출격해서 평양 지역의 군사시설에 대해 맹공을 퍼부었다.

한 가지 주목할 사항은 전쟁 기간 내내 미 공군이 보여준 인도주의적인 모습이다. 그들은 평양시를 공습하기 전에 '곧 평양을 공습할 예정이다. 시민들은 하루빨리 평양을 떠나라!'는 전단을 대대적으로 살포했다. 그런 다음, 예정대로 평양시에 대한 융단폭격을 감행했다. 평양시에 대한 UN 공군의 제2, 3차 공습은 각각 8월 4일과 8월 29일에 이루어졌다. 4일에는 284대의 전투기들이, 29일에는 1,122대의 전투기[171]들이 평양대공습을 실시했다. 여기에는 강릉전진기지에서 출격했던 우리 공군의 F-51D 전투기들도 포함되었다. 미 제5공군이 제10전투비행전대에 할당해준 공격 목표(좌표, YD3817)는 대동강철교 서쪽에 위치한 평양의 금속공장과 곡산공장이었다. 18명[172]의 우리 전투조종사들은 그것을 파괴함으로써 제10전투비행전대의 감투 정신을 유감없이 발휘했다. UN 공군과 우리 공군의 평양대공습 작전으로 미 극동공군의 목표선정위원회가 책정한 30개 공격 목표 가운데 약 93%에 달하는 군사시설이 회복 불능의 상태가 되었다.[173] 그 과정에서 UN 공군도 전투기 3대가 격추되고 27대가 크고 작은 피해를 당했다. 하지만 UN 공군과 우리 공군이 거둔 전과에 비해, 피해는 상대적으로 경미했다. 노병에게 송림제철소 폭격과 평양대공습에 대한 후일담을 들어봤다.

나는 아쉽게도 사천기지에서 신규 전투조종사 교육훈련에 몰두하고 있었기 때문에 송림제철소 폭격과 평양대공습 작전에 참가하지 못했습니다. 다만 우리 전투조종사들의 뛰어난 전과에 대한 소식을 많이 들었습니다. 송림제철소

---

171 평양대공습을 감행한 UN 공군의 항공기는 B-29 폭격기와 F-86, F9F(팬더), F4U, F-84(선더 제트), Meteor(미티어)-8 전투기였다.

172 평양대공습 작전에 참전한 제10전투비행전대의 전투조종사들은 제1편대군장 강호륜 소령, 제2편대군장 전봉희 소령, 제3편대군장 오춘목 소령을 비롯해서 주영복, 뮬러(Mueller) 소령, 장성태, 박완규, 볼츠(Volts) 대위, 백정현, 배상호, 이호영, 임상섭, 임순혁, 랜들(Randall) 중위, 임종두, 이창실, 송재봉, 현창건 소위 등 총 18명이었다.

173 미 공군의 가공할 만한 공중폭격에 무기력하게 당했던 김일성은 전쟁이 끝난 후에도 일종의 트라우마로 그의 영혼을 짓눌렀다. 그는 북한의 유치원 학생들에게 '미국 놈 때리기'라는 놀이를 시키고, 미국인들을 '승냥이 같은 놈'이라고 부르게 하면서 적개심을 갖게 했다. 또 북한이 세계 최고 수준의 땅굴 파기 기술을 보유하게 된 것도 따지고 보면 미군의 위력적인 항공 전력에 대한 원초적인 두려움에서 비롯된 것이라고 생각한다.

폭파 작전의 성공은 김성룡, 윤응렬, 옥만호, 김금성, 박재호, 나창준, 손재권, 박두원, 이기협, 유치곤, 임순혁, 정주량, 손흥준, 박용만, 배상호, 백정현, 권중화, 크레고(Crego), 보들리(Bordley) 같은 전투조종사들이 잘 싸워주었기 때문입니다. 다만 나와 함께 T-6 항공기를 타고 적진 상공을 누볐던 나창준 대위가 1952년 4월 5일 송림제철소 폭파 작전을 수행하던 도중, 적의 대공포에 피탄되어 전사했습니다. 전해 들은 얘기로는 나 대위가 전사하기 며칠 전, 어느 정비사에게 이런 말을 했다고 합니다. "넌, 좋겠다. 지상에서 정비를 하니까, 죽을 일이 없겠지!" 아마도 그는 자신의 죽음을 예견했던 것 같습니다. 나는 그 말을 전해 듣고 며칠 동안 손에 일이 잡히지 않을 정도로 착잡했던 기억이 납니다.

또 평양대공습 작전은 우리 공군이 실행했던 작전 가운데 단일 작전으로는 가장 큰 규모였습니다. 특히 내가 비행교관으로 가르쳤던 전투조종사들이 출격했던 만큼 큰 관심을 갖고 지켜봤습니다. 8월 29일 제10전투비행전대는 36대의 F-51D 전투기로 제1, 2, 3 편대군을 편성해서 오전 8시 20분, 오후 12시 25분, 오후 3시 55분 등 세 차례에 걸쳐 평양으로 출격했습니다. 당시 제1편대군에 해당하는 F-51D 전투기 12대는 제10전투비행전대가 가용 가능한 전체 항공기의 절반을 넘는 수준이었습니다. 따라서 제1차로 공격을 마치고 모기지로 복귀한 F-51D 전투기를 재정비한 후, 곧바로 출격하는 방식이었습니다. 또 제1편대군장은 강호륜 소령, 제2편대군장은 전봉희 소령, 제3편대군장은 오춘목 소령이 지휘를 했는데, 그들은 모두 리더십을 갖춘 데다 조종도 잘했습니다. 나중에 평양에 출격했던 미군 조종사에게 들은 얘기로는 우리 전투조종사들이 위험을 무릅쓰고 능숙하게 급강하 폭격을 했다고 합니다. 또 제10전투비행전대가 36소티의 출격을 통해 부여받은 임무를 성공적으로 완수하고 전원 모기지로 복귀했다는 것은 그만큼 우리 전투조종사들의 전투 기량이 뛰어났다는 것을 반증해줍니다.

1952년 8월 2일에 산화한 박두원 대위(추서 계급)에 대한 얘기도 꼭 남기고 싶습니다. 박 대위는 1926년생으로 경북 경주가 고향입니다. 일본 육군소년 비행병학교 14기 출신인 그는 일본 영주권을 갖고 있어서 병역의무를 이행할 필요가 없는 사람이었습니다. 그런데도 그는 1951년 여름, 구국(救國)의 일념으로 재일학도의용군 사병으로 입대해서 영천전투에 투입되었습니다. 그러던 도중 우리 공군에 전투비행대가 있다는 사실을 알고 D-Class로 F-51D 전투기의 기종전환훈련을 받고 제10전투비행전대에 배속된 뒤 전투출격을 시작했습니다. 그리고 운명의 1952년 8월 2일, 그는 간성 지역의 적 보급품집적소를 공격하기 위해 출격하던 도중, 예기치 않은 항공기 폭발 사고로 산화했습니다. 그의 죽음을 둘러싸고 공군 내에서 여러 말들이 오갔습니다. 특히 무장사의 과실 여부를 놓고 많은 얘기들이 있었습니다. 하지만 지금처럼 비행기록 장치의 회수로 원인을 정확하게 규명할 수 없는 한, 동료 전투조종사의 죽음에 대해서는 말을 아끼는 게 기본 예의입니다. 다만, 당시 동료 전투조종사들은 자신의 얘기에다 89회째 출격에서 산화한 박 대위의 영정을 싣고 출격해서 100회 출격을 달성해주었습니다. 비록 공군의 공식적인 100회 출격 조종사로 인정받지는 못했지만, '영정출격'을 통해 100회 출격을 달성한 전투조종사가 우리 공군에 존재했고, 그 주인공이 박두원 대위라는 사실만큼은 자랑스럽게 밝혀주고 싶습니다. 세계 항공 역사상 '영정출격'은 우리 공군의 박 대위를 제외하곤 전무후무할 겁니다. 그만큼 우리 빨간 마후라들의 전우애는 뜨거웠다고 자부합니다. 전쟁이 끝난 후, 동기생 전봉희(예비역 ☆)가 내게 이런 고백을 했습니다. "그날(1952년 8월 2일) 아침, 박 대위가 타고 출격했던 F-51D 전투기가 원래는 내가 타고 출격할 전투기였다네! 그런데 갑자기 내가 다른 전투기를 타고 출격하게 되었지. 결국 박 대위에게 미안한 일이 벌어지고 말았네. 우짜면 좋노?" 그 후에도 전봉희는 박 대위의 묘지를 자주 찾아가곤 했습니다. 나는 동기생 전봉희로 인해 박 대위에 대해 많은 것을 알게 되었습니

고 박두원 대위에 관한 기사(출처: 공군박물관)

다. 어린 시절부터 일본에서 생활해서 우리말은 서툴렀지만 항상 쾌활했고 동료 전투조종사들과 긴밀하게 소통하며 전투출격에 나서는 것을 매우 좋아했던 고(故) 박두원 대위! 그도 우리 후배 공군인들이 자랑스럽게 기억해줄 만한 빨간 마후라였습니다.

1952년 9월 11일, 사천기지에서 F-51D 전투기 훈련을 마친 F-Class의 신규 전투조종사 9명이 강릉전진기지로 배속되었다. 이재국, 황정덕, 김직한, 김호연, 최종성, 조항식, 전형일, 임동선, 권찬식, 민욱동 소위가 그 주인공이다. 그들은 노병의 지도하에 1952년 8월 1일 임관한 후, 9월 11일까지 비행훈련을 마친 새내기 전투조종사들이었다. 또 1952년 12월 1일에는 공군사관학교 1기생 가운데 F-51D 전투기 훈련을 마친 신규 전투조종사 13명이 강릉전진기지로 배속되었다. 공군사관학교 1기생들은 3차에 걸쳐 총 35명의 전투조종사를 배출했다. 같은 날, 최용덕 장군이 대한민국 제2대 공군총참모장에 취임했다. 그동안 6.25남침전쟁의 한가운데서 공군의 모든 작전을 진두지휘했던

김정렬 공군참모총장은 전역을 하지 않고 미 극동공군사령부의 연락단장에 취임했다.[174]

그러는 사이, 1953년의 새해가 밝았다. 휴전을 염두에 둔 제한전制限戰과 국지적 소모전으로 전선은 교착상태에 빠졌고 피아간에는 지루한 고지전高地戰만 계속되었다. 당시 제10전투비행전대는 40여 대의 F−51D 전투기를 비롯해서 70여 대의 항공기를 보유하고 있었으며, 1일 평균 총 32소티까지 출격할 수 있는 능력을 구비한 상태였다. 이것이 가능했던 것은 두 가지 이유에서다. 하나는 당시 미 공군의 항공 전력이 프로펠러전투기에서 제트전투기로 교체되고 있었기 때문에 프로펠러전투기인 F−51D 전투기를 좀 더 쉽게 양도받을 수 있었다. 다른 하나는 그동안 미 제5공군이 부여한 여러 임무를 제10전투비행전대가 성공적으로 완수함으로써 그들의 신뢰를 높이 샀던 것도 F−51D 전투기를 많이 지원받게 된 계기였다.

이에 따라 전투비행단을 추가적으로 창설할 수 있는 여건이 조성되었다. 우리 공군은 1953년 2월 15일, 강릉전진기지의 제10전투비행전대를 근간으로 해서 제10전투비행단을 창설했다. 또 기존의 제11전투비행중대와 제12전투비행중대는 각각 제101전투비행대대와 제102전투비행대대로 확대 개편했다. 공군은 초대 제10전투비행단장에 김영환 대령을 비롯해서 부단장 장지량 대령, 비행전대장 박희동 중령, 부전대장 윤응렬 소령을 임명했다. 그리고 제101전투비행대대장에 이기

---

174 우리 공군 역사에서 공군참모총장을 두 번 역임한 분은 김정렬 장군이 유일하다. 필자는 처음에 그를 공명심이 많았던 분으로 오해했다. 하지만 관련 자료들을 읽으면서 필자의 생각이 잘못되었음을 깨달았다. 그는 우리 공군의 현대화 작업을 마무리할 생각을 갖고 있었던 것 같다. 그래서 미 극동공군사령부의 연락단장을 지낸 후, 1954년 12월 1일 제3대 공군참모총장에 재취임한 것으로 보인다. 당시 미국은 F−86F 전투기보다 성능이 한 단계 낮은 F−84 전투기를 우리 공군의 차기 전투기로 제공하려고 했다. 그는 이것을 직시하고 미 극동공군사령부의 연락단장을 자청해서 활동하면서 미군 고위층 인사들과 폭넓은 인맥을 구축하는 데 성공했다. 그리고 제3대 공군참모총장에 취임한 후, 미군의 고위직 인맥을 총동원해서 F−86F 전투기를 우리 공군의 차기 전투기로 확정짓는 데 기여하고 전역했다.

협 소령, 제102전투비행대대장에 김금성 소령, 제103전투비행대대장에 박재호 소령을 임명했다. 동시에 사천기지의 제1전투비행단은 제1훈련비행단으로 개편했다. 이제 제10전투비행단에 주어진 최대 미션은 아군에 대한 근접항공지원작전과 적 후방차단작전에 주력해서 북한군과 중공군을 정전 협상 테이블로 끌어내는 일이었다. 노병에게 공군제10전투비행단의 창설과 관련한 추가적인 얘기를 부탁했다.

제10전투비행단의 실제 부대 창설일은 1953년 2월 15일입니다. 그런데 초대 비행단장에 취임한 김영환 대령께서 부대 창설일을 1953년 3월 6일로 바꿨습니다. 그때 그가 내세운 논리는 기상천외한 것이었습니다. '야, 갑오가 좋다. 그러니 제10전투비행단의 창설일을 3월 6일로 하자.'는 것이었습니다. 어느 누구도 이의를 제기하지 않았습니다. 그가 1954년 3월 5일 비행 사고로 유명을 달리하자 일부 전투조종사들은 "우리 단장님께서 한 끗 차이로 조난을 당하셨다."며 그의 순직을 안타까워했습니다. 그가 순직한 날인 3월 5일(1954년)과 비행단 창설일은 3월 6일(1953년)로 하루(1년) 차이였기 때문입니다. 이듬해인 1954년에 제10전투비행단은 강릉에서 수원기지로 이전해서 오늘에 이르렀습니다. 그 후에도 제10전투비행단은 대한민국 영공 수호의 최선봉 부대로서 각종 대간첩작전은 물론 한미 연합훈련을 성공적으로 완수했고, 1983년 북한 공군조종사 이웅평 대위, 1986년 중국 공군조종사 진보충, 1996년 북한 공군조종사 이철수 대위를 우리 공군기지에 안전하게 착륙시키는 역할을 수행했습니다. 나 역시 명예와 전통이 살아 있는 제10전투비행단장을 역임한 것에 대해 지금까지 무한한 긍지와 자부심을 갖고 있습니다.

30. 351고지 탈환을 위한 근접항공지원작전

제10전투비행단이 창설된 후, 우리 공군은 단독출격작전을 펼칠 수 있을 만큼 제반 역량이 크게 향상되었다. 하지만 우리 공군의 항공 전력에는 일정 부분 한계가 있었다. 제10전투비행단의 주력은 프로펠러 기종인 F-51D 전투기였지만 한반도 상공의 패권은 이미 제트전투기 F-86F와 MiG-15 같은 제트전투기들이 주도하고 있었기 때문이다. 따라서 우리 공군은 정전협정 때까지 공대공 임무보다는 공대지공격 임무에 투입될 수밖에 없었다. 제10전투비행단은 중동부 전선에서 적의 섬멸을 위한 후방차단작전과 근접항공지원작전에 주력했다. 후방차단작전은 마오쩌둥이 지원하는 각종 군수물자들이 전선의 적에게 전달되지 못하도록 차단하는 작전이었다. 우리 전투조종사들은 1952년 10월 28일부터 정전협정을 맺은 1953년 7월 27일까지 기상 여건이 허락하는 한 계속해서 출격을 감행했다. 주로 북한 지역의 장전, 통천, 세포리, 사리원, 신천, 망일리, 고성, 평강, 연안, 금성, 안변, 간성, 금성, 현리, 화천, 창도리, 시변리, 신막, 남천 지역 상공으로 출격했다. 주요 공격 목표는 적 보급품집적소, 보급품을 실은 차량 행렬, 적 병력 집결지, 철도와 교량 등이었다. 제10전투비행단의 F-51D 전투기들은 야간 공격에 제한이 있었기 때문에 주로 주간에 이들 공격 목표에 맹공을 퍼부었다. 그러자 적들은 야간을 이용해서 보급품을 전선으로 실어 나르는 전술을 구사했다. 만약 우리 공군이 야간공격 능력까지 갖춘 전투기를 보유했다면 후방차단작전은 훨씬 더 큰 성과를 거두었을 것이다.

또 제10전투비행단은 1952년 10월 28일부터 정전협정을 맺기 직전까지 351고지에 대한 근접항공지원작전을 펼쳤다. 351고지는 강원도 고성 남쪽의 월비산에서 동쪽으로 약 2km 떨어진 지점에 위치한 감제고지瞰制高地였다. 감제고지는 적의 활동을 살피기에 적합하도록 주변이 훤히 내려다보이는 높은 지대를 말한다. 또 351고지는 그 근방에 원산에서 강릉까지 이어지는 해안도로가 있어 교통의 요충지로서 전략적 가치가 높았다. 만약 351고지가 적의 수중에 들어가면 속초와 양양까지 그대로 뚫릴 수 있는 상황이었다. 따라서 그 고지는 어떠한 대가를 지불하는 한이 있어도 반드시 지켜내야 할 고지였다. 이는 적에게도 마찬가지였다. 그런 이유에서 351고지를 빼앗기 위해 피아간에 치열한 공방전이 벌어졌고 그 과정에서 많은 젊은이들이 목숨을 잃어야만 했다.

1952년 10월 28일, 351고지 탈환에 실패한 북한군 제7사단은 1953년 1월부터 공격을 재개했지만 국군의 방어작전에 의해 실패를 거듭하고 있었다. 적은 야간을 이용해서 그것도 인접 고지로부터 동굴을 뚫어 접근하는 방법으로 기습공격을 감행했다. 그 바람에 351고지가 적에게 점령당할 위기에 놓였다. 국군은 합동작전센터(JOC)를 통해 제10전투비행단에 근접항공지원을 요청했다. 이에 따라 제10전투비행단은 전술 토의를 실시했고, 그 자리에서 여러 가지 문제점이 제기되었다. 즉 근접 지원을 해야 할 표적이 지상에 노출되지 않는다는 점, 피아간의 진지가 370m(400야드)로 가깝기 때문에 아군에 대한 오폭 가능성이 있다는 점, 오폭 시 아군의 피해가 크다는 점이 지적되었다. 하지만 공군은 351고지가 갖는 전략적인 가치 때문에 모든 위험을 감수하고서라도 공격하기로 결정했다. 디데이는 1953년 3월 26일이었다.

제10전투비행단은 100회 이상 출격 경험을 갖고 있는 최정예 전투 조종사들로 블루Blue, 화이트White, 그린Green, 블랙Black 편대를 구성한 뒤 만일의 사태를 대비해서 모든 편대에 예비기까지 두었다. 3월 26일 기상은 양호했고, 출격 조종사들의 결의 또한 확고했다. 오전 10시 10분, 전방항공통제관FAC이 국군 제1군단 화력지원본부에 포사격을 요청해서 적 진지를 1차로 제압했다. 오전 10시 강릉기지를 이륙한 블루편대의 F-51D 전투기들은 20분 후인 10시 20분, 목표 상공에 도착해서 T-6G 통제기가 마킹 사격을 통해 유도한 적의 화포 진지와 동굴 진지를 향해 맹공을 퍼부었다. 그 뒤를 이어 화이트편대, 그린편대, 블랙편대의 F-51D 전투기들이 잇달아 이륙해서 순차적으로 공격을 가했다. 그 결과 351고지를 사수할 수 있었다. 이승만 대통령은 이날 총 16소티의 출격을 통해 351고지를 지켜낸 16명[175]의 출격 조종사 전원에게 충무무공훈장을 수여하며 그들의 노고를 치하했다.

그 후에도 적은 끊임없이 351고지에 대한 공격을 시도했지만 그때마다 국군과 제10전투비행단의 F-51D 전투기 편대가 공지협동작전을 통해 굳건하게 지켜냈다. 하지만 정전협정을 불과 2달여 앞둔 1953년 6월 2일, 351고지는 인해전술을 앞세운 중공군과 북한군의 파상공

---

175 제1편대인 블루편대는 편대장인 #1기 윤응렬 소령을 비롯해서 #2기 황정덕 중위, #3기 유치곤 대위, #4기 김필정 중위로 구성되었고, 제2편대인 화이트 편대는 편대장인 #1기 이기협 소령을 위시해서 #2기 최성달 중위, #3기 현창건 중위, #4기 조항식 중위로 편성되었다. 또 제3편대인 그린편대는 편대장 #1기 옥만호 소령을 비롯해서 #2기 천영성 중위, #3기 박용만 중위, #4기 최순선 중위로 구성되었고, 제4편대인 블랙편대는 편대장 #1기 김금성 소령을 위시해서 #2기 권찬식 중위, #3기 임상섭 중위, #4기 전형일 중위로 편성되었다.

격 앞에 맥없이 무너지고 말았다. 6월 3일부터 정전협정이 체결된 7월 27일까지 제10전투비행단 소속의 F-51D 전투기들은 미 제5공군의 B-26 폭격기, 미 해군 제7함대의 함재기인 F-9F 전투기들의 지원을 받아가며 351고지 탈환에 나섰다. 그러나 적의 강력한 저항으로 고지 탈환에 실패하고 말았다. 이때 적들은 제10전투비행단 소속 F-51D 전투기들의 공격으로부터 자신들을 보호하기 위해 최대한 국군 쪽에 가까이 달라붙는 전술을 구사했다. 따라서 우리 전투조종사들은 공중에서 피아를 정확하게 구분한 뒤, 적을 향해 핀-포인트 공격을 가해야만 했다. 우리 전투조종사들은 미군 T-6G 통제기와의 긴밀한 공조 아래 저고도비행을 하며 폭탄 투하와 기총공격을 감행했다. 그 결과 적들은 우리 공군의 파상적인 공중공격으로 큰 피해를 입었다.

1952년 10월 28일부터 1953년 7월 27일까지 약 9개월 동안 제10전투비행단은 351고지와 고성 지구에 대해 총 1,538소티를 통해 눈부신 전과를 거두었다. 적 보급품집적소 509개, 군용 건물 470동, 교량 4개, 철도 47개, 주보급로 15개, 철교 8개, 화물차량 16량, 탄약저장소 11개소, 트럭 31대, 우마차 25대, 터널 3개를 파괴했다. 이는 주로 적의 보급품이 전선에 제대로 전달되지 못하도록 방해한 후방차단작전의 전과였다. 또 탱크 5대, 박격포 진지 179개, 야포 진지 158개, 기관총 진지 35개, 교통호 1,500m, 벙커 736개, 기동로 3개, 자동화기 진지 62개, 고사포 진지 12개 등도 파괴시켰다. 적의 공격 수단을 제거시킴으로써 제10전투비행단의 근접항공지원작전이 대단했음을 보여주는 전과였다. 우리 공군의 손실도 만만치 않았다. 이 기간 동안 최종성, 임택순, 장창갑, 서동규, 김현일, 고광수 등 6명의 전투조종사와 8대의 F-51D 전투기를 잃었다. 후배 전투조종사들 양성을 위해 노력한 노병에게 그들의 면면에 대해 여쭤봤다.

1952년 11월 2일 원산 남쪽의 안변 지역 상공에서 후방차단작전 도중 적의 대공포에 피탄되어 산화한 최종성 소위는 내가 비행교관으로 직접 가르친 전투조종사입니다. 과묵한 성격이었지만 성실하고 책임감이 강했던 젊은이였습니다. 또 임택순 대위(추서 계급)는 경기고등학교를 졸업한 수재였습니다. 공사(空士) 1기로 입학해서 처음에는 정찰기를 타다가 1953년 1월부터 F-51D 전투기로 기종전환훈련을 받은 후, 351고지 상공에서 근접항공지원작전을 펼치던 도중 적의 대공포에 피탄되어 안타깝게 산화했습니다. 그때가 12회째 출격이었습니다. 나중에 전해 들은 얘기로는 그의 마지막 순간이 눈물겨웠다고 합니다. 대공포에 맞은 뒤 그의 애기에서 검은 연기가 치솟자 편대장이 "야, 임 중위 탈출하라!"고 외쳤지만, 본인은 기체가 피격당할 때의 충격으로 정신을 잃었던 것 같습니다. 엔진 쪽에 불이 붙은 그의 애기는 마치 밤하늘에 유성 하나가 기다랗게 꼬리를 그리며 떨어지듯이 적진을 향해 떨어졌다고 합니다. 그는 공사 출신 가운데 최초의 전사자로 기록되었습니다. 공사 동문들은 그의 투혼을 기리기 위해서 공사 교정에 동상을 세워주었습니다.

장창갑 중위와 서동규 소위는 1953년 4월 22일 근접항공지원작전을 수행하기 위해 각각 52호 F-51D 전투기와 78호 F-51D 전투기를 타고 출격하던 도중, 두 전투기의 공중 충돌로 대관령 상공에서 산화했습니다. 결코 일어나서는 안 될 안타까운 비행 사고였습니다. 그들은 내가 직접 양성한 전투조종사는 아니었지만 장창갑 중위는 공사 1기 출신이고, 서동규 소위는 H-Class 조종사이자 조종간부 2기 출신으로 기억합니다. 또 김현일 대위는 1953년 6월 13일 고성 남쪽의 구성면 상공에서 근접항공지원작전 중 대공포에 피탄되어 산화한 전투조종사입니다. 공사 1기 출신인 그의 마지막 순간도 안타까웠다고 합니다. 4기 편대의 #4기 조종사로 출격했던 그는 자신이 탄 91호 F-51D 전투기가 대공포에 피탄되면서 하복부에 관통상을 당한 모양입니다. #1기의 편대장이 그의 애기 주위를 선회비행하면서 "#4, 김 중위! 정신 차려라!"를 여러 번

외쳤다고 합니다. 그가 처음에는 안간힘을 쓰며 기체를 바로잡는 듯하더니 점점 의식을 잃으며 편대장과 편대원들에게 '자폭을 감행하겠다!'는 희미한 말을 남기고 그대로 적진을 향해 돌진했다고 합니다. 김현일 대위와 공사 동기생이었던 고광수 대위 역시 종전을 9일 앞두고 산화한 전투조종사입니다. 그는 원래 비행 스케줄을 짜는 작전 장교였습니다. 그런데 1953년 7월 18일, 비행 스케줄을 짜다가 다른 전투조종사가 피치 못할 사정으로 출격을 할 수 없게 되자 자신이 그를 대신해서 전투출격을 했다가 불의의 비행 사고로 산화한 경우입니다. 더욱이 약혼 휴가까지 받아놓은 상태에서 산화를 해서 동료 조종사들의 마음을 더 아프게 했습니다. 이처럼 351고지는 우리 전투조종사들의 순결한 영혼이 함께했던 우리의 국토이자 우리 전투조종사들의 영원한 공격 목표였습니다. 하루빨리 평화통일이 실현되어 그들이 선혈을 뿌리며 장렬하게 산화했던 원한 맺힌 351고지를 내 생전에 꼭 한번 밟아보았으면 좋겠습니다.

351고지는 6월 2일 북한군에게 점령당한 뒤 정전협정을 맺을 때까지 끝내 탈환하지 못했다. 비록 351고지는 적의 수중에 들어갔지만 국군과 제10전투비행단의 빛나는 투혼에 힘입어 6.25남침전쟁의 발발 이전에 김일성 치하에 놓여 있었던 속초, 거진, 간성 지역을 우리 영토로 확정 지을 수 있었다. 오늘날 우리 국민들이 고성 통일전망대에서 금강산을 비롯해 북녘 지역을 바라볼 수 있는 것은 수많은 공군인의 희생과 무명의 헌신이 있었기 때문이다. 특히 우리 후배 공군인들은 제10전투비행단 소속 F-51D 전투기 조종사, T-6G 통제기 조종사와 공중정찰요원, 육군에 파견된 우리 공군의 전방항공통제관[FAC]과 항공연락장교[ALO]들이 보여준 눈물겨운 정성을 잊지 않았으면 한다.

지휘 비행에 나서기 직전의 모습(출처: 노병의 사진첩)

3부

종전 후
치열했던 삶의 순간들

온몸으로 6.25남침전쟁을 막아냈던 제1세대 항공인들은 종전 후에도 쉴 수가 없었습니다. 그들은 계속되는 북한의 무력 도발을 막기 위해 공군 현대화 작업에 매진했습니다. 특히 F-86F, F-5A/B, F-5E/F 도입 및 KF-5E/F(제공호)의 면허 생산, F-4D/F-4E 전투기 도입을 차근차근 진행하면서 북한 공군을 압도하는 데 많은 노력을 기울였습니다. 그 결과 1970년대부터 북한 공군은 우리 공군의 적수가 되지 못했습니다. 제1세대 항공인들은 전역한 이후에도 여전히 바빴습니다. 국가와 공기업뿐 아니라 민간 기업에서도 그들을 필요로 했기 때문입니다. 그들은 국가의 고위 공직자로, 공기업과 민간 기업의 CEO로, 국내외 민간항공 회사의 기장으로 일하면서 수출 입국을 통한 경제 건설의 대열에 적극 동참했습니다. 그 과정에서 공군에서 배우고 익힌 경륜과 기술을 국가 발전을 위해 아낌없이 전수했습니다. 또 공군의 원로(元老)로서 올바른 공군사의 정립을 위해 마지막 열정을 불태웠습니다. 3부에서는 노병의 사례를 통해 나라 사랑과 공군 사랑을 실천하고 역사의 뒤안길로 물러난 제1세대 항공인들의 숨은 이야기를 꺼내보고자 합니다.

31. 빨간 마후라의 원조 논란

'군' 하면 떠오르는 이미지가 크게 다섯 가지다. 빨간 마후라, 녹회색 조종복, 라이방이라고 불린 조종사용 선글라스, 개리슨모^{garrison帽}, 파란색 계급장이 그것이다. 그 가운데서 일반인에게 가장 강렬하고 매력적인 이미지로 다가오는 것은 빨간 마후라다. 공군 최초로 빨간 마후라를 착용했던 분은 고^故 김영환 장군(예비역 ☆)이다. 이 사실에 어느 누구도 이의를 제기하지 않았다. 이미 여러 사람의 증언과, 현존하는 기록물이 입증하기 때문이다. 제1대, 제3대 공군참모총장을 역임한 김정렬 장군의 아내이자 김영환 장군의 형수인 이희재 여사는 공군 웹진 '공감^{空感}'과의 인터뷰에서 "내가 자주색 천으로 마후라를 만들어주었다."고 증언했다.[176] 김정렬 장군의 맏딸인 김태자 여사 역시 "삼촌이 미국에

---

176 이 여사의 증언에 따르면 김영환 대령(당시 계급)이 1951년 11월, 공군본부 출장길에 대구의 형님 (김정렬 장군) 집을 방문했다고 한다. 그때 김영환 대령이 이 여사의 자주색 치마를 보고는 "형수님, 저 치마를 저에게 주시죠? 저 치마로 마후라를 만들어 착용하면 조종복에 잘 어울릴 것 같은데요."라고 말했다는 것이다. 이 여사는 그 말을 듣고 전투기를 타는 사람에게 여자 치마를 주는 것이 온당치 않다고 생각해서 치마를 만들고 남은 자주색 천으로 마후라를 만들어주었다고 한다.

서 교육을 마친 후, 귀국하는 길에 붉은 천을 사 가지고 와서 어머니에게 빨간 마후라를 만들어 달라고 부탁했다."는 증언을 몇몇 6.25 참전 조종사들에게 했던 것으로 알려졌다. 또 1973년에 발간된 『공군보라매(제29호)』와 2006년에 발간된 『공군(10월호)』에도 김영환 장군이 빨간 마후라의 원조임이 언급되고 있다. 그 밖에도 공군역사기록관리단은 전쟁이 끝난 직후인 1953년 8월 15일, 김영환 장군이 다른 6.25 참전 조종사들과 함께 빨간 마후라를 목에 두르고 대구에서 개최된 '출격 조종사 환영 대회'에 참석한 사진들을 소중하게 보관하고 있다.

하지만 몇 년 전에 그것을 정면으로 반박하는 일이 벌어졌다. 그 주인공은 제9대 공군참모총장을 역임한 장지량 장군(예비역 ☆☆☆)이다. 그는 2006년도에 출간한 자신의 회고록 『빨간 마후라 하늘에 등불을 켜고』에서 "내가 빨간 마후라를 최초로 고안했던 사람이다."라고 주장했다. 즉 적진에 격추된 우리 전투조종사를 식별하기 위해 빨간 마후라를 착안한 후, 당시 제10전투비행전대의 최고지휘관이던 김영환 대령에게 빨간 마후라 제작을 권유했다는 것이다. 그의 주장에 따르면, "김영환 대령이 처음에는 '빨간색은 중공군이 좋아하는 색깔이 아니냐?'며 반대했지만 나중에는 내 권유를 받아들였다."고 했다. 또 "다음 날 강릉 시내로 나가 붉은 인조견사 두 필을 구입한 후, 100여 장의 빨간 마후라를 만들었다. 전투조종사들이 출격할 때마다 목에 두르고 나가도록 하기 위함이었다."라고 말했다. 그는 "빨간 마후라 덕분에 구조된 전투조종사가 있었으며 그것을 부적처럼 목에 두르고 출격하는 것을 영광으로 알았다."는 말까지 덧붙였다.

이런 주장에 당혹감을 느낀 쪽은 공군이었다. 김영환 장군과 장지량 장군이 공군 내에서 차지하는 비중이 만만찮은데 서로의 입장이 첨예하게 달랐기 때문이다. 공군은 시시비비를 가리기 위해서 2009년 공군

원로 14명을 위원으로 위촉해서 '역사자료발굴위원회(위원장: 김두만 전 공군참모총장)'를 구성했다. 그들 가운데는 6.25남침전쟁 동안 100회 이상 출격한 전투조종사도 여럿 있었다. 역사자료발굴위원회는 장지량 장군의 회고록을 비롯한 기존 자료의 재검토, 관계자와 유족들의 증언 청취, 김영환 장군과 장지량 장군에 대한 추가 자료 조사 및 검토 작업을 통해 빨간 마후라의 원조 논란에 종지부를 찍었다. 위원장으로서 모든 과정을 꼼꼼하게 살피고 챙겼던 노병에게 그간의 사정을 이야기해 달라고 부탁드렸다.

개인적으로 안타까운 일이었습니다. 나는 김영환, 장지량 장군과 함께 사선을 넘나들며 공산주의자들과 싸웠던 전우입니다. 그것은 다른 위원들도 마찬가지였습니다. 그런데 지금 와서 '누구 말이 옳고 누구 말은 거짓이다.'라고 얘기해야만 한다는 것 자체가 매우 유감이었습니다. 김영환, 장지량 장군은 그 존재만으로도 우리가 존경할 만한 분들입니다. 또 두 분 모두 국가를 위해 헌신한 애국자들입니다. 그런데 어쩌다가 이런 논란이 생기고 진실 공방을 벌여야 하는지 나로서는 참으로 이해하기 힘들었습니다. 그러나 역사는 그것이 큰 것이든, 작은 것이든 정직하게 기록해서 다음 세대에게 올바로 전해주어야 하는 만큼 14명 위원들은 모두 비장한 각오와 결연한 책임 의식을 갖고 그동안 제기되었던 문제들에 대해 하나하나 검증해나갔습니다. 우선 위원들 모두가 장지량 장군의 회고록에 대해 회의적이었습니다. 그의 주장에는 우리 위원들의 기억이나 생각과 일치하지 않는 점이 많았기 때문입니다. 즉 빨간 마후라는 적진에서 격추된 우리 전투조종사를 구출할 목적에서 만든 것이 아니고, 또 실제로 3년여에 걸친 6.25남침전쟁 동안 빨간 마후라 덕분에 구출된 전투조종사는 단 한 명도 없었습니다. 또 김영환 장군이 빨간색에 부정적 견해를 갖고 있었다는 주장도 우리 위원들의 생각과 다릅니다. 후술하겠지만, 사실 그는 빨간색을 무척 좋아한 분입니다. 게다가 빨간 마후라를 100여 장이나 만든 후, 전투조종사들이 단체로 그것을 목에 두르고 출격했다는 주장에 대해서도 위원들은 그런 기억이 없다고 말했습니다. 그건 나도 마찬가지입니다.

반면, 김영환 장군에게는 여러 가지로 신빙성 있는 증거가 꽤 있었습니다. 그 분의 동료와 부하 전투조종사들의 기억과 잇따른 증언, 형수인 이희재 여사를 비롯한 유족들의 증언 등이 공식적으로 발표된 자료 내용과 대부분 일치했습니다. 1973년에 발간된 『공군보라매(제29호)』와 2006년에 발간된 『공군(10월호)』 내용은 김영환 장군이 빨간 마후라의 원조였음을 말해주고 있었습니다. 모든 것을 다 살펴본 후, 우리 역사자료발굴위원회는 다음과 같은 결론을 내렸습니다. '우리 공군에서 빨간 마후라를 처음으로 착용한 분은 김영환 대령(당시 계급)이다. 또 빨간 마후라가 대한민국 공군조종사를 상징하게 된 데에는 1964년, 전투조종사를 소재로 한 영화 「빨간 마후라」가 공전의 히트를 치면서 영화 주제곡이 선풍적인 인기를 누린 것이 계기가 되었다.' 이제 생존해 있는 우리 노병들은 빨간 마후라의 원조 논란이 더 이상 일어나지 않기를 희망하며, 천국에 계신 두 분이 천상 화해를 하시고 늘 평안하게 지내시길 기도하는 마음뿐입니다.

그의 얘기를 들은 다음, 김영환 장군에 대해 평소 궁금했던 점들에 관해 추가적으로 질문을 드렸다. 김영환 장군의 정신세계, 그가 빨간색을 좋아한 이유, 최초의 자주색 마후라에서 빨간색 마후라로 바뀐 이유에 대한 설명을 부탁했다. 그는 옛 기억을 더듬으며 많은 시간을 할애해서 증언했다. 그중 핵심적인 내용만 골라 기술하고자 한다. 이 또한 우리 공군의 살아 있는 작은 역사라고 확신하기에.

언젠가 김정렬 공군참모총장의 아내인 이희재 여사가 시동생 김영환 장군을

피아노를 연주하는 김영환 장군의 모습[177] (출처: 공군본부)

'호방하고 스케일이 큰 남자 중의 남자'라고 평가한 적이 있습니다. 나도 이 여사의 생각에 동의합니다. 그는 부잣집 도련님으로 자랐지만, 나약하거나 자기만 아는 이기적인 사람이 아니었습니다. 자신의 집무실 책상 위에 비너스상이 있었을 정도로, 그는 군인이었지만 조각에 조예가 깊고 피아노도 잘 쳤습니다. 물론 고전음악 감상과 노래 부르기도 좋아했고 유머 감각도 꽤 많았습니다. 예전에 그와 함께 출격했던 동료 조종사들이 이구동성으로 한 말이 있습니다. "만약 그가 생존해 있다면 지금쯤 전국의 골프장이 떠들썩했을 것이다."라고 말입니다. 그럴 정도로 그는 거침없는 삶을 살다가 어느 날 갑자기 자신이 그토록 좋아하던 창공에 묻혀버린 진짜 사나이입니다.

또 김영환 장군은 우리 공군의 이미지를 한 단계 업그레이드시킨 스타일리스트였습니다. 군인이 스타일리스트라는 얘기를 듣는 것은 무척 드문 일입니다. 그것은 영혼이 자유로워야 가능한데, 일반적으로 상명하복(上命下服)에 철저한 군인들은 영혼이 자유롭기가 쉽지 않습니다. 내가 기억하는 김정렬 장

---

177 이 사진은 우리 공군이 얼마나 멋있는 군대인지를 잘 보여주는 대표적인 사진이다. 피아노를 치는 분은 김영환 장군이고, 그 곁에서 바이올린을 연주하는 분은 장덕창 장군이다. 두 분은 비행 실력도 출중했고 음악에도 조예가 깊었던 공중지휘관이었다. 이는 우리 공군을 이끈 리더들의 지적 수준이 매우 높았다는 것을 시사한다. 오늘날 우리 공군이 '대한민국을 지키는 가장 높은 힘'으로 거듭날 수 있었던 이면에는 이처럼 지성과 감성을 고루 갖춘 멋진 리더들의 헌신과 희생이 있었기 때문이라고 생각한다.

군과 김영환 장군은 형제지간이지만 성격이 무척 달랐습니다. 형님인 김정렬 장군은 굉장히 보수적이고 일 처리에 신중한 분인데 반해, 동생 김영환 장군은 주위의 시선을 의식하지 않고 소신껏 일하는 분이었습니다. 김영환 장군은 제1차 세계대전 때 독일의 에이스 전투조종사였던 만프레트 폰 리히트호펜(Manfred Von Richthofen, 1892~1918)을 무척 좋아했습니다. 그가 리히트호펜을 좋아하는 이유를 나에게 직접 말한 적은 없습니다. 다만 짐작하건대 리히트호펜이 깔끔한 매너와 탁월한 비행 실력으로 연합군 조종사들한테도 경외(敬畏)를 받은 인물이라는 점에 매력을 느끼고 자신의 롤 모델로 삼은 게 아닌가 싶습니다. 그가 '붉은 남작(red baron)'이란 닉네임을 갖고 있던 리히트호펜의 스타일을 좋아한 것도 그 때문이라고 봅니다. 그가 창이 짧은 독일식 군모, 비행 부츠, 빨간 마후라를 착용한 것도 그런 점과 무관하지 않습니다. 사실 리히트호펜은 붉은색을 칠한 삼엽기인 '포커(Fokker)'기를 타고 공중전을 즐겼으며 붉은색 넥타이를 자주 맸다고 합니다. 그런 의미에서 리히트호펜은 붉은색의 아이콘이었던 셈입니다.

또 리히트호펜은 자신의 기총사격을 받고 추락하는 적기(敵機)에 대해서는 추가 공격을 하지 않았다고 합니다. 공중전에서 자신에게 패배한 적군 조종사에게 비상 탈출을 할 수 있는 마지막 기회를 주기 위함이었습니다. 실제로 그렇게 해서 목숨을 구한 사람이 여러 명 있었다고 들었습니다. 나는 피아(彼我)를 떠나 그처럼 멋쟁이 조종사였던 리히트호펜의 붉은색 넥타이에서 우리 공군의 빨간 마후라가 탄생한 것이라고 믿고 있습니다. 그런데 내 기억으로는 당시 강릉전진기지의 모든 전투조종사들이 빨간 마후라를 맨 것은 아닙니다. 물론 김영환 장군께서 대령 시절에 빨간 마후라를 목에 두른 모습은 몇 차례 봤지만, 자주색 마후라를 맨 것은 한 번도 본 적이 없습니다. 원래 스타일리스트에게는 옷, 머플러, 액세서리 등을 자유롭게 입거나 착용해보면서 자신에게 가장 잘 어울리는 것을 선택하는 경향이 강합니다. 따라서 그도 형수 이희재 여사가 만들어준 자주색 마후라와 빨간색 마후라를 번갈아 착용해보고 최종적으로 빨간 마후라를 선택한 것이 아닌가 싶습니다. 물론 이는 어디까지나 오랫동안 그를 가까이에서 지켜본 내 개인적인 생각입니다.

나는 폐품이 된 낙하산 천 조각으로 만든 흰색 마후라를 늘 착용하고 비행했습니다. 게다가 1953년 8월 15일 대구에서 거행된 '출격 조종사 환영대회'에도 그것을 착용하고 나간 것으로 기억했는데, 나중에 관련 사진을 보니까 그 행사에 참석한 전투조종사들이 모두 빨간 마후라를 유니폼처럼 착용하고 있었습니다. 그래서 나 스스로도 기억력의 한계를 절실히 느껴야만 했습니다. 아마도 6.25남침전쟁이 끝난 직후, 김영환 장군께서 빨간 마후라를 단체로 주문 제작한 다음 '출격 조종사 환영대회'에 참석할 조종사들에게 나눠준 게 아닌가 싶습니다. 유감스럽게도 그 부분에 대한 기억은 내게 남아 있지 않습니다. 분명한 것은 나는 그 이후에도 오랫동안 흰색 마후라를 착용하고 비행했다는 사실입니다. 이는 다른 전투조종사들도 마찬가지였습니다. 내가 빨간 마후라를 정식으로 착용하기 시작한 것은 앞에서 언급한 바와 같이 신상옥 감독이 만든 영화 「빨간 마후라」와 황문평 선생이 작곡한 영화 주제가인 '빨간 마후라'가 크게 히트한 1964년부터입니다. 또 이때부터 사천기지에서 고등비행교육과정을 수료한 조종사들에게 공군참모총장이 조종사의 상징인 조종흉장과 빨간 마후라를 직접 수여하는 전통이 생겨난 것으로 압니다.

32. 팔만대장경의 수호자에 대한 진실

합천 해인사에 가면 '고 김영환 장군의 공적비'를 만날 수 있다. 6.25남침전쟁 때, 고려대장경(이하 팔만대장경)을 지켜낸 김영환 장군의 공로를 영원히 잊지 않기 위해 해인사 측이 건립[178]한 것이다. 그런데 문화재청이 2008년에 『수난의 문화재─이를 지켜낸 인물이야기』(초판)라는 책을 출간하면서 예기치 않은 논란이 불거졌다. 하루아침에 팔만대장경의 진짜 수호자가 김영환 장군에서 장지량 장군으로 바뀐 것이다. 이렇게 된 가장 큰 원인은 문화재청이 이 책을 펴내면서 공군사空軍史나 공군의 공식 입장을 확인하지 않고 장지량 장군의 회고록 『빨간 마후라 하늘에 등불을 켜고』에만 의존했기 때문이다. 문제의 책 205쪽에는 다음과 같은 내용이 등장한다.

---

178 고 김영환 장군의 공적비 제막식은 2002년 6월 17일에 거행되었다. 조계종 총무원장이던 정대 스님과 해인사 주지이던 세민 스님이 그 공적비를 건립하는 데 큰 기여를 했다. 공군 측에서도 김대욱 공군참모총장을 비롯해 전 공군인들이 공적비 건립에 뜻을 모았다. 참고로 김대욱 참모총장은 국내 최초의 박사 참모총장으로 카이스트에서 박사 학위를 받았으며 전역 후 카이스트 교수로 재직하던 도중, 2007년 7월 28일 지병으로 별세했다. 그는 후배들에게 길을 터주기 위해서 참모총장의 잔여 임기를 남기고 스스로 전역을 선택한 멋진 공중지휘관이셨다.

장지량은 1951년 제1전투비행단 작전참모를 맡고 있었다. 그는 미국 비행고문단으로부터 해인사 폭격 명령을 받았다. 장지량은 깊은 고민에 빠졌다. 그는 '500~600명으로 추산되는 인민군 1개 대대가 해인사를 점령하고 있는 것으로 보아 식량 탈취가 목적임에 틀림없다. 따라서 2~3일 후면 해인사를 떠날 것이다. 그 후에 폭격을 한다면 적(敵)도 소탕되고 해인사도 지킬 수 있다.'고 생각했다. 그는 파리를 지키기 위해서 독일에 무조건 항복한 프랑스의 장군을 떠올리면서 '팔만대장경이 어떤 문화재인데 인민군 몇 명 잡겠다고 해인사를 폭격하겠는가?'라고 고민했다. 결국 그는 팔만대장경을 지키기 위해 폭격 명령을 거부하기로 결심했다. 그가 명령 거부의 결심을 6146고문단 작전장교에게 설명하자, 미군 장교는 "왜 명령을 따르지 않느냐?"며 불만을 표시했다. 상호 간 언쟁이 오가며 출격이 지연되자 상부에서는 전투기를 계속 출격시키라는 독촉 명령을 하달했다. 그러나 장지량은 시간을 계속 끌었고 날이 어두워지면서 자연스레 출격이 중단되었다. 그렇게 해서 팔만대장경이 지켜질 수 있었다. 이 일로 인해 장지량은 목숨을 잃을 뻔했다. 노발대발한 미군 측이 이승만 대통령에게 장지량이 명령을 거부한 일을 항의했고 이승만 대통령은 그를 포살(捕殺, 붙잡아 죽이라)하라고 명령했다는 것이다. 다행히 김정렬 공군참모총장이 장지량의 해명을 듣고 대통령에게 사정을 설명해줘서 극형을 면했다는 것이다.

이것은 그냥 넘어갈 수 있는 문제가 아니었다. 일부 6.25 참전 조종사들과 김영환 장군의 유족들이 문제를 제기했다. 특히 공군작전사령관을 역임한 윤응렬 장군(예비역 ☆☆)은 문화재청의 책이 출간되기 이전인 2007년에 '장지량 장군 회고록의 고찰과 소견'이라는 글을 발표해 공개적으로 이의를 제기했다. 또 2008년 문화재청의 책이 출간되자마자 김영환 장군의 장조카인 김태자 여사는 언론 인터뷰를 자청해서 "돌아가신 삼촌의 명예를 반드시 되찾겠다."며 진실 규명을 강력하게 요구했다. 문화재청 측은 당혹스러웠다. 하지만 그들이 나서서 시시비비를 가릴 입장이 아니었다. 그들은 공군이나 공군사에 대해서 잘 알지 못했기 때문이다. 결국 공군은 2009년 역사자료발굴위원회(위원장: 김두만 전 공군참모총장)를 개최해서 약 4개월 동안 이 문제에 대한 검증 작업을 벌인 후, 『종합보고서』를 펴냈다. 14명의 위원들이 내린 결론은 짧지만 단호했다. 그들은 "장지량 장군의 회고록과 문화재청이 발간한 책에 게재된 오기誤記와 근거 없는 날조捏造 사례는 적지敵地에 출격해서 전공을 세운 선배 조종사들과 공군 전체의 명예를 훼손한 것"이라고 못 박았다. 문화재청은 그 결과를 수용해서 2009년 11월에 『수난의 문화재─이를 지켜낸 인물이야기』의 개정판을 출간했다. 2008년 초판에서는 장지량 장군이 팔만대장경의 수호자였지만 2009년 개정판에서는 그 주인공이 김영환 장군으로 바뀌었다. 이 사건은 우리 공군에도 깊은 상처를 남겼다. 공군 후배가 선배의 전공을 가로챈 후, 자기 것이라고 우기는 형국이었기 때문이다. 하지만 이 사건은 후배 공군인들이 정직한 기록의 중요성과 올바른 역사 인식의 중요성을 깨닫는 좋은 계기가 되었다. 노병에게 이 사건의 전말에 대해 자세하게 이야기해 달라고 부탁했다.

솔직히 나는 이 문제에 대해 아무런 말도 하고 싶지 않습니다. 그런데 김 교수가 다음 세대와 후배 공군인들에게 정직한 역사를 남겨주어야 한다고 강조하니까, 『징비록』을 썼던 유성룡 선생과 같은 심정으로 몇 가지만 얘기하고자 합니다. 우선 지금 내가 하는 말은 내 기억, 경험, 그리고 선배나 동료 조종사들로부터 전해 들은 얘기를 토대로 하는 것임을 분명하게 밝혀둡니다. 1951년 지리산 공비토벌작전을 전개할 당시는 물론 1950년대 말까지는 '해인사와 팔만대장경 수호'에 관한 얘기가 공군 내부에서 거론된 적이 단 한 번도 없습니다. 특히 '지리산 공비토벌작전'을 전개했을 때, 나는 김영환 대령과 전투지휘소에서 늘 함께 있었기 때문에 그때 일에 대해서는 비교적 잘 알 수 있는 위치에 있었습니다. 문제는 1960년대에 들어와서 어느 공군조종사 출신 인사가 공군 관련 잡지에 참전 수기를 게재하면서 '해인사와 팔만대장경의 수호' 문제가 세상 밖으로 나오게 된 겁니다. 그 얘기의 주인공은 일본 육군소년비행병학교 17기 출신인 S 씨였습니다. 그는 폐가 나빠서 중간에 조종사 생활을 접고 인사장교를 지낸 후 전역한 사람입니다. 그런데 그가 요양차 해인사에서 잠시 기거했던 모양입니다. 어느 날, 주지 스님이 S 씨에게 "6.25남침전쟁 때, 많은 전투기들이 해인사 상공을 지나갔지만 우리 쪽에는 폭격을 하지 않고 그냥 지나갔다."고 하자 그는 공군의 위상과 자신의 위신도 세우기 위해서 스토리텔링을 했던 겁니다. 즉 "4대의 F-51D 전투기 편대(#1기 편대장 김영환 대령, #2기 박희동, #3기 강호륜, #4기 S 씨)가 가야산 쪽으로 공비토벌작전을 나갔는데, 김영환 대령이 미 군사고문단의 해인사 폭격 명령을 거부하고 다른 곳에 폭격하는 바람에 팔만대장경이 무사할 수 있었다."고 말한 겁니다. 그 후 그의 주장은 사실로 받아들여졌고, 결국 대한불교 조계종과 해인사 측은 김영환 장군의 업적을 높이 평가한 후, 2002년 6월 17일 해인사 경내에다 '고 김영환 장군의 공적비'를 세우게 된 것입니다.

나는 두 가지 점을 생각해봤습니다. 하나는 S 씨의 진술대로 김영환 대령이 해인사에 대한 '폭격 금지' 명령을 내린 것이 사실인가 하는 것입니다. 다른 하나는 S 씨가 김영환 대령과 함께 출격했던 F-51D 전투기의 전투조종사가 맞는가 하는 문제입니다. 김영환 대령이 해인사에 대한 폭격 금지 명령을 내렸다는 것은 이미 옥만호 전 공군참모총장을 비롯해 배상호 장군(예비역 ☆☆), 박재호 장군(예비역 ☆), 이강화 장군(예비역 ☆), 최원문 예비역 대령이 증언해주었습니다. 그들의 증언은 비슷비슷했습니다. 그래서 신빙성이 높다고 보는 겁니다. 하지만 유감스럽게도 나는 '해인사 폭격임무 정지'에 대한 얘기를 김영환 대령으로부터 직접 들은 기억이 없습니다. 그런데도 내가 '김영환 대령이 해인사와 팔만대장경의 진짜 수호자'라고 믿는 데는 다른 이유가 있습니다. 그의 인격과 집안 내력을 자세히 알고 있기 때문입니다. 그의 모친 변상희 여사는 '변보운화(邊寶雲華)'라는 법명을 갖고 있을 만큼 독실한 불교 신자였습니다. 그런 어머니를 사랑하고 존경했던 그가 천년 고찰인 해인사를 폭격한다는 것은 상상조차 할 수 없는 일이었다고 봅니다. 게다가 그는 인문학적 소양이 뛰어났으며, 늘 국토의 아름다움과 문화재의 소중함을 누구보다 깊이 인식했던 분입니다. 6.25남침전쟁 당시, 공군이 발간했던 전시(戰時) 뉴스레터 「공군순보」에 실린 그의 글이 그것을 말해주고 있습니다. 그 내용은 대략 이렇습니다. '나는 적진 상공으로 날아가면서 비단결같이 고운 금강산의 가을 단풍을 내려다본다. 그리고 '적진 분쇄'라는 나의 비행임무에 충실할 것을 다짐하면서도 금강산의 고운 단풍을 바라보노라면 지극히 우아한 시정(詩情)을 느끼고 싶어진다. 나는 그것이 단순한 미(美)에서가 아니라 조국애와 향토애에 기반한 미감(美感)에서 그렇게 하고 싶은 것이다.' 그런 마음가짐을 갖고 있던 분이었기에, 어쩌면 지금 천상에서 자신의 공적비가 세워진 것을 부끄럽게 생각할지 모릅니다. "조국의 하늘을 지키고 국민의 생명과 재산권을 보호하는 것은 군인의 사명이자 도리인데, 뭐 그린 대단한 일을 했다고 이렇게까지 신경을 써주셨는가?"라고 말입니다. 그리고 해인사와 팔만대장경의 진짜 수호자를 놓고 논란을 벌이는 이승의 한심스런 모습을 저승에서 지켜보며 "이 무슨 쓸데없는 짓들을! 당장 집어치우시게!" 하면서 쓴웃음을 짓고 있을지도 모른다는 생각이 듭니다. 참으로 우리의 부끄러운 자화상이 아닐 수 없습니다.

하지만 S 씨의 다른 주장은 신빙성이 없는 얘기였습니다. 당시 그는 T-6 항공기를 타다가 F-51D 전투기의 기종 전환 교육을 받고 있던 중이었습니다. 따라서 그는 F-51D 전투기를 타고 가야산 쪽의 공비토벌작전에 나갈 만한 위치에 있지 않았습니다. 게다가 '지리산 공비토벌작전'은 김정렬 공군참모총장

이 미 제5공군사령관 패트리지 장군(☆☆)에게 서한을 보내 사전 양해를 구하고 합동작전센터(JOC)의 임무와는 무관하게 실시한 작전이었습니다. 항공지원을 요청한 것은 전투경찰부대였고, 제10전투비행전대는 공군 작전명령 제34호(1951. 8. 2.)와 제1전투비행단 작전명령 제8호(1951. 8. 18.)에 의거해서 공비토벌작전을 실시했습니다. 그런 만큼 미 군사고문단과는 무관한 작전이었다고 봅니다. 따라서 미 군사고문단의 폭격 명령 거부를 운운하는 것은 제10전투비행전대가 행한 '지리산 공비토벌작전'의 성격과 내용을 제대로 이해하지 못한 발언이라고 생각합니다. 그리고 이 모든 것이 서서히 잊혀갈 무렵에, 느닷없이 장지량 장군의 회고록(2006년)과 문화재청 책(2008년)이 출간되면서 '해인사와 팔만대장경의 진짜 수호자'를 둘러싼 논란이 일어났던 겁니다. 2009년 공군 역사자료발굴위원회가 구성된 후, 본격적으로 장지량 장군의 회고록과 2008년에 문화재청이 발간한 책(초판)에 대한 검증 작업이 이루어졌습니다. 14명의 위원들은 하나같이 장지량 장군의 회고록에 문제가 많다고 지적했습니다. 1951년 '지리산 공비토벌작전'을 전개할 때, 그는 공군 중령으로

서 제10전투비행전대의 작전참모였습니다. 모든 지휘 책임과 명령은 전적으로 제10전투비행전대장 김영환 대령의 몫이었습니다. 일개 참모가 미 군사고문단으로부터 명령을 받아 집행하는 게 아니었습니다. 더구나 '지리산 공비토벌작전'은 미 군사고문단과는 아무런 상관이 없이 진행된 작전이었고, 이승만 대통령이 장지량 중령을 포살하라고 명령했다는 것도 난센스입니다. 그때는 정말로 전투조종사 한 명의 존재가 무척 소중하고 절실한 시기였기 때문입니다. 그런 사정들을 너무나도 잘 알고 있던 장지량 장군이 그런 식으로 회고록을 집필한 데 대해 14명의 위원들은 당혹감과 실망감을 금할 수 없었습니다. 따라서 역사자료발굴위원회 위원 전원은 '팔만대장경의 진짜 수호자는 김영환 장군이다!'라고 결론지었습니다. 다만, 하나의 단서는 분명히 달아놓았습니다. "만약 당시 작전참모였던 장지량 중령이 제10전투비행전대장이었던 김영환 대령에게 해인사 폭격의 부적절성을 설명하고 폭격임무 유보를 건의했다면 그것은 참모로서 현명한 판단이었다." 즉 긴박한 전시 상황에서 혹시라도 두 분이 전대장과 작전참모로서 가야산 쪽의 공비토벌작전, 특히 해인사 폭격에 관해 얘기를 나눴을 가능성이 있다는 출구전략을 만들어놓은 겁니다. 솔직히 말해 나는 이것도 14명의 위원들이 적진 상공을 누비며 함께 싸운 선배 조종사에 대한 마지막 예우 차원이었다고 봅니다.

이 밖에도 필자가 궁금했던 사항이 몇 가지 있었다. 하나는 해인사에 대한 폭격임무 중지를 기록한 당시 출격 기록의 존재 유무였다. 또 하나는 2009년의 개정판에 나오는 "김영환 장군이 탄 F-51D 전투기에는 네이팜탄까지 적재해 있었고", " '정찰기가 편대장은 무엇 하는가. 빨리 폭탄을 투하하라!'는 날카로운 명령을 내렸다."는 기술의 사실 여부였다. 이것은 그동안 '공군사'를 공부한 필자에게 비상식적인 얘기로 비춰졌기 때문이다. 노병에게 그 부분에 대한 답변을 부탁했다.

우리 역사자료발굴위원회 위원들이 확인한 결과, 당시의 출격 기록에는 해인사와 팔만대장경에 대한 폭격임무 중지와 같은 구체적 내용이 실려 있지 않았습니다. 그것이 기록으로 남아 있다면 이런 논란 자체가 일어나지도 않았을 겁니다. 이에 대해서는 14명의 위원 가운데 한 분이던 윤응렬 장군께서 명쾌한 논리로 해명한 바 있습니다. 사실 공군의 출격 기록에는 출격작전의 세부 사항까지 자세하게 기술하지 않습니다. 보통 우리 공군의 F-51D 전투기 편대가 출격할 경우에는 제1 타깃, 제2 타깃 등을 부여받고 적진 상공으로 향합니다. 또 적진 상공의 기상이나 기타 상황 변화로 제1 타깃에 대한 폭격임무가 어려울 경우에는 편대장의 판단과 재량으로 제2 타깃을 공격하고 모기지로 귀환하는 경우가 대부분입니다. 아마 김영환 대령이 출격했던 그날도 '공비가 집결해 있는 해인사를 공격하라!'는 단일 목표를 부여받고 출격한 것은 아니었을 겁니다. 적진 상공에 도달한 후, 지상에서 공비토벌작전을 주도하는 전투경찰대로부터 '공비가 집결한 해인사를 폭격해 달라!'는 요청을 받았지만 김영환 대령이 그곳에다 폭격을 가하지 않고 그 뒷산에다 폭탄을 투하한 후, 모기지로 귀환한 것이 아닌가 싶습니다. 그리고 김 교수가 네이팜탄 적재와 정찰기의 명령 부분에 의심을 품는 것도 일리가 있다고 봅니다. 6.25남침전쟁이 끝날 때까지 우리 공군은 네이팜탄을 사용하지 못했습니다. 또 정찰기 조종사가 F-51D 전투기 편대장에게 명령을 내릴 수 없다고 봅니다. 오로지 지원 요청이나 공중폭격을 유도했을 따름입니다. 또 계급이 낮은 정찰기 조종사가 어떻게 최고지휘관인 제10전투비행전대장에게 명령을 내릴 수 있습니까? 군의 속성을 잘 모르는, 특히 공군에 대한 이해가 부족한 사람이 책을 쓰다 보니까 그런 오류가 생긴 것입니다. 설명이 충분했는지는 모르지만 이것이 내가 아는 기억이자 상식입니다.

33. 노블레스 오블리주

노블레스 오블리주^{noblesse oblige}는 사회 지도층의 도덕적 의무를 강조하는 용어로서, 로마 시대 황제와 원로원의 귀족들이 보여준 숭고한 도덕 의식과 솔선수범에서 유래했다. 당시 로마가 세계 패권 국가로 우뚝 설 수 있었던 것은 사회 지도층의 노블레스 오블리주가 활발하게 작동했기 때문이다. 로마가 건국된 이후 약 500년 동안 원로원에서 귀족이 차지하는 비중은 15분의 1로 감소했다고 한다. 이는 계속된 크고 작은 전투에서 수많은 귀족들과 그 자제들이 전사했기 때문이다. 하지만 제정^{帝政} 이후 권력이 황제에게 집중되고 귀족들의 노블레스 오블리주가 사라지면서 찬란했던 로마제국의 영광도 빛을 잃고 말았다.

근현대에 들어와서도 노블레스 오블리주는 국가나 사회의 위기는 물론 계층 간 갈등까지 슬기롭게 극복하는 최적의 대안으로 기능을 했다. 특히 6.25남침전쟁은 사회 지도층의 노블레스 오블리주가 얼마나 중요한지를 극명하게 보여준 대표적인 사건이었다. 당시 우리나라의 사회 지도층 인사들은 조일^{朝日}전쟁이 발발했을 때의 조정 대신들처럼 자기 식솔부터 챙겨 피난을 떠나기에 바빴다. 부와 권력을 가진 자들은 자기 아들을 후방 부대로 빼거나 병역을 면제시키려고 온갖 편법을 동원했다. 반면, UN군의 일원으로 북한군과 중공군을 격퇴하기 위해 참전한 미군 장성들은 자신의 아들과 함께 온 경우가 적지 않았다. 142명에 이르는 미군 장성들의 아들이 6.25남침전쟁에 참전했다가 35명이 전사 또는 부상을 당했다. 그러나 이 사실을 기억하는 한국인들은 거의 없다. 설령, 그것을 안다 해도 "이미 지나간 일인데 이제 와서 새삼 뭘 어쩌라고?" 하면서 대수롭지 않게 여긴다. 우리의 문제는 바로 거기에 있다.

서울 광진구 광장동에 워커힐호텔이 있다. 왜 호텔 이름이 워커힐일까? 또 정부가 호텔을 건립한 이유는 뭘까? 6.25남침전쟁이 한창이던 1950년 12월 3일, 월튼 H. 워커^{Walton H. Walker} 미 8군사령관(추서계급 ☆☆☆☆)이 불의의 교통사고로 순직했다. 그가 전방의 미군 부대를 방문하기 위해 군용 지프차로 이동하던 도중, 그의 차를 추월하려던 한국군 6사단 소속 트럭과 추돌한 것이다. 안타깝게도 그는 현장에서 순직했다. 이승만 대통령은 차량 사고를 낸 한국군 운전병을 엄벌하라고 지시했다. 하지만 제임스 H. 하우스만 대위의 간곡한 만류 덕분에 한국군 운전병은 징역 3년형을 선고받았다. 우리 정부는 주한 미군의 휴양 편의를 돕기 위해 호텔을 건립했다. 그리고 6.25남침전쟁에 참전해서 낙동강 교두보를 지켜냈던 워커 미 8군사령관의 공적을 기리고 그를 영원히 기억하고자 호텔명을 워커힐로 명명했다. 당시 그의 외아들인 샘 워커 대위[179]도 아버지와 함께 6.25남침전쟁에 참전해서 북한군과 치열하게 싸웠다. 워커 가문의 대^代가 끊길 것을 염려한 맥아더는 샘 워커 대위에게 본국 근무를 지시했다. 그리고 아버지의 유해를 알링턴 국립묘지에 잘

---

179 샘 워커 대위는 베트남전쟁에도 참전해서 혁혁한 전공을 세우고 사성 장군까지 진급했다. 아버지 워커 미 8군사령관도 사성 장군으로 진급할 예정이었기 때문에 그들 부자는 미군 역사에서 처음으로 '부자 육군대장'이란 영광을 안았다.

모시라고 부탁했다. 대한민국을 누구보다 사랑했고 종전 후에도 우리나라의 경제 발전에 큰 도움을 주었던 제임스 A. 밴플리트 미 8군사령관의 아들인 지미 밴플리트[180]도 폭격기 조종사로 참전했다. 그가 한국 땅을 처음으로 밟은 것은 1952년 3월 14일이다. 그로부터 20일 후인 1952년 4월 4일 오전 1시 5분경, B-26 폭격기 조종사였던 그에게 '압록강 남쪽 지역에 위치한 순천을 정찰 폭격하라.'는 미션이 주어졌다. 그곳은 중공군의 주요 보급기지였다. 그에게는 네 번째 출격이었다. 그러나 그는 다른 승무원(존 맥칼리스터 공군 중위, 랄프 펠프스 일병)들과 함께 모기지로 귀환하지 못했다. 당시 밴플리트 부자가 보여준 행동 역시 우리를 숙연하고 부끄럽게 만들었다. 지미 밴플리트의 시신은 끝내 발견되지 않았다. 여러 참모들이 "정밀수색작전을 해서라도 아드님의 시신을 찾아드리겠다."고 건의하자 밴플리트 장군(☆☆☆)은 "다른 작전이 내 아들을 찾는 것보다 더 중요하다. 그러니 이쯤에서 그만두자."라고 말했다. 그는 1952년 부활절을 맞이해서 전쟁 중에 아들을 잃거나 실종된 부모들에게 "벗을 위해 자신의 목숨을 기꺼이 내놓는 사람보다 더 위대한 사랑은 없다."는 위로 전문을 보냈다. 또 지미 밴플리트는 실종 전, 자기 어머니인 헬렌 여사에게 이런 편지를 보냈다.

어머니께!

이 글은 군인의 아내에게 바치는 편지입니다. 어머니가 이 편지로 눈물을 흘리지 않았으면 좋겠습니다. 저는 자원해서 비행훈련을 받았습니다. 저는

---

180 그의 본명은 제임스 A. 밴플리트 2세(James A. Vanfleet Jr.)로서 사람들은 그를 '지미 밴플리트'라고 불렀다. 그는 1948년 6월 8일 결혼했다. 그가 미 공군사관학교를 졸업하던 날이었다. 외아들이었던 그의 실종은 밴플리트 장군을 비롯한 유가족들에겐 말로 형언할 수 없는 슬픔이자 비극이었다. 2녀 1남의 독자인 데다 그가 6.25남침전쟁에 참전해서 희생당할 이유가 없었기 때문이다. 그는 그리스에서 해외 근무를 마친 상태였기 때문에 한국 근무를 하지 않아도 되었다. 하지만 그는 한국을 위해 싸우는 아버지를 돕기 위해 B-26 폭격기 조종사로 참전했다가 애석하게도 실종되고 말았다.

B-26 폭격기를 조종할 겁니다. 저는 조종사이기 때문에 기수와 후미에 기관총사수, 옆에는 항법사와 폭격수가 있습니다. 우리는 야간비행을 할 겁니다. 아버지께서는 모든 사람이 두려움 없이 살 수 있는 권리를 지키기 위해 공산주의자들과 싸우고 있습니다. 저도 미력하나마 힘을 보태드려야 할 시기가 온 것 같습니다.

어머니!

저를 위해선 기도하지 마십시오, 그 대신 위급한 상황에서 조국의 부름에 기꺼이 응한 저의 승무원들을 위해 기도해주십시오. 그들 중에는 남편의 무사 귀환을 기다리는 아내를 둔 사람도 있고, 아직 가정을 이뤄보지 못한 사람도 있습니다. 저는 임무 완수에 최선을 다할 겁니다. 그럼 안녕히 계십시오.

아들 지미(Jimmy) 올림

미국의 34대 대통령인 드와이트 D. 아이젠하워^{Dwight D. Eisenhower}의 아들 존 아이젠하워도 육군 소령으로 6.25남침전쟁에 참전했다. 1952년 그는 공화당 대선 후보로 지명된 아버지에게 "한국 전선에서 공산주의자들과 싸우고 싶다."는 뜻을 전했다. 그때 아이젠하워가 아들에게 한 말은 단 한마디였다. "포로가 되면 적에게 악용될 수 있으니 절대로 포로가 되지 마라." 존 아이젠하워는 2008년 한 신문과의 인터뷰에서 "아버지의 말씀을 듣고 만약 포로로 잡히는 상황에 놓이면 스스로 자결할 생각이었다."고 회고했다. 미국에서는 그 이후로 '현직 대통령과 부통령의 자녀가 전투에 나가서는 안 된다.'는 규정이 생겼다고 한다. 정전 회담 당시 UN군 사령관이던 마크 클라크 장군(☆☆☆☆)의 아들인 마크 빌 클라크 육군 대위도 금화지구 저격능선에서 중대장으로서 지상 전투를 하다가 큰 부상을 입었다. 전역 후 그는 부상 후유증으로 사망했다. 미 중앙정보부^{CIA} 국장을 지낸 앨런 덜레스^{Allen Dulles}의 아들인 앨런 M. 덜레스^{Allen M. Dulles}도 육군 중위로 6.25남침전쟁에 참전했다. 그는 최전방 부대에서 병사들과 함께 싸우다가 머리에 총상을 입고 평생을 정신분열증으로 고생했다. 또한 적군이었지만 마오쩌둥^{毛澤東}의 아들 마오안잉^{毛岸英}도 빼놓을 수 없다. 그는 마오쩌둥과 그의 둘째 부인인 양카이후이^{楊開慧}와의 사이에서 얻은 3남 중 장남으로 영어와 러시아어에 능했다. 그는 마오쩌둥의 지시로 중국군 사령관 펑더화이^{彭德懷}의 참모로 6.25남침전쟁에 참전했다가 미군 폭격기의 네이팜탄을 맞고 불에 타 죽었다.[181] 펑더화이가 그의 시신을 본국으로 송환하려고 하자 마오쩌둥은 "내 아들 역시 수많은 희생자 가운데 하나다. 피로 맺은 조선과의 영원한 우호 관계를 위해서 그의 시신을 그곳에다 묻으라."고 지시했다.

그들과 견줄 만한 인물이 우리 공군에도 한 분 있다. 제1대, 제3대 공군참모총장을 역임한 김정렬 장군(예비역 ☆☆☆)이다. 6.25남침전쟁이 터지고 국군이 밀리면서 항공 전력의 철수가 시급했다. 그러자 그는 15명이나 되는 자기 식솔을 버려둔 채, L-4와 L-5 항공기, T-6 항공기의 철수를 위해 혼신의 노력을 기울였다. 그때 그가 아내 이희재 여사에게 남긴 말은 "공군 차량에는 내 가족을 실을 공간이 없다. 거기에

---

181 국방부의 '6.25 60주년기념사업단'이 발표한 마오안잉의 전사 원인을 보면 흥미로운 대목이 나온다. 미 공군은 1950년 11월 25일 북한 석주시에 인접한 대유동의 중국인민지원군 사령부를 폭격했는데, 그 과정에서 마오안잉이 사망했다. 그런데 그가 김일성이 특별 선물로 보낸 달걀 때문에 죽었다는 것이다. 즉 그는 새벽에 군의 규율을 위반하고 불을 지펴 김일성이 선물한 달걀로 볶음밥을 만들다가 미군 폭격기의 네이팜탄 공격을 받고 숨졌다. 등화관제를 제대로 하지 못한 탓에 미군 폭격기의 공격을 받았던 것이다.(출처: 경향신문(2009년 11월 25일자) 기사)

김정렬 장군과 자리를 함께한 노병의 모습[183](출처: 노병의 사진첩)

는 항공기 부속품이나 기름통[182]을 하나라도 더 싣고 가야 한다. 그러
니 당신은 식솔들을 데리고 알아서 피신하라.”는 것이었다. 그리고 얼
마 후, 산속으로 도망갔던 이 여사와 가족들은 좌익들의 밀고로 붙잡혔
고 소위 그들이 말하는 인민재판을 받은 후, 죽을 위기에 처해졌다. 그
녀는 북한군과 좌익들 앞에서 “그 사람(김정렬 장군)은 인간도 아닙니다.
이 많은 식구를 내버리고 간 자가 사람입니까. 나는 그 사람하고 끝입
니다. 설령 돌아온다 해도 그자와 같이 살지 않을 겁니다.”라고 외쳤다
고 한다. 하지만 북한군과 좌익들은 그녀의 말을 믿지 않았다. 그런데
죽을 날만 기다리던 그녀에게 생명의 은인이 나타났다. 어느 날 저녁,

---

182 최원문 예비역 대령의 증언에 따르면 T-6 항공기가 도입될 당시, 우리 공군은 1,000드럼의 항
공연료도 함께 수입해서 여의도와 김포기지의 주변 솔밭에 분산 배치해놓았다고 한다. 하지만
1950년 6월 27일 수원과 대전기지로 항공기 철수를 결정할 때, 최대 고민 가운데 하나는 그 많은
항공연료를 어떻게 할 것인지였다. 김정렬 공군참모총장은 절체절명의 다급한 상황에서도 부하
들과 함께 1,000드럼의 항공연료 가운데 500드럼분의 항공연료를 챙겼다. 그들은 500드럼의 항
공연료를 영등포역에서 화차에 적재한 후, 수원기지와 대전기지 그리고 대구기지에 분산 배치하
는 데 성공했다. 나머지 항공연료도 적의 수중에 들어가지 못하도록 처리했던 것으로 전해진다.

좌익 가운데 책임자급에 해당되는 자가 조용히 다가와서 이런 말을 했다. "내가 당신 집에서 밥을 많이 얻어먹은 사람이오. 나도 이제 밥값을 하고 싶소. 내가 다른 곳을 보는 사이에 빨리 이곳을 빠져나가시오."라며 도망칠 기회를 주었다. 평소 주변 사람들에게 후했던 김 장군 집안의 '밥 인심'이 그녀와 가족들을 살린 것이다.

한 고비를 넘자마자 그녀에게 또 다른 불행이 밀려왔다. 둘째 아들 정기가 오랫동안 어느 산의 동굴에서 숨어 살았던 탓에 영양실조에 걸려 사경을 헤매게 된 것이다. 국군과 UN군의 서울 탈환 이후 그 사실을 알게 된 6146부대장 딘 E. 헤스 소령(당시 계급)은 윌슨 대위에게 "F-51D 전투기를 타고 일본 이다즈케 기지로 날아가서 약을 구해 오라."고 지시했다. 그 덕분에 정기의 목숨을 구할 수 있었다. 헤스 소령은 이 사실을 자신의 회고록에 기록해놓았다.[184] 그뿐만이 아니다. 그는 군인연금제도를 만드는 자리에 있었음에도 자신은 연금 수혜 대상에서 제외시키는 희생정신을 발휘했다. 이는 분명 우리 후배 공군인들이 영원히 기억할 만한 공중지휘관의 미덕이 아닐 수 없다.

---

183 이 사진은 노병 일행이 미 공군대학에서 SOC 과정을 이수하고 귀국하던 도중 일본에 잠깐 들러 당시 한미연락단장으로 근무하던 김정렬 장군을 만나 식사하면서 찍은 사진이다. 좌로부터 소상영, 이만갑(전 서울대 교수), 신상철, 김정렬 장군, 노병, 권성근, 김득룡(맥아더가 1950년 6월 29일 한강방어선을 시찰했을 때, 경호책임을 맡았던 사람)이다.

184 헤스 소령은 자신의 책 『신념의 조인』 231쪽에서 사실과 다른 진술을 했다. 아마도 헤스 소령이 착오를 했던 것 같다. 필자가 2016년 6월 20일 해인사에서 거행된 '김영환 장군 호국추모제'에 참석해서 김정렬 장군의 둘째 아들인 정기 씨를 만났다. 그는 필자에게 "헤스 아저씨와 윌슨 대위님이 일본에서 페니실린을 구해 와서 살린 사람은 막내 동생인 형기가 아니라 바로 접니다."라고 말했다.

34. 김영환 장군과의 마지막 비행

1954년 3월 5일 오전 11시, 사천기지 주기장에서는 F-51D 전투기 두 대가 요란한 엔진 굉음과 함께 이륙 준비를 하고 있었다. 아침 일찍 참모 회의를 주재한 제1훈련비행단장 김영환 장군은 비행 준비를 마친 뒤 네댓 명의 참모들과 함께 주기장에 나타났다. 그는 밝은 모습으로 F-51D 전투기 정비사들에게 악수를 청하며 "수고한다."는 인사를 나눴다. 며칠 전, 김 장군은 강릉기지 제10전투비행단장인 장지량 대령으로부터 전화 한 통을 받았다. "선배님, 오는 3월 6일 저희 제10전투비행단 창설 기념행사를 치르려고 합니다. 그동안 비행단을 일궈놓으신 선배님께서 참석하셔서 자리를 빛내주시면 저희로서는 영광이겠습니다." 김 장군이 대답했다. "장 단장이 그렇게 생각해주니 고맙네. 내가 꼭 가도록 함세. 그럼 강릉기지에서 얼굴 한번 보자고!" 강릉기지는 그에게 본가本家와도 같은 곳이었다. 전대미문의 6.25남침전쟁을 치르면서 온갖 애환뿐 아니라 자신의 체취가 가장 많이 남아 있는 기지였기 때문이다. 그는 솔로비행으로 그곳에 간다고 생각하니 조금은 외롭

겠다는 생각이 들었다. 그래서 제1훈련비행단 작전처장 겸 훈련비행전
대장을 맡고 있던 강호륜 대령에게 "나랑 강릉기지를 다녀오자!"고 제
안했다. 그러자 강 대령은 "단장님, 제가 한동안 F−51D 전투기를 타지
않아서 자신이 없습니다."라고 말했다. 그는 훈련부전대장인 김두만 중
령을 찾았다. "김 중령! 당신은 비행을 좋아하니까, 이번에 나와 함께
강릉기지를 다녀오자!"고 제안했다. 그래서 두 사람은 한 조로 운명적
인 비행에 나서게 되었다.

 오전 11시 30분, 김 장군과 노병은 각각 #1기와 #2기를 타고 사천기
지를 힘차게 이륙했다. 기지 주변 상공은 청명했고 비행 조건은 최적이
었다. 더욱이 그날 비행은 출격임무를 띤 비행이 아니었기 때문에 두
사람은 무거운 조종 헬멧 대신 공군 모자에 리시버만 가볍게 착용했다.
그런 만큼 두 사람은 콧노래를 부르고 싶을 정도로 약간 들떠 있었다.
김 장군이 탑승한 #1기는 보조연료탱크를 달지 않은 클린 상태였다. 하
지만 노병의 #2기에는 약 760리터(200갤런)짜리 보조연료탱크 2개가 날
개 밑에 장착되어 있었다. 또 거기에는 제10전투비행단에 전달할 수많
은 낙하산이 가득 들어 있었다. 당시 강릉기지 전투조종사들이 비상 탈
출용 장비로 착용한 낙하산은 사천기지에서 주기점검週期點檢을 마친 후,
다시 강릉기지로 보내졌다. 그날도 사천기지 군수 지원부서의 담당자
가 노병에게 '강릉기지에 가시는 김에 주기점검을 마친 낙하산을 가져
다주면 좋겠다.'며 협조 요청을 해왔다. 그래서 그것을 강릉기지로 갖고
가는 중이었다. 이 커다란 2개의 보조연료탱크가 약 1시간 후에 죽음의

---

185 이에 대해 노병은 다음과 같은 얘기를 해주었다. "나는 6.25남침전쟁 동안 수없이 많은 사선을
    넘나들었지만 이때처럼 죽음과 가까웠던 순간은 없었습니다. 다시 생각해보니 앞서 말한 2개의
    보조연료탱크가 F−51D 전투기의 증속(增速)을 방해하는 저항 요인으로 작용하는 바람에 김영환
    장군이 탔던 #1기를 따라잡지 못했던 겁니다. 만약 그러지 않았더라면 나도 김 장군과 같이 창
    공에 묻혔을 겁니다. 이것을 운명이라 해야 할지, 아니면 천운이라고 해야 할지 참으로 착잡했던
    기억이 지금도 새롭습니다."

문턱에서 노병을 구해준 구세주가 될 줄을 어느 누가 알았으랴!¹⁸⁵

사천기지를 이륙해서 포항까지 날아갈 때에는 하늘이 무척 맑았다. 그때는 계기비행훈련을 받지 않았기 때문에 두 사람은 시계비행^{VFR, visual} ^{flight rules}으로 날아갔다. 하지만 #1기와 #2기가 포항 상공에 접어들자 비가 내리기 시작했다. 노병이 고도계를 보니 약 210미터(700피트)를 가리키고 있었다. 두 사람은 그 고도를 유지하며 삼척 상공을 향해 날아갔다. 마침내 그곳에 진입하자 비는 그쳤지만, 구름 높이^{雲高}는 더 내려간 상태였다. 두 사람은 구름 밑으로 내려가서 비행을 계속했다. 고도계는 약 50미터(150피트)를 가리키고 있었다. 삼척 상공을 지나 묵호 상공에 도달할 무렵, #1기의 김 장군이 라디오 콜로 "야, 이제 다 왔다. 힘내라!"며 격려했다. 그 말이 끝나자마자 앞쪽에서 눈앞을 분간하기 어려울 정도의 폭설이 확 밀려왔다. 마치 거대한 절벽이 노병의 앞길을 가로막는 것 같은 느낌이었다. 김 장군이 탑승한 #1기는 폭설을 피하기 위해 좌측으로 급선회를 시도했고, 그의 좌측에 붙어서 비행하던 노병의 #2기는 #1기의 우측으로 이동한 후, 편대 유지를 위해 필사적인 노력을 기울였다. 하지만 #1기와 #2기는 폭설 속으로 빨려 들어가고 말았다. 노병은 #2기의 엔진 출력을 최대한 올렸지만 #1기는 이내 노병의 시야에서 사라지고 말았다. #1기를 놓친 순간, 노병은 망연자실했다. 노병의 눈앞이 캄캄해지고 기체의 계기판도 희미하게 보였다. 마치 꿈속을 헤매는 듯한 기분이었다. 별안간 눈앞에 큰 강 같은 것이 보였다. 기독교에서 말하는 요단강인지, 아니면 불교에서 말하는 삼도천^{三途川}인지는 잘 모르지만 아무튼 그것이 눈앞에서 어른거렸다. 그리고 집에서 노병의 귀가를 기다리고 있을 젊은 아내와 돌을 막 지난 귀여운 딸의 모습도 주마등처럼 스쳐 갔다. 그 순간, 노병에게 이대로 죽을 수는 없다는 생각이 번쩍 들면서 희미하던 시야가 선명해졌다. 그와 동시에 계기판도 또렷하게 보였다. 그는 동물적 본능으로 기체가 아래로 내려가는지, 아니면 위로 올라가는지부터 살폈다. 이미 #1기와 #2기가 저공비행을 하다가 폭설 속으로 들어갔기 때문에 기체가 내려간다는 것은 곧 추락과 죽음으로 이어지는 것을 의미했다. 계기판을 보니 기체는 하강^{下降} 상태였다. 그는 반사적으로 조종간을 힘껏 당겼다. 순간 기체는 상승했고, 그러자 살았다는 안도감이 밀려왔다. 그다음부터는 1951년 3월, 일본 요코다의 존슨 기지에서 약 1주일간 교육받은 '링크훈련'을 떠올리며 계기비행의 기본 원칙을 실천에 옮겼다. 우선 기체의 자세 지시계를 보니 좌측으로 약 45도 기운 채, 날고 있었다. 그는 기체를 수평 자세로 전환하고 적정 속도를 유지한 후, 방향 계기판을 보니 북쪽으로 날아가고 있었다. 그는 우선 고도 1,000m까지는 직진하기로 결정했다. 그 주변 산악 지대의 최고 높이가 1,000m 이하였기 때문이다. 또한 목표 고도에 도달하자마자 기수를 서쪽으로 돌렸다. 자칫 잘못하다가는 북쪽으로 날아갈 것 같은 생각이 들어서였다. 그런 다음, 폭설 속으로 급선회할 때의 지-포스^{G-Force}로 인해 머리에서 떨어져 나간 리시버를 찾아서 다시 착용하고 #1기를 호출했지만 아무런 대답이 없었다. 그 순간, 노병은 직감적으로 #1기가 추락한 것 같다는 느낌이 들었다. 그는 고도 1,500m 상공에서 기수를 서남쪽 방향으로 틀었다. 그리고 고도 3,000m에 이를 때까지 계속 상승했다. 구름층을 뚫고 올라가니 눈부신 태양이 그를 맞았다. 그는 다시 기수를 남쪽 방향으로 180도 틀었다. 모기지인 사천기지가 아니라 공군본부가 있는 대구기지로 가기 위해서였다. 한시라도 빨리 공군본부에 사고 발생에 관해 보고해야 할 것 같았다. 대구 상공에 도착한 그는 지상과의 통신수단이 없었기 때문에 공군본부 상공에서 한 바퀴 저공비행을 했다. 그리고 대구시 남쪽에 위치한 동명기지에 착륙했다. 얼마 지나지 않아 공군본부

작전국장인 김신 장군(☆)이 지프차로 한걸음에 달려왔다. 이심전심으로 문제가 발생한 것을 직감했던 것이다. 노병은 사건의 전말을 상세하게 보고했다. 잠시 후 아랫배에서 엄청난 통증이 느껴지더니 가슴 쪽으로 퍼져나갔다. 저녁이 되자 머리까지 아프고 온몸에 열이 났다. 하지만 육체적인 고통보다 더 힘들고 괴로웠던 것은 존경하는 상관이자 편대장이던 김영환 장군을 묵호 상공에서 잃고 혼자 귀환할 수밖에 없었던 데서 오는 절망과 상실감이었다.

한편 제10전투비행단은 김 장군의 조그만 흔적이라도 찾기 위한 수색 팀을 구성한 후, 한 달가량 눈 덮인 대관령을 비롯한 묵호 일대의 산악 지역과 주변 바닷가에 대한 정밀수색작전을 펼쳤다. 지역 주민들도 수색작전에 기꺼이 동참했다. 그러나 어디에서도 그의 흔적은 발견되지 않았다. #1기의 조그만 파편조차 발견되지 않았다. 끝내 그는 아무런 자취도 남기지 않은 채, 하늘을 사랑했던 빨간 마후라답게 공군의 영원한 전설로 남았다. 김 장군의 유족들은 너무나 애통한 마음에 그의 장례를 치르지 않았다. 그의 모친 변상희 여사는 "아들의 죽음을 내 두 눈으로 확인하지 않는 한, 장례식을 치를 수 없다."며 강력하게 반대했다. 변 여사는 타계할 때까지 아들이 반드시 살아서 돌아올 것이라는 믿음을 갖고 사셨다. 결국 그는 부모님이 모두 돌아가신 후, 영면에 들어갈 수 있었다. 그는 죽어서도 부모님께 사후^{死後} 효도를 실천하고 하늘에 묻혔다.

노병은 "실종된 지 19년이 지난 1973년 12월 17일에 거행된 그의 서울 국립현충원 안장식은 우리 공군 역사에서 가장 슬프고 비통한 장례식이었다."고 회고했다. 또 김영환 장군의 생존에 대한 유족들의 염원이 얼마나 강했고, 또 얼마나 상심이 컸는지를 단적으로 보여줬다. 그의 묘비 뒷면에는 '형 정렬, 아들 정기'라고 새겨져 있다. 이에 대해서는 부연 설명이 필요할 것 같다. 생전에 그와 아내 오○○ 여사 사이에는 자녀가 없었다. 그래서 형님인 김정렬 장군이 본인과 자신의 둘째 아들 정기를 유족으로 비문에 새겼던 것이다. 당시 신문은 김정렬 장군이 둘째 아들 정기를 동생의 양자로 보낸 것으로 보도했다. 두 분의 마지막 비행에 대한 인터뷰를 마무리하면서 하고 싶은 이야기가 더 있는지 여쭤봤다. 노병은 여전히 할 말이 많아 보였다. 많은 시간이 흘렀는데도 김영환 장군은 노병의 추억 속에서 생생하게 살아 있었다.

김영환 장군의 갑작스런 순직은 내게 큰 충격이었습니다. 아쉬운 것도 너무 많았습니다. 흔히 역사에는 가정이 소용없다고 말합니다. 하지만 나는 그 사건 이후로 혼자서 많은 가정을 해보았습니다. 만약 제10전투비행단에서 김 장군을 초청하지 않았더라면 어땠을까? 비록 부질없는 생각이지만 그 야속함을 떨쳐버릴 수 없었습니다. 김 장군께서 사고를 당하기 이틀 전인 1954년 3월 3일, 제10전투비행단에서는 대형 비행 사고가 발생한 상태였습니다. 4대의 F-51D 전투기 편대가 비행훈련을 하기 위해 강릉기지에 이륙했다가 #1기에 탑승한 편대장 조항식 대위[186]와 #2기의 이영식 중위, #3기의 김용호 중위가 바다에 추락해서 순직하고 #4기의 김상광 조종사[187]만 살아남은 비행 사고였습니다. 한꺼번에 전투조종사 세 명이 순직했다면 제10전투비행단은 부대 창설 기념식을 중단하고 비행 중지와 사고 수습책 마련에 혼신의 노력을 기울였어야 하는데, 아쉽게도 그러질 못했습니다. 만약 그랬더라면 김 장군께서 그리 허망하게 창공에 묻히는 일도 없었을 겁니다. 내게는 그것이 지금까지도 회한으로 남아 있습니다. 김 장군과 나는 좋은 사이였습니다. 그는 나에게 형

---

186 조항식 대위는 조종 간부 출신으로서 6.25남침전쟁 때, 우리 공군 소속 정보부대의 북파 공작 요원으로서 활동하다가 전투조종사가 된 후 100회 출격의 위업을 달성한 베테랑 조종사였다. 그는 F-Class급 전투조종사로서 매사에 적극적인 자세로 전투조종사 생활을 했다는 게 동료 전투 조종사들의 한결같은 평가다.
187 김상광 중위는 제16대 공군참모총장을 역임한 김상태 장군(예비역 ☆☆☆☆)의 친동생이다.

김영환 장군의 묘지 전면   김영환 장군의 묘지 뒷면

님 같은 분[188]이었습니다. 이따금 자신의 풋풋한 연애담도 들려주었습니다. 총 각 시절, 그에게도 여느 젊은이처럼 여자 친구가 있었습니다. 그런데 그녀가 어떤 이유인지는 잘 모르겠지만 일찍 하늘나라로 떠났습니다. 그가 한동안 여 자 친구를 애처롭게 생각하는 것을 보면서 저도 마음이 아팠습니다. 그는 누 구보다 마음이 따뜻하고 감성지수(EQ)가 높았던 분입니다. 그리고 시간이 한 참 흐른 뒤, 그는 인텔리 여성인 오○○ 여사와 결혼했습니다. 로맨티시스트

---

188 1973년에 발간된 『보라매(제29호)』에서 노병은 '김영환 장군을 추모함'이라는 제목으로 이런 회 고담을 남겼다. "나는 지금도 그분을 생각하면 눈시울이 뜨거워지며 가슴이 뭉클해진다. 김영환 장군은 특유한 리더십의 소유자로서 생각하는 것과 행동하는 것이 남달랐다. 나 역시 공군의 각 급 지휘관과 참모총장을 역임하는 동안 그분의 확고한 사생관은 체온에서 체온으로 이어져 나 자신의 사생관이 되었고 또한 통솔 방침에 반영되었으리라 생각한다. 나에게는 친형님이나 다름 없었고 어버이나 다름없는 분이셨다. 아니 모든 보라매들에게도 그러했을 것을 나는 믿어 의심 치 않는다."

였던 그의 아내 사랑은 동료나 후배 전투조종사들이 부러워했을 만큼 각별했습니다. 그러나 그가 순직했을 당시, 결혼 8년 차였던 두 분 슬하엔 안타깝게도 자녀가 없었습니다. 그래서 동생인 그를 누구보다 아끼고 사랑했던 형 김정렬 장군께서 당신의 3남 2녀 가운데 둘째 아들인 정기를 양자로 보낸 게 아닌가 싶습니다.

김 장군이 대한민국 공군 장교로 생활한 것은 약 6년(1948. 5. 14.~1954. 3. 5.)에 불과했습니다. 그는 공군에 군적(軍籍)을 두었던 사람 가운데 제일 먼저 대한민국 장교가 되었으며 항공부대를 창설하기 위해 고군분투한 공군의 선각자였습니다. 그의 삶 자체가 우리 공군의 4대 핵심 가치 중 맨 처음에 나오는 '도전'의 화신이었습니다. 미 제7사단으로부터 L-4 항공기를 인수해 오자 그는 자신의 비행중대에 속한 항공기의 꼬리 날개에 번개 문양을 그려 넣어 마치 전투기와 같은 분위기를 연출했습니다. 비록 우리가 지금은 연락용 정찰기를 타고 있지만 언젠가는 전투기를 꼭 보유하겠다는 강한 의지의 표현이었습니다. 그리고 그를 비롯한 김신, 장성환 등 공군 삼총사는 L-4 항공기를 몰고 한강 다리 아래 교각 사이로 비행했습니다. 우리 전투조종사들의 비행 실력이 미군 조종사들에게 조금도 꿀리지 않는다는 것을 보여주기 위한 행동이었을 겁니다. 물론 나중에 불군기 비행을 했다는 이유로 형님인 김정렬 공군 참모총장에게 불려 가서 호된 꾸지람을 듣고 1주일간 영창 생활을 했던 것으로 압니다. 그들 삼총사의 불군기 비행은 거기에서 그치지 않았습니다. 그들은 이화여대 학생들의 시험 기간에 L-4 항공기를 타고 이화여대 상공을 저공으로 비행했다고 합니다. 당연히 이화여대 김활란 총장이 직접 김정렬 참모총장에게 '항공기 소음'에 대한 민원을 제기했습니다. 이번에도 그들은 김정렬 참모총장으로부터 호된 질책을 받았습니다. 이들 공군 삼총사가 보여준 일련의 행동은 후배 공군인들에게 귀감이 될 만한 일은 아니었습니다. 그러나 젊은 시절 그들 나름대로 품고 있었던 전투조종사로서의 자부심과 배짱이 6.25

남침전쟁 때 조금의 두려움이나 망설임도 없이 적진 상공으로 날아가는 용기와 솔선수범으로 이어졌다고 봅니다. 또 그들 삼총사는 6.25남침전쟁이 일어나고 얼마 지나지 않은 시점에서 구타 사건에 휘말리게 됩니다. 그들은 가족들을 내팽개치고 항공기를 비롯한 공군 전력의 안전한 후퇴를 위해 헌신했는데, 자신들보다 한 계급 높은 S 씨는 가족들부터 피신시키느라 여념이 없었다는 얘기를 전해 듣고 그와 언쟁하던 도중 싸움이 벌어진 겁니다. 이 사건으로 삼총사는 '1계급 강등'이라는 처벌까지 받았다가 나중에 원래 계급을 다시 부여받기도 했습니다. 그럴 정도로 국가와 공군에 대한 삼총사의 열정과 헌신은 대단했습니다. 훗날 삼총사 가운데 김신 장군과 장성환 장군께서 공군참모총장을 역임한 것은 결코 우연이 아닙니다. 만약 김영환 장군이 생존해 계셨다면 공군참모총장은 물론 더 높은 직책에서 국가와 군 발전을 위해 큰 역할을 맡았을 겁니다. 오랜 시간이 흘렀지만 아직도 내가 그를 잊지 못하는 것은 그가 자신의 역량을 10%도 발휘하지 못하고 너무나도 젊은 나이에 창공에 묻혔다는 사실 때문입니다. 그것은 분명 우리 공군뿐 아니라 국가 차원에서도 크나큰 손실이었습니다.

그의 산화를 계기로 우리 공군은 계기비행과 야간비행훈련을 본격적으로 실시했다. 우리 공군은 1954년 11월 20일부터 제1훈련비행전대 교육대 예하에 계기비행과를 신설하여 L-4, L-5, T-6 항공기와 F-51D 전투기의 계기비행 교육을 시작했다. 교관은 미군 조종사 중에서 차출했으며 훈련 기종은 T-6 항공기, 교육훈련 기간은 2개월 정도였다. 또 교육훈련생으로 선발된 전투조종사가 계기비행과 야간비행훈련을 성공적으로 이수[189]했을 경우에는 그린카드를 제공하고 실패하면 화이트카드를 주었다. 이는 본래 미 공군의 시스템이었는데 우리 공군에서 도입하자 전투조종사들이 그린카드를 얻기 위해 최선을 다하는 모습을 보였다. 이는 결국 전투조종사의 생존력 증대와 전투 기량의 향상으로 이어졌다.

이 책의 집필이 끝나갈 무렵, 김영환 장군의 조카이자 김정렬 참모총장의 둘째 아들인 정기 씨가 필자에게 삼촌에 대한 몇 가지 기억을 전해 왔다. 거기에는 특기할 만한 것이 하나 있었다. '수염'에 관한 얘기였다. 그가 보내준 이메일의 원문 내용을 그대로 게재한다.

제가 작은어머니(김영환 장군의 부인 오○○ 여사)한테서 들은 얘기입니다. 6.25남침전쟁이 한창 진행 중일 때, 제10전투비행단 장병들이 외출을 나갔다가 타군 장병들과 시비가 붙은 끝에 패싸움을 한 모양입니다. 그런데 그들이 막사로 돌아와서 자기들끼리 "입고 있던 군복이 비슷해서 누가 우리 편인지 구분하기가 힘들어서 싸움을 하는 데 애를 먹었다."고 얘기를 했다고 합니다. 이 얘기를 전해 들은 김영환 단장이 모든 장병들에게 수염을 기르도록 했다고 합니다.[190] 타군 장병들과 차별화시키기 위해서입니다. 제가 어린 시절에 작은어머니께서 수염을 기른 장병들의 사진 몇 장을 보여주셨습니다. 그 가운데서 히틀러식 수염을 한 장지량 중령과 카이젤 수염을 기른 어느 상사(上士)분이 어깨동무를 한 모습은 오랜 세월이 흘렀어도 또렷하게 기억납니다. 어린 저에

---

189 노병의 증언에 따르면, 당시 남들보다 앞서서 계기비행과 야간비행훈련을 이수한 홍순상 대위(당시 계급)가 비가 무척 많이 내리는 날 밤, T-6 항공기 편대를 이끌고 사천기지에서 강릉기지로 전개하자 강릉기지에 있던 전투조종사들이 깜짝 놀랐다고 한다. 그 일을 계기로 많은 전투조종사들이 계기비행과 야간비행훈련을 받기 시작했다고 한다. 그 후 홍 대위는 대령으로 전역한 후, KAL에 입사해서 민항기 조종사로 일했다.

190 필자가 노병에게 김영환 장군의 수염 얘기를 건넸더니 그는 씩 웃으면서 또 다른 증언을 했다. 즉 김영환 장군이 모든 부하 장병들에게 "카이젤 수염을 기르도록 하라."고 지시하고, 정작 본인은 수염을 기르지 않았다는 것이다.

게는 매우 낯선 모습이었기 때문입니다. 이처럼 우리 작은아버지는 영혼이 자유롭고 낭만적인 분이셨습니다. 때로는 돈키호테처럼 엉뚱한 발상으로 좌중을 깜짝 놀라게 하고 웃기게 만드는 분이셨다고 합니다.

35. F-86F 전투기의 기종전환훈련

정전협정을 둘러싸고 피아간에 지리한 공방전을 전개할 즈음, 노병은
미 공군대학의 초급참모과정^{SOC, Squadron Officers Course}에 입과하라는 명령을
받았다. 동료 조종사들이 목숨을 걸고 나라를 지키고 있는데 해외 유학
을 떠난다는 것이 마음에 걸렸지만 그도 다른 동료 조종사가 유학을 떠
났을 때, 그들의 빈자리를 지켰다고 위안하면서 미국행 비행기에 몸을
실었다. 약 6개월(1952. 12. 23.~1953. 4. 30.)에 걸친 SOC 과정을 마치
고 귀국했다. 그리고 1953년 5월 1일자로 제1훈련비행단 작전부처장
에 임명되었다.[191] 4개월 후인 1953년 9월 3일에는 제1훈련비행단 훈련
전대 부전대장에 임명되었다. 훈련전대 전대장은 강호륜 중령이었다.
평소 비행을 좋아했던 그는 매일 한두 차례씩 학생 조종사들과 F-51D
전투기를 타고 하늘을 날면서 비행교육에 최선을 다했다. 1954년 6월,
공군본부는 아주 중요한 계획을 발표했다. 그것은 당시 세계 최고의 제

---

191   노병이 미국에서 귀국하자마자, 제1훈련비행단으로 내려간 것은 당시 제1훈련비행단장이었던 장
      덕창 장군(☆)이 김정렬 공군참모장에게 "저희 비행단에서 꼭 필요한 사람은 김두만 중령입니다.
      부디 그를 보내주십시오."라고 부탁했기 때문이라고 한다.

트전투기인 F-86F 전투기의 기종전환훈련을 위해 미국에 파견할 전투 조종사 30명을 3차에 걸쳐 선발한다는 것[192]이었다. 문제는 파견 대상 자 선발 기준인 영어 시험이었다. 그는 김정렬 공군참모총장이 직접 주 관한 영어 시험을 통과해서 1차로 파견 나갈 요원으로 선발되는 행운 을 얻었다. 그는 영어 시험과 관련된 일화를 소개했다.

당시 영어 시험은 구술 테스트였습니다. 내가 구술 테스트를 먼저 보고 나와 서 동기생이자 절친이던 주영복 소령(제13대 공군참모총장, 국방부장관 역임) 에게 김정렬 장군이 질문하는 스타일을 알려주었습니다. "아마도 김정렬 장군 이 '어떤 사실에 입각해서 말해보라.'고 질문할 것이다. 그때는 대충 얼버무리 지 말고 'judging from the fact that~' 식으로 문장을 만들어서 씩씩하게 대 답하라."고 조언했습니다. 마침내 주영복 소령의 차례가 돌아왔습니다. 그는 잔뜩 긴장된 모습을 하며 구술 테스트장에 들어갔는데, 나중에 나오는 모습 을 보니 얼굴에 화색이 돌았습니다. 답변을 꽤 잘한 눈치였습니다. 그는 "네가 가르쳐준 것이 주효했다."면서 무척 고마워했습니다. 그도 1차 파견 요원으로 합격해서 나를 비롯한 9명의 일행과 함께 F-86F 전투기 기종전환훈련을 위한 선발대로 미국에 갈 수 있었습니다.

1954년 9월 9일부터 우리 전투조종사들이 미국에서 F-86F 전투 기 기종전환훈련을 받은 것은 결코 우연한 일이 아니었다. 그 이면에

---

192 공군이 계획했던 F-86F 전투기 기종전환훈련의 세부 일정은 다음과 같았다. 1차 인원은 10명이 며, 훈련 기간은 1954년 9월 9일부터 1955년 3월 23일까지였다. 1차 인원으로 선발된 전투조종 사는 김성룡, 김두만, 주영복, 옥만호, 윤응렬, 권성근, 오충목, 전봉희, 이강화(이상 중령), 손재 권 소령이었다. 2차 인원 역시 10명이었으며, 훈련 기간은 1954년 9월 27일부터 1955년 4월 6 일까지였다. 2차 인원으로 선발된 전투조종사는 박재호 중령, 이양명 소령, 임상섭, 마종인, 김 영민, 이경철, 최영창, 백만길, 장경순, 김영환(이상 대위)이었다. 3차 인원 역시 10명을 선발했으 며, 훈련 기간은 1954년 10월 23일부터 1955년 4월 23일까지였다. 3차 인원으로 선발된 전투조 종사는 이기협 중령, 박완규 소령, 이호영, 최순선, 임종두, 송재봉, 민욱동, 이찬권, 이희근, 이교 안(이상 대위)이었다.

는 이승만 대통령의 배짱 외교와 김정렬 공군참모총장의 지략이 있었다. 6.25남침전쟁이 발발한 이후, 이 대통령은 초대 UN군 사령관인 맥아더를 비롯해서 워커, 밴플리트, 리지웨이, 클라크 장군과 대체로 원만한 관계를 유지하며 전쟁을 치르고 있었다. 그러나 1951년 중반 이후부터 미국 주도로 정전협정이 논의되면서 미국과 그의 갈등이 심화되기 시작했다. 미국은 6.25남침전쟁이 제3차 세계대전의 도화선이 되지 않을까 전전긍긍했다. 따라서 그들은 하루빨리 휴전을 하고 싶어 했다.[193] 하지만 이 대통령은 정전협정은 있을 수 없다고 반발하며 한국군만이라도 북진통일을 위해 싸우겠다고 주장했다. 이 기류는 1953년까지 이어졌다. 상황이 좀처럼 개선되지 않자 그는 마지막으로 정치적 승부수를 띄웠다. 1953년 6월 18일, 이 대통령이 미국과 한마디 상의도 하지 않고 27,000여 명의 반공 포로를 석방한 것이다. 한반도에서 발을 빼려는 미국에게 한 방을 날린 셈이었다.[194] 미군은 노회하고 고집스런 그를 제거하기 위해 '에버레디Ever-Ready' 계획까지 세웠지만 애치슨과

193 이 대목에서 우리는 조지 F. 캐넌(George F. Kennan, 1904~2005)의 대소(對蘇) 봉쇄정책을 상고할 필요가 있다. 1947년 봄, 미 국무부의 초대 정책기획실장에 임명된 그는 극동 지역에서 일본만 건재하면 한반도가 공산 치하로 넘어간다 해도 걱정할 것이 없다고 봤다. 한반도는 전략적 가치가 낮을 뿐 아니라 제3차 세계대전이 터지더라도 미국이 방어할 주요 국가가 아니라는 이유에서였다. 1949년 미군이 한반도에서 조기 철군한 것도 그의 구상에서 비롯되었다. 6.25남침전쟁이 발발하자 그는 단호한 군사 대응을 지지했지만 UN군이 38선 이북으로 북진하는 것에 대해서는 반대 입장을 분명히 했다. 중국과 소련의 개입을 염려했기 때문이다. 또 전쟁이 장기화 국면에 접어들자 휴전협상을 강력히 건의했다. 당시 그의 생각은 '한반도는 반드시 미국이 방어해야 할 지역이 아니며 따라서 미군의 신속한 철군을 위해서는 강력한 외교력이 필요하다.'는 것이었다.

194 이승만 대통령에게 한 방 얻어맞은 것은 행정부만이 아니었다. 휴전협정을 조인하는 자리에서 눈물을 흘렸던 클라크 UN 군사령관도 그의 재치와 순발력에 꼼짝없이 당했다. 그는 경무대를 예방한 클라크 사령관에게 반공 포로에 대한 정당성을 언급하기 위해 기발한 아이디어를 생각해냈다. 수행비서한테 새장에다 참새 두 마리를 가둔 다음 가져오라고 지시했던 것이다. 그는 클라크 사령관에게 "본래 새장에 갇혀 있는 새는 새장 밖으로 날아가고 싶은 본능이 있다."라고 말했다. 그러자 클라크 사령관은 "가두어 키운 새는 새장 문을 열어놔도 잘 날아가지 않습니다."라고 응수했다. 그는 수행비서에게 "새장 문을 열라."고 지시했고, 그러자 참새 두 마리가 곧바로 날아갔다. 그것을 본 클라크 사령관은 더 이상 할 말을 잃었다고 한다. 미국과 UN 군사령관을 다루는 이 대통령의 내공이 결코 만만치 않았음을 보여주는 대목이다.

월터 S. 로버트슨Walter S. Robertson을 비롯한 미 국무부의 반대로 실행에 옮기지는 못했다. 그 대신 미국은 그를 적당히 달래서 정전협정에 이르고자 했다. 이를 재빠르게 눈치챈 그는 미 행정부에 세 가지 조건을 제시했다. 한미상호방위조약 체결[195], 전후 복구를 위한 미국의 경제원조, 한국군 현대화를 비롯한 20개 사단 증설이 그것이다. 미국은 로버트슨 국무부 차관보를 한국에 보내 그의 요구를 수용하겠다는 뜻을 밝히고 정전협정에 대한 한국 정부의 암묵적 동의를 받아내는 데 성공했다.

한편, 한국군 현대화 사업과 관련해서 미국이 우리 공군에게 제공하려던 것은 선더 제트Thunder Jet로 알려진 F-84 전투기였다. 그러나 김정렬 공군참모총장의 생각은 달랐다. 그는 F-86F 전투기를 도입해야 한다고 판단했다. 그 이유는 대지공격 능력은 두 기종이 비슷하지만 공중기동성 측면에서는 F-86F 전투기가 훨씬 더 우수했기 때문이다. 더욱이 북한 공군이 보유한 MiG-15기는 기동성이 뛰어난 전투기였다. 그것을 잡기 위해서는 F-86F 전투기가 필요했다. 그는 이 문제를 해결하기 위해 묘안을 짜냈다. 즉 자신의 제1대 공군참모총장 임기가 끝나자 이 대통령에게 최용덕 장군을 제2대 공군참모총장으로 추천하는 상소문을 써서 올린 후, 그것을 관철시켰다. 그리고 자신은 미 극동공군사령부의 한미 연락단장으로 자리를 옮겼다. 그가 전역하지 않고 그렇게 할 수 있었던 것은 전적으로 이 대통령과의 사전 교감이 있었기 때문이다. 또 이것은 이 대통령도 F-86F 전투기의 도입을 강력하게 희망했다는 단적인 증거다. 아무튼 그는 한미 연락단장으로 활동하면서 미 공군의 고위층 인사들과 폭넓은 인맥을 쌓는 데 성공했다. 그는 1954년 12

---

195 한미상호방위조약이 가조인된 이튿날인 1953년 8월 9일, 이승만 대통령은 대국민 담화에서 다음과 같이 밝혔다. '한미상호방위조약의 체결로 우리 후손들은 앞으로 누대에 걸쳐 이 조약으로 인한 갖가지 혜택을 누릴 것이다. 한미 양국의 공동노력으로 외부의 침략자들로부터 우리를 보호하며 우리의 안보를 오랫동안 보장받을 것이다.' 그의 예상은 지금까지 잘 맞아떨어지고 있다. 향후 그를 평가할 때 반드시 고려해야 할 주요 사항이다.

월 1일, 제3대 공군참모총장에 취임했다. 그리고 차기 전투기의 지원 교섭을 위한 사절단장으로 도미^{渡美}해서 F-86F 전투기를 군사원조 사업(군원 사업)으로 도입하는 데 결정적으로 기여했다.

지금 생각해봐도 김정렬 장군은 통찰력과 예지력을 겸비한 우리 공군의 리더였습니다. 어떤 사람들은 그가 공군참모총장을 두 번 역임한 것을 보고, 공명심이 강한 사람이라고 비판할지 모릅니다. 하지만 우리 공군은 김정렬 장군 덕분에 성능이 우수한 F-86F 전투기를 보유하고 대북 억지력을 유지할 수 있었습니다. 또 그가 공군참모총장을 두 번씩이나 할 수 있었던 것은 이승만 대통령의 절대적 신임이 있었기 때문입니다. 그는 미 극동공군사령부에 한미 연락단장을 맡으면서 미 공군 내에 지한파(知韓派) 인사들을 많이 심어놓았습니다. 그들을 활용해서 F-86F 전투기 도입 문제를 매끄럽게 해결했습니다. 김정렬 장군과 F-86F 전투기 도입 사업을 거론할 때 우리가 잊지 말아야 할 공군인이 또 한 분 있습니다. 국무총리를 역임한 박충훈 장군(예비역 ☆☆)입니다. 내가 공군본부에서 인사국장을 할 때 박 장군은 경리국장을 맡고 있어서 친하게 지냈습니다. 박 장군은 김정렬 장군이 사절단장으로 도미했을 때, 함께 가서 F-86F 전투기 도입 협상이 우리 공군에 유리하도록 유창한 영어로 외교 전술을 잘 구사했던 분입니다. 또 그는 미국의 VIP가 방한(訪韓)하면 안내와 통역 역할을 잘 수행해서 우리 공군의 위상을 높이는 데 이바지했습니다. 아무튼 김정렬 장군과 박충훈 장군 같은 분들의 숨은 노력에 힘입어 1955년 F-86F 전투기 14대 도입을 시작으로 1968년도까지 총 201대[196]가 군사원조로 도입되었습니다. 또 1960년 2월 10일, 전천후 전투기인 F-86D 전투기 21

---

196 F-86F 전투기의 연도별 도입 대수를 정리하면 다음과 같다. 1955년 14대, 1956년 68대, 1957년 1대, 1958년 28대, 1959년 55대, 1960년 12대, 1961년 13대, 1963년 9대, 1968년 1대 등 총 201 대였다. 또 이들이 우리 공군에서 완전히 퇴역한 것은 1993년 6월 30일이었다.

대가 도입된 이래로 1967년까지 총 45대의 F-86D[197] 전투기가 도입되어 우리 공군은 제트전투기 시대를 열어갔습니다. 우리 전투조종사들이 미국 공군기지에서 F-86F 전투기 기종전환훈련을 받을 수 있었던 이면에는 이와 같은 창군 초기 항공 리더들의 혜안과 남다른 헌신이 있었음을 잊지 말아야 합니다.

1954년 9월 9일, 노병을 비롯한 열 명의 1차 기종전환훈련 요원들은 미국 텍사스 주 샌안토니오의 래크랜드Lackland 공군기지로 날아갔다. 그곳에서 영어 테스트를 거친 후, 다음 훈련 과정으로 넘어갈 예정이었다. 그러나 불행하게도 영어 테스트에서 전원 불합격했다. 그들은 어학훈련소에서 영어 공부를 재개했다. 교수진과 교육 시설은 우수했고, 테스트는 2주마다 실시했다. 그들은 테스트를 통과하기 위해 과제물을 분담해서 문제와 정답을 통째로 외우는 노력을 기울였다. 일반적으로 전투조종사들은 암기력의 천재이다. 비행을 하기 위해서는 항공기 구조뿐 아니라 이륙 절차와 관련해 외울 게 무척 많기 때문이다. 그들은 2개월 만에 영어 테스트를 전원 통과하는 기염을 토했다. 첫 관문을 통과한 그들은 텍사스와 멕시코 국경에 인접한 라플린Laughlin 공군기지로 이동한 후, 3646비행대대에 배속되어 본격적인 비행훈련을 받았다. 훈련 기종은 슈팅스타Shooting Star로 명명된 F-80 전투기를 고등훈련기로 개조한 복좌형 T-33 항공기였다. 그곳에서는 훈련 교관 1명에 학생 조종사 1명, T-33 항공기 1대가 고정 배치되었다. 그들에게 할당된 개인별 훈련 시간은 총 80시간이었으며, 훈련 내용은 공대지 사격, 공대공 사격, 로켓 공격 훈련 등 실전 중심의 고난도 훈련 과목으로 구성되어 있었다. 특히 텍사스의 광활한 사막에 실재와 동일한 적 탱크와

---

197 주야간 전투출격이 가능한 F-86D 전투기는 1960년 21대, 1961년 18대, 1967년 6대 등 총 45대가 도입되었으며 그들이 우리 공군에서 완전히 퇴역한 시점은 1972년 3월 1일이었다.

적 진지를 구축해놓고 그것을 공격해서 파괴하는 훈련을 거듭했다. 대부분 100회 이상의 출격 경험이 있는 베테랑 전투조종사들이었기 때문에 실전에 강한 면모를 유감없이 발휘했다. 훈련 교관들은 그들의 뛰어난 전투 역량을 높이 평가하고 극찬을 아끼지 않았다. T-33 복좌기로 제트전투기 적응 능력을 키운 그들은 마지막 단계로 F-86F 전투기를 이용한 공중전 훈련을 이수하기 위해 네바다 주에 위치한 넬리스 공군기지로 이동했다. 그곳 상징물은 '호랑이'였는데, 기지 입구에서 'Every Man is a Tiger'라고 쓴 간판이 그들을 맞아주었다. 그들에게 부여된 개인별 훈련 시간은 총 40시간이었다. 그들은 6.25남침전쟁 당시 미군 조종사로 참전해서 적기 10대를 격추한 프레드릭 C. 블리스^{Feriderick C.Blesse} 소령이 이끄는 캐딜락 비행대대에 배속되어 강도 높은 비행훈련을 받았다. 블리스 소령은 미 공군의 에이스답게 많은 공대공 및 공대지 실전 경험과 해박한 이론적 비행 지식을 겸비하고 있었다. 그의 자세한 설명과 세심한 배려는 비행훈련이 끝날 때까지 계속되었다. 파견 요원들은 6.25남침전쟁 중에 네이팜탄의 사용이나 공중전을 경험하지 못한 아쉬움을 갖고 있었다. 그래서 하나라도 더 배우고 익혀서 고국으로 돌아가겠다는 생각으로 비행훈련에 임했다. 그 결과 모두 6개월간의 F-86F 전투기 기종전환훈련을 무사히 마치고 김포공항을 통해 귀국했다. 노병에게 당시 일화를 소개해 달라고 부탁했다.

래크랜드 공군기지에 도착했을 땐 왠지 많은 추억을 쌓을 것 같다는 생각에 약간 들떠 있었습니다. 그러나 현실은 그렇지 못했습니다. 래크랜드 기지에서 영어 테스트에 전원 낙방한 후, 정신적으로 여유가 없었습니다. 영어 테스트를 통과하지 못하면 다음 훈련 일정으로 넘어갈 수 없었기 때문입니다. 저마다 이를 악물고 공부했던 기억이 납니다. 그 덕분에 우리 일행 모두는 두 달

만에 영어 테스트를 통과했습니다. 래크랜드 공군기지와 관련된 기억은 그곳 PX에서 주전부리를 사 먹고, 인근 중국 식당이나 기지 주변의 쇼핑몰을 둘러본 게 전부입니다. 한국말을 하는 동료 아홉 명이 내 곁에 있다는 자체만으로 큰 위안이 되었습니다. 라플린 공군기지에서는 T-33 항공기로 비행훈련을 했기 때문에 신체적으로 무척 고달팠습니다. 게다가 라플린 공군기지는 작은 도시에 있어서 딱히 쇼핑을 즐길 만한 곳이 없었습니다. 그래서 우리는 주말에 이따금 공동 구입한 승용차를 함께 타고 국경을 넘어 아쿠나(Acuna)라는 멕시코 마을로 들어가곤 했습니다. 그곳에서 아내에게 줄 선물을 고르기도 하고 또 투우(鬪牛) 구경을 하기도 했습니다. 우리가 열심히 돌아다녔던 것은 넬리스 공군기지에서 F-86F 전투기로 비행훈련을 할 때였습니다. 주말만 되면 동료들과 라스베이거스 시내로 나가서 함께 식사도 하고, 쇼핑도 즐기고, 이따금씩 카지노에서 게임을 즐기기도 했습니다. 물론 내 수중에는 돈이 별로 없었기 때문에 재미 삼아 즐기는 수준이었습니다. 특히 카지노 주인이었던 '제이손 리'가 우리를 한국에서 교육 파견을 나온 전투조종사임을 알아보고 인간적으로 잘 대해주었습니다. 한국계 교포인 그는 하늘을 무대로 적과 싸우는 전투조종사를 좋아했습니다. 슬픈 일도 있었습니다. 1차로 선발된 우리 일행이 귀국한 지 얼마 되지 않아 3차 선발 요원으로 도미한 이기협 중령이 1955년 4월 7일 넬리스 공군기지 상공에서 공중전훈련을 하던 도중, 기체 결함으로 안타깝게 산화한 일입니다. 그는 일본 육군소년비행병학교 15기(乙) 출신으로 나와 동기생이었으며, 두 번째로 100회 출격에 성공한 에이스 전투조종사였습니다. 신혼의 단꿈에 젖어 있던 그가 F-86F 전투조종사가 되겠다는 일념으로 미국에 건너가서 고강도 비행훈련을 받다가 산화한 것도 슬픈 일인데 그 당시 어여쁜 그의 아내는 배 속에 아이를 갖고 있었습니다. 우리 마음이 더욱더 안타까웠습니다. 미국 넬리스 공군기지는 우리 전투조종사의 그런 슬픔이 깃들어 있는 곳입니다.

노병은 F-86F 전투기 기종전환훈련을 마치기 전인 1955년 3월 1일 공군 대령으로 진급했다. 물론 (임)대령[198]이었다. 그리고 1955년 5월 1일자로 제1훈련비행단 제1훈련비행전대장에 임명되었다가 5개월 후인 1955년 10월 15일, 제10전투비행단의 부단장으로 취임했다. 그때 제10전투비행단장은 김성룡 대령이었다. 두 사람은 1955년 6월부터 순차적으로 도입되는 F-86F 전투기들로 최정예 전투비행단을 만들기 위해 노력했다. 그는 1956년 9월 15일 공군본부 인사국장으로 자리를 옮겼다가 1958년 5월 1일 제10전투비행단장으로 취임했다. 당시 제10전투비행단은 우리 공군의 최정예 전투비행단으로서 제101[199], 102[200], 103[201], 104전투비행대대와 제108요격전투비행대대[202], 제105훈련비행대대[203], 제32전술정찰비행대대[204]를 보유하고 있었다. 육군으로 치자면 군단급 화력을 거뜬히 능가하는 막강한 항공 전력이었다.

198　'(임)대령'은 일정기간 임시적으로 대령직을 부여한다'는 의미다. 만약 그 기간에 군인으로서 품격을 크게 훼손하거나 법적 책임을 질 만한 과오를 범할 경우, 대령 진급은 자동으로 취소된다. 지금도 군에서는 이와 유사한 제도들이 운용되고 있다. 참고로 노병이 '(임)대령'을 떼고 진짜 대령으로 진급한 것은 2년이 지난 1957년 3월 1일이었다.

199　제101전투비행대대는 1955년 10월 15일 F-51D 전투기와 병력을 대구에 있던 제5혼성비행단으로 이관했다. 그리고 1956년 4월 25일부로 F-86F 전투기로 재편성한 후, 1960년 4월 15일 제11전투비행단에 예속시켰다. 참고로 제11전투비행단은 1958년 8월 1일, 김포기지에서 창설되었다. 초대 단장은 장지량 장군이었다. 노병이 제10전투비행단장일 때 제101전투비행대대장을 지낸 분은 박용만, 임순혁, 배상호, 현창건 중령이었다.

200　제102전투비행대대는 1955년 10월 15일 F-51D 전투기와 병력을 대구에 있던 제5혼성비행단으로 이관했다. 그리고 즉시 F-86F 전투기로 재편성했다. 노병이 제10전투비행단장일 때 제102전투비행대대장으로 근무한 사람은 배상호, 이명휘, 백용삼 중령이었다.

201　제103전투비행대대는 1955년 6월 25일 수원기지에서 창설되었다. 노병이 제10전투비행단장일 때 제103전투비행대대장은 현창건, 이경철 중령이 역임했다.

202　제108요격전투비행대대는 1960년 4월 15일에 창설되었고 미국에서 도입된 전천후 요격기 F-86D 전투기 18대로 운영되었다. 노병이 제10전투비행단장일 때 제108요격전투비행대대장은 백만길 중령이었다.

203　제104전투비행대대와 제105훈련비행대대는 노병이 제10전투비행단장으로 재임할 당시, 제11전투비행단 창설에 필요한 전투조종사 양성을 목적으로 1958년 8월 5일, 제1훈련비행단으로 예속, 변경되었다.

204　제32전술정찰비행대대는 1958년 3월 1일 창설되었으며 운영 기종은 10대의 R(정찰, Reconnaissance) F-86F 항공기였다. 노병이 제10전투비행단장일 때 제32전술정찰비행대대장을 지낸 사람은 백정현, 윤자중, 이호영 중령이었다.

36. 제10전투비행단장 시절의 추억

예나 지금이나 공군의 꽃은 전투비행단장이다. 전투비행단장은 유사시 가장 먼저 부하 전투조종사들을 이끌고 선두에서 적과 싸워야 하는 직위이며 진정한 전투조종사라면 누구나 한번쯤은 꼭 맡아보고 싶은 자리이다. 노병은 줄곧 야전에서 근무하면서 전투출격과 후배 전투조종사 양성에 최선을 다했다. 그의 꿈은 남보다 뛰어난 전투조종사가 되는 것이었다. 장군으로 진급한 후, 참모총장까지 해보고 싶다는 야망을 품은 적은 없다. 그것은 하늘의 뜻이라고 믿었기 때문이다. 그는 늘 담담한 자세로 비행과 작전임무 수행에 열중했다. 그는 공군본부에서 인사국장의 직책을 맡았을 때에도 매주 제10전투비행단에 가서 F-86F 전투기를 타고 비행했다. 그런 순수한 열정과 노력이 쌓이고 쌓여서 공군의 최고지휘관까지 올라간 것이 아닌가 싶다.

아무튼 그는 1958년 3월 1일부로 제10전투비행단장에 보임되었다. 하지만 그것도 잠시, 커다란 불행이 찾아왔다. 몸을 가눌 수 없을 만큼의 늑막염이 그를 괴롭혔다. 그동안의 과로 누적이 원인이었다. 제10

전투비행단장 자리는 부단장이 임시로 대행하도록하고 그는 투병 생활을 해야만 했다. 지금 같아서는 상상도 못할 일이지만 당시 참모총장이던 장덕창 장군의 각별한 배려로 그는 2개월간의 투병 생활을 마친 후, 1958년 5월 1일부로 제10전투비행단장에 취임할 수 있었다. 이제 그의 꿈은 제10전투비행단을 최고 수준의 정예 전투비행단으로 개조하는 것이었다. 그는 취임 즉시 제10전투비행단의 전투준비 태세에 대한 점검부터 실시했다. 그러나 F-86F 전투기를 도입하고 3년이 지났는데도 전투준비 태세는 수준 미달이었다. 특히 제공권 확보를 위한 공중사격 능력이 엉망이었다. 1958년 초만 하더라도 요즘처럼 공대공 미사일이 나오기 전이어서 F-86F 전투기에 장착된 6문의 기관총이 유일한 공대공 무기였다. 1958년 후반에야 공대공 미사일인 사이드와인더^{AiM-9}가 첫선을 보였다. 하지만 그것이 우리 공군에 공급된 것은 그로부터 몇 년이 지난 후의 일이었다.[205] 그나마 다행스러웠던 것은 대지공격 능력은 전투준비 태세 기준을 어느 정도 충족시키고 있었다는 점이다.

노병은 F-86F 전투기에 장착된 사격용 A-4 Gun Sight를 점검해 보니 모든 전투기의 Gun Sight Radar 기능이 아웃 상태였다. 그렇게 된 이유를 그가 정비사들에게 물어봤더니 대답이 한결같았다. "단장님, 우리 전투조종사들이 A-4 Sight의 Radar 기능을 쓰지 않고 수동 장치만 사용하기 때문에 그것을 정비할 필요가 없었습니다. 그래서 Gun Sight가 아웃된 겁니다." 그는 전투조종사들을 모아놓고 "왜 A-4 Gun Sight의 장점인 Radar Ranging 기능을 쓰지 않고 수동 장치만 고집하느냐?"고 물어봤다. 그들의 대답 역시 똑같았다. "단장님, Radar Ranging을 활용해서 공중사격을 하면 한 발도 안 맞습니다. 그래서 수

---

205 타이완은 우리 공군보다 몇 년 앞서 사이드와인더 미사일을 도입했다. 타이완 공군은 자국의 F-86F 전투기에 사이드와인더 미사일을 장착한 후, 타이완해협 상공에서 중국 공군이 보유한 MiG 계열 전투기들과의 공중전에서 위력을 발휘하고 있었다.

동 장치로 사격해보니 그래도 몇 발이라도 맞았습니다. 그래서 수동 장치를 쓰게 된 겁니다." 당시는 F-86F 전투기에 장착된 6문의 기관총 가운데 2문만 훈련에 사용했다. 그리고 1문에 100발씩 총 200발의 실탄을 장착하고 공중사격훈련을 해서 최소 30~40발 이상을 명중시켜야만 전투준비 태세의 기준을 만족시키는 것으로 되어 있었다. 그는 단호한 자세로 부하 전투조종사들에게 불호령을 내렸다. "A-4 Gun Sight가 수만 달러짜리 고가 장비인데 미 공군조종사들은 미쳤다고 그렇게 맞지도 않는 장비를 쓰는가? 이는 분명 우리 전투조종사들에게 뭔가 큰 문제가 있는 것이라고 본다. 그 원인과 대책을 철저하게 연구한 다음 보고하라." 그리고 한마디를 덧붙였다. "수동 장치로는 제아무리 훈련을 한다 해도 완벽한 전투준비 태세가 불가능하다. 그러니 여러 소리 하지 말고 A-4 Gun Sight를 활용해서 공중사격을 해야 한다." 그는 정비사들에게도 "모든 F-86F 전투기의 A-4 Gun Sight가 제대로 작동하도록 정비에 만전을 기하라."고 지시했다. 그리고 비행단 참모들과 머리를 맞대고 향후 6개월 이내에 완벽한 전투대비 태세를 확립할 실전훈련 계획을 짰다. 그는 이 목표 달성을 위해 비상수단을 강구하기로 결심하고 경리참모에게 부대 운영비 중 일부를 아껴서 고급 손목시계 10개를 준비하라고 지시했다. 그리고 "누구든지 공중사격에서 200발 가운데 100발 이상을 명중시키면 고급 손목시계를 선물하겠다."고 공표했다.

지금은 우스운 이야기로 들릴 수도 있지만 당시 고급 손목시계는 부유한 사람들이나 찰 수 있는 사치품이었다. 물질적 보상이라는 동기부여를 하자 전투조종사들의 눈빛이 달라지기 시작했다. 그들은 정비사들과 함께 A-4 Gun Sight의 원리를 연구하는 데 몰두했다. 곧이어 공중사격훈련이 시작되자 한 달이 채 가기도 전에 200발 가운데 104발을 명중시키는 전투조종사가 탄생했다. 그 주인공은 공사空士 2기 출신인 박성국 소령이었다. 그 후에도 공사 3기 출신인 김인기 대위(제17대 공군참모총장 역임), 공사 2기 출신인 변성기 소령, 한창선 대위 등 공중사격의 달인이 속속 배출되었다. 비행단장인 그도 일곱 번째로 116발을 명중시켰지만 고급 손목시계는 부하 전투조종사들에게 나눠주기 위해 사양했다. 나중에 102전투비행대대장인 이명휘 중령도 112발을 명중시켰지만 10개의 고급 손목시계가 동이 난 상태여서 줄 수가 없었다. 그 결과 제10전투비행단은 6개월 이내에 완벽한 전투준비 태세를 갖출 수 있었다.

그다음으로 노병이 중점을 둔 것은 비행안전 문제였다. 1958년 1월부터 제10전투비행단에서 F-86F 전투기의 크고 작은 사고가 발생했다. 노병이 부임해서 보니 전투조종사들과 정비사들 사이에 불신이 팽배해 있었다. 전투조종사들은 정비사들의 정비 부실에서, 정비사들은 전투조종사들의 비행 기량 부족에서 사고 원인을 찾고 있었다. 비행단장인 그는 전투조종사 출신이었지만 혹한과 폭염 속의 격납고에서 고생하는 정비사들 입장부터 이해하려고 노력했다. 문제가 생기면 정비사들보다 전투조종사들을 먼저 야단치고 나무랐다. 전투기도 일종의 기계이기 때문에 최선을 다해 정비해도 간혹 불가항력적인 고장이 날 수 있기 때문이다. 그럴 때를 대비해서 비상 절차 매뉴얼을 만든 것인데 평소 전투조종사들이 그것을 소홀히 했기 때문에 사전에 막을 수 있는 사고를 막지 못하고 큰 사고로 이어졌던 것이다. 그는 전투비행대대장들을 소집한 후, "우리 모두 단결해서 3,000시간 무사고 비행 기록을 달성하자."고 제의했다. 하지만 그들은 "단장님, 우리가 어떻게 3,000시간 동안 무사고 비행을 할 수 있겠습니까? 불가능합니다."라고 대답했다. 요즘은 몇만 시간의 무사고 비행을 했다고 해도 뉴스거리가 되지 못하지만 당시만 해도 그것은 대단한 일이었다. 노병은 그들에게 부대 관리에 좀 더 많은 주의와 관심을 가져 달라고 주문한 후, 자신도 직접 나서서 비행안전 대책을 찾아보려고 노심초사했다.

그러던 어느 날, 노병은 매월 미 군사고문단이 보내주는 월간 『Flying Safety Magazine(비행안전지)』를 훑어보다가 눈에 확 띄는 기사 하나를 발견했다. 노병은 "지금까지 내가 찾고자 했던 게 바로 이것이다."라며 환호성을 질렀다. 그것은 미 공군의 특정 전투비행대대에 관한 기사로서, 각종 사고로 얼룩진 최악의 전투비행대대가 짧은 기간에 최고의 명문 전투비행대대로 탈바꿈할 수 있었던 비결를 소개하고 있었다. 말썽꾸러기 전투비행대대에 새로 부임한 미 공군의 신임 전투비행대대장은 전투조종사 개개인의 비행 능력을 면밀히 분석했다. 그런 다음, 전투조종사별로 필요한 훈련 요구량을 충실하게 이행함으로써 단기간에 최우수 전투비행대대를 만들었던 것이다. 노병은 즉시 작전참모를 호출한 후 제10전투비행단의 모든 전투조종사들의 비행 기록을 세밀하게 분석하라고 지시했다. 또 거기서 도출된 각 전투조종사의 비행 능력을 A, B, C, D 클래스로 분류해서 비행 편조를 짜거나 임무 부여를 할 때 참고 자료로 활용하도록 했다. 과거에는 전투조종사들의 비행 능력을 제대로 파악하지 못했기 때문에 주먹구구식으로 비행 편조를 짜고 임무 부여를 했던 것이다. 그 때문에 비행 사고가 자주 발생할 수밖에 없었다. 가령 비행 고수인 A급과 비행 초보인 D급 전투조종사가 한 편조일 때, D급 전투조종사에게 돌발 상황이 발생하더라도 A급 전투조종사가 공중에서 멘토 역할을 함으로써 비행 사고를 방지할 수 있다. 하지만 비행 기량이 부족한 C급과 비행 초보인 D급 전투조종사가 함께 출격할 경우, D급 전투조종사에게 비상 상황이 발생하면 멘토 부재에 따른 대처 능력 결여로 비행 사고가 일어나기 쉽다.

그는 매일 아침 일찍 출근해서 1시간 정도 참모 회의를 개최한 후, 곧바로 각 전투비행대대로 내려가서 비행 편조나 임무 부여가 비행단장이 지시한 기준에 부합하게 짜여 있는지 확인했다. 당시에는 교관급의 A 클래스 전투조종사가 크게 부족했기 때문에 비행단장인 노병까지도 매일 1~2회씩 젊은 전투조종사들을 이끌고 하늘로 올라가서 비행훈련을 시켜야만 했다. 그러다 보니 그는 비행단장으로 재직하는 동안 시내에 나가 술을 마신 기억이 없을 정도였다. 그런 노력이 계속되자 기적 같은 일이 벌어졌다. 전투조종사와 정비사 간의 갈등 문제도 깨끗하게 봉합되었고 무사고 비행시간 3,000시간도 손쉽게 달성했다. 비행단의 장병들 사이에선 '우리도 할 수 있다.'는 자신감과 긍정적인 마인드가 널리 퍼졌고 그동안 불가능에 가까웠던 15,000시간의 무사고 비행 기록도 수립할 수 있었다. 그는 지금도 제10전투비행단에서 함께 근무했던 전투조종사들과 정비사들, 그리고 모든 지상근무 요원들의 피나는 노력과 단결 정신을 잊지 않고 있다. 노병의 사생활은 항상 비행 스케줄에 맞춰져 있었다. 이는 그가 군문을 떠날 때까지 계속되었다. 그는 필자에게 이런 말을 남겼다. "나는 전역한 이후에도 제10전투비행단장 시절에 몸에 밴 습관대로 생활했습니다. 그 때문에 다른 사람들보다 비교적 좋은 건강을 유지할 수 있었습니다. 그런 의미에서도 나는 우리 공군에 대해 늘 고맙게 생각합니다."

마지막으로 노병이 주력한 문제는 장병들의 복지 문제였다. 비행단장으로 첫 출근을 한 날 아침, 그는 부대로 출근하는 영외자(장교, 부사관, 군무원)들을 단장실에서 지켜보다가 아주 낯선 광경을 목격했다. 그 당시는 요즘과 같은 고급 출퇴근 버스가 없었다. 기껏해야 낡은 군대 트럭을 개조해서 통근용 버스로 활용했다. 그런데 트럭에서 내리는 영외자들마다 한 손에 작은 기름통을 하나씩 들고 있었다. 그는 옆에 있던 B 부단장에게 "저 사람들이 들고 있는 통이 도대체 뭐요?"라고 물었다. B 부단장은 "아, 저거요. 요즘 영외자들의 생활이 끼니를 걱정해야 할 정도로 궁핍해서 퇴근할 때, 항공유(JP-4)를 조금씩 나눠주고 있습니다. 쌀을 구입하는 데 조금이라도 도움을 주기 위함입니다." 노병은 그 문제를 묵인하거나 방관해서는 안 된다고 판단했다. 그는 비행단의 헌병대장을 부른 다음, 영외자들이 갖고 있는 기름통을 모두 회수하라고 지시했다. 그리고 영외자들의 생활 실태에 관한 조사 보고서를 제출하라고 단단히 일러뒀다. 당시 우리 군인들의 생활상은 지금과 비교할 수 없을 만큼 열악했다. 전투조종사들은 그나마 비행수당이 본봉의 100%만큼 지급되었기 때문에 어느 정도 생활할 수 있었지만 정비사를 비롯한 부사관들이나 지상근무를 하는 일반 병과 군인들은 박봉으로 인해 빈곤한 삶을 살고 있었다. 부양가족이 많은 경우 끼니를 거르는 군인 가족도 부지기수였다. 문제는 쌀이었다. 부식은 김치 한 가지만 있어도 되는데 주식인 쌀을 다른 것으로 대체하기는 쉽지 않았다. 그래서 각 영외자 가정에서 부족한 쌀의 양을 정확히 파악한 다음, 그것을 비행단 차원에서 도와주기로 결심했다. 당시 제10전투비행단 활주로 서쪽에는 상당히 큰 면적의 공터가 있었다. 물론 지금은 새로운 활주로와 유도로Taxi Way가 들어서서 옛 모습을 찾아보기 힘들다. 하지만 당시 노병은 그곳을 논으로 조성한 후, 비행단 장병들과 함께 모내기를 해서 쌀을 직접 생산했다. 그 쌀에다 비행단의 장교, 부사관, 사병들이 휴일 외출이나 외박으로 인해 절약하는 쌀을 보태어 영외자들의 쌀 부족 문제를 거뜬히 해결했다. 영외자들의 반응도 좋았고, 이는 제10전투비행단 장병들의 사기 진작으로 이어졌다.

노병은 이렇게 해서 2년 2개월간의 제10전투비행단장직을 대과大過없이 마무리하고 1960년 7월 미국 대사관의 공군 무관으로 임명되어 워싱턴에 부임했다. 그는 제10전투비행단장 시절의 추억에 대한 인터뷰를 마무리하면서 다음과 같은 얘기를 했다.

2년간의 제10전투비행단장 생활은 22년에 걸친 나의 공군 생활에서 가장 즐겁고 보람된 시간이었습니다. 마음껏 비행할 수 있었고, 비행단장으로 부임하면서 마음속으로 다짐했던 세 가지 목표, 즉 완벽한 전투준비 태세 확립, 세계 일류 수준의 전투비행단과 비행안전 문화 정립, 비행단 장병들의 복지 수준 향상을 이루기 위해 나 나름대로 열심히 노력해서 꽤 의미 있는 성과를 거두었기 때문입니다. 함께 노력해준 옛 전우들에게 이 지면을 빌어 다시 한번 깊은 감사를 전하고 싶습니다.

37. F-5A/B 전투기의 도입 비사

노병은 1960년 8월 31일, 워싱턴 주미 대사관의 공군 무관으로 근무를 시작했다. 그리고 1963년 7월 9일까지 약 3년 동안 무관 생활을 하며 국가 안보와 관련한 대외 업무를 맡았다. 이 시기는 국내외적으로 정치적 격동기였기 때문에 힘든 일이 무척 많았다. 하지만 나름대로 긍지와 자부심을 갖고 열심히 일한 시기였다. 특히 그는 차기 전투기 사업의 대상 기종이었던 F-104 전투기와 F-5A/B 전투기 중에서 F-5A/B 전투기를 선택하는 데 일조한 것에 큰 보람을 느끼고 있다. 6.25남침전쟁이 일어났던 한반도 상공은 제트전투기인 F-86F 전투기와 MiG-15기가 세계 최초로 공중전을 벌인 곳이다. 종전 후, 우리 공군은 F-86F 전투기로 제트전투기 시대를 열었지만 미소 냉전 체제에 따른 치열한 군비경쟁은 항공전의 양상을 아음속에서 초음속 시대로 바꿔놓았다. 게다가 1958년을 기점으로 미 공군이 F-86F 전투기 운용을 중단하면서 우리 공군에는 부품 단종을 비롯한 군수 지원상의 문제점이 발생하기 시작했다. 더 심각한 문제는 북한 공군이 F-86F 전투기보다 성능이 우수한 소련제 MiG-17기와 MiG-21기를 잇따라 도입하면서 우리 공군의 전력 공백 상태가 우려할 만한 수준으로 나타났다는 점이다. 이에 따라 초음속 전투기 도입이 매우 시급했다. 1959년 우리나라 정부는 이 문제를 미국 정부에 공식적으로 제기했고, 그들은 1960년 대외 군사원조 계획에 F-104 전투기 지원 계획을 반영했다. 즉 미 공군은 대한민국 공군의 차기 전투기로 F-104 전투기를 지원하기로 암묵적 합의를 본 것이다. 이미 F-104 전투기는 독일, 일본, 타이완이 차기 전투기로 채택한 상태였기 때문에 우리 공군도 별다른 고민 없이 수용한 것이다. 우리 공군에서 그런 의사 결정을 내린 분은 제6대 공군참모총장(1960. 8. 1.~1962. 7. 31.)을 지낸 김신 장군(예비역 ☆☆☆)이었다. 또 그 계획의 근간은 제7대 공군참모총장(1962. 8. 1.~1964. 7. 31.)인 장성환 장군(예비역 ☆☆☆) 때에 들어와서도 계속 유지되었다. 그 시기 주미 대사관에서 공군 무관으로 근무하던 노병에게 이상기류가 포착되었다. 아마도 이 얘기는 처음으로 활자를 타는 것으로 확신한다. 필자가 어디에서도 이와 관련한 얘기를 듣거나 본 적이 없기 때문이다.

아마 1962년 6월쯤 될 겁니다. 하루는 미 국방성에서 근무하던 브래들리 공군 대령이 "점심을 같이하자."고 해서 만났습니다. 그는 점심 식사를 하면서 "당신네 나라 공군이 운용할 차기 전투기 사업의 기종에 대해 논의해보자."며 제안을 하길래, 나도 "좋다. 그 내용이 뭐냐?"고 물었습니다. 그는 "케네디 행정부의 로버트 S. 맥나마라(Robert S. McNamara) 국방장관이 F-104 전투기 대신에 다른 기종을 생각하는 것 같다. 그것은 T-38(탤론) 훈련기를 전투기로 개조한 N-156 항공기를 대외 군사원조 품목으로 제공할 생각을 갖고 있는 것 같다."고 말했습니다. 그리고 나에게 N-156 항공기의 팸플릿을 주면서 "한번 한국 공군의 입장에서 자세히 살펴보라."고 했습니다. 퇴근 후, 그가 준 자료들을 꼼꼼하게 읽어보니 N-156 항공기는 공대공, 공대지 공격 능력을 갖춘 주간 전투기(day fighter)였습니다. 며칠 후, 그는 미 노스럽(Northrop)사의 워싱턴 주재원을 나에게 소개해주었습니다. 그 주재원은 내게 T-38 훈련기와 N-156 항공기에 대한 각종 데이터를 넘겨주었습니다. 앞으로 나와 내 후배 전투조종사들이 타고 적과 싸울 전투기가 될지도 모른다는 생각에서 '성능의 우수성, 조종의 편의성, 정비의 용이성, 군수 지원 체제의 편의성' 등을 꼼꼼하게 살펴보았습니다. 개인적으로 괜찮은 기종이라는 판단이 들었습니다. 그렇다고 주미 대사관의 공군 무관이 결정할 수 있는 사안은 아니었습니다. 그냥 N-156 항공기에 관한 자세한 정보를 얻은 것으로 만족했습니다. 그리고 시간이 한참 흘러갔습니다. 참고로 N-156 항공기는 F-156으로 명칭이 변경되었다가 나중에 F-5A/B 전투기로 바뀌게 됩니다. A형은 조종석이 1개인 단좌를, B형은 조종석이 앞뒤로 2개인 복좌를 의미합니다.

1962년 여름, 워싱턴에서는 미국의 대외 군사원조 관련 기종 문제가 또다시 수면 위로 떠올랐습니다. 미 국방성의 브래들리 공군 대령과 미 공군의 존슨 대령이 이 문제에 깊이 관여하고 있었는데, 그들 간에 미묘한 입장 차이가 있었습니다. 미 국방성은 N-156 항공기를 적극 지지한 반면, 미 공군은 F-104 전투기를 밀고 있었습니다. 하루는 미 공군의 존슨 대령과 미팅을 했는데, 그는 내게 "미 공군의 입장은 변함없이 F-104 전투기를 대외 군사원조 기종으로 계속 추진 중에 있다."고 강조했습니다. 그런데 당시 미국 일간지에 '독일에 제공된 F-104 전투기가 잇따라 추락해서 전투조종사 여러 명이 희생되었다.'는 기사가 계속 실렸습니다. 나로서는 F-104 전투기의 안정성 문제를 의심하지 않을 수 없었습니다. 반면, 미 국방성의 브래들리 공군 대령은 "만약 한국이 N-156F 항공기를 제일 먼저 도입하는 국가가 되면 여러 가지 혜택이 주어질 수 있다. N-156F 항공기는 주간 전투기이지만 잘만 하면 전천후 전폭기인 F-4 팬텀기까지 제공받을 수 있는 기회를 얻게 될지도 모른다."고 말했습니다. 나는 주미 대사관의 정보 채널을 통해서 그 사실을 있는 그대로 국내에 보고했습니다. 보고의 핵심은 다음과 같았습니다. '미 공군이 고집하는 F-104 전투기는 마하 2.0인 반면, 미 국방성이 밀고 있는 N-156F 항공기는 마하 1.44이다. 속도가 빠르면 공중폭격 후 적진 상공을 이탈할 때나 적기를 요격할 때는 유리하다. 하지만 F-104 전투기는 날개가 타 기종에 비해 작은 관계로 기동성이 떨어져서 공중전에 상대적으로 불리하다. 게다가 최근에는 빈번한 추락 사고가 발생하니 안정성에 커다란 문제가 있어 보인다.' 그렇지만 무관의 보고 내용과 관계없이 우리 공군은 계속 F-104 전투기를 밀고 있었습니다.

그러나 현지 사정은 우리가 생각한 것과 정반대로 흘러갔습니다. PPBS 예산 제도를 도입한 맥나마라 국방장관은 N-156F 전투기를 2~3급 동맹국들에게 대외 군사원조 품목으로 제공해서 효율성을 높이려고 했습니다. 케네디 행정부에서 그의 입김은 막강했고, 미 공군의 입장은 점점 더 불리해졌습니다. 게다가 F-104 전투기를 제공받은 파키스탄과 MiG-21기를 보유한 인도가 맞붙은 전쟁에서 파키스탄이 패배하는 불상사가 일어났습니다. 이를 계기로 맥나마라 국방장관의 의견이 더 거세게 작용했습니다. 그러는 사이에 미 국방성은 항공기 명칭을 N-156F에서 F-5A/B로 변경했습니다. 이란, 터키, 벨기에, 네덜란드 등이 이들 전투기를 앞다투어 도입했습니다. 한번은 미 공군 관계자에게 "왜 미 공군은 F-104 전투기를 고집하는가?"라고 물어봤습니다. 그 관계자의 대답은 의외로 간단했습니다. "F-104 전투기나 F-4 팬텀기는 같은 엔진(GE-J79)을 사용한다. F-104 전투기 생산량이 많아지면 엔진도 많이 생산할 것이고 그러면 규모의 경제 논리에 따라 기체 가격도 크게 인하할 수 있다. 그러면 미 공군은 예산을 절감할 수 있다. 그 때문에 F-104 전투기 공급이 늘어나야 한다."는 것이었습니다. 당시 F-5A/B 전투기의 대당 가격은 75만 달러였고, F-104 전투기의 대당 가격은 150만 달러였습니다. 그 내용까지 다시 정리해서 공군참모총장에게 보냈지만, 그는 나에게 "계속해서 F-104 전투기를 고수하라."고 지시했습니다. 또 한참의 시간이 흘렀습니다.

1962년 11월 1일, 김종필(이하 JP) 중앙정보부장이 워싱턴을 방문했습니다. 그때 공군 출신으로 중앙정보부에 근무하던 윤일균 장군(예비역 ☆)이 JP의 수행원으로 따라왔는데, 그는 도착 즉시 나에게 "좀 만나고 싶다."는 전갈을 보내왔습니다. 그래서 만났더니 대뜸 "김 장군²⁰⁶, 이번에 하마터면 큰일 날 뻔했어!"라고 말했습니다. 누군가 국가재건최고회의에 '워싱턴 주재 공군 무관인 김두만이 미 노스럽사로부터 뇌물을 받아먹고 F-5A/B 전투기를 밀고 있다.'는 투서를 보냈다는 것이었습니다. 이 보고를 받은 박정희 의장이 "해당 공군 무관을 즉시 국내로 송환하라!"고 지시를 했는데, 당시 내각 수반이었던 송요찬 장군(예비역 ☆☆☆☆)이 적극 나서서 "내가 아는 김두만 장군은 그런 사람이 아니다!"라고 변호하는 바람에 넘어갔다는 것이었습니다. 그날 저녁 미 대사관에서 차기 전투기 사업 기종에 대해 JP에게 자세하게 브리핑했습니다. 그러자 JP는 "그 전투기를 직접 볼 수 없느냐?"고 물었습니다. 그래서 나는 브래들리 대령에게 그 가능 여부를 확인했더니 "언제든지 환영한다."는 답변이 왔습니다. 나는 JP 일행을 미 공군의 비행 테스트센터기지인 에드워드(Edward) 공군기지로 안내한 후, 그곳에서 F-5B 전투기 비행 체험을 할 수 있도록 도와주었습니다. JP는 비행을 마친 후, 나에게 "F-5B 전투기가 매우 마음에 든다."고 말했습니다. JP가 귀국하자 정일권 대사는 내게 "이제 차기 전투기 사업의 기종 문제는 끝난 것 같다."고 귀띔했습니다. 그런데 며칠 후 미 대사관의 무관부에 암호 전문이 날아왔습니다. 내용인즉슨 'F-104 전투기를 계속해서 밀도록 하라.'는 박정희 의장의 지시문이었습니다. 그것을 정일권 대사에게 보고하자 그는 대뜸 나에게 "미 합참의장을 내가 잘 알고 있으니까 함께 만나

---

206 노병이 공군 준장(☆)으로 진급한 것은 워싱턴의 주미 대사관에서 공군 무관으로 근무할 때인 1962년 3월 31일이었다.

JP가 비행 체험을 하기 직전의 모습(출처: 노병의 사진첩)

보자."고 했습니다. 그래서 우리는 미 합참의장인 맥스웰 D. 테일러(Maxwell D. Taylor) 장군을 찾아갔습니다. 테일러 장군은 전역한 예비역 장군이었는데 존 F. 케네디 대통령이 그를 현역으로 복귀시킨 후 미 합참의장에 임명했습니다. 특히 그는 과거 한국에서 근무한 경험이 있어서 그랬는지는 몰라도 우리 일행에게 우호적이었습니다. 그는 정일권 대사와 나에게 군사원조 담당차관보인 윌리엄 P. 번디를 소개했고, 번디 차관보는 또 자기 밑에 있는 담당국장을 불러서 차기 전투기 사업 기종 문제에 관해 자세히 설명해주었습니다. 번디는 40대 중반의 젊은 사람이었고, 그의 친동생인 맥조지 번디는 케네디 대통령의 안보보좌관으로 실세 중에 실세였습니다. 번디 역시 케네디 대통령과 아주 가까운 사이였습니다. 담당국장은 정일권 대사와 나에게 "이제 군사원조용 전투기는 F-5A/B 전투기로 결론이 났다. 이란이 최초의 고객이다. 앞으로 한국 공군도 그 방향으로 진행할 것이다."라고 말했습니다. 그때 우리 두 사람은 미 국방성과 미 공군의 파워 게임에서 미 국방성이 승리한 것으로 간주했습니다. 그래서 윌리엄 P. 번디 차관보에게 "잘 알겠다."고 대답한 후, 그 자리를 떠났습니다. 미 대사관으로 되돌아온 우리 두 사람은 그날 밤, 윌리엄 P. 번디 차관보와 담당국장이 했던 얘기를 국가재건최고회의에 암호 전문으로 보냈습니다. 그것으로 모든 것이 끝나버렸습니다.

결국 F-5A/B 전투기는 완성된 기체로 미국 캘리포니아 롱비치에 있는 미 해군기지에서 항공모함 편으로 20대(4대의 F-5B 전투기 포함)가 선적되어 1965년 4월 5일 경남 진해항에 도착했다. 그리고 하역 작업, 포장 제거, 세척 작업을 마친 F-5A/B 전투기는 미군 조종사들에 의해 제10전투비행단으로 옮겨졌다. 그 기간만도 2주일이나 걸렸다. 대한민국 영공에서 최초로 초음속 시대를 열었던 F-5A/B 전투기의 역사적인 인수식은 1965년 4월 30일, 제10전투비행단 주기장에서 박정희 대통령과 해밀튼 H. 하워즈^{Hamilton H. Howze} UN 군사령관을 비롯한 내외 귀빈들이 참석한 가운데 거행되었다. 그 후 대북 정찰과 정보 수집을 위한 RF-5A 항공기 8대가 군사원조로 추가 지원되었고 총 126대의 F-5A/B 전투기가 순차적으로 도입되어 전력화를 마쳤다. 이로써 우리 공군은 북한 공군이 보유한 MiG-17기와 MiG-21기에 대응할 만한 항공 전력을 갖추게 되었다. 그러나 F-5A/B 전투기를 운용하면서 여러 가지 한계점도 드러났다. 전투기의 파워 부족이 가장 큰 문제였다. F-5A/B 전투기는 엔진을 두 개 장착했지만 엔진의 전체 파워는 약 8,000파운드 정도로서 중무장을 할 경우 속도가 느렸다. 게다가 레이더가 장착되지 않았기 때문에 적기 탐지를 지상관제에 의존할 수밖에 없는 한계점도 있었다. 이 문제를 해결하기 위해 우리 공군은 F-5A/B 전투기의 후속 모델인 F-5E/F전투기(타이거II)를 추가 도입하기로 결정했다. 1974년 8월 27일 4대를 최초로 도입한 이후 1980년까지 총 132대를 추가적으로 도입했다. 또 국내 항공기 생산의 기반을 조성하기 위해 F-5E/F 전투기의 면허생산에도 착수했다.[207] 이렇게 해서 생산된 전투기가 KF-5E와 KF-5F 전투기로서 각각 48대와 24대였으며 그들의 이름은 '하늘을 제패하라!'는 의미에서 '제공호'로 명명되었다.

이들 기체의 전체 파워는 약 10,000파운드로서 기존의 F-5A/B 전투기보다 2,000파운드 업그레이드됐고 날개 부분을 일부 변환해서 기동성까지 제고했다. 또 이들 전투기에는 AN/APQ-153, AN/APQ-159와 같은 레이더를 장착함으로써 탐지 거리가 2배 이상 향상되었고 채프chaff와 플레어flare까지 구비되어 기체와 전투조종사의 생존 능력이 크게 향상되었다. 기본 무장 또한 227kg짜리 폭탄 4발, 사이드와인드 미사일 2발, 20mm짜리 기관총 2문 이외에도 최근에는 국내 개발된 GPS 유도폭탄인 KGGB까지 장착할 수 있어서 정밀폭격도 가능한 수준이다. 지금도 F-5E/F 전투기와 대한항공(주)이 면허생산을 한 KF-5E/F 전투기들이 영공 방어의 최일선에서 그 역할을 담당하고 있을 만큼 생명력은 무척 길다고 평가된다. 그와 관련해서 노병은 그동안 가슴에 묻어둔 이야기를 꺼냈다.

---

207 박정희 대통령은 1978년 1월 연두 기자회견장에서 "1980년대 중반에는 전자 병기와 항공기를 자체 생산할 수 있도록 개발 능력을 키워나가겠다."는 의지를 피력했다. 같은 해 8월 26일에 개최된 제1차 방위산업진흥확대회의에서 항공기 생산계획을 연내에 앞당겨 착수할 것을 지시했다. 정부는 1979년 7월 1일 대상 기종을 미 노스럽사의 F-5E/F 전투기로 결정하고 1980년 10월에 미국과 'F-5E/F 항공기 공동생산에 관한 양해각서(MOU)'를 체결했다. 주관 사업자로는 대한항공(주)이 선정되었다. 한편 면허생산 형태로 진행된 국산 전투기 제작 사업은 대한항공(주)이 기체 생산과 조립을, 삼성정밀(현 삼성테크윈)이 엔진 생산을 각각 담당해 총 7년의 사업 기간(1980년~1986년) 동안 23%의 국산화율을 달성하는 성과를 거뒀다.

F-5A/B 전투기 인수식(1965. 4. 30.) 장면(출처: 공군본부)

언젠가 주한 UN 군사령부(UNC) 참모장인 존 J. 번즈 장군(☆☆☆)과 용산기
지에서 골프 회동을 마친 후, 맥주를 마시며 환담을 나눈 적이 있습니다. 그때
그가 재미있는 얘기를 했습니다. "김 장군, 한국 공군이 참 스마트한 것 같다.
누가 F-104 전투기 대신에 F-5A/B 전투기를 채택했는지 모르지만 암튼 선
택을 무척 잘한 것 같다. F-5A/B 전투기에서 F-5E/F 전투기를 거쳐 F-4 계
열의 팬텀기 체제로 이전한 것은 정상 코스이며 당신들이 제대로 일을 한 것
이라고 본다. F-104 전투기는 착륙할 때, 추락 사고가 빈번했던 항공기다.[208]
솔직히 말해 한국 공군이 과부 제조기인 F-104 전투기를 채택했다면 골치깨
나 아팠을 것이다." 나는 그의 얘기를 웃음으로 받아넘겼습니다. 지금까지도
F-5E/F 전투기들과 대한항공(주)이 면허생산한 제공호가 영공 수호의 최일선
에서 제 몫을 다하고 있는 것을 보노라면 나름대로 보람을 느낍니다.

---

208 F-104 전투기가 착륙할 때, 사고가 많았던 것은 작은 날개와 빠른 속도 간의 부조화 때문
    이었다. 전투기 생산업체는 이 문제를 해결하기 위해서 날개 전단에 경계층 제어장치(BLC:
    Boundary Layer Control) 시스템을 장착시켰다. 하지만 그것은 한쪽이 스톱을 하면 곧바로 실
    속이 되기 때문에 착륙 사고로 이어지곤 했다. 이 때문에 많은 전투조종사들이 목숨을 잃었다.

38. 박정희 대통령, 그리고 JP와의 인연

공군작전사령관이란 직책은 공군의 핵심 보직 가운데 하나다. 전투 및 비전투비행단의 제반 작전을 총괄하며 모든 조종사들의 직속상관이기 때문이다. 노병은 그런 핵심 보직을 무려 3년씩(1963. 8. 1.~1966. 8. 24.)이나 맡았다. 3년 중 1년은 제7대 공군참모총장인 장성환 장군(☆☆☆)과 함께했고 나머지 2년은 제8대 공군참모총장으로 취임한 박원석 장군(☆☆☆) 밑에서 지냈다. 특히 박원석 참모총장은 노병을 작전사령관에 유임하면서 이런 말을 했다. "김 장군, 나는 공중작전과 전투기 운용에 대해 아는 것이 많지 않소. 그러니 당신이 책임지고 그 부분을 좀 더 맡아주었으면 하오!" 필자가 여쭤보았다. "총장님, 평소 박원석 장군과 친하게 지냈습니까?" 그의 대답은 간단명료했다. "박 장군과는 특별한 인연이 없습니다. 다만, 그분은 내가 비행을 좋아하고 맡은 바 임무를 묵묵히 수행한 점을 높이 평가한 것 같았습니다." 노병의 성실한 근무 자세와 비행에 대한 전문성이 작전사령관직을 계속 맡게 된 힘의 원천이었다. 남들보다 오랫동안 공군작전사령관으로 지냈기에 할 말도 많을 것 같았다. 노병이 작전사령관으로서 경험했거나 보고 들은 것 가운데 후배 공군인들에게 남길 만한 이야기가 있으면 두세 가지만 말씀해달라고 부탁했다.

#1 첫 번째 얘기

나는 집무실에서 서류 결제를 하는 것보다 전투기를 타고 각 공군기지를 돌아다니면서 전투조종사들과 함께 비행하며 전술 전기를 연마하고 그들의 전투 준비 태세를 직접 점검하는 것을 무척 좋아했습니다. 또 제10전투비행단장을 맡았을 때와 똑같은 마음가짐으로 공군작전사령관직을 수행했기 때문에 별다른 실수를 하지 않고 3년 임기를 마칠 수 있었습니다. 돌아보니 후배 공군인이나 이 책의 독자들에게 몇 가지 들려주고 싶은 얘기가 있긴 합니다. 우선 공군작전사령관이라는 중책을 맡다 보니까 일선 전투비행단장보다는 박정희 대통령을 비롯한 주요 인사들을 자주 만날 수 있었습니다. 박정희 대통령과 관련된 얘기부터 해볼까 합니다.

1965년 11월 초쯤으로 기억납니다. 하루는 박원석 참모총장께서 전화를 주셨습니다. 핵심 내용은 당시 국무총리였던 JP께서 "해외 국빈 방문을 마치고 귀국하시는 박정희 대통령을 우리 영공에서 근접 영접을 했으면 좋겠다."는 말을 했다는 것이었습니다. 나는 그 말을 듣고 내 귀를 의심해야 했습니다. 그것은 결코 쉬운 일이 아니었기 때문입니다. 그래서 제10전투비행단장인 주영복 장군에게 전화를 걸어 2대의 F-5B 전투기를 수원기지에 준비해놓으라고 지시했습니다. 약 1시간 후에 박원석 참모총장이 JP를 모시고 수원기지에 도착했습니다. 나는 JP를 모시는 전방석 조종사로, 주영복 장군은 박원석 참모총장을 모시는 전방석 조종사의 임무를 띠고 수원기지를 이륙해서 지상관제를 받아가며 제주도 남쪽 상공으로 날아갔습니다. 물론 대통령이 탑승한 항공기가 우리 영공에 진입하는 시간을 대략 계산하고 날아갔기에 제주도 남쪽 상공에서 대기한 시간은 얼마 되지 않았습니다. 마침내 JP를 비롯한 우리 일행은 대통령이 탑승한 항공기와 조우한 후, 좌우에서 엄호비행을 시작했습니다. 우리가 탄 F-5B 전투기는 대전 상공까지 엄호비행을 마친 후, JP와 박원석 참모총장이 김포기지에서 대통령을 영접할 수 있도록 음속에 가까운 속도로 김포기지에 착륙해서 재빨리 조종복을 평상복으로 갈아입었습니다. 그리고 잠시 후 김포기지에 착륙한 대통령 일행을 반갑게 영접했습니다.

2016년 3월 10일, JP로부터 『김종필 증언록』 출판기념회에 참석해 달라는 전화를 받았습니다. 세종문화회관 세종홀에서 JP를 오랜만에 뵙고 보니까, 옛날 생각이 많이 났습니다. 그중에서도 F-5B 전투기를 함께 타고 제주도로 날아가면서 그가 내게 해준 말은 지금도 잊을 수가 없습니다. "김 장군, 실은 내 꿈도 전투조종사가 되는 것이었어요. 나도 일본 비행학교에 유학할 계획을 세웠는데 부모님들이 그것을 아시고 결사반대하시는 바람에 꿈을 접어야 했지요. 그때 김 장군처럼 비행술을 배웠으면 지금쯤 이렇게 멋있는 전투기를 마음껏 몰면서 조국 영공을 지켰을 텐데…." 하면서 무척 아쉬워했습니다. 그래서 그런지 JP는 항공역학을 비롯한 비행 지식이 꽤 풍부했습니다. 특히 F-5A/B 전투기 도입과 관련해서 미 노스럽사의 토머스 V. 존스(Thomas V. Jones) 회장과 대화할 때 옆에서 보니까, 각종 전투기의 제원을 비롯한 무장 능력 등을 훤히 꿰뚫고 있었습니다. 지금 대통령의 지근거리에 있는 최고위직 관료들 가운데 JP처럼 자신의 위험을 무릅쓰고, 국익 창출을 위해 헌신하고 귀국하는 대통령을 환영하려고 전투기를 타고 공중 영접을 나갈 정도로 충성심이 있는 인물이 있을까, 또 우리 공군의 FX 사업이나 KFX 사업에 대해 JP만큼 높은 식견을 갖고 공군에 조언할 수 있는 분이 있을까 생각해봅니다. 나로서는 그런 고급 관료들이 보이지 않는 게 안타깝기만 합니다.

#2 두 번째 얘기

공군작전사령관 시절, 나는 장성환 공군참모총장을 모시고 타이완을 방문한 적이 있습니다. 그곳으로 가던 도중에 오키나와에 있는 미 공군의 제18전폭비행단을 방문했습니다. 그 비행단은 F-105 전투기를 운용하고 있었습니다. 우리 일행은 그곳에서 1박을 했는데, 당시 비행단장인 조지 시무라 공군 준장(☆)이 파티를 열어주었습니다. 그런데 가만히 보니까 시무라 장군은 술을 먹지 않고 코카콜라만 마시는 것이었습니다. "코카콜라만 마시는 이유가 뭐냐?"고 물으니까, 그는 나에게 "미안하다. 난 내일 아침에 비행이 있다. 편대를 이끌고 호주까지 논스톱으로 날아가야 하기 때문에 술을 먹을 수 없다. 이해해 달라. 미 공군의 규정에는 비행 전 24시간은 반드시 금주(禁酒)해야 한다고 되어 있다."는 것이었습니다. 그때 나는 공중지휘관으로서 미군 전투조종사들의 투철한 책임 의식을 느낄 수 있었고, 그 후 부하 전투조종사들이나 참모들에게 그 얘기를 들려주곤 했습니다. 공중지휘관부터 원칙과 매뉴얼을 잘 준수하고 솔선수범해야만 젊은 전투조종사들도 따라서 배우기 때문입니다. 그렇게 되면 비행 사고 발생률도 크게 줄일 수 있습니다.

그로부터 한참의 시간이 흘렀습니다. 아마 1966년 봄쯤으로 기억되는데, 장창국 합참의장, 3군 작전사령관들과 함께 베트남을 방문해서 주월 한국군 부대와 우리 군의 작전지역을 시찰할 기회가 있었습니다. 그때 베트남 미군사령부에 들렀더니 조지 시무라 장군이 미 공군 중장(☆☆☆)이 되어서 에어 컴포넌트 사령관(구성군사령관: 베트남 전체의 공중작전을 총괄 책임진 공중지휘관)을 맡고 있었습니다. 나를 반갑게 맞아준 그에게 "내가 베트남까지 왔으니 당신들이 운용하는 F-4D 전폭기(이하 팬텀기)를 한번 타보고 싶다."고 말하자 그는 "좋다. 기꺼이 허락한다. 내일 캄란 미군 공군기지에 가서 팬텀기를 타라. 내가 준비해놓도록 지시하겠다."고 말했습니다. 이튿날 아침 일찍 캄란

기지로 이동했습니다. 그리고 팬텀기의 후방석에 탑승한 후, 다양한 공중기동을 하면서 맹호사단의 주둔지(퀴논)와 청룡부대의 작전지역(나트랑)까지 저공비행을 해봤습니다. 아마도 내가 우리 공군인들 가운데 최초로 팬텀기를 탔을 겁니다.

그 후 조지 시무라 장군은 베트남에서의 임무를 마치고 귀국한 후, 미 공군 교육사령관을 지내고 공군대장(☆☆☆☆)으로 승진했습니다. 그는 공군대장이 되어서도 계속 비행하기를 좋아했습니다. 그는 미국 텍사스 주에 있는 랜돌프 공군기지에서 그의 부관과 함께 T-38(탤론) 항공기를 타고 고난도 루프기동을 시도하다가 안타깝게 순직했습니다. 그 일을 계기로 미 의회에서는 '장성급 고급 지휘관들이 직접 전투기를 비롯한 군 항공기를 조종하도록 하는 것이 과연 적절한 처사인가?'를 놓고 한바탕 논쟁이 벌어졌습니다. 하지만 미 공군의 입장은 단호했습니다. 그들은 "미 공군참모총장을 비롯한 장성급 고급 지휘관들은 계속해서 전투기를 타고 유지비행을 적극적으로 해야 한다."는 공식 입장을 발표했습니다. 그것은 고급 지휘관들부터 비행을 해야만 젊은 전투조종사들의 사기 진작이 가능하기 때문입니다. 나는 미 공군이 어느 정도의 희생을 감수하고서라도 그런 전통을 잘 지켜가기 때문에 세계 최강의 공군력을 유지하고 있다고 봅니다. 그런 의미에서 내 후배 참모총장들이 전방석 조종사로 직접 전투기를 몰고 지휘비행을 했다는 얘기를 들을 때마다 조지 시무라 공군대장을 떠올렸습니다. 앞으로 우리 공군도 그런 솔선수범의 전통을 계속 유지·발전해나가기를 기대합니다.

#3 세 번째 얘기

베트남에서 귀국한 후, 베트남 방문 결과를 보고하기 위해서 청와대를 방문했습니다. 국방부장관, 육·해·공 3군 참모총장, 장창국 합참의장을 비롯한 베트남

칸란기지에서 팬텀기 탑승 직전의 모습(출처: 노병의 사진첩)

시찰단 일행이 참석해서 오찬 겸 베트남 방문 보고회를 가졌습니다. 박정희 대통령은 우리 일행에게 일본식 국수인 우동을 점심으로 대접했는데 맛이 무척 좋았습니다. 다른 분들은 한 그릇만 먹었는데, 대통령과 나만 두 그릇을 먹었던 기억이 있습니다. 그 정도로 맛이 좋았습니다. 식사가 끝나자 대통령께서 "김두만 장군!" 하고 불렀습니다. 그때 다음과 같은 대화가 오갔습니다.

박정희: 김 장군, 베트남에 우리 공군조종사를 파견해야 하는지, 말아야 하는지 말해보시오.

노 병: 각하, 저는 보내야 한다고 생각합니다.

박정희: 왜 보내야 하는지 그 이유를 말해보시오.

노 병: 첫째는 군의 사기(士氣) 문제입니다. 육군과 해군은 파견했는데 공군

만 보내지 않으면 공군의 사기에 문제가 있습니다. 둘째는 베트남은 최고의 실전훈련장입니다. 실탄과 각종 미사일을 무한대로 사용할 수 있고 육군과의 합동작전을 체험할 수 있는 절호의 교육장입니다.

박정희: 김 장군 말이 옳긴 한데, 그렇다고 우리 공군조종사들을 희생시키면 안 되잖소?

노 병: 비행 특성상 평시에도 사고는 필연적으로 발생할 수밖에 없습니다. 공군 차원에서 컨트롤만 좀 더 신경 써서 한다면 얼마든지 잘해낼 수 있습니다.

박정희: 그래, 알았어. 그렇지만 그냥 보낼 수는 없지. 정예화된 우리 공군 조종사들을 보내려면 반드시 그에 상응하는 대가를 받아내야지.

내가 보니까, 박정희 대통령은 미 존슨 행정부로부터 군사원조를 더 많이 받아내거나 상당수의 팬텀기를 공짜로 제공받는 등 추가적인 이익을 강력하게 원했습니다. 반면, 미 존슨 행정부 입장에서 절실했던 것은 육군의 추가 파병이지 공군은 아니었습니다. 공군력은 미 공군만으로도 충분하다고 판단했던 겁니다. 결국 베트남전에 우리 공군은 파견하지 못했지만, 우리나라 젊은이들을 값싸게 파견해서 희생시킬 수 없다는 대통령의 국익 챙기기는 나에게 많은 것을 시사해주었습니다. 나중에 안 사실이지만 대통령은 미국으로부터 더 많은 군사원조와 경제협력을 얻어내기 위해 당시 차지철 공화당 의원으로 하여금 우리 국군의 베트남 파병을 공개적으로 비판하게 만들었습니다. 어쩌면 이것은 존슨 행정부에게 '봐라, 내가 이렇게 힘든 국내외 비판 여론을 잠재우며 어렵게 파병 결정을 했으니, 당신들도 좀 더 많은 경제협력과 군사원조를 해주시오!'라고 요구하는 고도의 전략이었습니다. 존슨 행정부도 박정희 대통령의 요구를 순순히 들어줄 수밖에 없었다고 봅니다. 나는 그런 점에 대해서도 박정희 대통령을 훌륭한 전략가로 높이 평가합니다.

필자는 노병의 말씀을 듣고 1965년에 있었던 박정희 대통령의 해외 국빈 방문 기사를 검색해보았다. 린든 B. 존슨^Lyndon B. Johnson 대통령의 초청으로 미국을 국빈 방문했던 기사가 주로 떴다. 거기에는 미 육군사관학교 생도들을 감동시킨 그의 스토리가 먼지를 잔뜩 뒤집어쓴 채, 침묵하고 있었다. 팩트로 밝혀진 것이기에 여기에 그 내용을 정리해보고자 한다. 먼 훗날 박 대통령을 평가하는 데 있어 조금이라도 객관적인 자료로 활용되기를 기대하면서 말이다.

박정희 대통령은 1965년 미국 방문 기간 중에 미 육군사관학교(웨스트포인트, 이하 육사)를 방문했다. 그곳에서는 외국 국가원수가 방문할 경우, 몇 가지 특권을 주는 전통이 있었다. 미 육사생들의 퍼레이드 요청, 미 육사생들을 상대로 한 연설, 미 육사가 주는 선물 수여 등이 그것이다. 미 육사 측은 그에게 특권을 선택해 달라고 부탁했다. 그러자 그는 "지금 육사 교정에서 처벌받은 생도들에게 사면을 허락해 달라."고 요청했다. 미 육사 교장은 생도들이 점심을 먹고 있는 중에 "지금 교정에서 학칙 위반으로 처벌받은 260명 생도들에게 사면을 허락한다."면서 특사령을 발표했다. 그 방송을 듣고 있던 생도들은 전원 기립 박수를 보냈다. 그도 같은 식당 2층에서 점심을 먹다가 일어서서 손을 흔들어 화답했다. 1965년부터 1970년 사이에 미 육사에서 공부한 생도 가운데 상당수가 소위 임관 후 한국 파병 근무를 자원했다. 그 전까지만 해도 한국 근무는 기피 대상이었다. 지금도 미 육사에는 그의 '생도 사면령'이 역사적 사실로 기록되어 있으며, 그 일은 미 육사 출신 장교들이 한국 근무를 자랑스럽게 여기는 계기로 작용했다. 이 또한 우리가 기억해야 할 소중한 역사가 아닐 수 없다.

39. 전우애와 인사 갈등의 이중주

'잔치 끝에 마음 상한다.'는 옛말이 있다. 노병은 1949년 4월 대한민국 공군 소위로 임관한 이후부터 공군작전사령관에 오르기까지 선배, 동료, 후배 전투조종사들과 함께 사선을 넘나들며 적敵과 싸웠다. 그리고 공군 발전을 위해 나름대로 열심히 노력했다. 그것을 가능하게 해준 것은 전우애였다. 하지만 군인들에게는 일반 공직사회와 달리 '계급정년'이라는 제로섬 게임의 규칙이 존재한다. 노병도 군인이었기 때문에 거기서 자유롭지 못했다. 특히 공군의 장성 수는 육군의 6분의 1 수준에 불과하기 때문에 대령에서 준장(☆)으로 진급할 때, 또 소장(☆☆) 이상의 진급이나 보직을 둘러싸고 치열하게 경쟁할 수밖에 없다. 물론 경쟁이 무조건 나쁜 것은 아니다. 선의의 경쟁은 조직 내에 강력한 동기부여를 제공해서 조직의 선순환적 발전에 도움이 된다. 그러나 위로 올라가면 갈수록 자리가 극도로 한정되는 상황에서의 진급 경쟁은 막역했던 전우나 동료들 간에 상처를 주고받는 경우가 종종 발생했다. 전역해서 민간인 신분이 되고 보면 모든 게 부질없는 짓임을 깨닫게 되지만,

현역 시절에는 목숨을 걸 만큼 매우 중요한 문제였다. 노병은 필자와의 인터뷰 내내 팀워크를 유달리 강조했다. 공군의 진정한 발전과 비상을 위해서는 모든 공군인들이 최고지휘관의 인사 명령에 깨끗이 승복하고 군내 단결과 단합을 도모해야 한다고 역설했다. 특히 남보다 앞서가는 동기생을 뒤에서 험담하고 거짓 소문을 퍼트리는 행위는 용서할 수 없는 비열한 짓이라고 말했다. 그 이면에는 치열한 진급 경쟁의 대열에서 자신도 마음의 상처와 고통을 받았던 아픈 과거가 있었기 때문이다. 그는 자신의 얘기를 활자화하는 것에 대해 한사코 반대했다. 하지만 진급에서 탈락한 후, 내일을 기약하는 공군인들을 위로하고 공군의 4대 핵심 가치 중의 하나인 팀워크를 강조하기 위해 필자의 고집으로 그가 들려준 이야기를 일부 소개하고자 한다.

박원석 장군께서 공군참모총장 취임을 몇 달 앞두고 중앙정보부 차장에서 신임 공군참모차장으로 전보되었습니다. 당시 공군은 참모차장을 거친 다음, 참모총장을 맡는 게 하나의 관례였습니다. 전임 참모차장인 C장군은 공사(空士) 교장으로 발령이 났습니다. 하루는 내가 비행을 하기 위해 제10전투비행단에 들렀더니 비행단장인 K장군이 이렇게 말했습니다. "C장군이 내게 이런 말을 했습니다. 전투기를 타보지도 않은 사람이 공군참모총장이 된다고 하는데 이래서야 되겠는가? 그런데 왜 우리 전투조종사들은 가만히 있는지, 모르겠다."는 것이었습니다. 내가 그 말을 듣고 K장군에게 한마디 했습니다. "여보, 여기가 군대이고 참모총장의 임명권자가 대통령인데 그 밑에 있는 군인들이 이래라 저래라 하는 것은 그 자체로 항명이다. 그런 얘기를 또다시 꺼내지 마라." 그 후로 나와 C장군은 서먹서먹한 사이가 되고 말았습니다. 아마도 K장군이 C장군에게 내 말을 그대로 전한 것 같았습니다. 하지만 내가 틀린 얘기를 한 것이 아니어서 나는 평소대로 C장군을 대했습니다.

또 한 번은 이런 일이 있었습니다. 내가 작전사령관으로 부임해서 예하 부대를 지휘해보니 제10전투비행단이 문제였습니다. 비행단장인 K장군은 과거 내가 제10전투비행단장으로 재직할 때, 몇 달간 부단장으로 함께 근무한 적이 있는데 그는 술을 좋아하고 비행에는 도통 관심이 없었습니다. 그래서 그런지 그가 제10전투비행단장을 맡고부터는 크고 작은 비행 사고가 연이어 발생했고, 올라오는 『사고조사보고서』도 엉터리였습니다. 그래서 당시 참모총장이셨던 장성환 장군께 제10전투비행단장의 교체를 건의했습니다. 하지만 참모총장 임기가 얼마 남지 않은 시기라서 실현되지 못했습니다. 나는 박원석 장군이 제8대 공군참모총장으로 취임하자마자 제10전투비행단장의 교체를 또다시 건의했습니다. 곧 차기 전투기 사업의 신기종(新機種)인 F-5A/B 전투기가 대거 도입되고, 제10전투비행단이 F-5A/B 전투기의 전력화를 서둘러야 하는데 문제가 많은 K장군에게 그런 막중한 역할을 맡길 수가 없었기 때문입니다. 나는 11전투비행단장의 임기를 성공적으로 마친 J장군을 천거했습니다. 박원석 참모총장도 평소 J장군의 능력과 근무 자세를 잘 알고 있었기 때문에 내 건의를 기꺼이 수용해주었습니다. 전투비행단장을 역임한 사람에게 또다시 전투비행단장으로 맡긴다는 것이 다소 이례적인 인사였지만 당시로서는 그것이 최선의 선택이었습니다. J장군은 내가 공군본부 인사국장을 그만둘 때, 내 후임자였습니다. 그리고 내가 제10전투비행단장을 역임하고 미 대사관의 공군 무관으로 나간 시점인 1960년 6월 초에 그는 제11전투비행단의 제2대 비행단장으로 취임했습니다. 어느 날 그는 나를 찾아와서 비행단장으로서의 자문을 구했습니다. J장군은 내게 이런 말을 했습니다. "비행단장에 취임해보니 비행 사고도 많이 발생했고 부대 관리도 엉망이었습니다. 뭔가 새로운 변화를 도모해야 하겠는데… 좋은 아이디어가 있으면 한 말씀해주셨으면 합니다." J장군의 전임 단장이었던 C장군은 과거 일본 육사(陸士)의 마지막 기수로 다니다가 졸업도 하기 전에 제2차 세계대전의 종전(終戰)을 맞이한 경력의 소유자였습니다. 항상 일본 육사를 다녔다는 것을 주위 사람들에게 뽐냈고 몇몇 일본 육사 출신 선배들의 비호로 6.25남침전쟁 때는 주로 참모 업무만 수행하고 항 공기나 전투기의 조종 능력은 이착륙이나 할 정도였습니다. 물론 실전 경험도 일천했지만 일본 육사 출신 선배들이 밀어준 덕분에 승승장구해서 군 최고위 직까지 오른 인물이었습니다. 제11전투비행단장이란 자리도 출세 가도의 한 과정으로 잠시 머물다 간 것이니만큼 그가 비행단 관리에 소홀할 수밖에 없 었던 겁니다. 나는 J장군에게 제10전투비행단에서 경험하고 실천했던 여러 사 항들을 자세히 알려주며 부대 관리에 만전을 기하라고 주문했습니다. J장군은 제11전투비행단을 훌륭하게 변화시켰고 비행단장의 임기를 누구보다 성공적 으로 마쳤습니다.

1967년 12월에도 기막힌 일이 벌어졌습니다. 하루는 K국방부장관이 나를 자 신의 집무실로 호출했습니다. 그래서 갔더니 대뜸 모욕적인 얘기부터 꺼냈습 니다. K국방장관과 나 사이에는 이런 대화가 오갔습니다.

국방장관: "요즘 김 장군이 정치적으로 처신하면서 나와 B장군을 쫓아내려고
　　　　　 한다는 얘기가 들리는데 이것은 용서할 수 없는 일이오. 그러니 전
　　　　　 역서를 쓰시오."
노　　병: "저는 모르는 일입니다."
국방장관: "그래도 더 이상 이의를 제기하지 말고 전역서를 쓰라면 쓰시오.
　　　　　 이건 명령이오."
노　　병: "전역서를 쓰라면 쓰겠습니다. 하지만 저는 결단코 그런 짓을 한 적
　　　　　 이 없습니다."
국방장관: "김 장군의 전역서는 내가 보관하고 있다가 나중에 또다시 이런
　　　　　 얘기가 들리면 그땐 곧바로 전역 처리를 시키겠소. 그러니 앞으로

행동에 각별히 유의하시오."

노　병: "…."

1968년 2월쯤 내 운전병이 귀띔을 해주더군요. 장군들의 승용차를 운전하는
사병들 사이에서 "김두만 장군이 곧 예편할 것 같다."는 풍문이 쫙 퍼졌다는
겁니다. 내가 그 진원지를 확인해보니 P장군의 운전병이었습니다. 그 후 K국
방장관이 물러나고 D장군이 신임 국방장관으로 취임하면서 내가 썼던 전역
서를 되돌려 받을 수 있었습니다. 억울하기 그지없었지만 '순간적으로는 남을
속일 수 있다. 그러나 거짓은 오래가지 못하며, 진실은 반드시 봄의 새싹처럼
고개를 쳐들고 나오기 마련이다.'는 확신을 갖고 울분의 강을 조용히 건너며
인내했습니다. 공사(空士) 교장으로 재임 중인 1968년 2월에도 황당한 경험을
했습니다. 그때 나는 학교장으로서 공사 제16기 생도들의 졸업과 임관을 주
관했습니다. 그날 아침엔 눈이 오지 않다가 졸업식을 거행할 즈음, 폭설이 내
려서 불가피하게 졸업식을 실내에서 거행하게 되었습니다. 그런데 졸업식 전
에 연병장에서 생도들이 점호를 하는데 사병 하나가 그 앞을 무단으로 지나갔
던 모양입니다. 그래서 생도 몇 명이 그 사병을 불러다가 기합을 주고 몇 대를
때렸나 봅니다. 졸업식날 아침에 희한한 일이 벌어졌습니다. 그날 아침 〈조선
일보〉에 이상한 기사가 신문을 장식했습니다. 그 기사 내용을 요약하면 다음
과 같습니다. '공사 생도들이 졸업식 전야제를 하면서 파티를 벌였다. 그런데
술에 취한 장교와 하사관들이 패싸움을 벌였고 급기야 하사관 몇 명이 부상
을 당해 모 병원에 입원해 있다.'는 것이었습니다. 공사 정훈참모가 그 신문을
가지고 나에게 왔습니다. 나는 졸업식을 마치자마자 공사 생도대장과 함께 그
기사의 출처를 밝히려고 시도했습니다. 〈조선일보〉의 담당 기자에게 확인해
보니 그는 "정보원 보호 차원에서 정보를 제공한 사람의 신원은 밝힐 수 없고
다만 군복을 입은 현역 장교가 제보를 했기 때문에 우리는 확신할 수밖에 없

었다."는 거였습니다. 그 기자는 카메라 기자를 대동하고 공사를 찾아와서 심층 취재를 하려고 했습니다. 나로서는 정말로 참기 힘든 모욕이자 황당무계한 사건이었습니다. 왜냐하면 공사에서 그런 일이 일어나지 않았기 때문입니다. 그 기자가 이렇다 할 추가적인 소득을 건지지 못하고 공사를 빠져나가자마자 C참모총장으로부터 전화가 걸려왔습니다. "김 장군, 대통령께서 아시면 크게 화를 내실 문제인데, 암튼 주모자를 반드시 색출해서 군법회의에 회부하시오." 또 H참모차장도 내게 전화로 "김 장군, 큰일 났더구먼!" 하면서 신문기사를 기정사실화하는 눈치였습니다. 야속하다는 생각과 함께 화가 머리끝까지 치밀어 올랐지만 그래도 군 서열이 나보다 앞선 분들이기에 감정을 가라앉힌 후 "공사의 문제이니까 모른 체해주십시오. 학교장인 제가 알아서 처리하겠습니다."라며 전화를 끊었습니다. 그러고는 졸업식날 주번사관을 맡았던 생도에게 시말서 하나만 쓰게 한 다음, 모든 졸업생들에게 휴가를 주었습니다. 그 후, 더 이상의 시비가 일어나지 않았고 모든 게 잠잠해졌습니다. 그 이유는 공사 내에서 폭력 사태가 일어나지 않았기 때문에 추가적인 문제가 발생할 수 없었던 겁니다.

무릇 군대는 명령에 살고 명령에 죽는 조직이다. 이를 위한 전제조건은 직속상관이 정의롭고 대의명분에 부합하는 명령을 내려야 한다. 그래야만 부하들이 직속상관의 명령에 절대복종하며 명령을 완수하기 위해 자신의 목숨을 거는 법이다. 또 진급이나 보직 임명 역시 공명정대하게 이루어져야만 최고지휘관의 인사 명령에 권위가 서고, 그를 둘러싼 인사 잡음이 들리지 않는다. 물론 군대도 인간 사회이기 때문에 100% 완벽한 인사 명령은 결코 쉬운 일이 아니다. 하지만 최고지휘관은 마지막 순간까지 투명하고 객관적 원칙을 세워놓고 스스로에게 부끄럽지 않는 인사권을 행사해야 한다. 그것이 최고지휘관 자신과 공군이라는 조직을 건강하게 발전시킬 수 있는 첩경이다. 노병은 우리 공군의 인사에 대해 신뢰하고 있었다. 올라갈 만한 인재들이 자연스럽게 진급하기 때문에 인사가 끝난 후에도, 별다른 잡음이 들리지 않는다고 했다. 그것 또한 우리 공군의 자랑이다.

인사권의 행사와 관련해서 그는 특히 두 가지를 강조했다. 하나는 사적 인연(학연, 혈연, 지연, 종교연)은 철저히 배제하고 사연事緣과 지연知緣에 집중한 인사 정책을 채택해야만 공군이 발전한다는 것이다. 그가 강조한 '사연'은 '어떤 일을 잘하는가?'와 직결된 개념이고, '지연'은 '어느 분야의 최고 전문가인가?'와 관련된 개념이다. 즉 미래의 공중지휘관들이 갖춰야 할 절대 덕목은 군계일학群鷄一鶴 수준의 전문성과 탁월한 일 처리 능력이다. 지극히 옳은 말이다. 다른 하나는 다면평가에서 여러 사람으로부터 극도의 호평을 받은 사람들보다는 50% 정도는 호평, 50% 가까이는 비판을 받은 사람을 참모나 부하로 발탁하는 게 좋다고 했다. 그는 "주위 사람들로부터 100%에 가까운 호평을 받은 사람은 다분히 기회주의자일 가능성이 크다."고 지적했다. 그런 수치는 평소 자신의 색깔이나 생각을 드러내지 않고 주위 사람들의 눈치만 살피며 비위를 잘 맞춰주었기 때문에 가능하다는 것이다. 그는 그런 사람보다는 자신이 맡은 일에 대한 소신과 책임감을 갖고 제 목소리를 내면서 당당하게 최선을 다하는 인재를 발탁해야만 공군의 미래가 밝을 수 있다고 강조했다. 미래의 공군을 책임질 공중지휘관들이 깊이 새겨들을 만한 탁견이었다.

40. 실미도 사건의 전말

노병은 만 22년(1949~1971)간 군 생활을 했다. 그 가운데서 그에게 가장 큰 상처를 준 것은 1971년 8월 23일에 일어났던 684부대(일명 실미도부대) 북파요원들의 난동 사건이다. 그는 사건에 대한 책임을 지고, 1971년 8월 25일 공군참모총장직에서 물러났다. 사실 684부대는 그와 아무런 상관이 없었다. 선임 참모총장이 결정한 정책 사항을 후임 참모총장으로서 승계했을 따름이다. 하지만 노병은 그에 대한 무한책임을 짊어졌다. 그것이 군인의 길이자 고위 공직자의 길이었다. 한 가지 아쉬운 게 있었다면 그 문제를 좀 더 적극적으로 해결하지 못하고 윗분들이 정치적으로 해결해줄 때까지 기다렸다는 사실이다. 684부대의 존재는 그가 공군참모차장으로 재직할 당시에도 전혀 알지 못했던 극비 사항이었다. 그는 공군참모총장 취임 직후, ㅇㅇㅇㅇ정보부대장인 E대령(공사 2기, 정보특기)으로부터 업무보고를 받고 처음으로 그 부대의 실체를 확인했다. 그러나 그때는 684부대 문제가 곪아 터지기 직전이었다. 더 이상 그것을 방치했다가는 엄청난 일이 벌어질지도 모른다는 판단에서 근본 대책을 강구하던 중, 그만 대형 참사가 발생한 것이다. 당시 세간의 비판 여론은 누구의 잘잘못을 떠나 박정희 정권과 중앙정보부로 향하고 있었다. 북파요원들에게는 군번이 부여되지 않았다. 그러나 공군 ○○○○정보부대 ○○○파견대에서 특수임무를 수행하기 위한 북파北派 훈련을 받은 이상, 그들은 군인 신분에 준할 수밖에 없었다. 따라서 당시 군 최고지휘관이었던 정래혁 국방장관과 노병이 684부대 북파요원들의 난동 사건에 대한 모든 책임을 지고 공직에서 물러났다. 그 사건에 대한 노병의 소회所懷를 들어봤다.

북한 김일성은 1968년 1월 21일 박정희 대통령을 암살할 목적으로 124군부대 요원 31명을 남파시켰습니다. 이들 가운데 29명은 우리 군경에게 사살되었고, 김신조(현 목사)는 자수. 나머지 1명[209]은 우리 군경의 검거망을 피해서 북한으로 되돌아갔습니다. 그 후, 박정희 대통령은 국방장관, 중앙정보부장, 육해공 3군 참모총장이 배석한 자리에서 1.21 사태에 대한 보복 방법을 찾아보라고 지시했다고 합니다. 그것을 계기로 당시 김형욱 중앙정보부장이 주도적으로 만든 부대가 실미도부대로 알려진 684부대입니다. 684부대는 '1968년 4월에 만들어진 부대'라는 의미에서 그렇게 불렀다고 합니다. 684부대가 훈련을 시켰던 북파요원들은 총 31명으로 1.21 사태 때, 북한의 124군부대가 남파시켰던 요원들과 동일한 숫자였습니다. 또 684부대의 설립은 1960년대 말 흑백TV 시절, 〈주말의 명화〉 시간에 방영되었던 「제리코 작전」에서 아이디어를 얻었다고 합니다. 「제리코 작전」의 줄거리는 '미 본토 감옥에 수감된 범죄자들 가운데 일정 자격을 갖춘 자들을 선발해서 혹독하게 훈련을 시킨 뒤 독일 전선에 투입해서 임무를 완수하고 귀환하면 이전의 모든 죄를 사면해준다.'는 내용입니다. 684부대는 중앙정보부와 공군의 역할 분담으로 창설되었습니다.

---

209 이 인물은 훗날 북한 인민군 대장까지 올랐던 박재경으로 밝혀졌다.

모든 재정 지원은 중앙정보부가 맡고, 공군은 31명의 북파요원들에 대한 훈련을 책임지는 것으로 합의를 본 것 같습니다. 당시 공군참모총장은 장지량 장군이었습니다. 그런데 684부대가 공군 소속으로 된 이유에 대해서는 지금까지 미스터리로 남아 있습니다. 684부대의 창설과 직접적으로 연관된 사람들이 그 부분에 대해 함구한 채, 모두 세상을 떠났기 때문입니다. 김형욱 전 중앙정보부장도 자신이 684부대 창설을 주도했다고 밝혔지만, 공군에 예속시킨 이유에 대해서는 침묵했습니다. 게다가 684부대의 북파요원들을 누가, 어떻게, 어떤 조건으로 모집했는지에 대해서도 여전히 의문입니다. 중앙정보부가 직접 나서서 주도한 것인지, 아니면 최초로 북파요원들의 훈련을 책임졌던 정보부대장 A대령이 주도했는지에 대해서도 밝혀진 게 없습니다. 다만, 2003년 12월에 개봉된 영화 「실미도」에서는 교육대장 김○○ 준위(추서 계급: 안성기 역)가 교도소에서 사형을 선고받고 복역 중인 죄수(설경구 역)를 북파요원으로 선발해 가는 모습이 등장합니다. 하지만 나로서는 국가 차원의 극비 작전을 범죄자들에게 맡긴다는 것 자체가 난센스라고 생각했습니다.

684부대 북파요원들이 전부 사형수나 무기수였다는 것도 내가 보고받은 내용과 사뭇 다릅니다. 그들 가운데는 범죄 전력을 갖고 있던 사람도 일부 있었고, 범죄와 무관한 젊은이들도 있었다는 보고를 받았습니다. 문제는 31명의 북파요원들을 모집했던 사람이 그들에게 어떤 당근책을 제시했는가입니다. 그에 관해서는 이미 관련 자료들이 폐기 처분되었기 때문에 확인할 방법이 없습니다. 다만, 684부대의 북파요원들에 대한 본격적인 훈련은 1968년 중반기부터 시작한 것 같습니다. 31명의 북파요원들 가운데 7명이 훈련 과정에서 목숨을 잃었을 정도로 훈련의 강도는 북한의 124군부대를 능가했다고 합니다. 하지만 처음 1년간 그들의 사기는 충천했고 자신들도 국가를 위해서 뭔가를 할 수 있다는 충성심으로 고된 훈련을 적극적인 자세로 받았다고 합니다. 또 그때는 중앙정보부의 예산 지원도 잘 이루어져서 보급이나 급식도 꽤 좋았던 것으로 알려졌습니다. 그런데 1970년에 들어오면서 미국과 중국 간의 화해 무드가 조성되면서 기존의 냉전 기류가 요동쳤고, 이는 남북관계에도 큰 영향을 미쳤습니다. 1970년 8월 15일, 박정희 대통령은 8.15 선언을 통해 긴장과 대립의 남북관계를 평화와 공존의 남북관계로 발전시켜나가자고 북측에 제안했습니다. 당시 중앙정보부장도 저돌적인 김형욱에서 유연하고 상황 판단이 빠른 이후락으로 교체되었습니다. 1972년 7월 4일에 전격적으로 이루어진 7.4남북공동성명도 이후락이 일궈낸 결실이었습니다. 이런 분위기 속에서 냉전 시대의 산물인 684부대의 존재는 설 자리를 잃었고, 그들에 대한 관심이 줄어들면서 급여, 보급, 급식의 질도 크게 떨어졌던 것 같습니다. 북파 기회는 저당 잡힌 채, 가혹한 훈련만 계속되자 그들의 불만이 날로 팽배했던 것입니다. 하루는 정보부대장인 E대령이 내게 와서 이런 보고를 했습니다. "총장님, 684부대의 근무 및 인권 환경이 무척 열악합니다. 이대로 방치했다간 뭔 일이 터져도 크게 터질 것 같습니다. 얼마 전 북파요원 3명이 인근 섬 무의도에 침투해서 초등학교 여교사 2명을 강간했다가 2명은 현장에서 처형되었고 1명은 부대에 끌려와서 맞아 죽었다고 합니다. 또 누군가 중간에서 그들의 급식비를 떼어먹는 바람에 북파요원들의 급식 수준이 형편없습니다. 하루빨리 대책을 마련해주십시오." 나는 그 보고를 받고 우선 공군의 없는 살림을 쪼개 예산을 확보해서 그들의 급식 문제라도 개선해주려고 노력했습니다. 또 E대령으로부터 '혈기 왕성한 북파요원들의 생리 욕구를 충족시키기 위해서 그들을 인천부두의 사창가로 데리고 나가도록 조치하겠다.'는 보고를 받고도 묵인할 수밖에 없었습니다. 더 큰 사고를 미연에 방지하기 위함이었습니다.

그러나 그런 미봉책만으로는 684부대의 문제를 해결할 수 없다는 판단에서 1971년 5월 초 정래혁 국방부장관을 찾아가서 근본적인 해결책을 찾아 달라고 건의했습니다. 그 자리에서 정 장관은 "내가 무슨 일이 있어도 1971년 10월까지는 해결할 테니까, 그때까지 조금만 기다려 달라."고 했습니다. 그런데 불행하게도 1971년 8월 23일에 684부대 북파요원들이 난동 사건을 저지르며 자신들의 실체를 만천하에 드러냈습니다. 당일 오전 6시, 684부대 북파요원 24명은 자신들의 훈련을 담당했던 교육대장 김○○ 준위를 비롯한 기간병 18명을 사살한 다음, 무의도 이장의 배를 뺏어 타고 실미도를 빠져나왔습니다. 그들은 인천에서 버스를 탈취한 뒤 '박정희에게 따지겠다.'면서 청와대를 향해 전력 질주했습니다. 그러나 긴급 연락을 받고 출동한 군인들이 대방동 유한양행 앞에서 북파요원들이 탄 버스의 타이어를 향해 집중사격을 개시했습니다. 한쪽 타이어가 터진 버스가 무게중심을 잃으면서 가로수를 들이박았고, 그 과정에서 안전핀을 뽑았던 수류탄이 터지면서 19명의 북파요원들이 현장에서 즉사했습니다. 가벼운 상처만 입었던 4명의 북파요원들은 현장에서 체포[210]되었습니다. 청와대는 사건 수습을 위해서 긴급회의를 열었습니다. 그 자리에는 김종필 국무총리, 이후락 중앙정보부장, 정래혁 국방부장관, 김정렴 대통령 비서실장, 심흥선 합참의장, 그리고 내가 참석했습니다. 나는 그때 죄인 아닌 죄인이 되어야만 했습니다. 684부대의 관리 책임이 우리 공군에게 있었기 때문입니다. 684부대 북파요원들의 난동 사건에 대한 대외 발표문은 정래혁 국방부장관과 이후락 중앙정보부장이 주도했습니다. 맨 처음에는 684부대 북파요원들을 무장공비라고 발표했다가 나중에는 무장괴한, 군 특수범, 특수부대원 등으로 말을 바꾸면서 국민들의 의구심만 부추겼습니다. 이는 분명 옳지 못한 일 처리 방식이었습니다. 나로서는 공군 소속의 부대가 저지른 난동 사건이어서 그것에 대해 이러쿵저러쿵 말할 입장이 아니었습니다. 한 가지 기억나는 것은 박정희 대통령의 태도였습니다. 정래혁 국방장관과 이후락 중앙정보부장이 '공군이 관리해 온 실미도 684부대의 훈련병들이 기간병을 살해하고 이번 난동 사건을 저질렀다.'는 식의 대외 발표문을 작성한 뒤 김정렴 비서실장

---

210 그들 4명은 군사법원, 고등법원, 대법원에서 사형선고를 받고 1972년 4월 서울 인근의 오류동 뒷산에서 총살형에 처해졌다.

이 그것을 갖고 올라가서 대통령께 1차 보고를 했습니다. 그런데 박정희 대통령께서는 "공군이란 단어를 빼고 문건을 다시 작성하라."고 지시했습니다. 그러나 회의 참석자들은 "공군을 빼면 어떻게 하나? 누군가 책임질 사람과 조직이 있어야 한다."면서 김정렴 비서실장이 원안(原案)을 가지고 2차 보고를 했습니다. 그런데도 대통령은 "공군이란 글자를 빼라."면서 결재를 해주지 않았습니다. 시간만 계속 흘러가고 다른 참석자들이 별다른 아이디어를 내지 못하자 대통령은 마지못해 원안에 친필 사인을 하면서 침묵했다고 합니다. 나는 지금도 이따금씩 "공군이란 글자를 대외 발표문에 넣지 마라."면서 결재를 미뤘던 박정희 대통령을 생각합니다. 왜 대통령께서 그런 말씀을 하셨을까? 스스로에게 되묻곤 합니다. 우리 공군에 대한 애정이 남달랐기 때문일 수도 있고, 김형욱 중앙정보부장이 공군 쪽에 억지로 북파요원들의 훈련을 떠넘긴 것에 대한 미안함 때문일지도 모른다는 생각이 들었습니다. 나는 국민들에 대한 미안함과 대통령께 심적 부담을 드리지 않기 위해 전역을 결심했습니다. 그리고 1971년 8월 25일 오전, 나는 공군참모총장직을 사임하고 22년 동안 정들었던 군문을 떠났습니다. 다만, 한 가지 아쉬운 것이 있습니다. 나는 줄곧 군 생활만 했기 때문에 명령의 위계질서를 무척 중시했습니다. 그래서 정래혁 국방부장관에게만 해결책을 찾아 달라고 요구했는데…. 그때 차라리 이후락 중앙정보부장을 찾아가서 근본 대책을 마련해 달라고 부탁했더라면 훨씬 더 좋았을 것을… 하는 생각이 들었습니다.

필자는 개봉 30일 만에 1,000만 관객을 동원한 영화 「실미도」를 여러 번 봤다. 물론 인터넷을 통해서다. 또 당시 공군검찰부장으로서 684부대 북파요원들의 난동 사건을 직접 수사했던 전前 공군검찰부장 김○○(이하 K)이 『월간중앙』(2004년 2월호)과 나눈 인터뷰 기사도 꼼꼼하게 살펴봤다. 영화 「실미도」의 허구적인 요소를 찾아보기 위한 사전 작업이었다. 영화 「실미도」는 국민들의 오해와 억측을 유발하기에 충분할 정도로 사실 왜곡이 장면마다 내재되어 있었다. 하긴 영화감독에게는 진실에 대한 접근보다 흥행에 따른 돈벌이가 더 중요했을지 모른다. '영화는 영화일 뿐!'이라는 생각에서 그중 몇 가지만 지적해보고자 한다.

첫째는 남북관계가 화해와 공존을 지향하면서 쓸모가 없어진 북파요원들을 '모두 제거하라.'는 국가 차원의 명령이 있었는가라는 점이다. K와 6명의 생존 기간병들은 하나같이 "국가의 제거 명령은 없었다."고 증언했다. 그날 사건은 북파요원들이 자신들에 대한 비인간적 대우와 가혹한 훈련에 불만을 품고 우발적으로 일으킨 사건에 불과하다는 것이다. 하지만 세간의 여론은 국가도 일정 부분 책임이 있다는 쪽으로 모아졌다. 즉 대의명분이 없는 특수부대를 극비리에 만들고 관리 책임까지 소홀히 한 점은 일정 부분 국가의 잘못이라는 것이다.

둘째, 영화 「실미도」를 보면 684부대 교육대장 김○○ 준위가 자살하는 것으로 나온다. 하지만 그것은 사실이 아니다. 그는 북파요원들에게 살해당했다. 다만 사망 원인에 대해서는 의견이 엇갈린다. 당시 사건 현장을 직접 조사했던 K는 "그는 여러 발의 총탄을 맞고 즉사했다."고 증언했다. 하지만 6명의 생존 기간병 가운데 한 명인 양○○는 〈일요서울〉(2015.1.19)과의 인터뷰에서 "교육대장 김 준위는 잠을 자다가 훈련병들로부터 둔기로 머리를 공격당해 사망했다."고 진술했다. 김 준위는 깐깐한 원칙주의자로서 훈련을 매섭고 철저하게 시켰다고 한다. 또 영화에서는 그가 공군 소장(☆☆)에게 "북파 기회를 보장해 달라."고 요청했다가 거절을 당하자 중앙정보부의 책임자까지 찾아가서 항변하다 봉변을 당하며 쫓겨나는 것으로 묘사되었다. 그것 또한 사실이 아니었다. 그는 자신의 직속상관인 정보부대장 E 대령을 찾아가서 "평양 김일성 주석궁을 습격할 수 있도록 허락해 달라."고 요구했을 뿐이다. 하지만

E대령은 "그것은 매우 중대한 사안이기 때문에 내 권한 밖의 일이다."라며 그를 돌려보냈다고 한다. 노병도 "상사 계급의 교육대장이 직속상관인 E대령을 제쳐두고 공군 소장이나 684부대의 최고 운영책임자였던 중앙정보부의 이○○ 차장을 찾아가서 항변한다는 것은 당시 상황에서 있을 수 없는 얘기"라며 일축했다.

셋째, K는 북파요원들의 신분에 대해서도 얘기했다. 그들은 사형수나 무기수들 가운데 선발한 것이 아니었다. 그들은 분명 모집관募集官을 통해 비밀리에 선발했던 것으로 보인다. 그에 따르면 북파요원들 가운데는 전과자 출신이 있었지만, 대부분은 대전역 부근에서 활동하던 젊은이(일부 건달 포함)들이 모집에 응했다는 것이다. 또 그는 "북파요원으로 선발된 전과자 출신들에게는 아마도 전과 기록 말소와 같은 보상책을 제시했을 것 같다."[211]고 말했다. 노병도 참모총장 취임 초기에 그와 비슷한 보고를 받았다고 증언했다. 따라서 김형욱 전前 중앙정보부장이 자신의 회고록에서 언급했던 내용, 즉 '각 군 형무소에서 사형수나 무기수로 극형을 선고받고 복역하던 죄수들을 특수결사대원으로 선발했다.'는 주장은 사실과 다를 가능성이 매우 높다.

넷째, '난동을 부린 북파요원들이 국가 폭력에 희생당한 의인義人들이냐?'에 대한 논란이다. 영화 「실미도」는 그들을 의인처럼 묘사했다. 하지만 K는 "그렇지 않다."고 주장했다. 훈련을 호되게 시킨 것은 맞지만 그들은 주민등록증을 갖고 있었던 대한민국의 국민이었고, 또 강제로 선발한 것이 아니라 개인의 자발적 의지로 북파요원을 자원했던 사

---

211 그는 『월간중앙』과의 인터뷰에서 당시 모집관이 북파요원들에게 전과 기록의 말소와 같은 보상책을 제시했다고 밝혔다. 그러나 재소자나 전과자 출신에게는 그것이 보상책이 될 수 있지만, 다른 지원자들에게는 별다른 유인책이 되지 못했을 것 같다. 오히려 그들에게는 상당한 액수의 금전적 보상이나 추후 일자리 보장 같은 것을 제시했을 것 같다. 한 인터넷 자료에 따르면, '당시 모집관들은 684부대에 지원하는 젊은이들에게 사관후보생에 준하는 월급(당시 기준 3,000~3,200원)을 주고, 배불리 먹여주며, 미군 부대에 취직시켜 주겠다.'는 조건을 내세웠다고 주장했다.(출처: Yakcho.egloos.com/9431201)

람들이었다. 게다가 그들이 벌였던 난동은 단순한 폭력 사건이 아니라 직속상관을 포함한 18명의 기간병을 무참하게 살해했다는 점에서 의인이 될 수 없다는 것이다. 다만, 그는 치열했던 남북 대치 상황에서 684부대가 만들어진 것은 이해하면서도 비인간적이고 비인도적인 특수훈련에 의해 인간 병기가 만들어지고, 국가가 그들을 방치했던 것은 크게 잘못된 일이라고 했다. 노병도 그에 대해서는 안타깝고도 유감스런 일이라고 말했다. 즉 북파요원들이 의인이라면 그들에게 사살당한 기간병들의 정체성은 뭐가 되느냐는 것이었다.

다섯째, K는 영화 「실미도」에서 다루지 않았던 생존자 4명의 최후 모습에 대해서도 언급했다. 그들은 사형장에서 최후의 순간에 애국가를 부르거나 만세 삼창을 외치기도 했고, "김일성의 모가지에 총구멍을 내지 못하고 가는 게 한스럽다."는 진술을 했다고 한다. 또 무고한 사람을 죽였다는 것도 시인했고, 살려 달라는 애걸을 하지도 않았다고 한다. 4명 모두 의연한 자세로 죽음을 맞이했다는 것이다. 이 부분에 대해서는 노병의 이야기를 들을 수 없었다. 그것은 그가 공군참모총장직에서 물러난 뒤에 벌어진 일이었기 때문이다.

이 밖에도 북파 명령의 취소 상황과 북파 때의 운송수단에 대해서 일부 생존 기간병들은 영화 「실미도」와 큰 차이가 있다고 주장했다. 영화 속에서는 북한으로 침투하기 위해 고무보트를 타고 가던 중 상부의 긴급명령에 의해 작전이 돌연 취소된 것으로 묘사되었다. 하지만 실제는 북파요원 9명이 북한 침투를 위해 한 달간 백령도에서 대기했던 것이 전부였다고 한다. 또 영화에서는 북한 침투를 위해 고무보트를 사용했지만, 실제는 수소가스를 채워 넣은 열기구를 이용해서 북한 침투를 시도할 계획이었던 것으로 전해진다. K는 이 문제에 대해서는 일절 언급하지 않았다. 그것은 노병도 마찬가지였다. 실행하지 않은 군의 극비 작전 계획에 대해서는 침묵하는 게 도리라고 생각하는 것 같았다. 이에 대해서는 전적으로 독자들의 판단에 맡기고자 한다.

41. 어느 사병의 군기문란 사건

요즘 입대를 앞둔 젊은이들이 가장 선호하는 군대는 공군과 카투사
KATUSA라고 한다. 특히 공군은 타 군에 비해 복무 기간이 가장 길다.[212]
그런데도 젊은이들이 공군 입대를 위해 보통 재수나 삼수까지 시도한
다. 그들이 공군 입대를 희망하는 것은 타 군에 비해 일과 후 자신의 전
공과 연계된 공부를 할 수 있는 여건이 보장되기 때문이다. 또 대도시
에 위치한 기지(base)를 중심으로 근무하기 때문에 심적인 안정감을 느
낄 수 있고 타 군에 비해 외박과 휴가를 자주 나갈 수 있다는 매력도 공
군 입대를 유혹하는 요인이다. 게다가 공군은 훈련병들을 각 지역의 예
하 부대로 배치시키는 경우에도 '훈련병 시절의 성적'이라는 공정하고
투명한 잣대를 적용한다. 따라서 그것을 둘러싼 잡음이나 뒷말이 일절
없다. 참고로 공군 입대에 성공한 젊은이들은 경남 사천에 있는 공군
교육사령부 기본군사훈련단에서 6주간의 기본교육을 받는다. 1기수별
훈련 인원은 1,600명 정도다. 그들은 기본군사훈련을 받으면서 얻은

---

212 참고로 육군과 해병대의 복무 기간은 21개월, 해군은 23개월, 공군은 24개월이다.

성적순에 따라서 자대 배치가 결정된다. 좋은 점수를 받은 젊은이들부터 자신이 근무하고 싶은 곳을 선택할 수 있는 특전을 부여한다. 그렇기 때문에 자대 배치에 대해서도 불만을 가질 수 없다. 그것 또한 공군만의 독특한 인사관리 방식이다. 얼마 전, 군기軍紀와 관련된 인터넷 검색을 하다가 재벌 2세와 연예인이 관련된 사건을 발견했다. 1972년도에 일어난 사건이어서 그야말로 호랑이 담배 피우던 시절의 얘기였다. 요즘 공군은 부대 관리나 사병 관리 면에서 타 군에 비해 가장 앞서나가는 청정淸淨 공군을 지향하고 있기에 더더욱 그렇다. 하지만 지금으로부터 40여 년 전에 일어난 이 사건을 자세히 살펴보면 일선 지휘관들이 반면교사로 삼을 만한 사항이 있어서 언급하고자 한다. 노병도 그런 취지에서 이 사건에 대해 증언해주셨다. 사건의 요지는 다음과 같다.

1972년 1월 14일, 당시 여자 영화배우로 세인의 주목을 받고 있던 B가 자신의 집에 무단 침입한 도둑에게 45구경 권총을 발사하는 사건이 발생했다. 그 도둑은 현장에서 즉사했다. 총포화약류단속법 위반 혐의로 입건된 그녀는 경찰 조사에서 "내가 도둑에게 권총을 한 발 발사했다."고 진술했다. 경찰이 권총의 출처를 묻자, 그녀는 "1965년에 제작된 영화「전쟁과 다리」를 촬영할 때, 소품 대여 업자에게 빌린 권총을 반납하지 않은 것이다."라고 대답했다. 경찰이 확인한 결과 그녀의 이야기가 거짓임이 그대로 드러났다. 경찰은 소품 대여 업자로부터 "그녀가 빌려간 권총은 영화 촬영이 끝난 직후 반납되었으며 실탄을 제공한 적이 없다."는 진술을 확보했다. 게다가 그녀가 소지했던 45구경 권총은 신형이었고 실탄도 5발이나 장전되어 있었다. 그녀는 검찰 조사에서도 "내가 출연한 액션 영화에서 권총 쏘는 법을 배웠다."고 진술했다. 그러자 담당 검사가 그녀에게 권총을 갖다 주며 한번 쏴보라."고 주문했다. 하지만 그녀는 권총을 다룰 줄 몰랐다. 담당 검사가 추궁하자 한참 만에 그녀는 자신이 범인이 아니라고 실토했다. 또 사건 발생 10일 후인 1972년 1월 24일, 익명의 남자가 마포경찰서에 전화 제보를 했다. "영화배우 B와 내연 관계를 맺고 있던 재벌 2세 H가 이번 사건의 진범眞犯입니다. 두 사람은 도둑이 사망하자 B가 총을 쏜 것으로 입을 맞추고 H는 그 자리에서 도망쳤습니다." 당시 H는 공군 상병으로 군복무 중이었다. 나중에 그도 자신의 죄를 시인했다. 모든 진실이 밝혀진 상황에서 그녀는 "그 사람을 죽도록 사랑했기 때문에 내가 모든 죄를 뒤집어쓸 각오를 하고 거짓 진술을 했다."고 밝혔다. 또 권총은 그의 형이 육군 장교로 근무한 뒤 전역할 때, 몰래 가지고 나온 것으로 밝혀졌다. 그녀는 법정에서 징역 1년에 집행유예 2년을 선고받았다. 진범인 H는 징역 3년을 선고받았지만 항소를 통해 집행유예로 풀려났다.

그는 군대 건빵 등을 납품하던 밀가루 관련 사업으로 큰돈을 모은 D산업의 창업자 아들로서 유부남이었다. 그의 아내와 두 아들은 미국에서 생활하고 있었고, 병역 미필자였던 그는 1970년 6월에 귀국해서 공군에 입대한 것이다. 그가 그녀를 처음 만난 시점은 군복무 중이던 1971년 4월이었다. 따뜻한 봄철, 나이트클럽에서 우연히 만난 두 사람은 곧바로 동거라는 부적절한 관계로 이어졌다. 그리고 권총 살해를 통해 결국 두 사람은 파국을 맞고 말았다. 모든 것이 다 밝혀진 뒤, 그녀는 기자들에게 "이번 사건을 아름답게 봐주느냐, 추하게 봐주느냐? 하는 것은 전적으로 기자 여러분들의 양심에 달렸다."라고 말했다. 자신이 감옥행까지 각오하면서 연인이었던 그를 끝까지 지켜주고자 노력했던 것을 아름답게 봐 달라는 읍소였다. 그러나 기자들의 반응은 싸늘했다. 결국 그녀는 이 사건을 계기로 은막에서 퇴출당한 뒤 술집 등을 운영하다가 40세의 젊은 나이에 세상을 떠났다. 그녀의 사인死因은 폐결핵이었다. 한편, 언론들은 그가 일개 사병으로서 영외거주를 하며 그녀와 동거했다는 점을 언급하면서 이는 상부에 있는 사람이 뒤를 봐주지 않고서는 불가능한 일이라고 보도했다. 박정희 대통령도 이와 관련된 신문 보도를 접하고 크게 화를 내면서 "고위 공직자, 사회 지도층 인사, 재벌 2세들의 군 근무 실태를 점검한 후 보고하라."는 지시를 내렸다. 이로 인해 전군全軍에서 한바탕 대소동이 벌어졌다. 그의 신원이 공군 상병으로 밝혀진 이상, 공군지휘부도 가만히 보고만 있을 수는 없었다. 공군은 자체 검열을 실시한 결과, A장군(예비역 ☆)이 연루되었음을 밝혀내고 불명예 전역을 시키는 선에서 사건을 마무리했다. 노병에게 이에 대한 얘기를 들어봤다.

아주 오래된 얘기지만 이 사건은 일선 지휘관들의 마음가짐에 경각심을 갖게 해주자는 뜻에서 몇 가지만 얘기하고 싶습니다. 이때 나는 실미도 사건으로 전역한 상태라서 민간인 신분이었습니다. 우선 이 사건은 사회적 파장이 매우 컸습니다. 그래서 공군 내부에서도 많은 말이 오갔습니다. 이 사건과 연관된 A장군은 D산업의 창업자이자 문제 사병의 아버지였던 사람과 평소부터 알고 지냈던 사이였다고 합니다. 그래서 일선 지휘관으로서 지인(知人)의 자식에게 편의를 봐준 것이 이렇게 큰 사건으로 비화된 겁니다. A장군은 일본 육군소년 비행병학교 출신으로 6.25남침전쟁 때에는 정찰비행전대와 제1훈련비행단 훈련비행전대에서 비행교관으로 근무했습니다. 그는 경제관념이 남달랐습니다. 물론 경제관념이 강하다는 것 자체가 흠이 될 수는 없습니다. 하지만 공사(公私)를 제대로 분간하지 못하는 경제관념은 문제라고 봅니다. 따라서 군인은 늘 자기 관리를 잘해야 합니다. 이것은 비단 A장군에게만 해당되는 사항이 아닙니다. 모든 지휘관에게 공통적으로 적용되는 얘기입니다. 만약 지휘관들이 작은 이해관계에 휘둘리면 크고 작은 비리 사건에 연루될 수밖에 없습니다. 민간인들은 지휘관들보다 경제관념이 매우 강한 사람들입니다. 그들은 1원을 주고 1,000원을 빼 가려고 하는 사람들입니다. 따라서 그런 사람들과 가까이 지내다 보면 반드시 사달이 나게 마련입니다. 그런데 세상인심은 그런 지휘관에게 무척 냉혹합니다. 감옥에 보내든지, 불명예스럽게 군문을 떠나도록 강요합니다. 내가 지휘관들에게 정당하지 않은 이재(理財)를 경계해야 한다고 강조하는 이유도 그 때문입니다.

A장군도 작은 이해관계에서 자유롭지 못했기 때문에 장군의 명예에 손상을 입었다고 봅니다. 이는 분명 개인적으로도 불행한 일이고 우리 공군의 입장에서도 안타까운 일이었습니다. 이와 관련해서 나는 후배 공군인들에게 한 가지만 주문하고자 합니다. 세상이 아무리 변하고 타락한다 해도 공군인들은 항상 '어항 속의 금붕어'처럼 어느 방향에서 쳐다보더라도 훤히 들여다보이는 깨끗한 존재, 투명한 존재로 살아가길 주문합니다. 돈을 벌 작정이면 군문(軍門)에 들어오지 말아야 합니다. 차라리 개인 사업을 하거나 아니면 대기업에 취업하는 게 훨씬 낫습니다. 우리 직업군인들에게는 민간인과 차별되는 두 가지 혜택이 있습니다. 하나는 정부가 국민 세금으로 관사를 제공해줍니다. 이것은 엄청나게 큰 혜택입니다. 그렇다면 왜 정부가 직업군인들에게 관사를 제공해 줄까요? 이는 '작은 부정도 저지르지 말고 깨끗하게 살면서 국가와 국민을 위해 조건 없는 헌신을 하라.'는 의미에서 제공해주는 겁니다. 다른 하나는 훈장입니다. 민간인들이 퇴직할 때는 정부가 훈장을 주지 않습니다. 하지만 직업군인을 비롯한 공직자들이 전역이나 퇴직을 하게 되면, 근무 연수에 따라 차이가 있긴 하지만 대통령 표창부터 각종 훈장을 줍니다. 그렇다면 정부가 왜 직업군인들에게 훈장을 줄까요? 그 또한 평생을 안일한 불의(不義)보다는 험난한 정의(正義)의 길을 선택해서 전역할 때까지 큰 잘못 없이 일을 했기 때문에 그것을 위로하고 감사하는 차원에서 주는 것이 훈장입니다. 자식들에게도 아버지와 어머니(여군)를 자랑스럽게 생각해 달라는 의미까지 포함된 겁니다. 우리 후배 공군인들이 이 점을 가슴에 새기고 군문에서 열심히 일한다면 개인

의 작은 실수까지 미연에 막을 수 있고, 높은 위치까지 승승장구할 수 있을 겁니다.

필자는 노병의 이야기를 들으면서 정약용 선생이 『목민심서』에서 언급했던 청심淸心을 떠올려보았다. 청심은 청렴의 다른 말로 직업군인을 비롯한 고위 공직자들이 지녀야 할 올곧은 마음이다. 옛 선비들은 청심이 선정의 원천이 되고 모든 덕행의 근본이 된다고 보았다. 그런데 청심에도 세 가지 등급이 있다. 1등급은 자신의 봉록俸祿 외에 아무것도 탐하지 않는 것이고, 2등급은 봉록 외에 정당한 것은 취하는 것을 말한다. 3등급은 봉록 외에 정당하지 않더라도 관례라면 취하는 것을 지칭한다. 물론 이때에도 매관매직이나 가렴주구는 금지 사항이다.[213] 현역 사병이었던 H의 군기문란 사건을 되돌아보면서 우리 일선 지휘관들의 청심이 최소한 2등급 이상이 되었으면 좋겠다는 생각을 가져본다. 왜냐하면 강한 군대는 청정Clean 군대로부터 시작되기 때문이다.

213 김덕수 저, 『이순신의 진실』, 플래닛미디어, 2016, pp.326~327.

42. 한라그룹 정인영 회장과의 인연

1971년 8월 25일에 전역한 노병은 몇 달 동안 아무 일도 하지 않고 푹 쉬었다. 늘 바쁜 업무에 시달리면서 아래위로 신경 쓸 일이 너무나도 많았던 군문에서의 긴장감이 한꺼번에 풀어지자 아무것도 손에 잡히지 않았다. 그렇다고 마냥 쉴 수만은 없었다. 사성장군인 참모총장으로 전역했지만 나이가 마흔네 살밖에 되지 않았기 때문이다. 그에게 맨 먼저 손을 내민 사람은 박정희 대통령이었다. 1972년 봄, 박 대통령은 그를 금오학원 제2대 이사장으로 발탁했다. 전임자인 제1대 이사장은 서울특별시장을 지낸 김현옥이었다. 노병은 1년의 임기 동안 금오공업학교(현 금오공대)를 설립하는 데 기여했다. 그 학교는 대일청구권에 따른 무상원조 300만 달러로 한창 건설 중이었다. 하지만 학교를 제대로 짓기 위해서는 훨씬 더 많은 예산이 필요할 것 같았다. 그는 직접 일본 외무성과 몇몇 일본 대기업들을 찾아다니면서 "300만 달러로는 학교 설립이 부족하니 좀 더 도와 달라."고 호소했다. 결국 일본 외무성으로부터 200만 달러, 미쓰비시三菱기업과 스미토모住友기업으로부터 각각 50만 달러을 추가적으로 지원받는 데 성공했다. 그는 총 600만 달러의 사업 비를 확보해서 금오공업학교를 짓는 데 기여하고 제2대 이사장직을 그만두었다.

1973년 봄, 그는 펭귄표 통조림으로 널리 알려진 대한종합식품회사 사장에 취임했다. 1966년 9월, 한국산업은행이 전액 출자해서 설립한 이 회사는 국영기업으로서 베트남전에 파병된 우리 국군 장병들을 위한 케이-레이션^{K-Ration}을 만들어서 보내는 것이 핵심 사업이었다. 케이-레이션은 김치, 과일, 각종 어류 등으로 만든 통조림을 지칭한다. 당시 대한종합식품회사는 매년 많은 자금을 풀어서 위탁가공 생산을 함으로써 우리나라 식품산업 발전에 큰 기여를 했을 뿐 아니라 연간 수백만 달러의 외화를 벌어들이는 산업이었다. 장사 역시 땅 짚고 헤엄치기 식이었다. 일단 만들어서 베트남에 보내기만 하면 대금은 미국 정부가 자동으로 결제를 해주었기 때문이다. 하지만 베트남전의 종식과 주월 한국군의 철수로 케이-레이션의 수요처가 사라지면서 회사는 새로운 활로를 모색해야만 했다. 전임 사장은 대체 사업으로 기존의 통조림 사업 외에 경남 충무에 굴 양식 및 가공시설을 만들었고, 대전에는 국민 식생활 개선을 위한 육가공 공장을 만들어놓고 퇴임했다. 굴 사업은 주로 대외 수출을 위한 것이었으며 매년 다량의 냉동 굴과 굴 통조림 등이 북미 지역에 수출됨으로써 외화 획득에 크게 기여했다. 그러나 육가공산업은 1970년대 초의 국내 현실과 맞지 않았다. 그 당시는 슈퍼마켓과 같은 냉동 체인 시스템^{Cold Chain System}이 전무한 상태여서 제품의 유통 단계에 많은 문제가 발생했다. 그 때문에 회사 경영에 적지 않은 어려움이 노정되었다. 마침내 1974년 12월 말 한국산업은행은 그 회사를 벽산그룹에 매각했다. 노병은 벽산그룹의 요청으로 회장직을 맡아 회사 경영을 돕기로 했다. 그리고 세월이 흘러 1977년 11월 초, 현대그

룹의 정인영 부사장[214]으로부터 "좀 만나자."는 연락이 왔다. 그에게 정
부사장과의 사적인 인연에 대해 여쭤봤다.

정인영 사장은 현대그룹 정주영 회장의 바로 밑에 동생으로서 1962년 여름,
그가 워싱턴 D.C.에서 장기 출장을 할 당시의 공식 직함은 현대건설(주)의 부
사장이었습니다. 그는 워싱턴 D.C.에서 7~8개월간 머물면서 현대건설이 충
북 단양에 시멘트 공장을 짓기 위해 필요한 외자(外資) 도입을 위해 동분서주
하고 있었습니다. 그는 일제시대 때, 일본의 명문 대학인 일본 청산학원(靑山
學院)에서 영문학을 전공해서 영어 회화를 매우 잘했습니다. 그 덕분에 그는
미국 관계 기관 간의 교섭 활동을 잘해서 400만 달러에 해당되는 AID 차관
을 얻어내는 데 성공했고 그 돈으로 단양 시멘트 공장이 건설될 수 있었습니
다. 당시 현대건설(주)의 총자산규모가 200만 달러 정도였으니까 그가 얼마나
큰일을 해냈는가를 쉽게 알 수 있습니다. 암튼 그의 피나는 노력으로 단양의
시멘트 공장은 순조롭게 건설되었고, 그것은 현대건설(주)이 비약적으로 발전
하는 데 버팀목이 되었습니다. 그는 주미 대사관에도 자주 들렀고, 주미 대사
관의 참사관들과도 호형호제하며 가깝게 지냈습니다. 주미 대사관에서 파티
를 열면 참사관들이 으레 그를 초대해서 즐거운 시간을 함께 보내곤 했습니
다. 그런 과정에서 나도 그와 친하게 지냈습니다. 가족들끼리도 서로 잘 알고

214 본관은 하동. 1920년 5월 6일 강원도 통천군 송전면 아산마을에서 6남 2녀 중 둘째 아들로 태어
났다. 서울 YMCA에서 영어를 공부하고, 일본 유학을 떠나 2년 동안 아오야마가쿠인대학(靑山
學院大學) 영문과에서 수학한 뒤 귀국했다. 1947년부터 1951년까지 동아일보와 대한일보 신문
기자를 지냈고, 6.25남침전쟁 때는 미군 공병대 통역으로 활동하며 정주영이 운영했던 현대건설
(주)이 미군 발주 공사를 수주하는 데 능력을 발휘했다. 1951년 정주영의 현대상운(주)에 입사해
1953년까지 전무이사를 지냈다. 1953년 현대건설(주)로 자리를 옮겨 1976년까지 부사장과 사장
으로 근무했다. 1962년 10월 경기도 군포에 독자적으로 현대양행(주)을 설립했다. 1977년 그 기
업을 기반으로 현대그룹에서 독립한 뒤 인천조선소, 한라시멘트(주), 한라자원(주) 등을 설립해
한라그룹의 기틀을 닦고 1988년 한라그룹 회장에 올랐다. 그는 1989년 7월 뇌졸중으로 쓰러졌
지만 휠체어를 타고 다니면서 사업을 확장해서 '재계의 부도옹'이라는 별명을 얻었다. 1997년 1
월 명예회장으로 물러나면서 그룹 경영권을 둘째 아들 정몽원에게 물려주었다. 1997년 12월 한
라그룹이 부도를 내고 해체된 뒤 한라건설(주)를 중심으로 재기를 도모했지만 큰 성과를 거두지
못했다. 2006년 7월 20일 오후 노환으로 별세했다.

지냈을 만큼 돈독한 관계를 맺고 있었습니다. 타국 생활에서 오는 고독감이나 외로움도 그런 인간관계를 맺는 데 일조했다고 봅니다. 내가 주미 대사관 공군무관직을 마치고 귀국한 후에는 서로 분야가 다른 데다 시간적 제약으로 만날 수 없었습니다. 그런데 오랜만에 전화 연락을 받고 그를 다시 만났습니다. 워싱턴 D.C.에서 느꼈던 그의 성실하고 소박한 인품에 호감을 갖고 있었기 때문입니다. 한라그룹 회장이 된 그는 내게 이런 말을 해주었습니다. "내가 2~3년 전부터 현대그룹에서 독립해서 새로운 기업체를 만들고 있는데 회사 상호는 '한라그룹'으로 하려고 합니다. 지금 경남 창원에다 100만 평 부지를 확보하고 세계은행으로부터 7억 달러의 차관과 국내 융자를 합해서 거대한 프로젝트를 시작했습니다. 하지만 나는 1년 중 6개월 이상 해외 출장을 나가야 하기 때문에 국내에서 차분히 회사를 관리해줄 사람이 필요합니다. 마침 김 총장께서 적임자라고 판단되어 전화를 드렸습니다. 원하건대, 김 총장께서 나를 좀 도와주세요." 나는 정인영 회장의 솔직 담백한 제의를 받고 그 자리에서 수락했습니다. 이미 대한종합식품회사의 회장직을 맡고 있었지만 실질적인 회사 경영에서 손을 뗀 상태였고 정 회장이 의욕적으로 추진하고 있는 거대 프로젝트에 흥미가 컸기 때문입니다. 나는 1978년 1월 1일자로 한라건설(주) 사장에 취임했습니다.

사장 취임 이후, 1년 동안 창원 공장 건설현장의 관리감독, 사우디아라비아의 3만 달러짜리 시멘트 공장 건설, 경남 삼천포 화력발전소 건설, 경기도 군포의 중장비 공장에서 생산한 각종 중장비의 인도네시아 수출 업무에 전념하며 바쁘게 지냈다. 그리고 1979년 새해가 시작되었다. 정인영 회장이 계획했던 창원의 거대한 프로젝트는 1978년 말부터 그 웅장한 모습을 드러내기 시작했고 수많은 국내외 VIP들의 방문이 이어졌다. 그전까지만 해도 VIP들은 울산의 현대중공업과 현대자동차를 주로 방문했는데, 그 발길이 울산에서 창원으로 바뀌게 된 것이다. 일본의 유력 경제지들도 창원의 거대 프로젝트를 보고 현대양행(주)[215] 이 일본의 강력한 라이벌이라고 경고 메시지를 보냈다. 1979년 초에는 방한한 미 국방장관이 창원 공장을 방문하기도 했다. 1979년 2월, 노병은 청와대에서 박정희 대통령과 대화할 기회가 있었다. 노병이 재향군인회의 공군부회장을 맡고 있었는데 박 대통령이 재향군인회 임원진을 청와대로 초청한 것이다. 그 자리에서 박 대통령과 노병 사이에는 이런 대화가 오갔다.

박정희: 김 장군, 창원에다 짓고 있는 공장 어떻게 잘 되어가나? 그 공장 대단히 중요한 거야. 차질 없이 잘 지어야 하네.

노 병: 각하, 염려 마십시오. 잘 짓고 있습니다. 문제는 공장 준공 후, 일감이 충분히 있어야 하는데 지금으로서는 그것이 가장 큰 걱정입니다.

박정희: 그것은 걱정하지 마. 정부가 계속해서 도와줄 테니까.

노 병: 암튼 저희들은 최선을 다하겠습니다.

박정희: 내가 김 장군은 믿지. 열심히 해서 국가에도 보탬이 되고 회사 발전에도 기여해봐.

그런데 1979년 4월경부터 갑자기 은행 문턱이 높아지기 시작했다. 그리고 회사 내에 이상한 소문들이 나돌았다. 그것은 '현대그룹의 정

---

215 당시에는 '한라'라는 상호보다 정인영 회장이 일궈낸 '현대양행'이라는 상호가 해외에서는 더 많이 알려져 있었다.

주영 회장이 동생 정인영 회장을 괘씸[216]하게 생각하고 태클을 건다.'는 것이었다. 사실 창원의 거대 프로젝트는 한라그룹의 전신인 현대양행 (주)의 자본금으로는 꿈도 꿀 수 없는 매우 큰 사업이기 때문에 현대그룹의 정주영 회장이 보증을 서주는 실정이었다. 게다가 그것만으로도 부족할 경우, 한국 정부를 대신해서 주미 대사관의 양윤새 경제공사가 보증해주는 사업이었다. 1979년 5월 어느 날, 최각규 상공부장관이 경기도 군포에 있는 현대양행(주) 본사를 방문했다. 그때 정인영 회장이 해외 출장 중이어서 노병이 최 장관을 영접하게 되었다. 그는 최 장관에게 단도직입적으로 물었다. "아니, 장관님. 정부가 자금 지원을 약속해놓고 이렇게 막으면 우리는 어떡합니까?" 그러자 최 장관은 "장관이 뭔 힘이 있습니까? 정주영 회장이 브레이크를 건 겁니다. 나로서는 달리 방법이 없습니다. 그러니 정주영 회장과 잘 논의해서 원만하게 해결해보세요." 그 정도로 한라그룹에 대한 정주영 회장의 영향력은 막강했다. 그리고 한참의 시간이 흘러 1979년 8월 15일 광복절을 며칠 앞둔 어느 날 청와대에서 박정희 대통령이 주관하는 초청 만찬에 나가게 되었다. 초청 대상은 전·현직 국방부장관과 각 군 참모총장들이었다. 노병은 지난 2월에 박 대통령을 면담한 후, 6개월 만에 다시 만나는 셈이었다. 하지만 그를 대하는 박 대통령의 표정과 말투는 지난 2월하고는 딴판이었다. 박 대통령은 노병을 보자마자 대뜸 "김 장군, 정인영 그 사람 아주 몹쓸 사람이더구만. 형의 말도 안 듣고 제멋대로 하고. 또 집안 제사 때에는 참석도 하지 않고…. 그렇게 처신하면서 어떻게 기업 활

---

216 정인영 사장이 정주영 회장에게 밉보인 것은 크게 두 가지다. 하나는 앞서 언급한 것처럼 해외에서 국빈 방문하는 VIP가 기업 방문을 희망하면 정주영 회장의 현대그룹을 시찰시켜 주지 않고 자신의 한라중공업(주)부터 보여주었다는 점이다. 다른 하나는 평소 정주영 회장에게 고분고분하지 않았던 태도를 들 수 있다. 정인영 사장은 평소 책을 많이 읽어서 똑똑했고 영어 실력까지 출중했다. 게다가 독실한 기독교인으로서 청빈한 삶을 즐겼고 술, 담배, 여자를 가까이하지 않았다. 그런 만큼 형에게도 살갑게 대하지 않고 고집도 셌던 것으로 보인다. 그것이 친형인 정주영 회장의 심기를 건드린 것이다.

동을 제대로 할 수 있지?" 그는 박 대통령에게 아무런 말도 할 수 없었다. 노병은 다음 날 정인영 회장을 찾아가서 박 대통령이 한 말을 그대로 전했다. 정 회장은 노병에게 대뜸 이런 말을 했다. "이쯤에서 다 반납하고 손을 텁시다." 정 회장은 1979년 9월부터 한라그룹을 정리해가기 시작했다. 경남 창원의 핵심 공장은 현대중공업이 인수했고, 3만 평에 달하는 창원의 중장비 공장은 삼성중공업, 경기도 군포의 중장비 공장은 LG, 한라건설은 현대건설에 불하했다. 정 회장은 현대그룹에서 독립하면서 일궈온 현대양행(주)과 경기도 안양에 있던 만도기계(주)만을 소유하는 것으로 결정 났다. 그것으로 노병과 한라그룹의 인연도 끝이 났다.

한편 그로부터 몇 년 후, 정인영 회장은 한라그룹을 재건하기로 마음먹고 사업 일선에 뛰어들었지만 소기의 목적 달성에는 실패하고 말았다. 결국 창원의 거대 공장은 1979년의 10.26사건과 12.12사태를 거치면서 전두환을 중심으로 한 신군부의 국보위에서 다시 조정을 거치게 되었다. 현대그룹의 과도한 경제력 집중을 우려한 국보위는 정주영 회장에게 자동차와 중공업 중에 하나만 선택할 것을 강요했다. 결국 정주영 회장은 자동차를 선택하고 중공업을 포기했다. 그 결과 창원 공장의 새 주인 자리는 대우그룹의 김우중 회장에게 돌아갔다. 하지만 대우그룹도 창원 공장을 운영하다가 도중하차를 하게 되고 한국전력(주)이 인수해서 한국중공업으로 오랫동안 운영해오다가 DJ 정권 때 두산중공업에 불하되어 현재에 이르고 있다. 노병은 인터뷰 말미에서 이런 말을 남겼다. "만약 정인영 회장이 정주영 회장을 인간적으로 잘 모시면서 살갑게 대했다면 내가 피땀 흘려 건설했던 여러 공장이 많은 부가가치를 창출하면서 우리 젊은이들에게 좋은 일자리를 계속 제공했을 텐데…. 그 점이 못내 아쉽습니다."

그 후에도 민간 기업의 러브콜은 계속되었다. 하지만 한라건설(주) 사장 시절에 받은 정신적 충격 때문에 선뜻 나설 수가 없었다. 그러던 중, 어느 날 대한항공(주)의 조중훈 회장이 고문직을 제의했다. 조 회장과는 군 생활을 하면서 업무상 협조할 사항이 많았기 때문에 서로 잘 알고 지내는 사이였다. 특히 대한항공(주)은 1983년 9월 1일 KAL 007 기가 캄차카 상공에서 러시아 전투기의 미사일 공격으로 격추되면서 큰 위기에 빠진 적이 있다. 그 사건이 터지자 조 회장은 그에게 자문을 요청하며 고문직을 간곡하게 제의한 것이다. 그는 사장직이 아닌 고문직이라서 심적 부담이 덜할 것으로 판단하고 조 회장의 제의를 수락했다. 1984년 초에 고문으로 취임해서 약 4년 동안 대한항공(주)의 고문으로 열심히 봉사한 뒤 1987년 말에 그곳을 떠났다. 그것이 민간 기업을 위한 그의 마지막 봉사였다.

43. 친일, 반일, 극일에 대한 생각

우리 사회에서 국민대통합을 가로막고 있는 핵심 요인으로 어떤 것들이 있을까? 이념 갈등, 빈부 격차, 세대 갈등, 사적私的 인연을 중시하는 끼리끼리의 횡포 등을 들 수 있을 것이다. 그중에서 가장 심각한 것은 이념 갈등 속에 은밀히 내재시킨 친일 문제라고 생각한다. 1945년 8월 15일, 우리나라가 일제日帝로부터 해방되었을 때만 하더라도 친일 문제의 양상은 지금과 전혀 달랐다. 34년 11개월 28일[217] 동안의 혹독한 일제 통치하에서 함께 호흡했던 사람들은 '저 사람이 친일파다.'라고 떳떳하게 손가락질을 할 만한 사람들이 그리 많지 않았다. 왜냐하면 식민지 국민으로서의 삶 자체가 일제의 통치와 직간접적으로 깊은 연관을 맺을 수밖에 없었기 때문이다. 따라서 일제 치하에서 생활했던 사람들

---

217 아직도 일제의 통치 기간을 36년이라고 말하는 사람들이 꽤 많다. 이 또한 우리 역사학계가 가르칠 것은 제대로 가르치지 않고 이념에 따른 편 가르기 식 역사교육에 주력해온 탓이다. 공식적으로 대한제국이 역사 속으로 사라진 시점은 1910년 8월 29일이다. 그리고 1945년 8월 15일에 해방을 맞이했다. 또한 1910년과 1945년 사이에는 10번의 윤년이 있었다. 이를 모두 반영해서 일제의 실제 통치 기간을 계산하면 34년 11개월 28일이다.

은 설령 친일파라 해도 그들이 반민족적 내지 반인륜적 범죄[218]를 저지르지 않았다면 동병상련同病相憐의 마음으로 그들을 비난하는 행동을 자제했다. '당신이 그렇게 행동한 것이 본심이 아니라는 걸 우리는 안다. 일제로부터 얼마나 괴롭힘을 당하고 협박을 당했으면 그렇게 했겠냐?'면서 말이다. 일제 치하에서 공직자, 법관, 교수, 교사, 군인을 역임했던 사람들이 해방 후 건국과 산업화 과정에서 국가 발전에 기여할 수 있었던 것도 그와 무관하지 않다. 또 일왕의 만수무강을 기원하고 그들 일가의 사진을 게재하며 성전聖戰 완수를 외쳐댔던 조선일보와 동아일보 사옥이 8.15 해방 이후 민중들에 의해 불태워지지 않은 것도 악랄한 일제 통치를 경험했던 사람들의 이해가 있었기 때문이다. 일제 치하의 조선인들은 한글로 발행되는 우리 신문이 존재한다는 것을 다행스럽게 여겼고 그곳에서 일했던 신문기자들을 애국자라고 생각했다. 그랬기에 백범 김구를 비롯한 상해임시정부요인들도 두 신문사의 사주였던 방일영(1923~2003), 김성수(1891~1955)와 함께 시국을 논의했던 것이다.

한편 친일 문제가 국민대통합을 가로막는 핵심 이슈로 떠오른 것은 1970년대 중반부터라고 생각한다. 1972년 유신헌법의 제정, 공포를 계기로 박정희 대통령의 철권통치가 시작되면서부터 좌경화된 학생들과 일부 시민단체들이 우리 사회의 주류 계층을 공격하기 위해 개발한 논리가 '친일단죄론'이었다. 그들이 1차 공격 목표로 삼은 것은 을사오

---

218 국가를 일제에 팔아먹고 온갖 특혜와 은전을 받았던 매국노들, 독립투사를 밀고하거나 잔인한 고문으로 죽게 만든 일제의 밀정이나 친일 경찰. 일제와 일왕을 위해 기꺼이 조선의 젊은이나 처녀들을 전쟁터나 군 위안소로 내보내기 위해서 친일 선전선동에 적극 앞장섰던 반동 지식인들과 조선 내에 일선동조론, 만선사관, 정체성론 등의 식민사관을 이식하는 데 앞장섰던 친일 사학자들은 용서받기 힘들다. 1948년에 만들어진 반민족행위특별조사위원회가 처단하고자 했던 인간들도 이런 부류에 속한 악질적 친일파였다.

적이나 정미칠적과 같은 매국노[219]나 악질적인 친일 인사가 아니었다. 사회 혼란과 이념 갈등의 소용돌이 속에서 건국과 부국을 실천했던 정치 지도자들과 보수 언론, 학계, 경제계, 문화예술계, 종교계에서 두각을 나타냈던 인물들이었다. 사실 조선과 대한제국이 멸망한 것은 그들과 아무런 연관이 없다. 단지 그들은 망국의 상황에서 개인의 입신양명을 위해 일본에 유학하고 일본 육사를 졸업하고 일제하에서 공직생활을 했을 뿐이다. 물론 그들이 선택한 행위가 자랑스럽다는 것은 결코 아니다. 왜냐하면 그런 상황에서도 일신상의 안위를 포기하고 조국 광복을 위해 고난의 풍찬노숙을 기꺼이 선택했던 독립투사들이 존재했기 때문이다. 하지만 그들의 인생 전체를 두루두루 살펴보지 않고, 매국노 수준의 친일 역적으로 매도하는 것은 분명 잘못된 일이다. 더욱이 광기의 일제 치하를 조금도 경험해보지 않은 후세 사람들이 '친일'이란 철퇴를 함부로 휘두르고 있다는 게 더 큰 문제다.

올해(2016년)로 해방둥이들의 나이가 72세다. 1970~80년대에 대학을 다니면서 친일단죄론을 주창했던 사람들은 8.15 해방을 맞이하고도 한참 뒤에 태어난 사람들이다. 냉정보다 열정에 가까운 젊은이들과 현실에 불만을 품은 세력들을 향한 그들의 선전선동 전술은 혀를 내두를 정도로 교묘하고 지능적이었다. 친일에 대한 사회적 합의조차 제대로 이루어지지 않은 상황에서 친일 단죄와 친일 청산은 민족정기의 부활과 사회정의 실현을 위한 필수 조건으로 둔갑해 그들의 분노에 불을 지폈다. 이렇게 된 데에는 일제 치하를 온몸으로 부대끼며 살아왔던 기성

---

219 을사오적은 1905년 일제가 대한제국의 외교권을 강탈한 을사조약을 맺는 데 동의한 5명의 내각 대신을 지칭한다. 학부대신 이완용을 비롯해서 외부대신 박제순, 내부대신 이지용, 군부대신 이근택, 농상부대신 권중현이 그들이다. 정미칠적은 1905년 을사늑약이 체결되고 2년이 지난 1907년 7월에 체결된 정미 7조약을 조인하는 데 찬성한 7명의 내각 대신을 말한다. 내각총리대신 이완용을 비롯해서 농상공부대신 송병준, 군부대신 이병무, 탁지부대신 고영희, 법부대신 조중응, 학부대신 이재곤, 내부대신 임선준이 정미칠적에 해당된다. 이완용은 그 잘난 이름을 두 번씩(을사오적, 정미칠적)이나 올린 민족 최대의 반역자다.

세대들의 잘못이 가장 크다. 그들은 역사적 진실을 정직하게 말하지 않았고, 젊은이들의 그릇된 생각을 호되게 나무라지도 않았다. 그들은 비겁했고, 무능하기까지 했다. '한동안 떠들다가 시간이 지나면 잠잠해지겠지.'라며 안이하게 대처했다. 그 결과, 작금의 친일 문제는 전혀 다른 새로운 형태의 역사 왜곡과 갈등을 야기하면서 국민대통합을 가로막는 최대 장벽으로 기능하고 있다.

기성세대의 침묵과 방관자적 태도는 일본인들의 혐한(嫌韓) 태도와 일본 정치 지도자들의 잇따른 망언까지 불러왔다. 독일의 정치 지도자와 국민은 제2차 세계대전 당시 아돌프 히틀러(Adolf Hitler)를 비롯한 나치주의자들이 저지른 광기와 야만, 유대인 학살에 대해 깊이 사죄하고 반성했다. 그러나 일본은 독일과 정반대의 길을 걷고 있다. 과거 일제가 저지른 악행과 잘못에 대한 사죄와 반성은커녕, 심각한 역사 왜곡을 자행하며 비이성적이고 비양심적인 길로 치닫고 있다. 그에 대한 1차적 원인은 일본과 일본인이 아니라 우리 자신에게 있음을 통렬히 반성해야 한다.[220] 더 늦기 전에 일제 치하를 경험했던 기성세대들, 우리 역사학계와 국민들은 유대인들로부터 무엇을 배워야할지 진지하게 고민해야 한

---

220 유대인들과 그들 역사학자는 유대인의 인종청소와 관련된 나치주의자들을 지금도 추적하고 있다. 남미 아르헨티나에서 유대인 인종청소주의자였던 칼 아돌프 아이히만(Karl Adolf Eichmann)을 체포해서 이스라엘로 송환시킨 후, 재판을 통해 사형시킨 경우가 대표적 사례다. 독일의 정치 지도자와 국민들은 유대인들의 그런 자세를 경외(敬畏)한다. 그래서 독일의 정치 지도자와 국민들은 유대인들에게 머리를 조아리며 진심 어린 사과를 하는 것이다. 그에 반해 우리의 현재 모습은 어떠한가? 한국 역사학자와 시민단체들 가운데 을사오적과 정미칠적은 물론 우리 독립 투사들에게 갖은 고문과 인권을 말살했던 일제 A급 전범들과 그 후손들의 행방을 끈질기게 추적하는 사람이 있는지 한번 묻고 싶다. 정작 민족의 이름으로 응징해야 할 큰 도적놈들의 친일 문제에 대해서는 침묵한 채, 보수 진영 인사들의 친일 문제를 침소봉대하며 헐뜯는 현실은 분명 잘못된 일이다. 그러니 매국노들의 후손이 아무런 거리낌도 없이 일제가 은전으로 제공한 조상 땅의 반환소송에 나설 수 있는 것이다. 이런 상황에서 과연 한국인들에게 겁먹을 일본 정치 지도자와 일본인들이 있겠는가? 적어도 일본인의 눈에 비친 한국은 '언제든지 자신들이 손쉽게 갖고 놀 수 있는 나라'에 불과했다. 일본인들의 망언과 혐한 분위기가 되풀이되는 것도 그 때문이다. 전직 대통령의 일본군 육군 중위 경력을 매국노보다 더한 친일 역적 행위로 가르치면서 정작 을사오적, 정미칠적, 일본 A급 전범들에 대해 눈을 감는 역사교육은 이미 사망 선고를 받았어야 한다. 역사 교과서 제작도 특정 세력들이 독점하면 이처럼 왜곡 변질되게 마련이다. 이에 대한 우리 국민들의 냉철한 자각이 무엇보다 절실하다.

다. 그렇지 않는 한, 진정한 반일과 극일은 요원한 과제일 수밖에 없다. 반일과 극일은 친일에 대한 정확한 정의를 전제로 한다. 그런데 무엇이 친일인가? 노병처럼 가미카제 특공대원 출신이면 무조건 친일인가? 위관급 이상의 가미카제 특공대원 출신이라야 친일인가? 가미카제 특공대원을 자원했다면 친일이고, 강제로 끌려갔다면 친일이 아닌가? 도대체 그 기준은 누가 만든 것인가? 어떤 근거로 만든 것인가? 그 기준 마련에 사회적 합의라도 있었는가? 필자는 친일 문제를 전가의 보도처럼 휘두르는 민족문제연구소 사람들에게 묻고 싶은 게 있다. 그들 부모의 창씨개명 여부다. 만약 창씨개명을 했다면 그들도 친일 분자의 자식이다. 그들의 논리대로라면 자의든 타의든 일본식 이름으로 바꿨다는 것 자체가 조선과 조선인의 영혼을 팔아먹은 짓이었기 때문이다. 따라서 남을 비판하기에 앞서 자신의 뒤부터 돌아보며 항상 신중하고 조심스런 태도를 가져야 한다. 그것 또한 역사를 공부하는 사람이 지녀야 할 기본자세다.

필자는 오래전부터 탁경현이란 인물에 주목해왔다. 1920년생인 그는 교토 약학전문학교를 우수한 성적으로 졸업하고 직장 생활을 하다가 일제의 강요[221]에 의해 특별조종견습사관 제1기생으로 비행훈련을 받고 항공 소위로 임관했다. 그리고 1945년 5월 11일 가미카제 특공대

---

221 탁경현의 아버지는 교토의 빈민 지역인 사쿄구에서 생선가게를 하고 있었다. 일제는 그의 아버지를 찾아와서 탁경현이 군대에 입대하지 않으면 더 이상 장사를 할 수 없게 만들겠다고 협박했다. 그는 결국 아버지와 가족들의 안위를 위해 다니던 직장에 사표를 내고 대졸 출신의 엘리트를 뽑아서 비행훈련을 시키는 특별조종견습사관 제1기로 입교해서 항공 소위가 되었다. 그가 장교의 길을 선택했던 것은 조선인에 대한 차별이 심했던 일본 사회'에서 조금이나마 자신의 부모님이 편하게 살아갈 수 있기를 희망했기 때문이다.

원[222]으로 오키나와 전선으로 출격했다가 24세의 나이로 전사했다. 그는 출격 전날 밤 자신이 어머니처럼 따랐던 도리하마 도메(지란마을 육군 지정 식당 도미야의 주인)를 찾아와서 사진 3장을 유품으로 맡기고 아리랑을 불렀다고 한다. 또 도메에게 "사람이 죽은 뒤 만약 영혼이 살아 있다면 내일 저녁 반딧불이 되어 돌아오겠다."는 말을 유언으로 남겼다. 이 가슴 아픈 사연은 도메의 딸 레이코에 의해 세상에 알려졌다. 교활한 일제는 전사한 그에게 항공 대위를 추서하고 야스쿠니신사에 군신軍神급으로 합사했다. 문제는 그의 이름 탁경현을 미츠야마 후미히로光山文博로 표기했다는 사실이다. 일제는 대내외적으로 "봐라, 조선인 청년들도 일본 천황과 일본 제국주의를 위해서 자발적으로 가미카제 특공작전에 지원해서 목숨을 바쳤다."는 것을 선전할 목적으로 그렇게 했던 것이다. 이는 분명 선진 문명국으로서 해서는 안 될 부끄러운 역사 왜곡이었다. 그렇다면 지금까지 민족문제연구소는 무엇을 했는가? 국내에서 탁경현의 친일 여부를 논하기 전에 그의 행적부터 추적해서 역사적

---

222 한국인 출신으로 가미카제 특공대원이 되었다가 산화한 사람은 인터넷 자료에 등장하는 것만으로도 16명에 이른다. 아마 이보다 훨씬 더 많은 사람이 희생되었을 것으로 추정된다. 박동훈(1928년생, 일본 육군소년비행병학교 제15기, 1945년 3월 29일 전사), 한정실(1925년생, 일본 육군소년비행병학교 제15기, 1945년 5월 28일 전사), 이현재(1926년생, 일본 육군소년비행병학교 제14기, 1945년 5월 27일 전사), 김광영(1926년생, 일본 육군소년비행병학교 제14기, 1945년 5월 28일 전사), 임장수(1924년생, 일본 육군소년비행병학교 제12기, 1944년 12월 7일 전사), 최정근(1921년생, 일본 육사 58기, 1945년 4월 2일 전사), 카와 히가시(河東繁, 한국명 불분명, 일본 육군소년비행병학교 제14기, 1945년 4월 16일 전사), 키무라 세이세키(木寸正碩, 한국명 불분명, 출생 연도 불분명, 일본 육군소년비행병학교 제14기, 1945년 4월 28일 전사), 김상필(1920년생, 연희전문 졸업, 특별견습조종사관 제1기, 1945년 4월 3일 전사), 노용우(출생 연도 불분명, 경성 법전 졸업, 특별견습조종사관 제1기, 1945년 5월 29일 전사), 이시바시 시로우(石橋志郎, 한국명 불분명, 1918년생, 견습조종사관 제1기생, 1945년 5월 29일 전사), 이윤범(1921년생, 조종후보생, 1945년 4월 22일 전사), 이와모토 미츠모리(岩本光守, 한국명 불분명, 1925년생, 조종후보생 12기, 1945년 3월 26일 전사), 노야마 사이코쿠(野山在旭: 한국명 불분명, 특별간부후보생 제1기, 1945년 1월 30일 전사), 그리고 인재웅(1924년생, 일본 육군소년비행병학교 제13기)이 있다. 그런데 일제는 일왕에 대한 무한 충성의 표본으로 마쓰이(인재웅의 일본명) 오장의 죽음을 대대적으로 선전했다. 일제는 인재웅이 1944년 11월 29일 필리핀 레이테만에서 전사했다고 밝혔다. 미당 서정주도 조선총독부의 압력에 굴복해서 1944년 12월 9일자 〈매일신보〉에 '마쓰이 오장(伍長, 현 하사) 송가'라는 시를 발표했다. 하지만 인재웅은 미군 포로가 되었고, 종전 후인 1946년 1월 10일 미 군함 편으로 인천항에 도착해서 가족들과 재회했다. 일제의 추악한 거짓과 날조가 들통난 셈이다.

진실을 밝혀내고 그것을 토대로 야스쿠니신사에 불법 합사된 그의 위패를 본국으로 송환시켰어야 옳았다. 유대인이라면 당연히 그렇게 했을 것이다. 하지만 민족문제연구소는 그것을 외면했다. 그러는 사이 그를 둘러싼 볼썽사나운 일들이 연이어 발생했다. 2008년 5월 10일, 경남 사천시 서포면 외구리에 '탁경현의 귀향기념비 제막식'이 거행되었다. 그것이 가능했던 것은 일본의 대표적 지한파知韓派 여배우 구로다 후쿠미黒田福美의 헌신적 노력이 있었기 때문이다. 그녀는 비문에 '평화스러운 서포에서 태어나 낯선 땅 오키나와에서 생을 마친 탁경현. 영혼이나마 꿈에 그리던 고향으로 돌아와 편안하게 잠드소서.'라고 썼다. 그러나 일부 단체와 인사들은 그가 일본을 위해 전사한 가미카제 특공대원 출신이라는 이유로 기념비 철거를 요구했다. 그는 자신의 고향에서조차 편히 쉴 수가 없었다. 2009년 10월 26일 그의 귀향기념비는 경기도 용인에 있는 법륜사의 공터로 옮겨졌다. 일부 단체와 인사들은 그곳까지 쫓아와서 귀향기념비를 해체시킨 뒤 관처럼 눕혀놓았다. 그 옆의 나뭇가지에는 '열등감은 해로우며 가장 큰 장애입니다.'라는 글귀가 걸려 있었다. 그들의 옹졸한 처사를 엄중하게 꾸짖는 듯했다. 이에 대한 노병의 생각을 들어봤다.

나는 해방될 때까지 탁경현이란 이름을 들어보지 못했습니다. 그가 육군소년비행병학교 출신이 아니었기 때문입니다. 나는 지금까지 친일 문제에 대해 말을 아끼며 살아왔습니다. 망국의 아픔과 고난 속에서도 광복군을 선택했던 독립투사들이 계셨기 때문입니다. 이유야 어쨌든 내가 일본 육군소년비행병학교를 졸업하고 가미카제 특공대원이 되었다는 것은 그분들에게 미안한 일입니다. 그렇다고 해서 내가 광복군과 전투를 벌였거나 그분들을 다치게 한 적은 한 번도 없습니다. 또 나는 일왕(日王)이나 일본 제국주의에 충성하기 위해 비행술을 배운 게 아닙니다. 민간 비행학교에서 비행술을 배우기 위해 일터에서 받은 일당(日當)으로 적금을 넣다가 공짜로 비행술을 가르쳐준다는 곳이 있다기에 무작정 입학했을 뿐입니다. 그곳을 졸업하고 남방 전선의 쿠알라룸푸르에서 본격적인 특공훈련을 받으면서 비로소 내가 일제의 소모품인 가미카제 특공대원이 되었다는 것을 깨달았습니다. 하지만 내 선택을 되돌리기에는 너무나도 늦은 상태였습니다. 불행 중 천만다행으로 나에게는 출격 기회가 주어지지 않았습니다. 그 덕분에 살아남을 수 있었습니다. 역사 앞에 고백할 것이 하나 있습니다. 나는 젖먹이 시절인 세 살 때 숙부의 손에 이끌려 일본에 건너간 후, 8.15 해방을 맞이할 때까지 창씨개명을 하지 않고 부모님이 지어주신 이름을 그대로 사용했습니다. 그 때문에 일본 비행교관들은 나를 '긴또만'이라고 부르면서 차별 대우를 했습니다. 창씨개명을 거부하고 일본인 조종 학생들에게 뒤지지 않으려고 열심히 노력했던 것이 어린 나에게는 반일이며 극일이었습니다. 해방 이후 나는 대한민국 공군이 창설된 후, 항공 소위로 임관했고 3년여에 걸친 6.25남침전쟁 기간에 100회 이상 출격했습니다. 내가 조국의 영공 수호와 자유민주주의 체제 수호를 위해 목숨을 걸고 싸울 수 있었던 것은 일제 치하에서 온갖 모욕을 견뎌내며 일본인 비행교관들로부터 조종술을 열심히 배웠기 때문입니다. 그런 의미에서 나는 개인적으로 '일본을 이용했다'는 의미에서 '용일(用日)'이란 표현을 쓰고 싶습니다. 이제 나의 친일 여부에 대한 평가는 현세대가 아닌, 다음 세대의 사가(史家)들로부터 받고 싶습니다. 또 그들의 평가가 무엇이든, 나는 그것을 내 운명으로 받아들이고자 합니다. 아마 탁경현을 비롯한 조선인 출신 가미카제 특공대원들도 나와 똑같은 심정일 겁니다.

44. 46년 만의 웰던well-done상

2015년 4월 9일 오전 11시, 서울 대방동 공군회관에서는 '예비역 조종사 웰던상 시상식'이 열렸다. 1968년 10월에 제정된 웰던상은 위기 상황에서 탁월한 긴급 비상조치로 인명과 재산 피해를 최소화했거나 항공기 사고를 막는 데 기여한 조종사들에게 주는 상이다. 웰던상은 보통 1년을 단위로 수여한다. 하지만 이날 수여한 웰던상은 무려 46년 만에 주인을 찾았다. 거기에는 그럴 만한 사연이 숨겨져 있었다. 박정희 대통령 전용 헬기의 불시착 사고로 엄격한 보도 제한이 있었기 때문이다. 이미 그 사건과 연관된 권력자들은 대부분 세상을 떠났고, 당시 1호 헬기를 몰았던 정·부조종사들 역시 70~80대의 연세에 접어들 만큼 많은 시간이 흘렀다. 사건에 대한 기억조차 희미해져 가는 상황에서 그 조종사의 뛰어난 비행 기량과 헌신을 기억해준 분이 있었다. 바로 노병이었다.

노병은 필자와 다른 사항에 관한 인터뷰 도중, "내가 공군참모차장으로 처리했던 일 가운데 아직도 미안한 생각이 드는 게 하나 있다."면서 이 사건을 처음으로 언급했다. 그 얘기를 함께 들은 최영훈 공군역사 기록관리단장은 그 내용을 최차규 공군참모총장에게 보고했다. 공군지 휘부는 이 문제를 놓고 고심에 고심을 거듭했다. 이미 46년 전에 일어난 일에 대해 인제 와서 웰던상을 주는 것이 대의명분에 부합하는 일인가? 당시 사건에 관한 객관적인 증거나 증언자가 있는가? 이것이 최대 고민이었다. 공군은 즉시 사실 확인 작업을 벌였고, 그 과정에서 여러 증언과 관련 문서들을 발견했다. 최차규 공군참모총장은 참모들과 진지한 논의를 거친 뒤, 황백선 예비역 공군 중령(정조종사, 조종간부7기)과 신보언 예비역 공군 대령(부조종사, 공사11기)에게 웰던상을 주기로 결정했다. 당시 정조종사로 대통령 전용 헬기를 몰았던 황 중령의 얘기를 토대로 1969년 6월 21일에 일어났던 '대통령 전용 헬기 불시착' 사건을 재구성해보기로 한다.

1969년은 제2차 경제개발 5개년 계획을 강력하게 추진한 시기였습니다. 박정희 대통령은 틈만 나면 전용 헬기를 타고 국토 건설 현장을 자주 둘러보며 자신의 구상대로 공사가 잘 진행되는지 체크했습니다. 고속도로, 댐, 시멘트 공장, 철도 확장 공사, 포항제철, 온산 및 거제도 유류 저장 탱크, 농업지구와 공업단지 조성을 위한 해안 방조제 공사 현장이 주된 시찰 대상이었습니다. 또 자신이 롤모델로 삼았던 이순신 장군의 영혼이 깃든 현충사와 전후방의 군부대도 자주 방문하곤 했습니다. 특히, 대통령이 군부대 시찰을 자주 했던 까닭은 그 당시 북한 김일성이 무장공비를 대거 남파하던 시기였기 때문에 장병들의 사기 진작과 경계 근무에 만전을 기해 달라는 부탁을 하기 위해서였습니다. 내 생각으로는 적어도 1주일에 3~4회 정도는 전용 헬기를 타셨던 것으로 기억합니다. 1969년 6월 21일도 그런 날들 가운데 하루였습니다.

통상 대통령을 모시는 비행임무는 헬기 세 대가 편대로 구성되며 #1헬기의 정

웰던상 시상식 직후에 찍은 기념사진(출처: 공군역사기록관리단)

조종사가 편대장이 됩니다. 나는 그날 오전 8시 25분경, 전날 하달된 공군본부 작전 명령에 따라서 대통령 전용 헬기인 UH—1H(66—16892호)를 몰고 김포기지를 이륙해서 청와대의 헬리포트에 착륙한 뒤 대통령과 수행원들의 탑승을 기다렸습니다. 다른 두 대의 헬기도 함께 와서 대기하고 있었습니다. 오전 10시 5분경, 내가 조종할 #1헬기에는 박정희 대통령, 이후락 비서실장, 박종규 경호실장, 임충식 국방부장관, 김형욱 중앙정보부장, 김성은 안보실장, 김계원 육군참모총장, 근접경호관, 공군연락관, 부조종사 신보언 대위(당시 계급), 운항 정비사 등 총 열두 명이 탑승했습니다. #2헬기에는 정조종사 안석구 소령을 비롯한 청와대 경호원 열 명이 탑승했고, #3헬기에는 정조종사 오대기 소령을 비롯한 기자 열 명이 탑승을 마쳤습니다. 10시 10분경, 나는 청와대의 헬리포트에서 대통령한테서 비행 진로를 지시받고 선두로 이륙했습니다. 여주 사격장 상공을 통과하면서 나는 #3헬기가 선두로 전진해서 기자단이 행사장에 먼저 도착하도록 하고, #2헬기는 후방에서 따라오도록 지시했습니다. 다만 착륙 시에는 #1헬기가 가장 늦게 착륙하는 것이 관례였습니다.

원주 상공을 지나 대관령 상공에 가까이 왔을 때, 엔진 유압계가 약간 흔들렸습니다. 하지만 다른 계기에는 이상이 없었기에 비행을 계속했습니다. 오전 11시 5분경, 대통령과 수행원들을 태운 #1헬기가 동해를 한눈에 내려볼 수 있는 대관령 상공에 이르렀습니다. 이제 12분 후면 목적지에 도착할 예정이었습니다. 그곳에는 연대급 병력과 군악대, 삼척 군민들이 운집한 가운데 대통령의 도착을 기다리고 있었습니다. #3헬기의 정조종사한테서 "행사장 상공에 도착했다."라는 무전이 들어왔을 때였습니다. 갑자기 #1헬기의 엔진 경고등이 빨갛게 켜졌습니다. 나는 즉시 1,200m(4,000ft) 상공에서 항로를 15도 좌로 변침하면서 강하 자세로 산세가 험하지 않은 방향으로 기수를 돌리고 비상착륙 장소를 찾기 시작했습니다. 엔진 경고등이 켜지고 나서 1분 후, 고도 1,060m(3,500ft)에 이르렀을 때, 후방에 있던 #2헬기로부터 "지금 #1헬기에서 검은 연기가 피어나고 있습니다."라는 무전이 들어왔습니다. 그 순간 엔진 부분에서 둔탁한 파열음과 함께 기체가 좌우로 두 번 요동을 치더니, 이내 엔진이 꺼졌습니다. 나는 주저하지 않고 비상착륙 조작(pitch down autorotation)을 실시했습니다. 그리고 내 뒤쪽에 앉아 있던 대통령을 향해 "각하, 엔진이 꺼졌습니다. 좌석 벨트를 세게 매십시오."라고 외쳤습니다. 다른 수행원들은 각자 자신의 좌석 벨트를 조이는 사이, 박종규 경호실장은 벌떡 일어나서 두 팔로 대통령을 품어 안았습니다. 지상에 추락할 경우, 엄청난 충격에서 대통령을 조금이라도 보호하기 위함이었습니다. 일촉즉발의 위기 상황은 계속되었습니다. 엔진이 꺼졌을 때, 엔진과 로터가 맞물려 있으면 헬기는 단순한 쇳덩어리가 되어 그대로 추락합니다. 그러나 적절한 타이밍에 로터를 엔진에서 분리해 급강하 활공을 감행하면 대형 참사를 막을 수도 있습니다. 내가 사방을 훑어보았지만 험준한 태백산맥을 통과하던 중이어서 비상착륙을 시도할 만한 여유 공간이 보이질 않았습니다. 헬기 전방은 옥계 저수지로 가로막혀 있었고 좌우로는 산악지대였습니다. 그야말로 절체절명의 순간이었습니다. 바로 그때 내 우측 발밑으로 테니스장만 한 보리밭이 보였고 그 앞에 작은 평지가 있었습니다. 나는 우측으로 180도 급선회하며 기수를 누르고 속도를 유지하며 원하는 장소의 상공에 도달한 후, 기수를 들어 속도 제로(0) 고도 제로(0)가 되었을 때, 혼신을 다해 비상착륙을 시도했습니다. #1헬기는 1m 높이에서 "쾅" 하고 떨어졌습니다. 헬기의 과중한 무게로 스키드만 약간 벌어졌을 뿐, 다른 기체 파손은 일어나지 않았습니다. 다행히 대통령과 수행원 모두 무사했습니다. 정말로 천운이었습니다. 비상착륙에 성공한 직후, 수행원들은 헬기에서 뛰어내린 후, 헬기 뒤쪽으로 달려가서 누출된 엔진오일로 범벅이 된 헬기 엔진과 꼬리 부분을 살펴보고 있었습니다. 그때까지도 대통령과 부조종사 신 대위는 헬기 안에 있었습니다. 내가 "각하, 엔진이 폭발할지 모릅니다. 즉시 대피하십시오!"라고 외치면서 달려온 L 경호관과 함께 대통령의 양팔을 부축하며 헬기에서 약 40m 떨어진 곳으로 모셨습니다. 대통령은 이 경호관이 어깨에 메고 있던 수통을 건네받아 물을 한 모금 마신 후, 나에게 "어떻게 된 거야?"라고 질문을 했습니다. "엔진오일이 전부 누출되는 바람에 엔진이 꺼졌습니다. 현장에서 엔진을 교체해야 할 거 같습니다."라고 대답했습니다. 대통령은 이 경호관에게 이후락 비서실장을 불러오라고 지시하자 곧바로 그가 달려왔습니다. 그리고 짤막한 지시를 내렸습니다. "이 실장, 보안 유지를 하도록 하시오. 또 인근 육군부대에 연락해서 헬기에 필요한 장비 지원을 받을 수 있게 하고, 사고 조사를 철저히 해서 보고하시오. 조종사와 승무원들은 여기에 더 있어야 할 거 같으니까 숙식 비용을 넉넉하게 주도록 하시오." 대통령과 수행원들이 잠시 휴식을 취하는 동안, #2헬기는 경호원 열 명을 목적지에 내려놓고 사고 현장으로 달려왔습니다. 대통령과 수행원들을 모셔 가기 위함이었습니다. 나는 기막히게 비상착륙을 잘했음에도 불구하고 대통령을 편안하게 모시지 못했다는 죄책감에 고개를 떨구며 #2헬기로 옮겨 타시는 대통령께 거수경례했습니다. 그러자 대통령께서는 "황 중령, 수고했어!"라며 위로를 해주신 후, 목적지를 향해 이륙했습니다.

그날 있었던 대통령 전용 헬기 불시착 사건으로 전군에 비상이 걸렸다. 그러나 그 사건은 보도 제한 조치로 세상에 알려지지 않았다. 당시 공군참모차장이었던 노병은 공군지휘관 및 귀빈 수송용으로 사용했던 쌍발 프로펠러기 U-9C를 타고 강릉기지에 도착한 후, 차량 편으로 사건 현장에 도착했다. 그는 당시 상황을 이렇게 회고했다. "대통령과 수행원들이 모두 무사해서 천만다행이었지만 비행 전에 기체 이상 유무를 제대로 확인하지 않은 것에 대해 야단을 치려고 했습니다. 그런데 막상 현장에 도착해보니까, 그것은 기적이었습니다. 앞에는 커다란 소나무들이 즐비했고, 옆쪽은 온통 바위뿐이고 뒤쪽은 절벽이었습니다. #1헬기의 정조종사였던 황 중령이 비상조치를 매우 잘했다는 판단이 들었습니다. 그래서 나는 그에게 야단 대신에 칭찬을 많이 해주고 돌아왔습니다." 필자는 황 중령께 그 이후에 겪었던 나머지 일들까지 여쭤봤다.

대통령께서 사고 현장을 떠난 후, 정비사는 엔진 교체를 위한 준비 작업에 들어갔고, 오후엔 육군이 보유한 기중기가 현장에 도착했습니다. 사고 헬기에서 약 200m 떨어진 곳에 집 두 채가 있었는데, 그것은 명주군 옥계면 신계리 이장 댁이었습니다. 나는 이장에게 좁은 방 한 칸을 부탁해서 정비사와 단둘이서 숙식했고, 부조종사 신 대위는 강릉기지에서 온 차량 편으로 보냈습니다. 엔진 교체를 위한 준비 사항을 김포 본대로 연락하기 위해서였습니다. 다음 날 오전, 김포 본대로부터 헬기 편에 엔진과 정비사가 공수되었고 여러 시간의 작업 끝에 엔진 장착을 완료했습니다. 오후 2시 30분경 시험비행을 완료하고 강릉기지로 이동하여 연료 보급을 마친 후, 그곳을 이륙해서 오후 5시경에 김포기지로 귀환했습니다. 그곳에는 이미 검은색 승용차 여러 대가 내가 도착하기를 기다리고 있었습니다. 나는 중앙정보부에서 파견 나온 K 정보관한테서 새벽 3시까지 심문조사를 받았습니다. 하나도 숨김없이 있는 그대로 설명해주었습니다. 35비행대에 파견 나온 벨(Bell)사 엔진기술고문인 미스터 헐(Mr. Hull)과 육군 기술고문 한 명이 와서 공군의 지원 아래 엔진 해체 작업을 벌였습니다. 그 작업은 이튿날 동틀 무렵에 끝났는데, 최종적으로 헬기의 기체 결함으로 판명이 났습니다. 즉, T53-Lycoming13 엔진의 축에 들어간 베어링 네 개 가운데 두 번째 베어링의 고무 바킹(seal)이 비행 도중 파열되어 엔진오일이 모두 유출되는 바람에 엔진이 정지된 겁니다. 그날은 하느님이 우리나라를 위해서 천운을 베풀어주었다고 생각합니다. 만약 그때 대통령이 돌아가셨다면 우리 국가의 운명은 어떻게 되었을까요? 나는 지금의 대한민국은 존재하지 않았을 거라고 확신합니다. 내가 'Aviation Safety Network File'에서 발췌한 국가원수들의 전용기 사고를 살펴보면 매우 비극적입니다. 2016년 4월 5일 현재까지, 국가원수의 전용 헬기 추락 사고는 총 다섯 건 발생해서 국가원수 네 명이 사망했고 한 명이 큰 부상을 입었습니다. 국가원수의 전용기 추락 사고 또한 열일곱 건 발생해서 이 중 열네 명이 사망하고 세 명이 큰 부상을 입은 것으로 조사되었습니다. 여기에 박정희 대통령의 전용 헬기 사고는 보안 조치로 인해 기록에도 올라가지 않았습니다. 당시 나는 그 사건에 대해 발설하지 않았지만, 절체절명의 위기 속에서 대통령을 비롯한 국가 수뇌부를 안전하게 지켜냈다는 자부심을 갖고 있었습니다.

한편, 모든 조사 과정을 지켜보았던 박종규 경호실장은 김성룡 당시 공군참모총장에게 "황백선 중령이 매우 위험한 상황에서 비상조치를 잘한 덕분으로 우리 모두가 무사했으니까 그냥 조용히 넘어가도록 하시오."라고 지시했다고 합니다. 그러나 김성룡 참모총장은 "그래도 공군의 잘못이 큽니다."라고 말한 뒤, 공군본부에서 징계위원회를 개최했습니다. 어느 날, 참모총장 비서실에서 "퇴근 후 참모총장 공관으로 들어오라."라는 연락이 왔습니다. 가보니까 나 이외에도 정비대장 강재용 소령과 #1헬기의 운항 정비사 송지향 상사가 와 있었습니다. 그 자리에서 우리 세 사람은 각각 '10일(1969년 7월 10일~7월 19일) 간의 근신령'을 받았습니다. 김성룡 참모총장은 나에게 직접 징계처분장을 주면서 "이것은 청와대로 보고하기 위한 형식상의 징계이니 낙심하지 말고 맡은 바 임무 수행에 더욱더 열심히 해주길 바란다."라고 말했습니다. 억울했지만 그것을 내색하지 못하고 그 자리를 빠져나왔던 아픈 기억이 있습니다. 그 사고 이후, 대통령께서는 아주 특별한 경우를 제외하고는 전용 헬기 대신 육로를 많이 이용했습니다. 이 무렵 나는 스스로를 뒤돌아보며 자기 성찰의 시간을 가졌습니다. 그런 와중에 나는 생사기로의 위험에 노출되었던 정신적 충격으로 불면증 환자가 되고 말았습니다. 그것이 전역을 결심하는 단초가 되었습니다. 나는 1971년 6월 5일자로 전역한 후, 호주 에어패스트(Airfast) 헬기사에 입사했습니다. 그리고 1972년도에 초청 이민을 떠났습니다. 내 전역과 이민이 혹시 제동이 걸릴지도 모른다는 생각에서 직속상관과 동료 전우들에게 말하지 않고 조용히 떠나야만 했습니다. 이 자리를 빌려 그분들께 미안한 마음과 사과 말씀을 드립니다. 당시 #1헬기의 부조종사였던 신보언 대위는 그 이후에도 비행 능력을 인정받아 박정희 대통령과 전두환 대통령까지 모신 후, 공군 대령으로 예편했습니다. 그는 헬기 조종 부문에서 가장 오랫동안 대통령의 비행임무를 책임졌던 베테랑 조종사로서 공군 역사에 기억될 것으로 확신합니다. 지난 시절을 뒤돌아보니 박정희 대통령과의 일화도 참 많았습니다. 한 예로 박정희 대통령의 인사법은 참으로 독특했습니다. #1헬기 앞에서 대통령을 거수경례로 맞이하면 대통령께서는 나에게 "밥 묵은나?"라며 웃어주셨습니다. 나는 그럴 때마다 원기 왕성한 목소리로 "넵, 잘 먹었습니다."라고 대답하곤 했습니다. 나는 그런 인사법을 가난한 농촌에서 자란 대통령의 '보릿고개 인사'라고 생각했습니다. 또 한 가지 생각나는 것은 많은 군중이 지켜보는 가운데 대통령께서 내 가죽점퍼 속을 뒤진 사건입니다. 언젠가 대통령께서 내게 "겨울철에 밖에서 자주 대기를 서야 하는데 춥지 않도록 해야지."라는 말씀과 함께 가죽점퍼 한 벌을 선물로 주셨습니다. 대통령은 다른 승무원들에게도 가죽점퍼를 한 벌씩 선물하셨습니다. 그런데 1968년 12월경, 서울에서 평택 구간의 고속도로를 달려서 평택 인터체인지 준공식에 참석하셨던 대통령께서 행사를 마치고 #1헬기로 갈아타신 적이 있습니다. 그때 내가 #1헬기 앞에서 대통령을 거수경례로 맞이했습니다. 그런데 대통령께서 갑자기 내 가죽점퍼의 지퍼를 내리고 점퍼 속을 막 뒤지셨습니다. 나도 놀랐고 그 모습을 지켜보던 수행원들과 다른 군중도 매우 의아하게 쳐다보았습니다. 그런데 대통령께서 나를 쳐다보며 "음, 안감을 양털로 만들어서 따뜻하겠구먼."이라고 말씀하시면서 씩 웃으셨습니다. 당신께서 선물한 가죽점퍼가 실제로 따뜻한지, 그렇지 않은지를 현장에서 직접 확인했던 겁니다. 대통령은 그런 분이셨습니다. 게다가 대통령께서는 비행 도중에 조종석 뒤로 다가오셔서 내 어깨를 주물러주기도 했고, 상급 부대를 방문하면 그곳의 최고 지휘관에게 부탁해서 식사 대접을 잘 받을 수 있도록 배려해주셨습니다. 또 내가 대통령께 감탄한 것은 항공지도를 조종사만큼 잘 판독하셨다는 사실입니다. 경부고속도로 건설을 위한 노선 설정 작업이 한창일 당시, 청와대에는 육군공병감실에서 파견 나온 사람들 가운데 허필연 대령이 가장 계급이 높았습니다. 전용 헬기로 비행하기 전에 허 대령이 준비한 1/50,000 지도 위에 그은 노선을 내 항공지도인 1/500,000의 지도에 옮겨서 공중 답사를 했는데 그 판독 능력이 대단하셨습니다. 오히려 헬기 안에서 대통령을 보좌하던 허 대령보다 더 뛰어나셨던 것으로 기억합니다. 아마도 포병 장교 출신이기에 그러셨던 게 아닌가 싶었습니다.

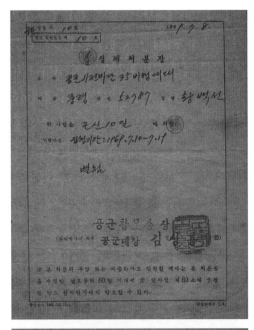

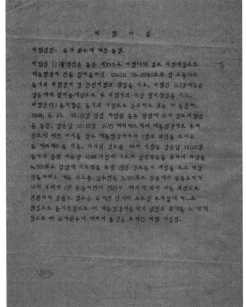

황백선 중령에 대한 징계처분장의 앞면과 뒷면

최차규 공군참모총장으로부터 웰던상을 받는 황백선 예비역 중령(출처: 공군역사기록관리단)

나는 늘 그런 대통령을 위해서라면 언제든지 목숨을 버릴 각오로 최선을 다해 근무했습니다. 비행임무가 없는 날에는 인근 여의도기지에서 단발 엔진의 사고에 대비한 비상착륙 훈련을 수도 없이 했습니다. 당시 35비행대에 배속된 미 공군 고문관인 라슨(Larson) 소령은 미 해군 아나폴리스(Annapolis) 출신임에도 공군으로 소속 변경을 했던 인물이었는데, 나는 그 사람으로부터 '함상(艦上) 제한지 비상착륙 기법'을 전수받았습니다. 그것은 무게에 따른 강하 속도 변화와 첫 땅김 기술로 역풍을 이용해서 로터 회전수를 최고로 증가시켜 제한지에 연착(soft landing)하는 기법이었습니다. 나는 대통령 전용 헬기의 좌석에다 사람의 평균 몸무게에 해당하는 무게의 모래주머니를 싣고 무수히 많은 비상착륙 훈련을 반복했습니다. 그렇게 해서 배운 기법이 절체절명의 위기 속에서 박정희 대통령을 구하는 데 사용되었던 겁니다. 대통령께서도 우리 승무원들의 헌신적인 근무 자세와 국가 최고위층 인사들이 #1헬기 안에서 나눈 비밀스러운 대화 내용에 대해 끝까지 함구한다는 것을 아셨기 때문에 VIP의 비행임무를 계속해서 맡기셨다고 봅니다. 나로서는 영광스럽고 행복했던 시간들이었습니다. 물론 국가원수를 완벽하게 모셔야 한다는 심리적 중압감과 정신적 스트레스는 상상을 초월했습니다.

끝으로 46년 전에 있었던 일을 잊지 않으시고 공군 역사의 한 페이지에 '1969년의 대통령 전용 헬기 불시착 사건'의 전말을 기록하려고 노력하신 김두만 공군참모총장님께 머리 숙여 깊은 감사와 존경을 표합니다. 공군본부로부터 "웰던상을 수상하게 되었다."는 소식을 듣던 날, 나와 아내는 밤잠을 제대로 이루지 못했습니다. 그동안 남몰래 가슴속에 담아두었던 인간적인 회한도 눈 녹듯이 사라져버렸습니다. 지난해 내 모군(母軍)인 대한민국 공군한테서 수여받은 웰던상은 지금까지 내가 받았던 그 어떤 훈장이나 포상보다도 훨씬 더 명예롭고 값진 것이었습니다. 죽는 날까지 그것을 소중히 보관하며 내 자식과 후손들에게 그 상의 의미를 자랑스럽게 얘기해주려고 합니다. 이것을 가능하게 만들어준 최차규 공군참모총장님께도 진심 어린 경의와 감사 인사를 드립니다.

45. 노병의 마지막 바람

구순을 넘긴 노병은 60~70대의 체력과 기억력으로 노익장을 과시하며 군 후배나 지인들과 주 2~3회 정도 골프를 즐기실 만큼 건강한 삶을 살고 계신다. 건강 비결을 묻는 필자의 질문에 노병은 "먼저 창공에 묻힌 내 전우들이 자신의 몫까지 살아주고 와 달라고 기도해주는 덕분인 것 같다."면서 밝게 웃으셨다. 2015년 3월 7일, 평생을 함께한 아내 허현자 여사께서 당뇨합병증으로 타계하셨다. 이후, 그는 미국 생활을 청산하고 귀국한 큰딸 봉원 씨와 함께 경기도 분당의 자택에서 생활하고 계신다. 살림 밑천인 맏딸이 살갑게 대해줘서 노년의 삶이 외롭지 않다고 했다. 두 분의 결혼과 자녀들에 관해 여쭤봤다.

나는 본래 연애 기술이 부족했습니다. 그도 그럴 것이 어릴 적에 일본으로 건너가는 바람에 우리말이 어눌했고 또 주로 군에서만 근무하다 보니 생각과 행동이 경직될 수밖에 없었습니다. 따라서 요즘 젊은이들처럼 내가 좋아하는 스타일의 여성을 쫓아가서 작업을 거는 '헌팅' 능력이 없었습니다. 내가 결혼하게 된 데에는 나보다 두 살 아래인 박성현 대위(당시 강릉기지 정보장교)의 도움이 있었습니다. 그가 사천기지에 업무차 내려왔다가 내가 솔로인 것을 확인하고 자기 애인의 단짝 친구를 소개해주었습니다. 그녀가 바로 내 아내가 된 허현자였습니다. 1952년 1월 말에 만나서 4월 말에 결혼했으니까, 초스피드로 결혼식을 올린 셈입니다. 나는 김해 김씨, 아내는 김해 허씨로 본(本)이 같았기 때문에 불법 결혼(?)을 한 셈이었지만 그래도 아내와 자녀들을 내 호적에 올릴 수 있어서 다행스러웠습니다. 내 아내는 1남 2녀 중 막내였습니다. 그때 내가 아내에게 한 프러포즈는 요즘 젊은이들처럼 "내 아이를 낳아줘!"가 아니라 "사천으로 함께 가지 않겠냐?"는 말 한마디였습니다. 무뚝뚝한 내 말에 순순히 따라나선 아내가 너무 예쁘고 감사했습니다. 당시 사천기지에는 조종사 숙소가 없었기 때문에 사천 시내에서 셋방살이하면서 신혼 생활을 했습니다. 그리고 2남(상우, 상호) 2녀(봉원, 향원)를 낳았습니다. 이제 그 아이들은 나름대로 제 몫을 하면서 열심히 살아가고 있습니다.

특히 장남인 상우는 내가 전투조종사로 키우고 싶었습니다. 그래서 이름도 비상할 '상(翔)'에 우주를 의미하는 '우(宇)'를 써서 상우(翔宇)라고 지어주었는데, 어릴 적에 TV를 너무 보다가 눈이 극도로 나빠지는 바람에 공사 입학을 포기하고 말았습니다. 그런데도 나는 상우를 소년항공단에 가입하게 해 활동하게 하고 미국에 가볼 수 있도록 배려했습니다. 어린 나이에 미국에 갔다 온 상우는 AFKN의 드라마를 섭렵하기 시작했고 나중에는 영어 회화를 매우 잘했습니다. 그 아이는 경희대 정치외교학과를 졸업했습니다. 지도교수인 나종일 교수가 자신의 모교인 영국 케임브리지대학에서 정치학 석·박사 과정을 밟도록 도와주었습니다. 또 나 교수는 상우가 정치에 꿈이 있음을 확인하고 자신의 서울대 동기인 한화갑 씨에게 추천해서 DJ의 국제담당 특보로 발탁하게 해주었습니다. 대선에서 DJ가 YS에게 패배한 뒤, 수개월 동안 영국 케임브리지대학으로 연수를 떠났을 때, 상우가 DJ를 동행했던 인연으로 서울 광진구에

서 공천을 받아 국회의원을 지내기도 했습니다. 지금 생각해보면 인연이 참으로 중요한 자산이라는 것을 상우를 통해서 느꼈습니다.

구십 평생을 살아오면서 내 아내와 아이들에게 좋은 남편, 좋은 아빠가 되지 못했습니다. 현역 시절에는 전투조종사로, 작전참모로, 비행단장으로, 작전사령관으로, 참모총장으로 바쁘게 살았기 때문에 가족들을 제대로 챙겨주지 못했습니다. 2남 2녀를 키우는 일과 집안의 대소사는 아내가 도맡아서 처리해주었습니다. 그런데도 아내는 싫은 내색을 한 번도 하지 않았습니다. 그런 아내는 내가 참모총장으로 전역하던 날, 위로의 얘기와 함께 그동안 자신의 가슴속에 묻어두었던 속마음을 처음으로 꺼냈습니다. "현역 시절의 모든 영광은 언제나 당신의 몫이었고, 나에게는 고생과 헌신뿐이었다." 참 많이 미안했고 부끄러웠습니다. 기업의 CEO로 활동할 때도 마찬가지였습니다. 그래도 그때는 아이들이 많이 커서 아빠를 이해해주었고, 아내도 예전과 똑같이 내조를 잘해주었습니다. 가정을 돌아보면 나는 행복한 군인이자 CEO였습니다. 지금은 먼저 간 아내를 위해 많은 감사 기도를 합니다. 그리고 아빠의 잔정을 듬뿍 주지 못했던 아이들에게도 미안한 마음과 고마운 마음을 함께 품고 삽니다. 이제 내 아들과 딸들이 자신의 몫을 다하며 열심히 살아가고 있기 때문에 이제 여한은 없습니다. 다만, 그들이 계속해서 사회와 국가에 보탬이 되는 삶을 살아주길 바라는 마음뿐입니다.

요즘 노병에게는 세 가지 희망 사항이 있다. 하나는 대한민국 공군이 하늘과 우주까지 책임지는 최정예 전략공군으로 일취월장하는 모습을 지켜보고 싶은 바람이다. 6.25남침전쟁 때, 공군력의 열세를 처절하게 경험한 노병으로서는 어쩌면 당연한 기대일 수 있다. 지난 1년 2개월에 걸친 인터뷰에서 그는 시종일관 '미래의 전쟁은 하늘에서 결판이 난다.'라는 입장을 견지했다. 그러면서 걸프전을 예로 들었다. 하지만 전술 공군에서 전략 공군으로의 질적 전환은 공군과 공군인들의 노력만으로는 불가능하다. 천문학적인 국가 예산이 소요되는 대규모 프로젝트이기 때문이다. 따라서 노병은 군 통수권자부터 국민 개개인에 이르기까지 하늘과 우주의 정치사회적 측면은 물론 군사 전략적 측면까지 제대로 이해하는 노력을 강화해나가야 한다고 강조했다. 즉, 국민의 항공사상 고취를 위해 모든 공군인들이 단결해야 한다. 그리고 하늘과 우주에 관한 콘텐츠 개발과 공모를 통해 국민과 함께하는 공군, 국민과 함께 가는 공군의 밝은 이미지를 구축하는 데 총력을 기울여야 한다. 과거 청록파 시인들에 필적할 만한 초일류급 문인들과 역사 전문가들로 공군 초창기의 창공구락부와 같은 멋진 단체를 결성해서 하늘을 소재로 쓴 시, 소설 등을 발표할 수 있도록 적극적으로 장려할 필요가 있다. 또 블랙이글스의 에어쇼와 스페이스 챌린지 대회의 수준과 내용도 세련되게 업그레이드했으면 좋겠다는 것이 노병의 간절한 바람이었다.

그의 두 번째 바람은 모든 공군인들이 공군의 4대 핵심 가치인 도전, 헌신, 전문성, 팀워크를 실천해갔으면 하는 것이다. 그는 공군 내부에서 인화단결을 저해하는 잡음이나 갈등 소식이 들려올 때마다 마음이 언짢다고 했다. 현재 공중지휘관 출신 가운데 국회의원으로 활동하는 사람이 없는 것에 대해서도 아쉬워했다. 그러면서 이제는 공중지휘관 출신이 국회에 대거 진출해서 공군의 목소리를 내야 한다고 강조했다. 그는 인터뷰하는 과정에서 베트남군과 월맹군에 대한 사례도 자주 언급했다. 미군이 넘겨준 최신식 항공기와 전략무기를 갖고 있던 베트남군이 열악한 무기로 대항했던 월맹군에게 패한 까닭은 바로 내부 갈등[223]과 정신력의 싸움에서 졌기 때문이라고 진단했다. 따라서 우리 공군도 FX와 KFX 사업을 통해 우수한 항공 전력을 보유하는 것 못지않게 공군의 정신 전력 강화에도 많은 노력과 시간을 투자해야 한다고 역설했다. 이등병부터 참모총장에 이르기까지 도전, 헌신, 전문성, 팀워크의 정신적 가치를 제대로 이해하고 그것을 실천해나가야 한다고 주문했다. 또 그는 앞으로 우리 공군은 '대한민국을 지키는 가장 높은 힘!'에서 한 단계 진일보해서 '대한민국을 지키는 가장 강한 힘!'으로 거듭날 수 있기를 강력하게 희망했다.

마지막 세 번째 바람은 국민을 향하고 있었다. 즉, 국민도 이제는 우리나라가 처한 안보 위기 상황을 충분히 이해하고 기지 이전 요구나 항

---

223 노병은 이에 대해서도 귀중한 증언을 했다. "내가 공군참모총장 재직 시, 베트남의 주월한국군 사령부를 방문했다가 구엔 반 티우 대통령을 예방한 적이 있습니다. 그는 베트남의 레인저부대 출신이었습니다. 그런데 대화를 하면서 보니까 그는 나에게 레인저부대의 탁월성만 자랑하고 자국 공군의 능력을 폄훼하는 것이었습니다. 당시 내가 베트남에서 들은 얘기는 미 공군과 베트남 공군이 F—4 팬텀기로 베트콩 진지와 주요 군사시설을 초토화하고 나면 레인저부대가 들어가서 뒷정리를 해주는 수준이라고 했습니다. 그런데도 모든 전공과 전리품은 레인저부대가 챙겼다고 합니다. 당시 주월한국군 사령관이었던 이세호 장군(예비역 ☆☆☆☆)도 그 사실을 나에게 말해 준 바 있습니다. 나는 공군을 차별하는 티우 대통령의 편협한 모습을 지켜보면서 장차 베트남의 운명이 그리 밝지 않을 것 같다고 생각했던 기억이 있습니다."

공기 소음에 관한 민원 제기를 자제해주었으면 하는 마음을 피력했다. 처음 공군기지가 만들어질 당시에는 미개발지역으로 주민들이 살지 않는 곳을 개발했다. 선진국들은 공군기지 주변은 개발제한구역으로 철저하게 보존하고 있지만 우리나라는 국토가 좁다 보니까 기지 주변으로 아파트 단지를 비롯한 주거지역이 들어서기 시작했다. 기지 주변 사람들은 그곳이 소음 지역임을 알고 이주해 온 것이다. 그런데 인제 와서 시끄러우니 공군기지를 다른 곳으로 이전하라고 주장한다. 한마디로 굴러온 돌이 박힌 돌을 빼내려는 형국이다. 게다가 일부 악덕 변호사들은 지역 주민들을 꼬드겨서 집단소송을 일으킨 다음, 보상금의 절반 이상을 자신의 몫으로 챙겨 가기도 한다. 그는 이런 현실을 매우 안타깝게 바라보고 있었다. 6.25남침전쟁이 휴전을 맺은 지, 60여 년밖에 되지 않았는데도 전쟁의 고통과 비극을 잊고 있는 게 아닌가 싶어서 걱정된다는 것이다. 이제 국민은 공군기지를 단순히 소음만 일으키는 군부대로 바라보지 말고 공군과 국민이 상생할 수 있는 지혜를 발휘해주길 간절하게 바라고 있다. 지금도 우리 공군은 항공기 소음으로 인한 주민 생활의 피해를 최소화하려고 다양한 정책들을 시행하고 있다. 비행훈련 시간 조정, 야간비행훈련 시 지역 주민을 대상으로 한 사전 예고제 시행, 전투기의 시운전 시 소음을 최소화하기 위한 허시 하우스 Hush House 건설, 이착륙 각도의 조정 등 공군기지와 전투조종사들의 노력이 눈물겹게 진행되고 있다. 또 공군기지는 지역 농산물 집중 구매, 기지 주변 학생들을 대상으로 한 장학금 지급, 유능한 공군 병사들을 활용한 지역 학생들과의 멘토링 사업, 각종 지역 행사에 공군기지의 지원, 지역 불우 시설에 대한 집중적인 배려와 지원 등의 노력도 기울여나가고 있다. 그는 이런 피나는 노력을 우리 국민이 뜨겁게 이해해주면 좋겠다고 했다. 앞으로 대구기지(K—2기지)처럼 경제개발 논리에 밀려

다른 곳으로 이전해야만 하는 상황에 직면하더라도 '부디 공군의 사기만큼은 저하하지 말아 달라.'라는 게 노병의 간절한 바람이었다. 그 당부 속에는 국민에 대한 배려와 후배 공군인들을 향한 무한한 사랑이 함께 배어 있었다. 그에게서는 인생을 달관한 사람만이 가질 수 있는 진정한 품격이 느껴졌다.

에필로그

이 책을 집필하게 된 배경에는 뜻깊은 사연이 있습니다. 먼저 그 사연부터 밝히는 게 도리일 것 같습니다. 『블랙이글스에게 배워라!』를 탈고하고 출간을 기다리던 2015년 1월 초쯤, 저는 예비역 장군님 두 분으로부터 저녁 식사 초대를 받았습니다. 처음에는 공군 특수비행팀에 관한 책을 출간하는 걸 격려해주는 자리로 알고 편한 마음으로 나갔습니다. 그런데 곧 두 분의 관심은 다른 곳에 있음을 깨닫게 되었습니다. 유쾌한 대화 속에 저녁 식사를 마치고 우리 셋은 인근 커피숍에서 티타임을 가졌습니다. 그 자리에서 두 분께서는 이런 말씀을 하셨습니다.

"6.25남침전쟁 때 참전한 출격 조종사들 가운데서 여러 분이 자서전(회고록)을 쓰셨는데 유감스럽게도 김두만 참모총장님은 회고록이 없습니다. 뭔가 하실 얘기도 많을 것 같고, 또 우리가 꼼꼼하게 정리해놓아야 할 역사적인 증언도 많이 하실 어른인데, 그분께선 도통 회고록엔 관심이 없으신 것 같습니다. 지금은 정정하시지만 연세가 많기에 여러모로 걱정이 앞섭니다. 어느 날 갑자기 돌아가시면 그분의 기억 속에 남아 있을 공군의 소중한 역사도 허공 속으로 사라질 수밖에 없습니다. 그분께서 건강하시고 기억력이 좋을 때, 김 교수께서 회고록을 집필해주면 좋을 것 같은데…. 어떻게, 가능하겠습니까? 우리가 돈이라도 많으면 사재私財를 털어서라도 수고비를 드리고 싶지만, 그럴 처지가 못 되니까 이런 자리라도 마련해서 정중하게 부탁드리는 겁니다."

그때까지만 해도 저는 김 총장님과 일면식조차 없었습니다. 다만, 김 총장님은 제가 『공군사』를 읽으면서 꼭 뵙고 싶었던 인물이었습니다. 그래서 두 분의 부탁을 조건 없이 수용하고, 그 이튿날 공군역사기록관리단의 최영훈 단장님께 김 총장님과 면담할 수 있는 일정을 잡아 달라고 부탁했습니다. 그로부터 2주일 뒤, 성남기지에서 김 총장님과의 첫 만남이 이루어졌습니다. 하지만 회고록을 남기는 일은 그리 녹록하지 않았습니다. 그 자리에서 김 총장님은 이런 말씀을 하셨습니다.

나를 이렇게까지 생각해준 김 교수의 관심과 배려에 감사합니다. 그러나 나는 회고록을 남기고 싶은 생각이 조금도 없습니다. 그런 것을 쓰다 보면 은근슬쩍 내 자랑을 할 수밖에 없는데 그 과정에서 사실을 부풀려 말할 수도 있고, 또 다른 사람들에게 본의 아닌 상처를 줄 개연성도 크기 때문입니다. 그 때문에 나는 개인 기록, 관련 서류, 사진 등을 꼼꼼하게 모아두거나 정리해놓지 않았습니다. 또 기존에 갖고 있던 자료들조차 대부분 폐기한 상태입니다.

그 말씀을 들으면서 한편으로는 당혹스러웠지만 다른 한편으로는 역시 듣던 대로 '보통 인물은 아니구나!'라는 생각이 들었습니다. 그래서 김 총장님께 이런 제안을 했습니다.

저는 오늘 총장님의 전기나 회고록을 쓰려고 찾아뵌 게 아닙니다. 조일전쟁 때 국난 극복의 최선봉에 섰던 유성룡 선생이 7년 동안의 참혹한 전쟁을 몸소 체험하면서 느낀 소감과 반성을 정리한 『징비록』 같은 것을 써보고 싶어서 이 자리에 나왔습니다. 전대미문의 6.25남침전쟁을 맞이해서 우리 선배 공군인들이 어떻게 싸웠고, 그 과정에서 잘한 것은 무엇이고, 또 반성할 것은 무엇인지 써보고 싶습니다. 만약 그런 내용을 책으로 출간한다면 우리 공군뿐만 아니라 국가 차원에서도 의미가 클 겁니다. 그리고 이번에 출간될 책에서 저자는 제가 맡고, 주인공은 총장님입니다. 저는 총장님의 생생한 증언과 소중한 경험담을 제삼자의 관점에서 객관적으로 정직하게 기록해나가겠습니다. 그러면 총장님께서 지금 염려하고 계신 모든 문제를 충분히 피해 갈 수 있다고 봅니다. 유성룡 선생과 같은 모습으로 부디 저와의 인터뷰를 허락해주십시오. 국민과 후배 공군인들에게 정말로 유익한 책을 만들겠습니다."

그 순간, 침묵을 지키고 있던 최영훈 단장님께서도 거들고 나섰습니다. 최 단장님은 제 공군애호활동과 2013년에 출간한 고 오충현 공군대령을 담아낸 책 『하늘에 새긴 영원한 사랑, 조국』을 언급하며 애드벌룬을 띄워주었습니다. 잠시 후, 깊은 생각에 잠기셨던 김 총장님께서 "잘 알겠소. 그럼, 한번 해봅시다!"라는 말씀과 함께 제게 허락의 악수를 청하셨습니다. 그렇게 해서 김 총장님과의 인터뷰가 성남기지에서 1년 2개월 동안 2주마다 한 번꼴로 이루어졌습니다. 또 인터뷰는 매회 평균 4~5시간에 걸쳐 타이트하게 진행되었으며, 공군역사기록관리단은 김 총장님의 말씀과 증언을 확실하게 남겨두기 위해 영상 촬영과 음성 녹음까지 겸해서 진행했습니다. 특히 영상 촬영은 성남기지의 전문 요원들이 맡아서 수고해주었습니다. 이를 통해 공군 창설 초기와 6.25남침전쟁, 전후戰後 공군의 현대화 과정에 관한 귀중한 증언을 많이 확보할 수 있었습니다. 또 사실 검증이 필요한 경우, 공군역사기록관리단은 사실 검증을 신속하고 정확하게 처리해줌으로써 원고 집필에 따른 심적 부담을 크게 덜어주었습니다. 이 자리를 빌려 관계자 여러분들의 아낌없는 협조와 노고에 고마운 마음을 전합니다.

저는 20여 년 전부터 꾸준히 역사 공부에 전념해왔습니다. 임금 스물일곱 명이 508년 동안 숨 가쁘게 써내려갔던『조선왕조실록』부터 한국 근현대사, 독립운동사, 6.25전쟁사 등에 관한 책을 열심히 읽었습니다. 또 몇 년 전부터는『공군사』와『항공전사』를 비롯해서 정일권, 김정렬, 백선엽, 윤응렬, 권성근, 이강화 장군님 그리고 딘 E. 헤스, 최원문 대령님의 회고록까지 탐독했습니다. 돌이켜보니 그 모든 일이 이 책을 쓰기 위한 사전 작업이 아니었나 싶습니다. 참으로 '인연이란 우연을 가장해서 필연으로 다가온다.'는 생각이 듭니다. 암튼 그런 과정을 통해서 얻은 역사 지식과 정보가 이 책을 엮는 데 요긴하게 쓰였습니다.

목차 마흔다섯 꼭지를 포함한 이 책의 구성은 김 총장님과의 인터뷰를 진행하면서 최소한 수십 번 지우고 고치기를 반복해야만 했습니다. 저는 항상 인터뷰를 마칠 때마다 다음 인터뷰에서 질의할 사항을 2주 전에 미리 김 총장님께 말씀드렸습니다. 사전 준비를 철저히 하시고 인터뷰에 응해 달라는 취지였습니다. 또 인터뷰를 마치면 그것을 곧바로 정리해서 김 총장님과 공군역사기록관리단에 보냈습니다. 혹시라도 있을지 모르는 오해나 오류를 바로잡기 위함이었습니다. 이를 통해 많은 양의 공군 정사와 야사 자료가 모였습니다. 이제 그것은 우리 공군의 소중한 공공재입니다. 하지만 아쉽게도 이 책에는 지면 관계상 전체 인터뷰 내용 중 3분의 2 정도밖에 담지 못했습니다. 못다 한 얘기에 아쉬움이 큽니다. 그동안 강행군에 가까웠던 인터뷰 과정을 늘 밝은 모습으로 임해주신 김 총장님께 존경의 마음을 전합니다.

정경두 참모총장님과 최차규 전 참모총장님의 후의^{厚意}도 잊을 수가 없습니다. 우선 이 책이 만들어질 수 있었던 데에는 최 총장님의 각별한 역사 사랑이 있었습니다. 최영훈 단장님께서 2015년 1월, 신년업무보고 때 김 총장님의 책 출간 계획을 말씀드린 모양입니다. 그때 최 총장님께서 "공군의 또 다른 역사서가 될 수 있도록 공군 차원에서 가능한 협조를 아끼지 마라."라고 지시했다고 합니다. 그 이후로 저는 공군한테서 많은 도움을 받았습니다. 특히 인터뷰를 진행할 때마다 최영훈 단장님과 이원석 편찬과장님께서 늘 동행해주셨고, 그 덕분에 성남기지를 즐겁게 다녀올 수 있었습니다. 또 저는 6.25남침전쟁 때 김 총장님이 타고 출격했던 F—51D 전투기와 유사한 우리 공군의 전술통제기인 KA—1기를 타보고 싶었습니다. 김 총장님의 전투출격 전 담담했던 마음과 비행 중에 겪으셨을 신체적 고통을 조금이나마 느껴보고 싶었기 때문입니다. 최 총장님은 저의 그런 희망 사항까지 기꺼이 수용해주셨습니다. 저는 G—테스트와 소정의 훈련을 마친 뒤, 2015년 6월 23일 원주기지에서 김 총장님과 함께 FA—50 전투기와 KA—1기를 나눠 타고 1시간가량 비행했던 소중한 추억을 간직하고 있습니다. 또 원고 집필이 끝나자 최 총장님은 그것을 정독하고 유익한 코멘트로 이 책의 질적 수준을 높여주셨습니다.

　정 총장님은 제가 이 책을 한창 집필하고 있을 때, 제35대 공군참모총장으로 취임하셨습니다. 신임 참모총장에 대한 부서별 업무보고를 통해 김 총장님의 책 출간 계획을 전해 들은 정 총장님은 그때부터 지금까지 큰 관심을 기울여주셨습니다. 특히, 책 내용에 오류가 발생하지 않도록 완벽을 기해줄 것을 여러 차례 당부하셨습니다. 또 저에게 "초고가 완성되면 나도 한번 읽고 싶다."라고 말씀하셨습니다. 그래서 1차 초고가 마무리된 뒤, 그것을 보내드렸습니다. 정 총장님은 바쁜 와중에도 그것을 꼼꼼하게 읽고 전투조종사의 입장에서 독자들이 항공 용어를 쉽게 이해할 수 있도록 자세한 설명을 덧붙여주셨습니다. 두 분 총장님의 각별한 관심과 격려에 깊은 감사를 드립니다. 저도 자랑스러운 대한민국 공군과 오랫동안 함께할 것을 약속합니다. 대단히 고맙습니다.

참고 문헌

■ 인터넷 및 신문잡지 기사

경향신문(2009년 11월 25일자), 「마오쩌뚱의 아들 마오안잉의 죽음」

네이버 지식 백과

두산 백과

세계일보(2015년 8월 15일자), 「일본, 항복 늦어졌다면?…"원자폭탄 12발 추가 계획"」

조선일보(2016년 6월 20일자), 「최보식이 만난 사람들」

위키 백과

월간항공, 「Return to Mustang」, 2014년 6월호.

월간중앙, 「영화 '실미도'의 왜곡을 밝힌다」 2004년 2월호.

미래한국, 「여순반란사건을 미화 찬양하는 사람들」, 2015. 10. 27.

■ 국내 단행본

강준만 저, 한국 현대사 산책(1940년대~1960년대), 인물과 사상사, 2004.

고정휴 저, 이승만과 독립운동, 연세대학교출판부, 2004.

공군본부, 공군사 제1집 개정판, 2010.

　　　　, 6.25전쟁 회고록, 2002.

　　　　, 하늘의 개척자 최용덕 장군, 1956.

　　　　, 항공전사, 2002.

국방군사연구소 편, 한국전쟁(상중하), 1996.

국방부, 한국전쟁사 제1권(개정판), 1977.

권성근 저, 하늘을 날다, 프리이코노미라이프, 2015.

권주혁 저, 기갑전으로 본 한국전쟁, 지식산업사, 2008.

　　　　, 한국공군과 한국전쟁, 퓨어웨이 픽쳐스, 2010.

김덕수 저, 블랙이글스에게 배워라, 21세기북스, 2015.

　　　　, 이순신의 진실, 플래닛미디어, 2015.

　　　　, 파워리더십, 와이북스, 2012.

　　　　, 하늘에 새긴 영원한 사랑, 조국, 21세기북스, 2013.

김신 저, 조국의 하늘을 날다, 돌베개, 2013.

김삼웅 저, 백범 김구 평전, 시대의 창, 2004.

김선호 외, 현대사 뒷담화 #1 강태무, 창군이래 최대의 월북사건, 2013

김영호 외, 6.25전쟁의 재인식, 기파랑, 2010.

김일영 저, 건국과 부국, 기파랑, 2010.

김정렬 저, 항공의 경종, 대희, 2010.

김준봉 저, 한국전쟁의 진실(상하), 이담, 2010.

김철범 저, 한국전쟁과 미국, 평민사, 1990.

김희곤 저, 대한민국임시정부 연구, 지식산업사, 2004.

남시욱 저, 6.25전쟁과 미국, 청미디어, 2015.

딘 E. 헤스 저(이동은 역), 신념의 조인, 플래닛미디어, 2010.

박경식 저, 일본제국주의의 조선 지배, 청아출판사, 1986.

박명림 저, 한국전쟁의 발발과 기원(12), 나남, 1996.

박 실 저, 6.25전쟁과 중공군, 청미디어, 2015.

박지향 외, 해방전후사의 재인식(상하), 책세상, 2007.

박찬승 저, 한국독립운동사, 역사비평사, 2014.

백선엽 저, 내가 물러서면 나를 쏴라(12), 중앙일보사, 2010.

브루스 커밍스 저(김자동 역), 한국전쟁의 기원, 일월서각, 1986.

서중석 저, 사진과 그림으로 보는 한국 현대사, 웅진, 2005.

세르주 브룅베르제 외(정진국 역), 한국전쟁통신, 눈빛, 2012.

스칼라피노이정식 공저, 한국공산주의운동사(12), 돌베개, 1986.

신용하 저, 한국민족독립운동사연구, 을유문화사, 1985.

와다 하루키 저, 김일성과 만주항일전쟁, 창작과비평사, 1992.

유성룡 저, 징비록, 서해문집, 2003.

윤응렬 저, 상처투성이의 영광, 황금알, 2010.

윤일균 저, 6006부대, 한국학술정보(주), 2006.

이강화 저, 대한민국공군의 이름으로, 플래닛미디어, 2014.

이상돈 저, 세계의 트렌드를 읽는 100권의 책, 기파랑, 2006.

이영훈 저, 대한민국 역사, 기파랑, 2013.

이현희 저, 대한민국임시정부사, 집문당, 1982.

임기상 저, 숨어있는 한국현대사, 인문서원, 2014.

장지량 구술/이계홍 정리, 빨간마후라 하늘에 등불을 켜고, 이미지북, 2006.

정병준 저, 우남 이승만 연구, 역사비평사, 2005.

정용욱 저, 해방전후 미국의 대한 정책, 서울대학교출판부, 2003.

정일권 저, 정일권회고록; 6.25비록 -전쟁과 휴전, 동아일보사, 1986.

최용호최용성 공저, 6.25전쟁의 이해, 양서각, 2008.

최원문 저, 하늘에 꿈을 띄우다, 상상예찬, 2008.

프란체스카 도너리 저, 프란체스카의 난중일기; 6.25와 이승만, 기파랑, 2011.

한우성장태한 저, 1920, 대한민국 하늘을 열다, 21세기북스, 2013.

현대사상연구회 저, 반대세의 비밀, 인영사, 2009.

                  , 6.25동란과 남한 좌익, 인영사, 2010.

홍학지 저(홍인표 역), 중국이 본 한국전쟁, 한국학술정보, 2008.

■ 외국 단행본

Bruce Cummings, The Origins of The Korean War, Princeton University Press, 1981.

Douglas MacArthur, Reminiscences, MaGraw-Hill Book Company, 1964.

Donald Knox, The Korean War: An Oral History Pusan to Chosin, A Harvest/HBJ
Books, 1985.

Edward F. Murphy, Korean War Heroes, Prestidio, 2002.

Richard Whelan, The Korean War;1950-1953, Little Brown And Company, 1990.

Robert F. Futrell & Lawson S. Moseley, The United States Air Force in Korea, 1950-1953,
Duell, Sloan and Pearce, 1961.

사진 자료

제11대 공군참모총장 공군 대장 김두만

고등소학교 시절

T-6 항공기 앞에서 결혼 기념사진

첫딸과 함께한 나들이

제주기지에서 F-51D 기종전환훈련

적진으로 출격하는 장면

출격 직전의 모습

출격을 마친 후의 모습

장성환 대령과 함께

사천기지 훈련부전대장 시절 1

사천기지 훈련부전대장 시절 2

사천기지의 동료들과 함께

강릉전진기지에서 동료들과 함께

김정렬 장군과 헤스 중령

6.25남침전쟁이 끝난 후 출격조종사 환영대회의 모습

출격 조종사 환영대회에 참가한 김영환 대령

클라크 공군 기지 사격대회 참가 사진

클라크 공군 기지에서

공군무관 시절의 파티 참여 모습

JP와 미 노스럽사 존슨 회장과 함께

주미 대사관 식구들과 함께

F-5A 전투기 도입 장면

제10전투비행단장 시절

삼성장군 시절 모습

김정렬 장군과 함께

공군작전사령관으로 제10전투비행단 방문 모습

공군작전사령관으로 지휘비행을 마친 후 참모들과 함께

대만 공군참모총장 예방

공군참모총장으로서 맹호부대 방문

참모총장 시절 정래혁 국방부장관과
F-5B 비행 후 찍은 모습

대한종합식품 CEO로 활동하는 모습

박정희 대통령과 면담하는 모습

미 태평양 공군의 역할에 대한 국제 심포지엄에 참가한 모습

딘 헤스 대령과의 해우

딘 헤스 대령과 전쟁기념관을 방문한 후

DJ와의 면담 전 악수하는 모습

한라그룹 정인영 회장과의 만남

항공 징비록

1판 1쇄 발행 2017년 1월 25일
1판 3쇄 발행 2017년 2월 15일

지은이 김덕수
펴낸이 김영곤
펴낸곳 21세기북스

미디어사업본부 이사 신우섭
미디어믹스팀 장선영 이희진 김성현 이상화
디자인 표지 정인호 본문 박선향 김현주
문학영업팀 권장규 오서영
프로모션팀 김한성 최성환 김주희 김선영 정지은
홍보팀장 이혜연 제작팀장 이영민

출판등록 2000년 5월 6일 제406-2003-061호
주소 (우 10881) 경기도 파주시 회동길 201(문발동)
대표전화 031-955-2100 팩스 031-955-2177 이메일 book21@book21.co.kr

(주)북이십일 경계를 허무는 콘텐츠 리더

21세기북스 채널에서 도서 정보와 다양한 영상자료, 이벤트를 만나세요!
가수 요조, 김관 기자가 진행하는 팟캐스트 '[북팟21] 이게 뭐라고'
페이스북 facebook.com/21cbooks   블로그 b.book21.com
인스타그램 instagram.com/21cbooks   홈페이지 www.book21.com

ISBN 978-89-509-6856-4 03910